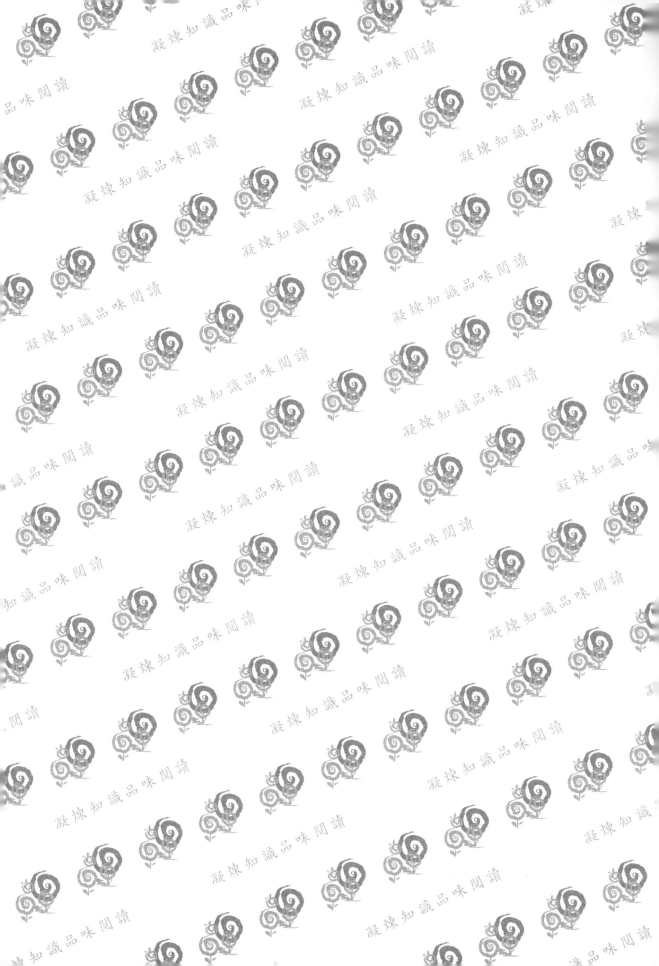

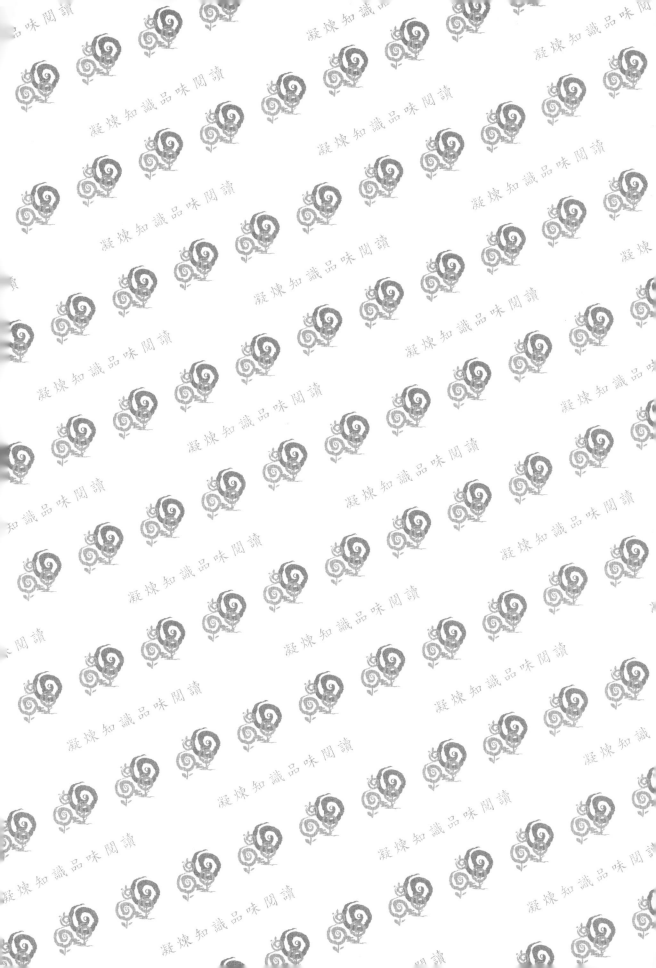

愛上統計學

第五版

使用SPSS

尼爾 J. 薩爾金德
Neil J. Salkind

布魯斯 B. 佛萊
Bruce B. Frey ——— 著

莊文忠 ——————— 譯

Statistics for People Who (Think They)
Hate Statistics · 7nd Edition

五南圖書出版公司 印行

謹向亦師亦友的 Neil J. Salkind 致敬與悼念

給學生的話：我們為什麼寫這本書

　　經由這本書的新版發行（目前是第七版），我們期待你有一個非常美好的學習經驗，無論是在哪一方面。我，布魯斯，得以參與本書的寫作計畫，是尼爾這位我的老朋友、同事和導師所舉薦，讓我得以繼續完成他在這本書及 SAGE 其他暢銷作品的工作，個人深感榮幸，而尼爾已經在 2017 年過世了。我因為他而成為一位作家，我因為他而投入個人教學，我因為他而致力於簡化和解釋統計與研究方法，謝謝你，尼爾，為每一件事。讓我們重新出發吧！

　　許多修基礎統計學的學生（當他們對此一學科感到陌生或只是瀏覽教材）的一個共同現象是，他們大多數（至少在這門課的開始）都相當的焦慮，焦慮的原因通常是他們從其他學生那裡聽來的經驗之談。一般說來，他們聽到的一小部分是正確的，也就是學習統計學要投入很多的時間和精力（而且不一定碰得上好老師）。

　　但另一大部分是不正確的，那就是統計學特別的難學與令人困惑，而這恰好是他們焦慮的主要原因。實際上，許多被嚇倒的學生也通過了他們以為不能通過的課程。只要集中精力，按部就班，將基本原理應用於真實的生活來理解，他們都能通過這門課程，甚至能夠在這個過程中得到樂趣。這是尼爾在寫《愛上統計學》前六版時想盡力做到的，也是我在完成這次修訂版本時所盡力延續的傳統。

　　在經過不斷地試誤摸索、少量成功和大量失敗的嘗試，以及來自於各種教育程度的學生和老師的許多回饋意見之後，我們已經學會了以一種我們（和我們的許多學生）認為不會讓人感到害怕，同時能夠傳遞大量資訊的方式教授統計學，而且我們也已經盡最大的努力將所有這些經驗融入到這本書中。

　　你可以由這本書掌握基礎統計學的範圍和修習此學科所需要的資訊，你

也可以學習到和組織與解析資料有關的基本概念及最常用的技術。本書涵蓋少部分的理論（但有些是必要的）及一些數學證明，或特定數學程式的學理討論。

為什麼《愛上統計學》這本書不增加更多的理論內容？很簡單，因為你還不需要它。我們並不是認為它不重要，而是，在你學習的這個時點，我們想提供的是，我們認為用一定程度的努力就可以理解和學習的資料，同時不會讓你感到害怕而放棄將來選擇額外的課程。我們（包括你的老師）都希望你能成功。

因此，如果你在尋找變異數分析中 F 值推導的詳細解答，可以從 SAGE 的出版品中找其他的好書（布魯斯很樂意向你推薦一本書）。但是，如果你想學習統計學為什麼及如何為你所用，這本書就很合適。這本書將幫助你理解在專業期刊文章中所讀到的資料、解釋許多統計分析結果的意義，並且教導你如何完成基本的統計分析工作。

此外，如果你想要找人討論任何有關教授或學習統計學方面的問題，歡迎隨時透過布魯斯的學校電子信箱 (bfrey@ku.edu) 和我連絡。祝大家好運，並且希望你們能讓我知道如何改進這本書，能夠更滿足初學統計學學生的需求。如果你需要這些資料檔幫助你學習，請到 SAGE 網站上的 edge.sagepub.com/salkindfrey7e 下載。

給老師的幾句話

我想要分享兩件事情。

第一件事是，我要向致力於教導這些統計教材的您致上敬意，雖然對一些學生來說，這些教材可能是很簡單，但多數學生還是會覺得很有挑戰性，很感謝您的耐心與努力不懈，如有任何需要我們幫忙的地方，請發個簡訊告訴布魯斯一聲。

第二件事是，《愛上統計學》一書並非類似於您所曾經看過的其他低水準的書籍，用這個書名所要傳達的事實是，許多學生在第一次接觸到這個學科時，實際上對其即將學習的東西是感到非常焦慮的。這不是一本為傻瓜之類的人所寫的學術性教科書，我們很努力地給予學生應有的尊重，但不是過度的保護他們，並且確保這些教材是平易近人的。我們在這一方面做得好不

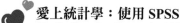

好，由您來決定，但我們想要傳達一個非常明確的意圖和感受：這本書含括了基礎統計課程所需要的資訊，雖然在本書中有一些個人式的幽默，但是我們的目的是嚴肅而認真的。謝謝您！

致謝

在 SAGE 出版社的每一個人都值得我們致上最大的謝意，從僅僅一個想法（回到第一版）開始，到讓它變成一本你現在正在閱讀的書，提供我們支持、指引與專業精神，而且讓它得以成功。從負責配送中心的 Johnny Garcia，到主管財務的 Vonessa Vondera，若沒有他們的努力投入，這本書是不可能完成的。

然而，有一些人因為他們的特別關心與努力工作而必須個別向他們道謝。Helen Salmon 是研究方法和統計的資深編輯，負責這一版的工作，總是能夠隨時討論新的想法和設法及時完成，她做得非常好，是每一位作者所期待的編輯。C. Deborah Laughton、Lisa Cuevas Shaw 和 Vicki Knight 是前幾任的編輯，幫助這本書達到現在的水準，我們對他們有無限的感激。其他值得我們特別提及的有助理編輯 Megan O'Heffernan 和總製作編輯 Jane Martinez。特別要感謝 Paula Fleming，因為她銳利的眼光及可靠的文字編輯，使得這本書讀起來就像它應該有的樣子。

布魯斯和許多非常棒的夥伴在這一版中製作了許多的影音，包括內容發展編輯 Chelsea Neve、製作人 Mitch Yapko 和攝影師 Juan Reyna，我們在一起工作好些日子，充滿了探險、辛苦和樂趣。我要特別感謝他們對不起眼的流行音樂風格感到興趣——流行於 1966 年至 1970 年的搖滾舞曲（不管是嘲諷、偽裝或真心），這對我來說意義非凡。此外，我的兩個非常聰慧的博士生 Bo Hu 和 Alicia Stoltenberg 在修訂這個版本時給予非常多的協助，特別致謝。

關於第七版的說明

　　以上你所閱讀的內容說明了尼爾為何寫這本書的最初想法，但是關於此一新修訂第七版（註：中譯本為第五版）的介紹很少。

　　任何一本書永遠都是進行式，《愛上統計學》的最新版本也不例外。過去 20 年來，許多人曾告訴尼爾這本書是多麼的有幫助，但是其他人也告訴尼爾，他們想讓這本書有所改變，以及為什麼要改變。在修訂的過程中，我們盡力滿足所有讀者的需求，書中有部分內容仍保留，也有部分已做了修訂。

　　總是有新鮮事值得關注，同時也需要用不同的方式重新理解舊的主題和觀念。本書每一章都以不同的方式加以修訂，不斷發現和訂正錯誤之處及少數的錯別字，並回應審閱者、學生和教師的許多深思熟慮的評論。以下的清單是《愛上統計學》第七版中特別修訂的內容。

- 一項新的教學特色是標舉了歷史上喜歡統計的名人——並不只是那些枯燥乏味的已過世白人名單。
- 在大多數的章節中比過去更深入地單獨討論效應量這個數值。
- 在選擇統計指令時更聚焦於討論測量尺度。
- 額外提供有關當代研究途徑和定義變數的討論（例如將性別處理為連續變數，而非二元的或類別的變數）。
- 更新許多有關現實世界的案例，以跟上時代。
- 有些章節涵蓋較為廣泛的領域，以附錄方式提供，方便有需要時可以參考。

　　第七版使用了 SPSS 25，這是 SPSS 目前所提供的最新版本（譯者說明：本書使用 SPSS 26）。大抵上，你可以用較早的版本如 11 版完成大多數的工作，而且即使像這些較早的版本也都能讀取那些用新版本建立的資料檔。

如果讀者在 SPSS 的操作上需要協助，我在附錄 A 中提供了一個小課程，你也可以從網路上下載這個課程。

- 也許這一版最有趣的（也可能是最酷的）東西，就是互動式電子書的取得（譯者註：本書中文版並未提供中文介面的互動電子書）。互動式電子書和這本書一起合購只需要多花美金 5 元，也可以分開購買。互動式電子書提供了原始影音的超連結，包括統計核心概念的動畫影音、本書作者布魯斯的 LED 平板教學影音簡短課程，以及每一章最後「練習時間」問題的 SPSS 教學。讀者也可以直接取得這些學習工具，例如 highlighting, bookmarking, note-taking/sharing 等，我們希望你可以和我們一樣感到非常興奮，也希望它可以幫助你理解所有的內容。

在這一版中出現的所有錯誤都是布魯斯的責任，我們向被這些錯誤所困擾的老師和學生致歉。布魯斯非常感謝指正錯誤的所有信件、電話和電子郵件。在這一版中，我們每個人都盡力修改之前的錯誤，並希望做得更好。期望能收到大家的建議、批評和指教。祝大家好運！

尼爾 J. 薩爾金德 (Neil J. Salkind)
布魯斯 B. 佛萊 (Bruce B. Frey)
bfrey@ku.edu
堪薩斯大學

 關於作者

　　尼爾 J. 薩爾金德 (Neil J. Salkind) 取得馬里蘭大學人類發展博士學位後，在堪薩斯大學執教了 35 年，是教育心理與研究學系的榮譽教授，持續地和同事一起合作、和學生一起工作。他早期的研究興趣是在兒童認知發展領域，其後投入有關認知風格及（後來才被熟知的）過動領域的研究。尼爾曾經是北卡羅萊納大學兒童與家庭政策布希研究中心的博士後研究員，自此改變了研究的方向，聚焦在兒童與家庭政策上，尤其是各種形式的公共支持對不同的兒童和家庭結果的影響。他已經發表超過 150 篇的專業文章和報告，撰寫超過 100 本一般著作和教科書，也是《愛上統計學》(SAGE)、《人類發展理論》(*Theories of Human Development*)、《探索研究》(*Exploring Research*) 等書的作者；他也曾經主編過幾本百科全書，包括《人類發展百科全書》(*Encyclopedia of Human Development*)、《測量與統計百科全書》(*Encyclopedia of Measurement and Statistics*) 及《研究設計百科全書》(*Encyclopedia of Research Design*)。此外，他擔任《兒童發展摘要與傳記》(*Child Development Abstracts and Bibliography*) 期刊的編輯長達 13 年之久。他生前住在堪薩斯州勞倫斯市，喜歡閱讀、游泳，是大男孩出版社的老闆和唯一員工；喜歡烘焙布朗尼（食譜參見附錄 I）、四處尋找古董車和老舊建築。他於 2017 年去世，享年 70 歲。

　　布魯斯 B. 佛萊 (Bruce B. Frey) 博士是堪薩斯大學教育心理學系的教授，是一位屢獲殊榮的研究人員和教師。他是《SAGE 教育研究、測量與評估百科全書》(*The SAGE Encyclopedia of Educational Research, Measurement, and Evaluation*) 的編輯，也是《那是統計！現代課程評估》(*There's a Stat for That!, Modern Classroom Assessment*) 和《關於測驗和評量 100 個問題（與答案）》〔*100 Questions (and Answers) About Tests and Measurement*〕的作者。他是 SAGE《研究設計百科全書》(*Encyclopedia of Research Design*) 的副編

輯，還為 O'Reilly Media 寫了《統計駭客》(Statistics Hacks) 一書。布魯斯的主要研究興趣包括課堂評估、評量工具發展和方案評估，在業餘時間，布魯斯像是搖滾樂教授般地過著祕密生活，是 Echo Valley 的主持人，這是一個頌揚 1960 年代後期的流行搖滾音樂網路電臺，該節目大受年輕人的歡迎。

 譯者序

在大學入學推甄口試時，新生在回答為何選擇人文或社會科學相關科系就讀時，其中一個常見的答案類型是：對數學沒有興趣、數理沒有學好、不想要再看到數字等，這似乎是「文組」學生長久以來的一個迷思，以為人文或社會科學學院的學生不再需要用到數學或數字。此外，譯者過去的教學經驗也發現，有不少大學生在修習統計學必修課程時，一開始即顯露出忐忑不安、缺乏信心或只求過關的心態，若整個學期一直抱持這樣的心情，勢必無法好好學習統計的概念與分析的技術，更不用說在日常生活中能夠善用這些觀念和技巧。

事實上，我們的生活中到處充滿了數字，也隨時隨地在應用數學和統計的觀念，而如何將數字做有系統和有意義的整理、分析、呈現與解讀，並應用在管理與決策上，正是學習統計學的基本目標。因此，對統計學的初學者來說，有效學習的第一步就是要先克服對數字的排斥感或恐懼感，以正向的態度面對；接著，除了多動腦思考外，動手勤做練習更是增強學習效果的不二法門；最後，經常將統計的觀念和原理應用在日常生活或工作場域上，便能達到學以致用的效果。

當然，「工欲善其事，必先利其器」，除了授課老師在課堂上的用心教導外，選擇一本好的教科書，也可以提高學習的動機和效果。坊間已有不少統計學的教科書可供選用，但有些書籍內容充斥著各種公式和密密麻麻的數學符號，強調數理的證明與推導，對初學者而言，無異於是唸一本「有字天書」，可能大腦都已經打了好幾個結還是想不通；也有些書籍的作者則是恨鐵不成鋼，希望學生能夠充分學習各式各樣的統計技術，深淺不分的編寫內容，也會讓初學者感到消化不良。

本書沒有上述的問題，兩位作者以其多年教授統計學的豐富經驗，站在初學者的立場，用簡單、輕鬆和有趣的筆調，以循循善誘的方式吸引和教導學生學習基礎的統計概念與分析技術，或許有些老師或學生會認為這本書不像「正統」的統計教科書，學習內容的深度不夠，但這正是作者的用意，希望幫助初學者不要討厭或痛恨統計學，一旦愛上它之後，就會投入更多時間

來學習。

本書在經過幾次改版之後，仍保存以下幾點特色：

1. **以詼諧幽默的圖畫和平易近人的標題作為各個部分和學習單元的開場**，並在各章中引用與學習內容相關的有趣研究文章、說明現實生活中的統計分析案例或介紹愛好統計的歷史人物，期能舒緩學生的焦慮感，並激發學習的活力。

2. **儘量減少使用令人畏懼的統計公式和數學符號**，也幾乎沒有放入數理的證明。本書在各章節中所使用的公式都是基本的和必要的，除了有符號的解說外，作者也會透過案例說明如何運用和計算，學生不需要死記這些公式。

3. **強調觀念學習與動手計算並重**，本書在不犧牲嚴謹性的前提下，使用生活化的簡單範例，一方面幫助學生容易吸收統計觀念，另一方面讓學生可以在不使用計算機或統計分析軟體的情況下，也能動手計算出結果。

4. **結合專業統計分析軟體進行分析**，本書在大多數章節的後半段，以步驟化的方式教導學生利用 SPSS 進行相關的分析（本系列有另一本書《愛上統計學：使用 R 語言》，提供 R 語言教學），作者也很貼心地為不熟悉此一統計軟體的初學者著想，在附錄中提供 SPSS 入門快速學習的簡短課程。

5. **在各章節的練習中提供許多學生可以自行練習的問題**，本書附錄不僅附上各題的解答供學生參考，作者還設計許多 SPSS 的資料檔案，供學生利用統計軟體進行演練。

6. **提供線上學習的網路資料**，作者除了列出各個研究案例的參考文獻外，若有興趣想要再進一步廣泛或深入學習的學生，可以透過本書各章末所提供的網址，找到線上相關的影音檔案和學習資源，自行參考和練習。

最後，就如同本書的書名一樣，希望初學者能夠在授課老師和這本書的引導之下，改變統計學是生硬和艱澀的刻板印象，找到學習此一課程的樂趣，有一趟美好的學習之旅，真的「愛上統計學」！

莊文忠

世新大學行政管理學系

目錄

PART I
耶！我喜歡統計學

1　統計學或虐待學？由你自己決定　　005

PART II
西格瑪・佛洛伊德 (Σigma Freud) 和敘述統計

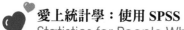

PART III
抓住獲得樂趣和利潤的機會

PART IV
顯著性差異──使用推論統計

PART V
更多統計！更多工具！更多樂趣！

17 卡方和其他無母數檢定——在非常態下可以做什麼　327

18 你應該知道的其他（重要）統計方法　347

APPENDICES
資訊永無止盡

耶！
我喜歡統計學

「很好，如果他不是我們學習小組的
一個重要組成分子！」

PART I

這有什麼好歡呼的？你可能會這麼說。現在讓我花幾分鐘的時間，向你展示一些現實生活中的科學家如何運用這個叫做統計學的工具。

- 米雪兒・蘭普 (Michelle Lampl) 是一位內科醫生、塞繆爾・坎德爾・多布 (Samuel Candler Dobbs) 人類學教授及艾莫里—喬治亞 (Emory-Georgia) 科技預測健康計畫的共同主持人。她在和一位朋友喝咖啡的時候，朋友談到她的孩子長得多麼的快。實際上，這個初為人母的朋友幾乎是說她的兒子「長高的速度像野草一樣快速」。作為一個好奇的科學家（就像所有科學家一樣），蘭普博士認為她應該實際檢測這個孩子，以及其他孩子在嬰兒期的生長速度有多快。她著手測量一群孩子每天的生長，讓她非常吃驚的是，她發現一些嬰兒差不多一個晚上就長高一英寸！確實是爆發式生長。

  想知道更多嗎？請閱讀原著。你可以從蘭普 (Lampl, M.)、費德伊斯 (Veldhuis, J. D.) 和強森 (Johnson, M. L.)(1992) 發表在《科學》(*Science*) 第 258 期第 801-803 頁上的文章〈突變和停滯：人類生長模式〉(Saltation and stasis: A model of human growth) 中瞭解更多。

- 為什麼有些人喜歡吃肉，而有些人並不喜歡？傳統的解釋是，一直以來，吃肉的人都喜歡肉的味道。康奈爾大學的克里斯多福・蒙特羅 (Christopher A. Monteiro) 想知道這個解釋是否正確，或者還有沒有其他答案，關於動物的哲學信仰可能也起了作用？蒙特羅博士創建了一個評估兩種不同信仰水準的測量方法：可不可以吃動物及如果想吃動物時，是不是就可以殺死牠們。他蒐集了資料並使用統計方法找出有關他所測量問題之間的關係，確認這些不同的態度似乎和「肉的味道很好」這些事情有關，解釋了吃肉的做法。有趣的是，那些在「可以殺死動物」的量表上得分最高

的人，往往關於種族主義和性別歧視的測量上也是得分最高者。

想知道更多嗎？你可以閱讀整個研究報告。你可以從蒙特羅 (Monteiro, C. A.)、普法伊勒 (Pfeiler, T. M.)、派特森 (Patterson, M. D.) 和米爾本 (Milburn, M. A.)(2017) 發表在《食欲》(*Appetite*) 第 113 期第 51-62 頁上的文章〈肉食主義清單：衡量食用動物的意識形態〉(The Carnism Inventory: Measuring the ideology of eating animals) 中瞭解更多。

- 休‧肯珀 (Sue Kemper) 是堪薩斯大學傑出的心理學教授，曾經研究許多非常有趣的專案。她和其他的研究者正在研究一群修女，分析她們的早期經驗、活動、人格特徵和其他資訊，與她們年老後健康狀況的關係。最特別的是，這個由不同科學家組成的小組（包括心理學家、語言學家和神經學家等）想知道，若能將這些資訊用來預測老年癡呆症的發生該有多好。在許多非常有趣的發現中，她發現修女在 20 多歲時書寫的複雜性，和她們在 50 年、60 年或者 70 年後所發生的老年癡呆症有關。

  想知道更多嗎？請閱讀原著。你可以從斯諾頓 (Snowdon, D. A.)、肯珀 (Kemper, S. J.)、莫蒂默 (Mortimer, J. A.)、格雷納 (Greiner, L. H.)、韋斯坦 (Wekstein, D. A.) 和馬克斯貝瑞 (Markesbery, W. R.) (1996) 發表在《美國醫學會雜誌》(*Journal of the American Medical Association*) 第 275 期第 528-532 頁上的文章〈早期生活的語言能力和認知功能與晚期生活的老年癡呆症：修女研究的發現〉(Linguistic ability in early life and cognitive function and Alzheimer's disease in late life: Findings from the nun study) 中瞭解更多。

- 你是否患有偏頭痛？數以百萬計的人有此困擾。長期以來，醫生一直擔心與偏頭痛有關的風險，因為它們經常伴隨嚴重的疾病。托比亞斯‧庫爾思 (Tobias Kurth) 博士是德國研究員，與哈佛大學合作分析了成千上萬偏頭痛婦女的數據，並瞭解其數十年來的

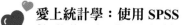
健康狀況。在均化女性的一些變數之後，他發現有偏頭痛的女性比沒有偏頭痛的人多了 50% 機率更容易罹患心臟病，且中風的可能性也增加了 62%！庫爾思博士和他的共同作者建議，患有偏頭痛的女性應得到更高頻率的檢查，其中也包括對這些其他風險的評估。

想知道更多嗎？你可以親自瞭解這項研究是如何進行的，以及如何使用統計來獲得這些估計值。這裡有詳細資訊：庫爾思 (Kurth, T.)、溫特 (Winter, A. C.)、埃利亞森 (Eliassen, A. H.)、達脊琪 (Dushkes, R.)、穆克馬爾 (Mukamal, K. J.)、里姆 (Rimm, E. B.)、……瑞斯羅德 (Rexrode, K. M.)(2016) 發表在英國醫學期刊 (*BMJ*) 第 353 期 2610 篇的〈女性偏頭痛和患心血管疾病的風險：前瞻世代研究〉(Migraine and risk of cardiovascular disease in women: Prospective cohort study)。

　　所有的研究者都有一個他們有興趣的特別問題，並用他們的直覺、好奇心和學識訓練來回答這個問題。作為他們調查的一部分，他們使用我們稱作統計學的工具，來分析所蒐集到的所有資料。如果沒有這些工具，所有的資料就只是不相關的結果而已。那麼這些結果就無法在蘭普的研究中，得出兒童生長的結論；也無法在肯珀的研究中，對年齡和認知（可能是老年癡呆症）有更好的理解。

　　統計學，這門整理和分析資訊並使資訊更容易理解的科學，讓這個任務得以執行。由這樣的研究所得出的任何結果都是有用的，原因在於我們使用統計學使得這些結果變得有意義。這也正是本書的目標，讓你理解這些基本的工具，以及這些工具的用途，當然也包括如何使用這些工具。

　　在《愛上統計學》的第一部分，我們將介紹統計學要學習的內容，以及為什麼值得你花費精力來掌握此一領域中核心的基礎，且重要的術語和觀念。這都是為學習本書其他部分做準備。

統計學或虐待學？
由你自己決定

難易指數：☺☺☺☺☺（非常容易）

本章學習內容

✦ 統計學的學習內容。
✦ 為什麼要學習統計學。
✦ 如何成功修習這門課程。

為什麼要學習統計學？

你以前一定都聽過，「統計學很難」、「我不是數學家」、「我不知道怎麼使用統計軟體」、「學統計有什麼用」、「接下來要做什麼」，還有就是統計學入門課程學生的吶喊，「我就是不懂！」對吧？

好啦！放輕鬆。學習統計學入門課程的學生，如果他們不和其他學生或他們的配偶、同事及朋友交流的話，總會發現他們自己在某個時候至少會有上面其中之一的想法。

而且，不是開玩笑，一些統計學課程很容易被描述為虐待學。這是由於那些書無一例外的讓人厭煩、那些例子似乎無法用在現實生活中、太快丟給

你過多的數學公式。

本書將改變這種狀況。事實是，當你或者你的老師選擇了《愛上統計學》時，顯示你們已準備好選擇正確的方法——讓人不害怕、內容豐富多元，並且很實用（甚至有趣）的方法，我們將教你如何善用統計學，讓它成為你的好工具。

如果選用這本書作為教材，這也意味著你的老師是站在你這一邊，因為他或她知道統計學是令人害怕的，但他已採取措施來確保統計學不會讓你害怕。事實上，我們敢打賭你在幾個星期之後，很有可能（這可能很難相信）變得開始享受這門課程。

為什麼是 SPSS？

在本書中將向你展示如何使用 SPSS 這個統計分析工具來分析資料。別擔心，你也會看到如何動手進行相同的分析，以確保你能同時瞭解這兩種計算方式。

為什麼選擇 SPSS？簡單。它是現今最受歡迎、功能最強大的分析工具之一，就學習如何使用基礎的和一些進階的統計來說，它是一個非常重要和有價值的工具。事實上，許多統計學初級課程會使用 SPSS 作為主要計算工具，你可以查看附錄 A 中一些有關基本 SPSS 課題的複習。此外，在科技的發展道路上，少有機會將統計學應用在研究、行政和日常工作，將不需要一些有關如何及何時使用諸如 SPSS 之類工具的知識。這就是為什麼我們將它包括在本書之中！我們將向你展示如何使用它，讓你的統計學習經驗更美好。

統計學簡史

在閱讀更多內容之前，有必要從歷史的觀點瞭解統計學。畢竟，幾乎所有的社會學、行為科學、生物科學的大學生，還有教育學、護理學、心理學、社會福利和社會服務、人類學及……（你可以理解）的研究生都需要選修這門課。瞭解統計學應用領域是否有其必要？當然有必要。

很久很久以前，當人們發現計數是個非常好的想法時（就如「你需要多

少個這些來交換那些中的一個」、「哦，哦，他們擁有的比我們更多！」及「是的，小傢伙，你可以養一隻寵物劍齒虎，但不能超過一隻」），蒐集資訊也成為一個有用的技能。

如果用到計數，人們就會知道太陽在一季中升起多少次，度過整個冬天需要多少食物，以及一個人擁有多少資源。

這只是個起點。一旦數字成為語言的一部分，似乎接下來的步驟就是將數字附著在結果上。這工作在 17 世紀當人們蒐集第一組與人口相關的資料時就已經開始，這也是使用敘述統計的開端，我們在後文將會再討論。從此以後，科學家（大多數是數學家，但之後是物理學家和生物科學家）需要發展特定的工具來回答特定的問題。例如：法蘭斯 · 加東 (Francis Galton)（順

熱愛統計的人物

推論統計是使用樣本觀察值或我們可以看到的資料，對我們可能看不到的母體的可能特徵進行猜測，這個做法可能是始於布萊斯 · 帕斯卡 (Blaise Pascal, 1623-1662)，他是法國的數學家和宗教哲學家。帕斯卡開發了可以預測重要事情的數學公

式，例如：擲骰子的機率和擲硬幣 3 次且每次都出現人頭的可能性。他甚至證明，如果硬幣幾乎總是出現人頭，一定是有人在作弊。這些統計發現對賭徒有立即而實際的用途，這可能是歷史上第一次認為統計學具有實務上的應用（因為一個人可以通過瞭解統計來賺錢）。你可能會注意到帕斯卡的壽命並不長，他在一生的後期遭受到各種疾病所苦，在他死後，他的死因雖然還不確定，但他被發現患有胃癌和一些腦損傷。作為一個虔誠的宗教信徒，帕斯卡認為痛苦是美好生活所必需的。因此，他可能會很高興成為一名統計學教授。

便說一下，他是達爾文的表兄弟，生卒年代是 1822-1911 年），他對人類智力的本質非常感興趣，他還推測掉頭髮是由於思考的強烈能量所造成的，不完全是！（可能不是。）為了回答有關家庭成員智力相似性的主要問題之一，他使用了特定的統計工具相關係數（首先由數學家發展），接著他把相關係數廣泛地應用於行為科學和社會科學。你將在第 5 章對這個工具有完整的瞭解。實際上，你學到的大多數基本統計方法，最初是發展及應用於農業、天文學，甚至政治學領域，在人類行為領域的應用則比較晚。

在過去的 100 年中，使用舊觀念來發展新方法有了快速的進展。用於比較兩個群體的平均數差異的最簡單檢定方法，在 20 世紀初有了首次突破。建立在此觀念上的技術是 10 年之後才提出，而且獲得極大的改善。而個人電腦和類似 Excel 的引進，開啟了任何人想研究這些令人著迷的主題時，都可以使用複雜的統計技巧。

這些影響力深遠的個人電腦的引進有利有弊。有利的是大多數統計分析不再需要使用龐大、昂貴的中央處理器，取而代之的是，成本不超過 250 美元的簡單個人電腦或雲端計算就能滿足 95% 的人 95% 的需求。另一方面，沒有得到足夠教育的學生（例如：你那些沒有選修這門課的同學）會使用他們所擁有的舊資料，並且認為對它們進行一些複雜的分析，便可以得到可靠、可信和有意義的結果，這是不正確的。你的老師可能會說「垃圾進，垃圾出」，這是因為如果你一開始就採用不是可信任的資料，那麼分析這樣的資料所得到的結果也就不可信任。

現今，從刑事司法到地球物理學再到心理學等不同領域的統計學家確定「手氣」在 NBA 中是否真的存在（這不是開玩笑——請參閱《華爾街日報》(*Wall Street Journal*) 的文章，網址為 http://www.wsj.com/articles/SB1000142405270230407100457940907101574537O），發現他們基本上使用相同的技術來回答不同的問題。當然，在資料蒐集方面有重要的差別，但是大體上來說，緊接在資料蒐集（多元資料，意指資訊的一部分）之後所進行的分析（多元分析），即使說有所不同，也是非常類似的。那麼道德問題呢？這個課程會提供你瞭解統計學如何用在所有學門中所需要的工具。更棒的是，這只需要很少的學分時數。

如果你想進一步瞭解統計學的歷史，而且想瞭解歷史發展的時間軸線，

可以從一個很棒的地方開始，那就是聖安賽姆學院的網站，網址是 www.anselm.edu/homepage/jpitocch/biostatshist.html；或者加州大學洛杉磯分校的網站，網址是 www.stat.ucla.edu/history。

好吧！5 分鐘到了，你現在已經知道足夠多的統計學歷史了。當我們學習不同的統計方法時，你將從中獲知更多的歷史，讓我們進入統計是什麼（以及它不是什麼）的主題。

統計學：它是什麼（以及它不是什麼）

《愛上統計學》是一本關於基礎統計，以及如何將統計應用在不同情境下的書籍，包含了資訊的分析和理解，尤其當資訊是用數字或數量呈現時。

就一般意義而言，**統計學** (statistics) 是用於描述、整理和解釋資料或數據的一套工具和技術。這些資料可能是某一特別數學課程學生的考試分數、解決問題的速度、當患者使用一種藥物而不是另一種藥物的副作用數量、世界大賽每一局失誤的次數，或者新墨西歌聖達菲高檔餐廳的晚餐平均價格（並不便宜）。

在所有這些範例或者我們可以想到的更多範例中，都需要蒐集、整理、彙總和解釋資料。在本書的敘述統計部分，你可以學到蒐集、整理和彙總資料，而在瞭解了推論統計的用途之後，就可以學會解釋資料。

什麼是敘述統計？

敘述統計常用於整理與描述所蒐集資料的特徵，這蒐集的資料有時也稱作**資料集** (data set) 或**資料** (data)。科學家會說，敘述統計描述了一個樣本——一個在你面前所擁有的數據。

例如：下表所列出的就是 22 名大學生的姓名、主修科目和年齡。如果你需要描述大學最流行的主修科目是什麼，你可以使用敘述統計來歸納他們次數最多的選擇（也稱作眾數），在這個例子中，最多的是主修心理學；如果你想知道學生的平均年齡，你可以輕鬆地計算另一個敘述統計值（也叫做平均數）。這兩個簡單的敘述統計值常用於描述資料，就如我們範例中的 22 個個案一樣，敘述統計讓我們可以恰當地表示大量資料的特徵。任何時

候你想要描述的都不僅是少數幾個人或事物，敘述統計讓這件事變得容易，容易得多！這就是為什麼敘述統計在社會科學和自然科學中如此受歡迎的原因。

姓名	主修科目	年齡	姓名	主修科目	年齡
Deja	教育學	19	Aliyah	英語	21
Sara	心理學	18	Mateo	心理學	22
Asma	教育學	19	Hadley	心理學	23
Trevon	心理學	21	Alejandro	教育學	21
Jordan	教育學	20	Chip	教育學	19
Pam	教育學	24	Homer	心理學	18
Xavier	心理學	21	Li	英語	22
Liz	心理學	19	Darius	心理學	24
Nicole	化學	19	Leonard	心理學	21
Zhang	護理學	20	Jeffrey	化學	18
Kent	歷史	18	Emily	西班牙語	19

你看，這是多麼簡單的事！要找出最常被選擇的主修科目，只要找出出現次數最多的那一科。要找出平均年齡，只要將所有的年齡值加起來，然後除以 22。沒錯！最常出現的主修科目是心理學（9 次），平均年齡是 20.3 歲（實際上是 20.27 歲）。媽，妳看！沒人插手──你就是統計學家。

什麼是推論統計？

推論統計通常是（但並非總是）在你蒐集和彙總資料後的下一步。推論統計常用來由較小群體的資料（如我們的 22 個學生構成的群體）來推論可能較大的群體（如文理學院的所有大學部學生）。

這個較小的資料群體通常叫做**樣本 (sample)**，是**母體 (population)** 的一部分或一個子集。例如：新澤西州紐瓦克（尼爾出生的美麗城市）的所有五年級學生就構成一個母體（這是具備某些特徵的全體──五年級而且住在紐瓦克），從中選取 150 人就構成一個樣本，如果我們認為這個樣本可以有效代表母體，我們便可以對母體進行猜測。

讓我們來看另外一個例子。作為新僱用的研究人員，你的行銷部門要你從眾多名稱中，挑選一個最適合新品牌洋芋片的名稱，是洋芋片王、樂趣洋芋片，還是嚼嚼樂？作為一位專業統計分析人員（我們要開始動工了哦！要有信心！），你需要找到一個洋芋片食用者小群體，這個群體可以代表所有喜歡吃洋芋片的人，並要求這些人告訴你這三個名稱最喜歡哪一個。如果你做得很好，就可輕易將這個發現外推到洋芋片食用者的大群體。

或者，如果說你對某種疾病的最佳治療方案感興趣。也許你可以讓一組試用一種新藥，另一組食用安慰劑（或者大家都知道沒有任何效果的一種物質），第三組什麼藥也不吃，然後來看看結果。好吧！你會發現許多病患在沒有採取任何行動下都會好轉，而且自然（我們假設這是區分群體唯一的一個因素或一組因素）運轉一切照舊！這表示藥物沒有任何效果，那麼根據你的實驗結果，你可以將這些資訊應用到更多遭受這種疾病所苦的病人群體上。

從樣本推斷母體是很有意義的，尤其是當你確定樣本可以代表母體時。正如你稍後將看到的，這就是為什麼科學家們花費了大量的精力來取得具有代表性的樣本。

換句話說……

統計學是幫助我們瞭解周遭世界的工具，透過整理我們所蒐集到的資料，讓我們對於如何利用這些資料的特徵應用到新的情況可以做出一些推論。敘述統計和推論統計可以聯手發揮作用，何時及選擇使用哪一種統計方法，完全取決於你想要回答的問題。

今日，統計學的知識比以往任何時候都更為重要，因為它為我們提供了基於經驗（觀察）所得到的證據做出決策的工具，而不是基於我們自己的偏見或信念。想要知道早期介入計畫是否有效？然後檢證它們是否有效並將證據提供給法院，法院將就新的學校債券發行以支付這些計畫的可行性做出裁決。

我在統計學課堂上做什麼？

為何你選擇使用這本書，可能有多種原因。也許是選修統計學基本課程，或者是在為綜合測驗進行複習，甚至是為選修更高深的課程做準備，而在暑假讀這本書（恐怖！）。

總之，不論你是否必須參加正式課程的期末考試，或者只是為了自己的目的選擇這門課程，你都是學習統計學的學生。但是學習這門課有許多好的理由，有些樂趣、有些嚴肅，或者兩者兼具。

下面的清單是我們的學生在我們的統計學入門課程開始之初，所聽到的一些說法：

1. 統計學 101 或統計學 1，或者在你們學校的任何其他名稱，若列在你的成績單中看起來會很棒。老實說，統計學可能是完成你主修科目的一個必修課程，即使不是，擁有統計學技能絕對能在你找工作，或進一步學習時提供很重要的附加價值。而且如果選修了更高級的課程，你的學經歷肯定會更令人印象深刻。

2. 如果不是必修課程，選修基礎統計學可以把你和沒有選修的同學區分開來，這表示你願意選擇難度及投入程度在平均水準以上的課程。而且，當政治和經濟（以及體育！）的世界變得更為要求「負責」，分析技術越來越受到重視。誰知道，這門課可能是你的工作入場券！

3. 基礎統計學可能是你不熟悉的一種智力挑戰，這個過程需要考慮很多事情，一些數學計算，以及一些想法和應用的結合。結果是，因為你學習了一個全新的領域和學科，所有活動的加總起來，就是一個充滿活力的智力經驗。

4. 毫無疑問地，如果具備一些統計學背景，會讓你在社會科學或行為科學中較出色，因為你不僅可以更清楚瞭解雜誌中的文章，也更可以瞭解老師和同學在課堂內外討論的內容或研究。你可能很驚訝你第一次對自己說：「哇！我真的聽得懂他們在討論什麼了。」而且這會經常發生，因為你將擁有瞭解科學家如何得出結論所必備的基本工具。

5. 如果你計畫獲得教育學、人類學、經濟學、護理學、社會學，或其他社會、行為或生物領域任一學科的學位，統計學課程將會提供你往前邁進

所需的基礎。

6. 不同類型的問題有多種不同的思考和處理方式，你在本書（和本課程）中所學習的一些工具，將幫助你從新的角度檢視有趣的問題，而且，這種可能性儘管現在可能還不明顯，但是這種新的思維方式可以帶領你進入新的境地。

7. 最後，你可以誇口說你完成了人人都認為難度相當於建造和運轉核子反應爐的課程。

使用這本書（和同時學習統計學）的十種方式

喔耶！剛好這世界需要另一本統計學書籍，但這一本不一樣。這本書是針對學生寫的，但不是降低標準，而是豐富多元，也盡可能展現基礎內容。本書沒有設定在課程開始之前應該具備什麼知識，只是進度安排較慢、步伐較小，讓你可以按自己的節奏安排。

然而，大家都認為統計學是很難精通的課程。的確，我們也這麼認為，因為統計學的某一部分的確充滿挑戰。另一方面，無數的學生已經精通了這門課程，而你也可以。在開始我們的第一個主題之前，先用一些提示來結束這一章。

1. **你不笨，絕不騙你。** 如果你是笨蛋，你不可能唸到大學。因此，看待統計學就像對待其他新課程那樣。去上課聽講，學習課本內容，練習書上或課堂上的習題，那你就可以學得很好。火箭科學家精通統計學，然而，你不需要是火箭科學家也可以在統計學上成功。

2. **你怎麼知道統計學很難？** 統計學很難嗎？既是，也不是。如果你是從上過這門課的朋友那裡聽來的，而他們不用功也沒學好，那麼他們一定會告訴你統計學是多麼難學，甚至會說，統計學即使不是對他們的生活造成大災難，也會對整個學期造成大災難。而且我們不要忘記，我們總是傾聽抱怨者的碎碎唸。因此。我們會建議你，應該以下列這種態度開始這門課程，也就是你將等著看統計學是如何難學，並且依據自己的經驗做出判斷。最好是找幾個上過這門課的人討論，綜合他們的看法，就是不要只依據掃興者的經驗做出判斷。增加更多的樣本吧！

3. **不要蹺課——按順序學習各章的內容。**《愛上統計學》的每一章都是下一章的基礎。我們希望當你在課堂上學習所有內容後，你將可以回顧整本書，並把這本書當作參考書。因此，如果你需要一個表中的特定值，你也許可以查閱附錄 B；或者，你需要回憶如何計算標準差，你也許可以回顧第 3 章的內容，但是現在你要按照本書的順序學習每一章。當然也可以不按照順序，先瞭解後面提供的學習內容。但是在學習後面章節之前，要先精通前面的章節。

4. **組織學習小組。**這是確保在這門課成功的最基本方式之一。在一個學期的開始，要安排和朋友一起學習。如果沒有朋友和你選擇同一課程，那麼就要認識新朋友，或者邀請和你一樣，看起來很樂於學習統計學的學生一起學習。和其他人一起學習時，如果你學得比他們好，你可以幫助他們；反之，如果他們學得比你好，你就可以從他們身上受益。每個星期安排特定的時間，聚在一起一個小時，複習每一章後面的練習題，或者相互提問，或者根據需要安排更多時間。與他人一起學習，是幫助你瞭解和精通課程內容的一種最佳方法。

5. **向你的老師提問題，然後問朋友。**如果你不瞭解老師在課堂上所教的內容，可以請老師說明。毫無疑問，如果你不瞭解課程內容，那麼你可以很肯定其他人也不瞭解。老師一般都歡迎提問題，特別是因為你上課前已經預習，你的問題應該可以幫助其他學生更易瞭解課程內容。

6. **完成每一章後面的習題。**習題是以每一章的內容和範例為基礎。這些習題是要幫助你應用每一章所教授的概念，同時建立你的自信心。如果你可以回答每章後面的習題，那麼表示你已經能將這一章的內容掌握得很好。每一個習題的正確答案，在附錄 D 中提供。

7. **練習，練習，再練習。**是的，這是個很古老的笑話：

問：你如何才能到卡內基大廳？

答：練習，練習，再練習。

好吧！這和基礎統計學沒有差別。你必須使用你所學到的知識，而且要經常使用來精通不同的觀念和技巧。這意味著回答第 1 至 17 章及第 19 章最後的習題，以及善用任何機會來瞭解你所學到的內容。

8. **尋找應用實例，使所學內容更貼近現實。** 在你的其他課堂上，你可能偶爾會閱讀期刊上發表的文章、討論研究的結果，並且對你學習領域中的科學方法重要性進行一般性的討論。這些都是驗證你所學的統計學，可以如何幫你更瞭解課堂討論的主題和基礎統計學的機會。這些想法你應用得越多，你的理解就更為充分。

9. **瀏覽。** 首先讀完指定的章節，然後回頭更努力再讀一次。要選擇輕鬆學習《愛上統計學》的道路來瞭解每一章的內容，你自己千萬不能急，先知道前面有哪些主題，以及讓自己熟悉現在統計學課堂上將要涵蓋的內容，總是會有好處的。

10. **得到樂趣。** 這看起來好像在說一件很奇怪的事。但簡單來說，這不是要讓這門課和它的要求控制你，而是要你精通這門課。建立學習時間表並按表完成，在課堂上提出問題，而且將這個智力訓練看作是成長的一種形式。精通新知識總是令人激動和滿足——這是人類活力的一部分。在這裡你也可以體驗同一種滿足感——只要能集中精力，為保持功課水準做出必要的承諾，並且努力學習。

關於那些圖像

整本書中都有「熱愛統計的人物」的簡短履歷。我們將在本書中發現的所有統計技巧和程序，都是由真實的人物所發現的，很高興知道他們就像你和我一樣！（是的，有點像你和我。）

在本書中，你會發現一個小階梯的圖標，就像你在這裡所看到的一樣。這表示即將採取一系列步驟，來指導你完成特定的流程。有時，你將使用 SPSS 執行這些步驟，這些步驟的檢驗和批准已經經過聯邦機構的同意。

附錄 A 是關於 SPSS 的介紹，透過此一附錄的操作練習，你就已經做好使用 SPSS 所需要的準備，即使你的 SPSS 版本是較舊的（或是 Mac 版本），你還是會發現這些教材是很有幫助的。事實上，SPSS 最新的 Windows 版或 Mac 版，他們的外觀或功能幾乎是一樣的。

附錄 B 包含一些在這本書中，你學習和需要用到的重要表格。

而且，在完成本書中的練習時，你將會使用到附錄 C 中的資料集。在

現實世界的統計

　　「現實世界的統計」一節會在每一章的最後出現，希望這個單元可以提供你有關某一特殊的方法、檢定、觀念或某些統計面向，如何在科學家、醫生、政策制定者、政府人員及其他人的日常工作場所中被使用的證據。在此一首次出現的單元中，我們檢視一篇很短的文章，由作者回憶和分享美國國家科學院 (National Academy of Sciences) 在「任何時候由政府的任一部門所要求，應該調查、檢查、實驗和報告任何有關科學或藝術的主題」的論點（順便一提，這是在 1863 年所提出的章程），這個章程在 50 年後導致美國國家研究委員會 (National Research Council) 於 1916 年形成，這是另一個協助提供政策制定者在決定充分知情之決策所需要之資訊的聯邦機構，通常此一「資訊」是以任何量化資料的形式——也被稱之為統計——幫助人們評估解決對社會大眾造成廣大影響之問題的備選方案。因此，在這篇文章中，就像你的課本或你所修的課程一樣，指出統計對於思慮清楚和利用資料來支持你的論點的重要性。

　　想要知道更多嗎？可以上網或到圖書館閱讀有關這篇文章：

Cicerone, Ralph (2010). The importance of federal statistics for advancing science and identifying policy options. *The Annals of the American Academy of Political and Social Science, 631*, 25-27.

　　練習中，你會找到名稱如下的「第 2 章資料集 1」的資料集，每個資料集都展示在附錄 C 中，你可以手動輸入這些數據或從出版商的網站 edge.sagepub.com/salkindfrey7e 下載資料檔。

　　附錄 D 包含各章末尾問題的答案。

　　附錄 E 為可能需要複習的人，提供了數學入門。

　　附錄 F 介紹了除 SPSS 之外的一些你可能會覺得有用的統計軟體。

　　附錄 G 包含一些有趣的統計網站。

　　附錄 H 包含了一些你蒐集自己的數據時，很有用的提醒。

　　附錄 I 提供了期待已久的布朗尼食譜（是的，你終於找到了）。

難易指數

為了幫助你，我們在每章的開頭都放置了一個難易指數，這為每章的開頭增加了一些樂趣，但是它也是一個有用的提示，可讓你瞭解即將到來的這一章相對於其他各章有多困難。

因為指數是使用笑臉，所以笑容越多越開心！

- 非常難　　☺
- 比較難　　☺☺
- 一般　　　☺☺☺
- 比較容易　☺☺☺☺
- 非常容易　☺☺☺☺☺

統計術語

本書中有加上粗黑字體的名詞，都會收錄在本書最後的統計術語。

小結

實際情況不是那麼糟，對吧？我們想要鼓勵你繼續閱讀，而且不要認為瞭解與應用是困難、花時間或複雜的。每一次只學一章，就像你現在所做的。

練習時間

因為缺乏對應內容的實務題，第 1 章到第 17 章及第 19 章的結尾都有一組習題，這些習題可以幫助你回顧每一章所涵蓋的內容。如前文所說，這些習題的答案都可以在本書最後的附錄 D 中找到。

例如：下面就是第一組習題（但不要尋找任何答案，因為這些都是要「靠自己」回答的問題——每個問題和答案都與你自己的經驗和興趣密切相關）。

1. 訪問一個在日常工作中應用統計學的人。這個人可能是你的顧問、講師、生活在同一街區的研究員、健康照護分析人員、公司的市場行銷人員、城市規劃人員或……，詢問他或她的第一個統計課程像什麼樣子，問問他或她喜歡什麼、不喜歡什麼，看看他或她是否有任何可以協助你成功學習的建議。而且最重要的是，問他或她在工作中如何使用這個對你來說是全新工具的方式。

2. 我希望你是學習小組的成員之一，如果這不可行的話，至少你可以組成電話、email、即時通訊或線上研究夥伴（甚至可以同時參與兩種以上），當然，還有很多文字短訊和 Facebook 的朋友，和你的小組成員或課堂上的同學聊聊有關統計學課程的喜歡、不喜歡、害怕之類的問題，看看你們有哪些共通之處？哪些不同之處？和你的同學討論有哪些策略可以克服恐懼。

3. 查閱本地報紙（或任何其他出版品），找出有關任何一個主題的調查或訪談結果，總結這些結果，然後你盡可能描述相關研究人員或者調查的作者如何得出他們的結論。他們的方法或推理可能很明顯也可能不明顯，一旦你瞭解他們做了什麼，嘗試思索其他可以蒐集、整理和彙總同樣資訊的方法。

4. 去圖書館（親自或在線）找一份自己所修習學科的期刊文章複印本，然後，讀完全文並標示使用統計程序來組織和分析資料的部分（通常是「結果」部分）。你對其中的統計方法細節可能瞭解不多，但是你可以指認出多少種不同的統計方法（例如：t 檢驗、平均數和標準差的計算）嗎？你能不能完成下一步，告訴你的老師這些結果和研究問題，或者最主要的研究主題間的關係？

5. 在網站查找五個包含任何主題之資料的網址，然後簡要介紹所提供的資料類型，以及資料是如何整理的。例如：到所有資料網址的源頭美國人口統計局（http：//www.census.gov/），你會找到連結數百個資料庫、圖表和其他資訊的工具。試著搜尋適合你專業的資料和資訊。

6. 最大的加分作業是找到一個因日常資料分析需求而每天實際使用 SPSS 的人，詢問 SPSS 有沒有任何特殊之處，使其成為這類型資料分析的最佳工具。從政治學到護理學的所有事物中，你可能會找到這些好人，所以，請廣泛搜索！

7. 最後，作為這第一組習題的最後一題，提出五個有關你自己的研究或有興趣之領域內的有趣問題，再試著盡自己最大的努力，提出一些你回答這些問題會需要的真實的、現有的資訊或資料，讓自己成為一位科學家！

學生學習網址

你可以造訪 edge.sagepub.com/salkindfrey7e 取得強化學習技巧所需要的工具，以及取用練習測驗、eFlashcards、原始和精選的影片、資料集等！

西格瑪・佛洛伊德 (Σigma Freud) 和敘述統計

是的，全部都變得很清楚。

PART II

精神分析學的鼻祖西格蒙德・佛洛伊德 (Sigmund Freud) 令人稱頌的一件事，就是觀察和描述他的病人狀況的本質。他是機靈的觀察者，並且應用他的技能發展了第一個有系統和無所不包的人格理論。今日有些人對其觀點的有效性有所質疑，但他是一個優秀的科學家。

回到 20 世紀初葉，統計學課程（就如你所選的統計學課程）並沒有出現在大學生或研究生的課程中。因為當時統計學還是相當新的領域，而且科學探索的本質並不需要這套統計工具所帶入科學領域的精確性。

但是情況已經發生變化。現在，幾乎在任何領域，數字變得舉足輕重〔如同高爾頓 (Francis Galton) 這位發現相關的人和查爾斯・達爾文 (Charles Darwin) 的第一個表親所說的〕。《愛上統計學》的這部分主要致力於瞭解，在整理完關於結果的資訊後，我們如何應用統計學來描述結果並能更容易理解它。

第 2 章討論集中趨勢測量數，以及如何計算許多種不同平均數中的一種，給你最能表現一組資料的最佳資料點。第 3 章全面介紹用於描述一組資料點的離散性工具，包括標準差和變異數。到了第 4 章，你就要準備學習不同分布或不同組分數之間的差異，以及這種差異的意義。第 5 章處理變數之間關係的本質，也就是相關性。最後，第 6 章是說明當我們在描述有效測量工具的品質時，信度、分數的隨機性及效度有何重要性，分數是否能呈現其所預期的結果。

當你完成第二部分之後，你將已經站在很好的起點上，可以開始瞭解機率和推論在社會、行為及其他科學中所扮演的角色。

計算和瞭解平均值
——必須完成的功課

難易指數：☺☺☺☺（比較容易）

本章學習內容

+ 瞭解集中趨勢測量數。
+ 計算一組分數的平均數。
+ 計算一組分數的中位數。
+ 計算一組分數的眾數。
+ 瞭解和應用量表或測量尺度。
+ 選擇一種集中趨勢量數。

你非常有耐心，而現在終於是開始處理一些真實、生動資料的時候，這也正是你在這一章要做的。一旦蒐集完資料，第一步通常是使用簡單的指標整理資訊來描述資料。完成這一步最容易的方法，就是計算幾種不同形式的平均值中的一種。

平均值 (average) 是最能夠代表整組分數的一個數值。無論這組分數是30 個五年級生拼寫測驗的正確個數，還是每一位紐約洋基隊員的打擊率（附帶一提，在 2013 年的球季表現並不好），或者是選民對國會選舉候選人的感受。在所有這些範例中，資料組都可以使用平均值來概述。你通常可以將

平均值視為「中間」的地帶或蹺蹺板的支點，這是一組數值範圍內最能公平代表所有值的點。

平均值也叫做**集中趨勢測量數** (measures of central tendency)，一般有三種形式：平均數、中位數和眾數。對於分數的分布，每一種形式都提供你不同形式的資訊，而且計算和解釋都很簡單。

計算平均數

平均數 (mean) 是最常用的平均值形式，它是如此的受歡迎，以至於科學家有時草率地將「平均值」一詞當成就是指「平均數」的意思，而實際上它只是在有些時候是指「平均數」。平均數就只是一群數值的總和除以該群數值的個數。因此，如果你有 30 個五年級學生的拼寫分數，你只要將所有的拼寫分數加起來就得到一個總和，然後除以學生的人數，也就是 30。

我們將在本書中首次顯示一個公式或方程式。不要驚慌，方程式只是使用符號取代文字的陳述或句子，我們會告訴你這些符號所代表的是什麼文字。式 2.1 就是平均數的計算公式。

$$\bar{X} = \frac{\sum X}{n} \tag{2.1}$$

其中：

- 上方有橫線的字母 X〔也叫做「X 霸」(X-bar)〕是這群分數的平均值或平均數。
- $\sum$ 或希臘字母西格瑪 (sigma) 是連加符號，也就是將其後的所有數值都「加總」在一起。
- X 是這群分數中每一個別分數。
- n 是你在計算平均數時的樣本數，即分數的個數。

下面是計算平均數的步驟：

1. 以一行或多行的形式列出整組數值，這些數值就是所有的 X。
2. 計算所有數值的總和。
3. 將總和除以數值的個數。

例如：如果你需要計算三個不同場所的顧客的平均人數，你可以計算平均數來得到這個數值。

場所	每年顧客數量
蘭哈姆公園商店	2,150
威廉斯堡商店	1,534
下城商店	3,564

每個商店顧客數量的平均數是 2,416。式 2.2 顯示如何應用式 2.1 計算這個值。

$$\bar{X} = \frac{\sum X}{n} = \frac{2,150 + 1,534 + 3,564}{3} = \frac{7,248}{3} = 2,416 \tag{2.2}$$

或是如果你需要計算某一個學校從幼稚園到六年級的平均學生人數，你會依循相同的步驟。

年級	學生人數
幼兒園	18
1	21
2	24
3	23
4	22
5	24
6	25

每個班級學生人數的平均數是 22.43。式 2.3 顯示如何應用式 2.1 計算這個值。

$$\bar{X} = \frac{\sum X}{n} = \frac{18 + 21 + 24 + 23 + 22 + 24 + 25}{7} = \frac{157}{7} = 22.43 \tag{2.3}$$

你看，我們都告訴你很容易了，就是這麼輕而易舉！附帶一提，當你剛剛在計算平均數時，你可能已經得到了一個包含更多數字的數值：22.42857143 或類似的數字，統計學者通常會將數字縮短到小數點後幾位，因此，我們報告平均數為 22.43（最後一位為四捨五入）是沒有問題的。

- 平均數有時也用字母 *M* 表示，也叫做典型分數、平均分數或最中間的分數。如果你在看其他的統計學書籍或者研究報告時，並且看到類似 *M* = 45.87 這樣的式子，這可能表示平均數等於 45.87。從技術上來說，當你討論你面前的樣本所代表的更大母體的平均數時，會使用大寫字母 *M*。這些區別目前並不重要，但以後可能會很有趣。

- 在上面的式子中，小寫字母 *n* 表示計算平均數時的樣本大小，大寫字母 *N* 表示母體大小。在一些書籍和期刊文章中，則沒有對這兩者做出區別。注意，與討論母體的平均數時用大寫 *M* 表示一樣，統計類型通常將大寫字母符號用以表示母體，並保留小寫字母用以討論樣本。

- 平均數就像蹺蹺板的支點一樣，它是最中心點，平均數一邊所有數值的總重量與平均數另一邊所有數值的總重量是相等的。

- 最後，不論好壞，平均數對極端分數非常敏感。極端的分數可能會往一個方向或另一個方向拉動平均值，從而削弱了平均數對該組分數的代表性，也降低其作為集中趨勢測量數的有用性。當然，這完全取決於計算平均數的數值，如果你有極端的分數，但平均數不能達到你所想要的測量效果，我們有解決方案！之後再說。

平均數也稱為**算術平均數** (arithmetic mean)，當然你也會讀到其他類型的平均數，如調和平均數 (harmonic mean)。那些平均數只用於特殊的情況，但你現在不需要去注意。如果你想表現得更專業，算術平均數（也就是我們討論到現在的這一個）也可定義為與平均數的離差總和是 0 的那個點。（哇！）。這就是為什麼我們總是喜歡平均數的原因。舉例來說，如果你有三個分數如 3、4 和 5（平均數是 4），相對於平均數的離差（–1、0 和 1）的總和是 0。

記住，平均數一詞僅僅是最能代表一組分數的一個測量值，而且還有許多不同類型的平均數。使用哪一類型的平均數，取決於你所提出的問題和你要彙總的資料類型。這是一個測量尺度的問題，我們將在本章後面討論何時使用哪個統計量時加以說明。

在基礎統計學，一個重要的工作是區別哪些與樣本（母體的一部分）有關及哪些與母體有關的數值。統計學家使用以下的慣例進行區別：樣本統計量（例如：樣本平均數）使用羅馬字母；母體參數（例如：母體平均數）使用希臘字母。因此，舉例來說，100 個五年級學生樣本的拼寫成績平均數用 $\overline{X}$ = 5 表示，而整個五年級學生母體的拼寫成績平均數用希臘字母 mu 或 μ5 表示。

計算中位數

中位數也是一種平均數，但是一種非常不同的類型。**中位數** (median) 被定義為一組分數的中點，所有分數的一半，也就是 50%，在這一點之上；而另一半，或者說 50%，在其之下。中位數有一些特別的性質，我們會在這一節後面的部分加以討論，現在集中精神在如何計算它。計算中位數沒有標準公式，而是一套步驟。

依照下面這些步驟計算中位數：

1. 從大到小或者從小到大，依序列出數值。
2. 找到位於最中間位置的分數，那就是中位數。

例如：下面是五個不同家庭的收入：

135,456 美元

45,500 美元

62,456 美元

54,365 美元

37,668 美元

下面將收入從高到低排列：

135,456 美元

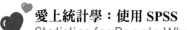

62,456 美元

54,365 美元

45,500 美元

37,668 美元

一共是五個數值。最中間的數值是 54,365 美元，這就是中位數。

現在，如果數值的個數是偶數，怎麼辦？讓我們在收入清單中增加一個數值（64,500 美元），那麼就有六個家庭的收入，如下所示：

135,456 美元

64,500 美元

62,456 美元

54,365 美元

45,500 美元

37,668 美元

如果數值個數是偶數，中位數就只是中間兩個數值的平均數。在這個範例中，中間的兩個數值是 54,365 美元和 62,456 美元。這兩個數值的平均數是 58,410.50 美元。這就是六個數值資料的中位數。

如果中間的兩個數值相同，該怎麼計算？就如下面的資料：

45,678 美元

25,567 美元

25,567 美元

13,234 美元

如此，中位數和最中間的兩個數值相同。在這個範例中，中位數是 25,567 美元。

如果我們有一系列數值，是七個不同病人由一種運動傷害中復原所花的天數，這些數值可能看起來如下所示：

43

34

32

12

51

6

27

如同我們先前所做過的，我們可以先將這些數值排序 (51, 43, 34, 32, 27, 12, 6)，然後，選中間的值作為中位數，在此例中，它是 32。因此，復原受傷所需天數的中位數是 32。

如果你知道中位數，你也應該已經知道**百分位數** (percentile ranks)。百分位數用於定義在一個分布或一組分數中等於或者小於一個特定點的案件百分比。例如：成績是「在第 75 個百分位數」，這意味著在分數的分布中，此一分數剛好是或者超過 75% 的其他人的分數。大家也知道中位數是第 50 個百分位數，因為在這個分布中，50% 的個案落在這一點之下。其他的百分位數也很有用，如第 25 個百分位數，通常叫做 Q_1，以及第 75 個百分位數，通常用 Q_3 表示。那麼什麼是 Q_2 呢？當然是中位數。

現在提供你一個問題的答案，這個問題可能在我們開始討論中位數時，就已出現在你的腦袋中了。為什麼用中位數，而不用平均數？一個最好的理由是，中位數對極端分數不敏感，而平均數則否。當你有一組分數，其中有一個或多個極端分數，中位數相對於其他任何集中趨勢測量數來說，更能代表這組分數的最中心值。是的，甚至比平均數還要好。

我們所說的極端值是什麼？可能最容易的是，把一個極端值想成與其所屬群體非常不同的數值。例如：考慮我們之前用過的五個家庭收入清單，再次列出如下：

135,456 美元

54,365 美元

37,668 美元

32,456 美元

25,500 美元

135,456 美元這數值與其他四個數值之間的差異較大。我們可以認定這個數值就是極端分數。

要說明中位數作為集中趨勢測量數是多麼有用的最好方法，就是計算包含一個或多個極端分數的一組資料的平均數和中位數，然後比較哪一個值最能代表這群資料。現在就來計算和比較。

上面這組五個收入數值的平均數，是五個數值的總和除以 5，結果是 57,089 美元。而另一方面，這五個分數的中位數是 37,668 美元。哪一個值更能代表這群資料？37,668 這個美元數數，因為它明顯更位於這群資料的中間，而且我們喜歡思考平均數（在這種情況下，我們使用中位數作為平均數的度量）具有代表性或者位於中間位置。事實上，平均數 57,089 美元比第四大的數值（54,365 美元）還要大，而且不是這個分布非常中間或具有代表性的值。

基於這個原因，特定的社會和經濟指標（大多數與收入相關）都使用中位數作為集中趨勢測量數來報告，例如：「美國家庭平均收入的中位數是……」，而不是使用平均數來概述平均收入。正是因為存在太多的極端分數會改變，或者明顯地**扭曲** (skew) 一組分數或一個分布的真正中心點。例如：2014 年美國的家庭年收入中位數（我們可以找到其最新數據的一年）約為 54,000 美元，而家庭的平均年收入約為 73,000 美元。哪個離你家庭的收入更近？

你之前已經學到平均數有時用大寫字母 M 而不是 $\bar{X}$ 表示，中位數也有其他表示的符號。我喜歡使用字母 M，但是有一些人會將 M 和平均數混淆，因此他們使用 Med 或 Mdn 表示中位數。別讓這些符號混淆你，只要記住什麼是中位數，以及中位數代表什麼，你就不會有適應這些不同符號的困難。

這裡是一些有關中位數很有趣也很重要，值得記住的事情。

• 我們用中位數這個詞來形容其他中間事物，例如：在高速公路上，中位數就像是沿著道路的中間線條。

- 因為中位數是建立在有多少個案，而不是這些個案的數值的基礎上，因此，離群值〔有時也叫做**極端值 (outliers)**〕並沒有什麼作用。

計算眾數

我們將要學習的第三個，也是最後一個集中趨勢測量數──眾數，是最籠統、最不精確的集中趨勢測量數，可是它在瞭解特定一組分數的特徵上扮演著非常重要的角色。**眾數 (mode)** 就是出現次數最多的數值，和中位數一樣，並沒有計算眾數的公式。

按照下面這些步驟計算眾數：

1. 列出一個分布中的所有數值，但是每一個數值只列出一次。
2. 計算每個數值出現的次數。
3. 出現次數最多的數值就是眾數。

例如：調查 300 個人的政黨背景，可能得到如下的分數分布：

政黨背景	次數或頻率
民主黨	90
共和黨	70
無黨籍人士	140

眾數是出現次數最多的數值，在上面的例子中是無黨籍人士。這就是這個分布的眾數。

如果我們在一個 100 項選擇題的測驗中注意最多數的回答，我們可能會發現，A 選項比任何其他選項被選的次數都要多。資料如下所示：

可選擇項目	A	B	C	D
被選次數	57	20	12	11

在這份 100 項四選一（A, B, C 和 D）的選擇題測驗中，A 被選為答案

的次數是 57。它有最多數的回答。

你是否想知道計算眾數時最容易、最常出現的錯誤是什麼嗎？它就是選擇某個分類選項出現的次數，而不是分類選項的標記。對一些人來說，很容易就說出眾數是 140，而不是無黨籍人士，為什麼？因為他們注意的是數值出現的次數，而不是最常出現的那個數值！這是一個簡單易犯的錯誤，因此，你在計算眾數時一定要注意。

雙峰形式的蘋果派

如果一個分布中每一個數值出現的次數都相同，那麼就沒有眾數。但是如果多個數值的出現次數相同，那麼這個分布就是多峰形式。一組分數可能是雙峰形式（有兩個眾數），如下面由頭髮顏色所構成的一組資料所顯示。

頭髮顏色	次數或頻率
紅色	7
金色	12
黑色	45
棕色	45

在上面的範例中，這個分布是雙峰形式，因為黑色頭髮和棕色頭髮出現的次數相同。當眾數彼此相當接近但不是完全相同時，你甚至也可以有雙峰形式的分布，例如：45 個人的頭髮是黑色，44 個人的頭髮是棕色。問題就成為：一個類別要出現多少次數才能與其他類別相互區別？

你是否可能有三峰的分布？當然，當三個數值出現的次數相同。一般來說是不太可能的，特別是當你在處理大量的**資料點** (data points) 或觀察值時，但的確是有可能發生的。上述這個特殊問題的真正答案是，類別之間必須是互斥的，你根本不可能同時擁有黑色和紅色的頭髮（雖然如果你環視全班同學，你可能會有不同的想法），當然，你可能同時擁有兩種髮色，但每一個人的髮色都只會強迫被歸到其中一個類別。

用不同方法衡量集中趨勢的時機（現在你所需要知道的是測量尺度）

用哪一種集中趨勢測量數取決於你所使用之資料的某些特徵——特別是資料的**測量尺度** (scale of measurement)，尺度或水準決定了你要使用特定的集中趨勢測量數。

不過，讓我們倒退一分鐘，確定我們已經直接掌握某些詞彙的意涵，就從什麼是測量的概念開始。

測量是遵循一定的規則指定數值給觀察結果——很簡單，最後得到的就是我們待會要定義的不同尺度，而且一個觀察結果可以是我們有興趣測量的任何事物，如頭髮的顏色、性別、考試成績或身高。

這些測量尺度或規則是觀察結果被測量時的特定水準，每一個水準都有一個特別的特徵集合，而且測量尺度以四種形式出現（或四種類型）：名目、順序、等距和比例。

讓我們現在開始簡單的介紹，並舉例說明四種不同類型的測量尺度，然後再討論不同的測量水準如何配適前面所提及的不同集中趨勢測量數。

玫瑰的別稱：名目測量水準

名目測量水準 (nominal level of measurement) 是以觀察結果的特徵來定義，也就是觀察結果只屬於一個組別或類別。例如：性別是名目變數（男性和女性），種族（高加索人或非裔美國人）或政黨背景（共和黨、民主黨或無黨派人士）也是名目變數。名目水準的變數是「名稱」（name，拉丁語中是 *nominal*），而且是精確水準最低的測量。名目測量水準的各個類別相互排斥，例如：政黨背景不能同時是民主黨和共和黨。

任何順序我都喜歡：順序測量水準

順序測量水準 (ordinal level of measurement) 的「序」表示次序，而且被測量的事物特徵是他們被排序。最好的範例是一份工作的應徵者的名次，如果我們知道拉斯的名次是 1，馬奎斯的名次是 2，漢娜的名次是 3，那麼這就是一個順序安排。我們不知道在這個尺度中，拉斯相對於馬奎斯比馬奎斯

相對於漢娜高多少，我們只知道排在第 1 比第 2 好，又比第 3 好，但是不知道好多少。

1 + 1 + 2：等距測量水準

現在我們進入某個領域。當我們討論**等距測量水準** (interval level of measurement)，我們指的是檢定或評估工具是建立在某一連續量之上，這樣我們就可以討論一個較高的成績比較低的成績高多少。例如：你的辭彙測試成績是 10 個單字正確，是比 5 個單字正確多了 5 個。等距尺度的一個顯著特徵是尺度上的每個等距都相等，10 個單字正確比 8 個單字正確多 2 個，6 個單字正確比 4 個單字正確多 2 個。決定是否有相等間隔的不僅是實際的數學運算，它與所欲衡量之概念的假定有關。如果多拼 2 個正確的單字總是代表 2 個單位以上的拼寫能力（不管它代表什麼意思），此一測量都是屬於等距水準。

一個人可能一無所有嗎？比例測量水準

好吧！這裡你可能會有些迷惑。在**比例測量水準** (ratio level of measurement) 的評估工具的特徵是測量尺度中存在絕對的零值，零代表不具有任何所要測量的特徵。讓人迷惑的是什麼？我們測量的觀察結果是否有可能是沒有可測量的？在一些學科中可能存在這種情況，例如：在心理學和生物學中，可以有不存在的特徵，如絕對零值（沒有分子運動）或零光程。在社會和行為科學中，就比較難找到，即使你的拼寫成績是 0，或者答錯了 IQ 測試的每一題，並不意味著你的拼寫能力為 0 或者智力為 0，對吧？

總之……

這些測量尺度或規則代表著觀察結果被測量的特定水準，而且，我們可以這樣說：

- 任何的測量結果都能夠被指定到四個測量尺度中的某一個。
- 測量尺度有次序，從最不精確的名目尺度到最精確的比例尺度。
- 測量尺度「越高」，所蒐集的資料就越精確，而且資料就越詳盡、有內

容。例如：知道有些人富裕，有些人貧困可能已經足夠（這是名目或類別的區分），但是準確的知道每一個人賺多少錢（比例）會更好。一旦我們知道每一個人收入的所有資訊，我們總是可以在「窮」與「富」之間進行簡單的區分。

- 最後，越是精確的測量尺度包含了所有在它之下的測量尺度特質，如等距尺度包含名目尺度和順序尺度的特質。例如：你知道小熊隊的平均打擊率是 0.350，你就知道這比老虎隊（老虎隊的平均打擊率是 0.250）好100 點，但是，你同時也知道小熊隊比老虎隊好（但不知道好多少），而且小熊隊與老虎隊不同（但是不知道差異的方向）。

好吧，我們已經定義了不同的集中趨勢測量數，而且每一種都給你一個非常清楚的例子。但是還有一個最重要的問題還沒有回答，那就是「何時使用哪一種測量數？」

一般來說，使用哪一種集中趨勢測量數取決於你所描述的資料類型。毫無疑問地，**屬質資料、類別資料或名目資料**（如種族群體、眼睛顏色、收入階層、投票偏好，以及鄰里位置）的集中趨勢測量數只適合使用眾數來描述，討論某一教室內的眼球顏色的平均數是沒有意義的。

舉例來說，你不能用平均數去描述在一個群組中哪一個政治立場是居於優勢地位的集中趨勢測量數——難道你可以得出結論說每一個人是半個共和黨人？反而是，300 個人中，幾乎一半 (140) 是無黨籍人士，似乎是描述這個變數值的最好方式。一般來說，中位數和平均數最適合用於**屬量資料**，如身高、以元表示的收入水準（不是類別）、年齡、考試分數、反應時間和為取得一個學位所要達到的時數。

持平來說，平均數是比中位數更精確的測量數，而中位數是比眾數更精確的測量數。那麼，最好的策略是，如果要在較高水準上進行測量，例如：等距或比例，則應該使用平均數。事實上，平均數也是最常用的集中趨勢測量數，但是，確實偶爾也會遇到平均數不是適當的集中趨勢測量數——例如：當我們擁有分類或名目尺度的資料，像是住院患者與非住院患者，那麼，我們會使用眾數。

因此，這裡有三個原則可能會有一定的幫助。但是要記住，例外始終存

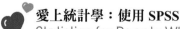

在。

1. 當資料的屬性是類別的（「名目的」），而且這些人或東西可能只屬於其中一種類型，例如：頭髮顏色、政治屬性、鄰里位置和宗教，就使用眾數。在這種情況下，這些類別間是互斥的。
2. 如果資料中包含極端分數，而且你不想扭曲平均數，那就用中位數，例如：以元表示的收入。
3. 最後，如果資料不包括極端分數，也不是分類資料，就用平均數，例如：考試得分或游 50 公尺需要的秒數。

利用 SPSS 計算敘述統計值

如果你還沒有準備好，現在是檢視附錄 A 的好時機，你就可以對 SPSS 的基本操作更為熟悉，然後再回到這裡。

現在讓我們用 SPSS 來計算一些敘述統計值。我們使用的資料是第 2 章資料集 1 (Chapter 2 Data Set 1)，這是在一個偏見測驗中的 20 個分數，所有的資料集可以在附錄 C 中找到，也可以從 SAGE 的網址 **edge.sagepub.com/salkindfrey7e** 找到。這個資料集只有一個變數。

變數	定義
Prejudice	依據 1-100 量表測量的偏見檢測值

本章討論的集中趨勢測量數可以利用下面的步驟來計算，請你按照這些步驟自己操作。在這個練習和所有練習中，包括你鍵入或下載的資料，我們假定資料集已經在 SPSS 開啟。

1. 點選「分析→敘述統計→次數分配表」。
2. 雙擊變數「Prejudice」，將它移到「變數」框內。
3. 點選「統計資料」，你將會看到如圖 2.1 所示的「次數：統計量」對話方塊。
4. 在「集中趨勢」下方，點選「平均值」、「中位數」和「眾數」的方框。
5. 點選繼續。
6. 點選確定。

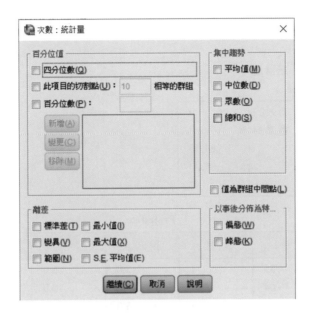

圖 2.1 SPSS 的次數分配表：統計量的對話方塊

SPSS 輸出結果

圖 2.2 所展示的是所選取的變數 Prejudice 的 SPSS 部分輸出結果。

在輸出結果的統計量部分，你可以看到，伴隨著樣本數，平均數、中位數和眾數如何被計算出來，而且沒有遺漏值。SPSS 在輸出結果中不使用符號 X，而且輸出結果中也列出了每一個數值的次數和每一個數值發生次數的百分比，這些都是有用的描述性資訊。

這有些奇怪，但如果你在SPSS中選擇分析→敘述統計→敘述性統計量，然後點選「選項」，你會發現沒有中位數或眾數的選項，因為它們是基本的敘述統計值，你可能期望它們出現。這裡的教訓是什麼？統計分析程式彼此之間差異很大，同樣的內容選擇使用不同的名稱，而且對內容分布作了不同的假設。如果你不能找到你所要的，它有可能在另一個部分，那麼就繼續尋找。而且一定要使用 Help 選項來幫助瀏覽所有新的資訊，直到你找到你所需要的。

理解 SPSS 的輸出結果

SPSS 的輸出結果非常直接且易於解釋。

➡ 次數分配表

統計量

Prejudice 偏見

N	有效的	20
	遺漏的	0
平均數		84.70
中位數		87.00
眾數		87

Prejudice

		次數	百分比	有效百分比	累積百分比
有效的	55	1	5.0	5.0	5.0
	64	1	5.0	5.0	10.0
	67	1	5.0	5.0	15.0
	76	1	5.0	5.0	20.0
	77	1	5.0	5.0	25.0
	81	2	10.0	10.0	35.0
	82	1	5.0	5.0	40.0
	87	4	20.0	20.0	60.0
	89	1	5.0	5.0	65.0
	93	1	5.0	5.0	70.0
	94	2	10.0	10.0	80.0
	96	1	5.0	5.0	85.0
	99	3	15.0	15.0	100.0
	總和	20	100.0	100.0	

圖 2.2　SPSS 的敘述統計值

　　20 個分數的平均分數為 84.70（請記住，可能的分數範圍是 0 到 100）。中位數是 87 分（非常接近平均值），即 50% 的比例得分高於 87 分或 50% 的比例得分低於 87 分，且最常出現的分數或眾數是 87 分。

SPSS 輸出結果可以是非常豐富的資訊，也可以只提供基本的資訊，一切取決於你正在執行的分析類型。在前面的示例中，我們只呈現基本的資訊，坦白地說，這些正是我們所需要。在整本書中，你將看到輸出結果，然後學習

瞭解其中的含義，但是在某些情況下，討論全部的輸出資訊則遠遠超出了這本書的範圍，我們只專注於你在本章所學到的知識其直接相關的輸出結果。

現實世界的統計

Pew 研究中心公布了一個近期有關誰在使用大型社群媒體網站的研究，像是 Facebook、Instagram、LinkedIn 和 Twitter。大約 70% 的美國人使用一種或多種社群媒體！女性比男性更傾向於使用 Facebook 和 Instagram，但就 LinkedIn 或 Twitter 而言，並無真正的性別差異存在。研究人員還檢視了年齡和每個網站使用比例之間的關係，在下表中值得注意的是，可能如你所猜想，年輕人比老年人有更高的比例使用社群媒體。

年齡	Facebook	Instagram	LinkedIn	Twitter
18 至 29 歲	81%	64%	29%	40%
30 至 49 歲	78%	40%	33%	27%
50 至 64 歲	65%	21%	24%	19%
65 歲以上	41%	10%	9%	8%

想要知道更多嗎？可以上網閱讀這個研究及其他報告：https://www.pewinternet. org/fact-sheet/social-media/.

小結

不論你的統計技術如何花俏，你還是要從簡單描述那裡有什麼開始，因此瞭解集中趨勢的簡單概念很重要。從現在開始，我們學習另一個重要的敘述性構念：變異性，或是說不同的分數彼此之間是如何不同。我們將在第 3 章進行探索。

練習時間

1. 手動（如果你想要的話，可以用計算機）計算下列一組 40 筆化學期末成績的平均數、中位數及眾數。

93	85	99	77
94	99	86	76
95	99	97	84
91	89	77	87
97	83	80	98
75	94	81	85
78	92	89	94
76	94	96	94
90	79	80	92
77	86	83	81

2. 計算儲存在第 2 章資料集 2 (Chapter 2 Data Set 2) 中的下列三組分數的平均數、中位數和眾數。你可以手動計算或者使用如 SPSS 的統計軟體。如果你是使用 SPSS，列印一份輸出結果，以展示你的成果。

資料組 1	資料組 2	資料組 3
3	34	154
7	54	167
5	17	132
4	26	145
5	34	154
6	25	145
7	14	113
8	24	156
6	25	154
5	23	123

3. 利用 SPSS 計算下列儲存在第 2 章資料集 3 (Chapter 2 Data Set 3) 的一組分數的平均數。列印一份輸出結果。

醫院規模（病床數）	感染率（每 **1,000** 位入院病患）
234	1.7
214	2.4
165	3.1
436	5.6
432	4.9
342	5.3
276	5.6
187	1.2
512	3.3
553	4.1

4. 假定你是速食店經理，你的工作之一，是每天結束營業時，向老闆報告哪一種特價食品賣得最好。應用你在敘述統計量上的龐大知識，寫一個簡短報告，讓老闆知道今天的營運狀況。不使用 SPSS 計算重要的數值，而是手動計算。記住備份你的計算結果。

特價品	售出數量	價格（美元）
巨無霸漢堡	20	2.95
寶寶漢堡	18	1.49
雞塊	25	3.50
豬肉漢堡	19	2.95
美味漢堡	17	1.99
熱狗	20	1.99
特價品售出總數	119	

5. 想像你自己是一家特大企業的 CEO，而你正計畫進行擴張，你希望新店面具有一些和你的事業王國中其他三家店相同的獨特值。手動提供你對這些店面長相的一些想法。並且，記住你必須選擇使用平均數、中位數或眾數作為平

均值。祝好運，年輕武士！

平均值	商店 1	商店 2	商店 3	新商店
銷售量（以千計）	323.6	234.6	308.3	?
採購數量	3,454	5,645	4,565	?
訪客人數	4,534	6,765	6,654	?

6. 以下是不同超級盃派對食品的評價（從 1 到 5 分），你必須確定哪種食物被評為最高分（5 分是最高，1 分是最低）。你要決定用哪一種平均數及說明理由。你可以手動計算或使用 SPSS。

零食	北部球迷	東部球迷	南部球迷	西部球迷
芝士辣肉醬焗玉米片	4	4	5	4
什錦水果	2	1	2	1
辣雞翅	4	3	3	3
美式大披薩	3	4	4	5
啤酒和炸雞	5	5	5	4

7. 在什麼情況下，你會使用中位數而不是平均數作為集中趨勢測量數？為什麼？請以兩個範例說明中位數作為集中趨勢測量數比平均數更有用。

8. 假設你正在處理一個資料集，裡面包含「非常不一樣」的分數（相較於其他資料是特別大或特別小的數值），你會使用哪一種集中趨勢測量數？為什麼？

9. 在這個習題中，請用下列已排序的一組 16 筆分數。它是由約 $50,000 至約 $200,000 範圍的收入水準所構成，哪一種平均值是最好的集中趨勢測量數？為什麼？

$199,999

$98,789

$90,878

$87,678

$87,245

$83,675

$77,876

$77,743

$76,564

$76,465

$75,643

$66,768

$65,654

$58,768

$54,678

$51,354

10. 利用第 2 章資料集 4 (Chapter 2 Data Set 4) 的資料，手動計算三組對都市交通有不同經驗的人的平均態度分數（10 分代表正面評價，1 分代表負面評價），請選擇平均數當作是平均值來用。

11. 看一下以下來自 Lady Bird 晚餐的派餅數量，並決定每星期平均訂單數。

星期	巧克力慕斯	蘋果派	道格拉斯鄉村派
1	12	21	7
2	14	15	12
3	18	14	21
4	27	12	15

學生學習網址

你可以造訪 edge.sagepub.com/salkindfrey7e 取得強化學習技巧所需要的工具，以及取用練習測驗、eFlashcards、原始和精選的影片、資料集等！

瞭解變異性
——差異萬歲

本章學習內容

+ 為什麼變異性是有價值的描述性工具。
+ 計算全距。
+ 計算標準差。
+ 計算變異數。
+ 瞭解標準差和變異數的異同之處。

為什麼瞭解變異性很重要

在第 2 章，你已經學了不同類型的平均值、它們的意義、如何計算，以及何時使用它們。但是談到敘述性統計和描述一個分布的特徵，平均值只是故事的一半，另一半是變異性的測量。

在最簡單的辭彙中，**變異性** (variability) 反映了分數彼此之間如何不同。例如：下面的一組分數展現了某些程度的變異性：

7, 6, 3, 3, 1

接下來的這一組分數具有相同的平均數 (4)，但變異性小於前一組分數。

3, 4, 4, 5, 4

下一組分數根本沒有變異性，分數之間彼此沒有差異——但是它還是和前面所示的兩組分數一樣具有相同的平均數。

4, 4, 4, 4, 4

變異性（也叫做分布或離散度）可以想成是分數彼此之間有何不同的一種測量。如果把變異性看作是每個分數和一個特定分數的差異程度，可能更精確（甚至更容易）。那麼，你認為那會是什麼「分數」？當然，不需要將每一個數值和資料分布中的其他分數進行比較，沒錯，可以用來作比較的分數就是平均數。因此，變異性成為在一組分數中，每一個分數與平均數之差異程度的測量。接著我們還會有更多的討論。

要記住，你所知道的有關計算平均值的內容——平均值（不論是平均數、中位數，還是眾數）是一組分數的代表分數。現在要增加關於變異性的新認知——它反映的是分數彼此之間有何不同。每一個都是重要的描述性統計值，但這兩個值（平均數和變異性）可共同用於描述一個分布的特徵，並說明分布彼此之間的差異。

變異性的三種測量數通常用於反映一組分數的變異性、分布或者離散程度。這三種測量數就是全距、標準差和變異數。接下來就更詳細地檢視每一個測量數，以及如何使用。

實際上，資料點彼此之間的差異是瞭解和使用基礎統計學的核心部分，但是，當它變成是個人和團體之間的差異時（大多數社會科學及行為科學的重要支柱），變異性的整個概念就變成十分的重要。有時它被稱為變動 (fluctuation)、或誤差 (error)，或是其他眾多名詞中的一個。但事實上，變異性是生活中的香料，因為造成個人與個人之間有所差異的部分，也是理解這些人及其行為更有挑戰性（和有趣）的地方。一個資料集內缺乏變異性或是個人與團體之間沒有變異性，事情就會變得很乏味。

計算全距

全距 (range) 是對變異性最籠統的一種測量，它可以讓你對分數彼此之間的分開程度有個概念。全距的計算就是將一個分布中的最高分數減去最低分數。

一般來說，全距的計算公式如下：

$$r = h - l \qquad\qquad (3.1)$$

其中

- r 是全距
- h 是資料集的最高分數
- l 是資料集的最低分數

以下面的一組分數（以遞減的次序排列）為例：

98, 86, 77, 56, 48

在此例子中，98 – 48 = 50。全距是 50。在一個 500 筆數值的資料集中，最大的是 98，最小的是 48，那麼全距還是 50。

實際上全距有兩種類型：第一種是排他全距 (exclusive range)，就是用最高分數減去最低分數 ($h - l$)，也就是我們剛剛定義的全距。第二種全距是內含全距 (inclusive range)，就是最高分數減去最低分數再加 1 ($h - l + 1$)，不同之處在於內含全距將最高分和最低分都計入該範圍內的值。在研究期刊中，你通常看到的是排他全距，但如果研究人員喜歡內含全距，偶爾也會使用。

全距可以告訴你一個資料集中，從最低值到最高值之間的差異有多少——亦即全距顯示一個資料分布中，最低的點到最高的點的散布情形。因此，雖然全距作為變異性的一般指標是很好，但是它不能用於得出任何關於個別分數彼此有何不同的具體結論。而且，你通常不會看到將這個測量數當成是唯一的變異性測量的報告，而是幾個中的其中一個——這帶領我們來到

……。

計算標準差

　　現在開始學習最常用到的變異性測量數——標準差。如果僅僅考慮字面的涵義——它就是與某個標準值（猜猜是哪一個值？）的離差。實際上，**標準差**（standard deviation，縮寫為 SD）表示一組分數中變異性的平均數量。以實用的術語來說，它是每一個分數與平均數的平均距離。標準差越大，每一個資料點與分布的平均數的平均距離就越大，這一組分數的變化就越大。

　　因此，計算標準差背後的邏輯是什麼？你最初的想法可能是計算一組分數的平均數，接著用每一個分數減去平均數，然後計算這些距離的平均值。這個想法很好，因為最後你會得到每一個分數與平均數的平均距離，但這是沒有用的。（只是好玩，你可以用一組很少的分數，看看能否發現為什麼這個簡單的公式沒有用，我們接下來就會告訴你為什麼。）

　　這裡是計算標準差的公式：

$$s = \sqrt{\frac{\sum(X - \bar{X})^2}{n-1}} \tag{3.2}$$

其中

- s 是標準差
- $\sum$ 是西格瑪，告訴你將其後所有數值累加求和
- X 是每一個別分數
- $\bar{X}$ 是所有分數的平均數
- n 樣本數

　　這個公式找出每一個別分數和平均數 $(X - \bar{X})$ 之間的離差，將每一個離差平方，並且計算這些值的總和。然後用總和除以樣本數（減去 1），最後求此結果的平方根。就如你所看到的，也和我們之前指出的一樣，標準差是與平均數的平均離差。

1. 列出每一個分數，分數如何排列不重要。
2. 計算這組分數的平均數。
3. 由每一個分數減去平均數。
4. 計算每一個離差的平方。計算結果在標示有 $(X - \overline{X})^2$ 的欄位。
5. 加總所有與平均數的離差的平方。如在下頁表格中看到的，總和是 28。
6. 將總和除以 $n - 1$，或 10 − 1 = 9，那麼 28/9 = 3.11。
7. 計算 3.11 的平方根，結果是 1.76（四捨五入之後），那就是這 10 個分數的標準差。

我們將用下面的資料逐步解釋如何計算標準差：

5, 8, 5, 4, 6, 7, 8, 8, 3, 6

下面就是到目前為止我們完成的工作，其中 $(X - \overline{X})$ 表示每一個分數與所有分數的平均數 (6) 之間的離差。

X	$\overline{X}$	$(X - \overline{X})$
8	6	8 − 6 = +2
8	6	8 − 6 = +2
8	6	8 − 6 = +2
7	6	7 − 6 = +1
6	6	6 − 6 = 0
6	6	6 − 6 = 0
5	6	5 − 6 = −1
5	6	5 − 6 = −1
4	6	4 − 6 = −2
3	6	3 − 6 = −3

X	$(X - \overline{X})$	$(X - \overline{X})^2$
8	8 − 6 = +2	4
8	8 − 6 = +2	4

X	$(X - \overline{X})$	$(X - \overline{X})^2$
8	$8 - 6 = +2$	4
7	$7 - 6 = +1$	1
6	$6 - 6 = 0$	0
6	$6 - 6 = 0$	0
5	$5 - 6 = -1$	1
5	$5 - 6 = -1$	1
4	$4 - 6 = -2$	4
3	$3 - 6 = -3$	9
合計	0	28

　　從結果我們可以知道，這個分布中的每一個分數與平均值之差距的平均是 1.76。

　　回顧及檢視一下標準差公式中的運算很重要，會增加你對標準差的瞭解。

　　首先，為什麼我們不簡單地將與平均數的離差累加起來？因為與平均數的離差的總和總是都等於 0。試著加總這些離差 $(2 + 2 + 2 + 1 + 0 + 0 - 1 - 1 - 2 - 3)$。實際上，這也是檢查平均數計算是否正確的最好方式。

你可能會讀到另一種類型的離差，而且你應該瞭解它的涵義。**平均離差**（mean deviation，也叫做平均絕對離差）是每個分數與平均數之離差的絕對值加總後除以分數個數。你已經知道每一個分數與平均數的離差總和一定等於 0（否則就可能是平均數計算錯誤），這是為什麼我們在加總之前將離差平方的原因。另一個做法是，取每一個離差的絕對值（也就是不管正負號時的數值）。將這些絕對值加總起來，然後除以資料點的個數，你就得到平均離差。所以，如果你有一組分數是 3、4、5、5、8，算術平均數會是 5，平均離差就是 2（5 – 3 的絕對值）、1、0、0、3，合計為 6，然後除以 5 就會得到 1.2 的結果（注意：一個數的絕對值通常用在該數兩邊加上一條豎線來表示，就如 |5|。例如：–6 的絕對值或是 |–6|，也就是 6。）

其次，為什麼我們將離差平方？因為我們想消除負號，這樣，當我們將它加總時，總和不為 0。

最後，為什麼在步驟 7 我們是以取整個值的平方根來結束？因為我們想回到開始時所用的計算單位。我們在步驟 4 將與平均數的離差平方（以消除負值），接著在步驟 7 取它們整個值的平方根。相當乾淨俐落。

為什麼是 *n* – 1，而不是 *n*？

你可能已經猜出我們為什麼將與平均數的離差平方，以及為什麼取它們總和的平方根。但是為什麼公式中的分母要減去 1 呢？為什麼我們除以 *n* – 1 而不是 *n* 呢？這是個好的問題。

答案是 *s*（標準差）是母體標準差的估計值，但是只有我們用 *n* 減去 1 的情況下才是**無偏誤估計值** (unbiased estimate)。無偏誤是指你的樣本平均數的估計值可能會因為它降低一點點而略高於母體的平均數，但是，只有當我們從 *n* 中減去 1 時，它才是無偏誤的。我們把分母減去 1，會使得標準差大於它實際應有的大小。為什麼我們要這樣做？因為，作為好的科學家，我們是保守的。保守的涵義是：如果我們不得不出錯（而且總是有很大的機會），我們也是站在高估母體標準差的這一邊。除以較小的分母可讓我們做到這一點，因此，我們除以 9 而不是除以 10；或者我們是除以 99 而不是 100。

請注意，對較大的樣本數除以 *n* – 1 的調整，不會和一組較小樣本數所產生的影響一樣大。較大的樣本數會導致對母體的統計值有更準確的估計（例如：標準差和平均數），這種模式會反映在整本書中的所有統計上。

如果你的目的僅是描述樣本的特徵，那麼，有偏誤的估計值也可以；但是，如果你想用樣本估計母體參數，那麼，最好是計算無偏誤的統計量。這是為什麼試算表和計算器有時會提供兩個方程式來計算標準差，一個是將離差之和除以 *n* – 1，而另一個是將離差之和除以 *n*。

看看下面的資料表，並觀察當樣本數變大（並且逐漸接近母體數）時會發生什麼事。*n* – 1 的調整對於標準差的有偏誤估計值和無偏誤估計值之間差異的影響相當小（見表中粗體字一欄）。

因此，在其他各項條件相等的情況下，樣本數越大，標準差的有偏誤估計值和無偏誤估計值之間的差異就越小。

樣本數	標準差公式中分子的數值	母體標準差的有偏誤估計值（除以 n）	母體標準差的無偏誤估計值（除以 $n-1$）	有偏誤估計和無偏誤估計的差異
10	500	7.07	**7.45**	.38
100	500	2.24	**2.25**	.01
1,000	500	0.7071	**0.7075**	.0004

這個故事的寓意是什麼？當你計算樣本標準差並用來估計母體標準差時，樣本數越接近母體數，估計值就會越準確。

重要的是什麼？

標準差的計算非常簡單。但是標準差的涵義是什麼？作為變異性的一個測量數，標準差所告訴我們的是：一組分數中的每一個分數，平均而言，隨平均數改變的程度。但是就如在第 4 章可以看到的，標準差有一些非常實際的應用。為了刺激你學習的興趣，考慮這一點：即使分布的平均數和標準差不同，標準差也可用於幫助我們比較來自不同分布的分數。很奇妙吧！

- 標準差是計算偏離平均數的平均距離。因此，首先你將需要計算平均數作為集中趨勢測量數。因此，在計算標準差時，不需要在中位數和眾數上浪費時間。

- 標準差越大，數值分布越廣，而且數值彼此之間的差異越大。

- 和平均數一樣，標準差對極端分數很敏感。當你在計算一組樣本的標準差且有極端分數時，需要在你所撰寫的報告中註明這一點，並解釋這個資料的意涵是什麼。

- 如果 $s=0$，這組分數中就絕對沒有變異性，而且這些分數在數值上完全相同。這種情況很少發生且實際上會很難計算有關分數之間關係的統計值。若沒有變異性，我們看不到變數之間的關聯。而且，你想一想，變數只有在有變化時才是變數。

所以，變異性有什麼了不起和重要性呢？當作一個統計概念來看，你已經從上面瞭解到，它是分數的分散程度或分數之間差距的一個測量數。但是，「動起來」確實是生活中的調味料，就像你可能是在生物學或心理學的課程中或是自己的閱讀中所學到的，變異性是進化的關鍵要素，因為沒有變化（總是伴隨著變異性），有機體便無法適應。一切都很酷。

計算變異數

　　這裡是另一個變異性的測量數，而且也讓人感到驚奇。如果你知道一組分數的標準差，而且可以計算一個數的平方，你就可以很容易的計算同一組資料的**變異數** (variance)。變異性的第三個測量數，也就是變異數，就只是標準差的平方。

　　換句話說，就是你之前看到的公式，只是沒有平方根符號，就如式 3.3 所示：

$$s^2 = \frac{\sum(X - \overline{X})^2}{n-1} \tag{3.3}$$

　　如果你計算標準差且沒有完成最後一步（開根號），你就得到變異數。換句話說，$s^2 = s \times s$，或變異數等於標準差乘上自己（或平方）。在我們前面的例子中，標準差等於 1.76（四捨五入之前），變異數等於 1.76^2，也就是 3.10。另一個例子是，如果說有一組 150 個分數的資料，標準差是 2.34，那麼變異數就是 2.34^2 或 5.48。

　　你不太可能會在期刊的文章中看到變異數單獨被提到，或者看到變異數被用作敘述統計量，這是因為變異數是一個很難解釋或應用於一組資料上的數。總之，變異數是以離差的平方為基礎，它的大小僅是一個分布中分數數量的函數。

　　但是變異數很重要，因為它不僅是一個概念，也是在許多統計公式和技術中一個實用的變異性測量數。你稍後會在《愛上統計學》學到更多。

熱愛統計的人物

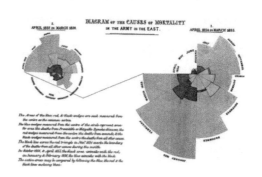

你可能知道著名的英國護士佛羅倫薩・南丁格爾 (Florence Nightingale, 1820-1910)，她在克里米亞戰爭中管理和培訓護士，並發展出一套標準和程序，使護理成為一種職業。甚至，她也是一位有天賦的數學家，對提倡統計資料的蒐集與分析有所影響，她是最早使用圖表來展示資料變異性的醫學研究人員之一。

她使用這些視覺溝通形式來檢查士兵的死亡原因，並說服管理員相信環境條件會影響死亡率，例如：不衛生的水。她將統計數據應用於現實生活中的生死問題，像是衛生和其他問題，被認為在 19 世紀後期大大提高了整個英國城鎮的預期壽命。

標準差與變異數

標準差和變異數在哪些方面相同，又在哪些方面不同？

沒錯，它們都是變異性、離散度或分布的測量數，用於計算兩者的公式非常類似。你會在期刊文章的「結果」部分看到它們（但大多是標準差）。

但是它們也非常的不同。

首先，而且最重要的是，標準差（因為我們計算離差平方和之平均數的平方根）的單位和最初用來計算的單位相同。變異數的單位則以平方單位存在（沒有開平方根）。

這是什麼意思？假定我們需要知道一組裝配電路板的生產工人的變異

性。我們假定他們平均每個小時裝配 8.6 個電路板，標準差是 1.59。1.59 的意義是：每個小時裝配的電路板與平均數的平均差異大約是 1 又 1/2 個電路板。當我們想要瞭解各組的整體績效時，這種資訊是相當有價值的。

讓我們看看變異數，1.59^2，或 2.53 的解釋。變異數可解釋為：工人每個小時安裝的電路板與平均數的平均差異的平方，大約是 2.53 個電路板。這兩個值，哪個更有意義？

使用 SPSS 計算變異性測量數

讓我們使用 SPSS 軟體計算一些變異性測量數。我們使用的資料檔案是第 3 章資料集 1 (Chapter 3 Data Set 1)。

這個資料集只有一個變數：

變數	定義
ReactionTime	敲擊作業的反應時間

下面的步驟是計算本章所討論的變異性測量數：

1. 打開名稱為「第 3 章資料集 1 (Chapter 3 Data Set 1)」的檔案。
2. 點選「分析→敘述統計→次數分配表」。
3. 雙擊變數「ReactionTime」，將它移到「變數」框內。如果變數已經被標示，你也可以按下兩個方塊之間的向左箭頭來移動這個變數。
4. 點選「統計資料」，你將會看到「次數：統計量」對話方塊。使用這個對話方塊來選擇你想要執行的變數和程式。
5. 在「離差」選項下，點選「標準差」。
6. 在「離差」選項下，點選「變異」。
7. 在「離差」選項下，點選「範圍」。
8. 點選「繼續」。
9. 點選「確定」。

SPSS 輸出結果

圖 3.1 所示是變數 ReactionTime 的 SPSS 程序執行後的部分輸出結果。

統計量

ReactionTime 敲擊作業的反應時間

N	有效	30
	遺漏	0
標準差		.70255
變異數		.494
範圍		2.60

資料來源：IBM

 3.1　變數 ReactionTime 輸出結果

理解 SPSS 的輸出結果

　　這裡有 30 個有效個案，而且沒有遺漏個案，標準差是 0.70255。變異數 (s^2) 等於 0.494，全距（SPSS 中譯為「範圍」）是 2.60。正如你已經知道，標準差、變異數和全距是分散或變異性的測量數。在這一組 30 個觀察值中，標準差（這些測量數中最常用的）等於 0.703 或大約是 0.70。

　　我們將在第 8 章中更詳細地介紹如何使用此值，但在這裡，0.70 這個值代表每個分數和這組分數的最中心點或平均數的平均數量。就這個反應時間的資料來說，它表示平均反應時間與平均數相差約 0.70 秒。

　　讓我們再試另外一個，第 3 章資料集 2 (Chapter 3 Data Set 2)。這個資料集有兩個變數：

變數	定義
數學成績	一次數學測驗的成績
閱讀成績	一次閱讀測驗的成績

　　依照之前所給的相同指令，只有在步驟 3，選擇兩個變數（可以雙擊每一個變數或選取變數後，按下「移動」箭頭）。

更多的 **SPSS** 輸出結果

SPSS 的輸出結果如圖 3.2 所示，在此你可以看到我們為這兩個變數所選擇的 SPSS 輸出結果。一共有 30 個個案，沒有遺漏值，而且數學成績的標準差是 12.36，變異數為 152.70，全距為 43。至於閱讀成績，標準差是 18.70，變異數是特大的 349.69（相當大），而全距是 76（也很大，反映出類似的大變異數）。

統計量

		數學成績	閱讀成績
N	有效	30	30
	遺漏	0	0
標準差		12.357	18.700
變異數		152.700	349.689
範圍		43	76

資料來源：IBM

 3.2　變數「數學成績」和「閱讀成績」的輸出結果

理解 SPSS 的輸出結果

與圖 3.1 所展示的案例一樣，對 SPSS 輸出的解釋相對簡單。

平均而言，數學分數平均數的離差數量 12.4，閱讀成績的平均離差數量是 18.70。這些分散的測量數是否被認為是「大」或「小」，這是一個相對於各種不同因素的考量後才能回答的問題，包括測量什麼、觀察值個數，以及可能分數的範圍。脈絡就是一切。

 現實世界的統計

如果你是一個精熟統計的人，那麼，你可能會對變異性測量的特性感到興趣，就真的只是為了這些特性，這是主流的統計學者花非常多時間在做的事情——你可以看一下某些統計的特性、表現和假定。

但是，我們對這些工具如何被使用

更感到興趣，所以，讓我們來看一下這一個研究實際上如何聚焦在將變異性當成主要的分析結果。而且，就像你之前所讀到的，分數之間的變異性的確是很有趣，但是，當要瞭解實質績效和人們之間的變異性的原因時，這個主題就變得真的很有趣。

這正是 Nicholas Stapelberg 和他在澳洲的同事所做的事。他們檢查心跳速率的變異性，認為它和冠狀心臟疾病有關。現在，他們並不直接觀察這個現象，而是在多元的電子資料庫中輸入這些搜尋字：「心率變異分析」、「憂鬱症」、「心臟疾病」，發現心率變異分析減少這個字詞也會出現在嚴重的憂鬱症和冠狀心臟疾病中。

為什麼會這樣呢？這些研究人員認為這兩種疾病會破壞可以幫助心臟功能有效率運作的控制迴圈。這是一個很棒的例子，檢視變異性如何成為一個研究的焦點，而不只是附加的敘述統計。

想要知道更多嗎？可以上網或到圖書館閱讀有關這篇文章：

Stapelberg, N. J., Hamilton-Craig, I., Neumann, D. L., Shum, D. H., & McConnell, H. (2012). Mind and heart: Heart rate variability in major depressive disorder and coronary heart disease—a review and recommendations. *The Australian and New Zealand Journal of Psychiatry, 46,* 946-957.

小結

變異性測量數幫助我們更全面地瞭解資料點的分布看起來像什麼。與集中趨勢測量數在一起，我們可以使用這些數值來區別不同的資料分布，而且有效地描述一組考試分數、身高或個性測量值看起來像什麼，以及這些個別數字代表什麼意思。現在我們可以思考和討論資料的分布，讓我們探究可以檢視它們的一些方法。

練習時間

1. 為什麼全距是最方便的離散度測量數？卻也是最不精確的變異性測量數？何時你會使用全距？

2. 請為下列項目計算排他全距與內含全距。

最高分	最低分	排他全距	內含全距
12.1	3		
92	51		
42	42		
7.5	6		
27	26		

3. 為什麼你會預期大學新鮮人的人格測量值會比身高測量值更有變異性？

4. 為什麼在一測驗中，一組分數的個別值越類似，標準差就越小？以及為什麼你會預期觀察值數量較多的那一組的變異性測量數，會比觀察值數量較少的那一組的變異性測量數來得小？

5. 請手動計算下面這組分數的全距、無偏誤標準差、有偏誤標準差和變異數。

94, 86, 72, 69, 93, 79, 55, 88, 70, 93

6. 在第 5 題中，為什麼無偏誤估計值大於有偏誤估計值？

7. 使用 SPSS 計算下列本學期某一課程三次測驗分數的所有敘述統計量。哪一次測驗的平均分數最高？哪一次測驗的變異性最低？

測驗 **1**	測驗 **2**	測驗 **3**
50	50	49
48	49	47
51	51	51
46	46	55
49	48	55
48	53	45
49	49	47
49	52	45
50	48	46
50	55	53

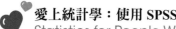 **愛上統計學：使用 SPSS**
Statistics for People Who (Think They) Hate Statistics

8. 針對下列分數，手動計算標準差與變異數的不偏估計值。

   58, 56, 48, 76, 69, 76, 78, 45, 66

9. 一組分數的變異數是 36，標準差是多少？全距又是多少？

10. 找出下列這幾組分數的全距、標準差和變異數。

   a. 5, 7, 9, 11

   b. 0.3, 0.5, 0.6, 0.9

   c. 6.1, 7.3, 4.5, 3.8

   d. 435, 456, 423, 546, 465

11. 這個練習題使用在第 3 章資料集 3 (Chapter 3 Data Set 3) 檔案中所包含的資料。
    這個資料集中有兩個變數。

變數	定義
身高	單位是英寸的身高
體重	單位是磅的體重

   使用 SPSS 計算身高和體重的所有變異性測量數。

12. 你如何能辨識 SPSS 所產出的是標準差的有偏誤估計值或無偏誤估計值？

13. 利用第 3 章資料集 4 (Chapter 3 Data Set 4) 的精確分數表，計算標準差和變異
    數的有偏誤估計值和無偏誤估計值。如果可能的話，用 SPSS 計算；不然也
    可以動手計算。哪一個數值較小？為什麼？

14. 在一個拼寫測驗上，標準差是 0.94，這代表什麼意思？

學生學習網址

   你可以造訪 edge.sagepub.com/salkindfrey7e 取得強化學習技巧所需要的工具，
以及取用練習測驗、eFlashcards、原始和精選的影片、資料集等！

4

一幅圖真的相當於
千言萬語

難易指數：☺☺☺☺（比較容易，但不是易如反掌）

本章學習內容

+ 更高階統計方法的綜述、使用時機與使用方法。
+ 瞭解為什麼一幅圖真的相當於千言萬語。
+ 建立直方圖和多邊形圖。
+ 瞭解不同分布的不同形狀。
+ 使用 SPSS 建立非常酷的圖表。
+ 建立不同類型的統計圖表，並理解如何應用。

為什麼要用圖形表示資料？

　　在前面兩章，你已經學了敘述統計的兩種重要類型——集中趨勢測量數和變異性測量數。這兩者可提供你描述一組資料的最佳數值（集中趨勢），以及反映分數彼此之間如何分散或不同的測量值（變異性）。

　　我們之前沒有做，而現在將要做的是檢視這兩種測量數的差異，如何造成在圖形中不同的外形分布。數字本身（例如：$M = 3$，$s = 3$）也許很重要，

但是視覺化呈現是檢視一個分布、或一組資料的特徵更有效的方式。

因此，在這一章，我們將學習如何視覺化呈現一組分數的分布，以及如何使用不同類型的圖形來表現不同類型的資料。

完成一張好圖的十種方法（少吃，多運動？）

無論你是手動或者使用電腦程式建立圖形，這些莊重的設計原則仍然適用。這裡是十種需要影印，而且應該放在你桌上的方法。

1. 圖中無用的內容減至最少。「圖垃圾」（類似於「廢話」）是指你使用電腦程式的每一個函數、每一張圖及每一個數字，而使你的圖密集、擁擠且無參考性；就圖來說，多絕對不如少。

2. 在你開始製作最後版本的圖形之前，要先設想你的草圖。即使你準備用電腦程式製作圖，也要使用製圖紙。而且，事實上，你可以用你的電腦列印出製圖紙（試看看 http://printfreegraphpaper.com）。

3. 說出你要表達的意思，並且指出你想說的——不多也不少。沒有比用一張雜亂的圖（附帶太多的文字和花俏的圖案）來迷惑讀者更糟糕的事情了。

4. 幫所有的內容加上標記，不要留下任何讓讀者誤解的內容。

5. 一個圖應該只傳遞一個觀點——資料的描述或關係的展示。

6. 保持平衡。當你製作一張圖時，表頭名稱和標題要置中。

7. 維持圖中的比例。比例是指橫軸和縱軸之間的關係。這個比例應該大約是 3 比 4，也就是一張圖的寬若是 3 英寸，那麼高大約就是 4 英寸。

8. 簡單就是好且少就是多。讓圖盡量簡單易懂，但不能過於簡化。盡可能地直接傳遞一個觀點，而且分散注意力的資訊能保留在伴隨的內文中。記住，一個圖應該能夠單獨存在，而且讓讀者能夠瞭解訊息。

9. 限制你的用字數。太多文字或者字體太大（無論是形體或意象方面），會讓你的圖所傳遞的視覺訊息減分。

10. 一個圖本身應該能夠傳遞你想要說的內容。如果它不能，返回你的設計階段再試一次。

第一要事：建立次數分配

　　用圖說明資料的最基本方式就是建立次數分配。**次數分配** (frequency distribution) 是計算和展現特定分數出現多頻繁的一種方法。在建立次數分配的過程中，分數通常聚集成組間或數值範圍。

　　這裡是一項閱讀理解測驗的 50 個分數，可作為建立次數分配的基礎：

47	10	31	25	20
2	11	31	25	21
44	14	15	26	21
41	14	16	26	21
7	30	17	27	24
6	30	16	29	24
35	32	15	29	23
38	33	19	28	20
35	34	18	29	21
36	32	16	27	20

　　以下是次數分配表，你可以看到每一個分數的範圍及相對應的次數計數：

組間	次數
45-49	1
40-44	2
35-39	4
30-34	8
25-29	10
20-24	10
15-19	8
10-14	4
5-9	2
0-4	1

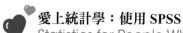

熱愛統計的人物

海倫·沃克 (Helen M. Walker, 1891-1983) 以學習哲學開啟了她的大學生涯，然後成為一名高中數學老師。她獲得了碩士學位後，在堪薩斯大學（作者最喜歡的大學）任教，並持續研究統計學的歷史（至少直到 1929 年，當她在哥倫比亞大學撰寫博士論文時）。沃克博士最大的興趣在於教授統計學，在她過世後多年，哥倫比亞大學以她的名義為想要教統計學的學生提供了一筆獎學金！她的著作包括用一整本書教導有關使用表格展示統計資訊的最佳方式。哦，她成為美國統計協會 (American Statistical Association) 有史以來的第一位女會長。所有這些成就都來自真正熱愛教學統計的人，就像你的教授！

組間的選擇

就如你在上表中所看到的，**組間** (class interval) 是一個數字範圍，而且建立次數分配的第一步就是定義每一個組間的大小。在我們建立的次數分配中，你可以看到，每一個組間包含 5 個可能分數，例如：5-9（包含 5、6、7、8 和 9）和 40-44（包含 40、41、42、43 和 44）。我們如何決定要一個只包含 5 個分數的組間？為什麼不是各包含 10 個分數的五個組間？或者各包含 25 個數值的兩個組間？

不論你處理的資料集中數值的大小，建立組間時，這裡有一些一般原則要遵守：

1. 選擇一個包含 2、5、10、15 或 20 個資料點的組間。在我們的範例中，我們選擇了包含 5 個資料點的組間。

2. 選擇一個組間，使得 10 到 20 個這樣的組間就可以覆蓋所有的資料。完成這一步的一個簡便方法是計算全距，接著除以你想使用的組間個數（在 10 到 20 之間）。在我們的範例中，一共有 50 個分數，而且我們想要十個組間：50 / 10 = 5，這就是每一個組間的大小。如果你有數值範圍由 100 到 400 的一組分數，你可以從下面的估計值開始，並從那裡

計算：300 / 20 = 15，因此 15 就是組間。

3. 著手列出各組組別。在我們之前給的次數分配中，組距是 5，而且我們由最低的組間 0 開始。

4. 最後，最大的組間位在次數分配的頂端。

在建立次數分配時，組織的設定有一些簡單的步驟，以下有六個規則：

1. 決定全距。
2. 決定組間的數目。
3. 決定組間的大小。
4. 決定第一個組間的起點。
5. 建立組間。
6. 將資料放入組間之中。

一旦建立了組間，就可以著手完成次數分配的次數部分。那就只是計算原始資料中一個分數出現的次數，並且將那個數字放入次數欄中所對應的組間。

在我們之前針對閱讀理解測驗資料建立的次數分配中，出現在 30 和 34 之間的分數個數是 8，因而在 30-34 組間將 8 寫入標有次數的欄中。這就是你的次數分配。

有時候，先將你的資料用圖形展現，然後再執行任何需要進行的計算或分析，這是一個好主意。藉由先檢視資料，你可以洞察變數之間的關係、使用哪種敘述統計量來描述資料數據是正確的等，這個額外的步驟可能會增加你的觀察力和所做分析的價值。

圖變厚了：建立直方圖

現在，我們已經得到了有多少分數落入什麼組間的記錄，接著將進入下一步並建立所謂的**直方圖** (histogram)──次數分配的視覺化表示，次數在圖

中是以長條表示。

依據你所讀的書籍、期刊文章或報告及你所使用的軟體，資料的視覺化呈現就是圖形（例如：在 SPSS 中）或圖表（例如：在 Microsoft 的試算表 Excel 中），實際上兩者沒有差別。你所需要知道的是，一個圖形或圖表即是資料的視覺化呈現。

依據下面的步驟來建立直方圖：

1. 使用製圖紙，沿 x 軸等距離的列出數值，如圖 4.1 所示。現在確定每一個組間的**組中點** (midpoint)，也就是組間的中央點。組中點很容易一眼就看出來，但是你也可以簡單地將組間的上端值和下端值加起來，然後除以 2。例如：組間 0-4 的中點是 0 和 4 的平均數，或是 $4 / 2 = 2$。

2. 沿著每一個代表整個組間的組中點繪製一條高度為代表該組間次數的長條或柱。例如：在圖 4.2 中，你可以看到我們第一個長條，組間 0-4 由次數 1 代表（表示在 0 到 4 之間的數值出現一次）。繼續繪製長條或柱，直到每一個組間的次數都已用圖形表示。圖 4.2 是一幅很不錯的手繪直方圖（真的！），它表示我們之前提到的 50 個分數的次數分布。

注意每一個組間是如何由沿 x 軸的一個範圍的分數來代表。

計數方法

　　藉由你在這一章開始時看到的簡單次數分配，你就可以看出，比起簡單的表列，你對分數的分布已經瞭解更多。你會對什麼數值及其發生的次數是什麼有很好的概念。但是，另外一個視覺化呈現（除了直方圖之外）可以藉由對每一個數值出現的記錄來完成，如圖 4.3 所示。

　　我們使用與在特定組間出現之分數的次數一致的記錄，這種方式可以給你某些分數相對於其他分數有多常出現的更好視覺化呈現。

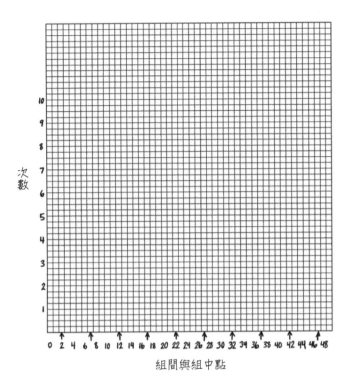

次數

組間與組中點

圖 4.1　沿 *x* 軸的組間

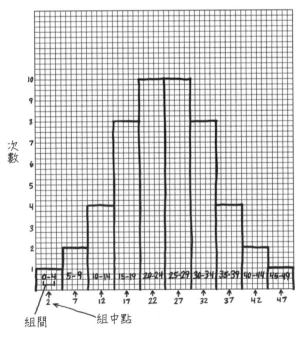

次數

組間

組中點

圖 4.2　手繪直方圖

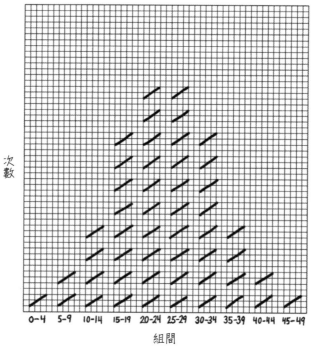

次數

組間

圖 4.3　記錄分數

下一步驟：次數多邊形圖

　　建立一個直方圖或一個分數記錄不是那麼困難，而下一步（下一個用圖形說明資料的方式）還更容易。我們準備使用相同的資料來建立次數多邊形圖，實際上就是剛才你看到已建立的直方圖。**次數多邊形圖** (frequency polygon) 是代表組間內分數的出現次數的連續直線，就如圖 4.4 所示。

如何繪製次數多邊形圖？就按照下面的步驟：

1. 在直方圖的長條或柱的頂端放置一個組中點（見圖 4.4）。
2. 用線段連接這些組中點，就得到次數多邊形圖。

　　注意在圖 4.4 中，作為次數多邊形圖建立基礎的直方圖是用橫線和豎線繪製，而次數多邊形圖是用曲線繪製。這是因為，雖然我們想讓你看到次數多邊形圖建立的基礎，但是你通常看不到在次數多邊形圖之下的直方圖。

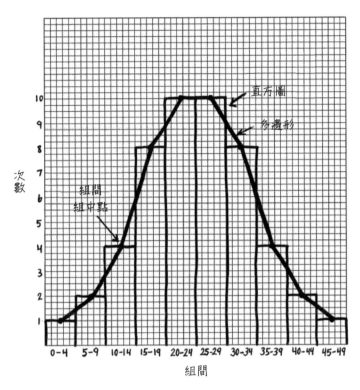

圖 4.4 手繪之次數多邊形圖

為什麼使用次數多邊形圖，而不是直方圖來表示資料？有兩個原因。在視覺上，次數多邊形圖看起來比直方圖（表示次數變化的直線看起來總是較整齊）更生動。同樣地，使用連續直線表示沿著 x 軸的分數所代表的變數在理論上也是連續的、等距的測量水準，如我們在第 2 章中所提到的。（單純來說，直方圖中的柱子同樣也表明了該變數具有等距測量性質的事實。）

累積次數

一旦你已經建立了次數分配，而且已經用直方圖或次數多邊形圖對那些資料進行了視覺化呈現，另外一種選擇，就是建立一個依組間的累積發生次數的視覺表示，這就是**累積次數分配** (cumulative frequency distribution)。

累積次數分配與次數分配都建立在相同的資料上，但是多增加了一欄（累積次數），如下表所示。

組間	次數	累積次數
45-49	1	50
40-44	2	49
35-39	4	47
30-34	8	43
25-29	10	35
20-24	10	25
15-19	8	15
10-14	4	7
5-9	2	3
0-4	1	1

　　累積次數分配是由建立標題為「累積次數」的新欄位開始。接著，將一個組間的次數和其下的所有次數加起來。例如：組間 0-4 的發生次數是 1，在這一組間之下沒有其他組間，因此累積次數是 1。對於組間 5-9 來說，在那一組間的發生次數是 2，這一組間之下的發生次數是 1，因此這一組間或這一組間之下的總次數是 3 (1 + 2)。最後的組間 (45-49) 的發生次數是 1，因此在這一組間或這一組間之下的總次數是 50。

　　一旦我們建立了累積次數分配，那麼資料就可以用像直方圖或次數多邊形圖那樣畫出來。只是這一次我們將跳過了一些內容，並且繪製每一個組間的組中點，作為這個組間的累積次數的函數。你可以在圖 4.5 看到以這一章開始時所提供的 50 個分數為基礎建立的累積次數分配。注意，該次數多邊形圖的形狀有點像字母 S，如果資料集的分數是像這個例子所呈現的方式分布，那麼累積次數多邊形圖通常也會是像這個樣子。

累積次數多邊形圖的另一個名稱是**肩形圖** (ogive)。而且，如果資料是常態或鐘形分配（更多的內容見第 8 章），則肩形圖表示更為大家瞭解的鐘形曲線或常態分配。SPSS 可以建立很好的肩形圖，它也稱作 P-P 圖（用於機率圖），而且很容易建立。請閱讀附錄 A 有關利用 SPSS 建立圖形的說明和本章接下來的所有內容。

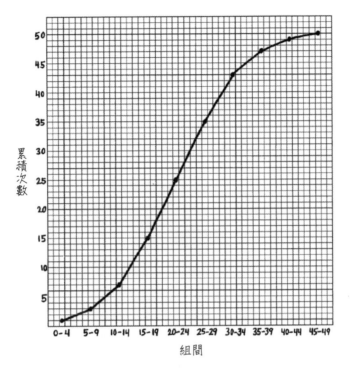

圖 4.5　手繪累積次數分配

其他圖示資料的絕妙方法

本章到現在為止，我們所做的就是拿一些資料，然後說明直方圖和多邊形圖如何用於視覺上的溝通。但是，在行為和社會科學領域還使用一些其他類型的圖，雖然你沒必要確切地知道如何建立這些圖（手動繪製），但是你至少應該熟悉它們的名稱及應用。因此下面介紹這些流行的圖，它們的應用及如何畫出。

有一些適合建立圖表的個人電腦應用軟體，其中像是 Excel 試算表（微軟產品），當然還有 SPSS。在「使用電腦圖示資料」部分的圖表，是使用 SPSS 建立的。

直條圖

當你想比較不同分類之間的次數時，就應該用直條圖。分類項水平安排在 x 軸上，數值則垂直展示在 y 軸上。下面是一些你可能想要使用直條圖的

例子：

- 不同水上活動的參加人數。
- 三種不同產品形式的銷售量。
- 六個不同年級的小孩人數。

圖 4.6 呈現不同水上活動的參加人數。

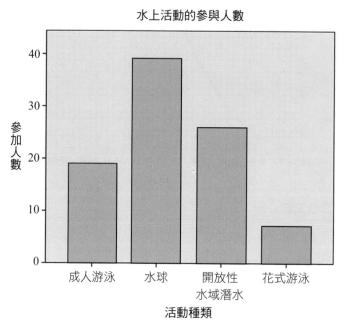

圖 4.6　比較不同水上活動的直條圖

橫條圖

橫條圖和直條圖一樣，但是在橫條圖中，分類是安排在 y 軸上（即垂直軸），而數值則顯示在 x 軸上（即水平軸）。

線形圖

當你想要用相同的區間顯示資料中的趨勢時，就用線形圖，通常當 x 軸是代表時間時，就會使用這類的圖形。下面是一些你可能想要使用線形圖的例子：

- 在三個州立大學的大學生中，每季出現單核白血球增多症病例的數量。
- T & K 公司四個季度的玩具銷售量。
- 兩家不同航空公司每季的旅客人數。

在圖 4.7 中，你可以看到四個季度的銷售單位的線形圖。

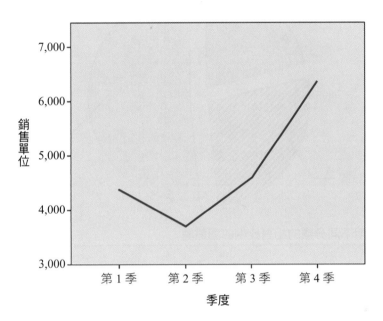

圖 4.7　使用線形圖表示資料隨時間發展的趨勢

圓餅圖

當你想要顯示組成一系列資料點的每一個項目的比例或百分比時，應該使用圓餅圖。規則是每個「切片」的百分比加起來必須等於 100%，才能製成整個圓餅。下面是一些你可能想要使用圓餅圖的例子：

- 不同種族生活在貧困狀態的兒童比例。
- 夜間部和日間部註冊學生的比例。
- 不同年齡群體的參與者比例。

注意，圓餅圖描述了名目水準的變數（例如：種族、註冊時間和年齡群體）。

在圖 4.8，你可以看到投票偏好的圓餅圖。而且，我們做了有點炫的事，即將每一片分開並加上標籤。

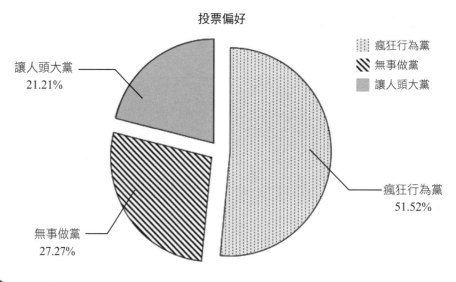

 圖 4.8　說明不同分類的相對比例的圓餅圖

使用電腦（即 SPSS）圖示資料

現在讓我們使用 SPSS 逐步建立我們在本章所探究的一些圖形。首先，說明幾點 SPSS 畫圖的一般規則。

1. 雖然在圖形選單中有一些選項，但我們將使用「**圖表建置器**」選項，這是啟動畫圖最簡單的方式，也值得學習如何使用。
2. 一般來說，當你點選「圖形」→「圖表建置器」時，你將會看到一個與你所選擇要建立之圖形類型有關的對話方塊。
3. 點選你所想要建立的圖形類型，然後選擇這個圖形型態的特殊設計。
4. 將變數名稱拖曳到每一個適當的軸框內。
5. 點選確定後，你就可以看到你所要的圖形。

讓我們來練習吧！

建立直方圖

1. 鍵入你想用來建立圖表的資料。你可以使用我們在本章一開始建立直方圖時所用的 50 個分數，或是你自己想要練習的資料。

2. 點選「圖形→圖表建置器→直方圖」，你將會看到如圖 4.9 所示的直方圖對話方塊，如果你看到任何其他的畫面，請按下「確定」鍵。

3. 從選擇來源中點選「直方圖」：從清單中雙擊第一個圖像。

4. 將你想要畫圖的變數拖曳並放入預覽視窗內的 *x* 軸。

5. 點選「確定」，就出現如圖 4.10 所示之直方圖。

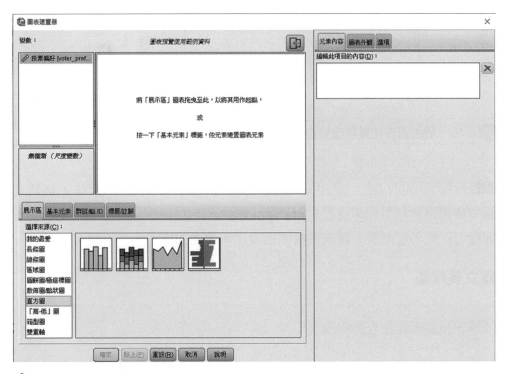

圖 4.9 直方圖對話方塊

圖 4.10 中的直方圖和本章之前所示的 50 個分數的手繪圖有些不同，如圖 4.2。差異之處在於 SPSS 是用自身獨特的方法定義組間。SPSS 將組間的最低值作為組中點（例如：10），而不是中間點（例如：12.5），因此，分

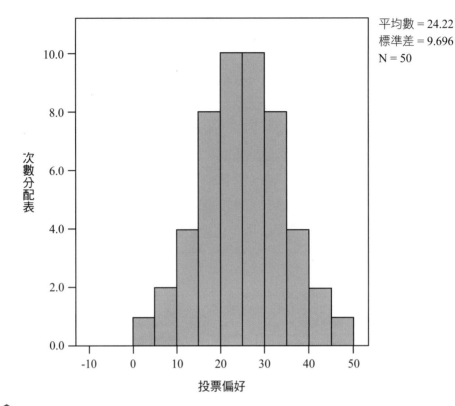

圖 4.10　使用圖表建置器建立直方圖

數被分配到不同的組。從中可以學到什麼經驗？你如何將資料分組，在直方圖中會使得資料看起來有很大的不同。而且，一旦你相當瞭解 SPSS 之後，你就可以做各種微調，讓圖形精確呈現你所想要的樣子。

建立長條圖

依據下面的步驟建立長條圖：

1. 輸入你想用來建立圖表的資料。這裡我們使用的資料是某一個俱樂部人員所屬的三種政黨背景，1 = 民主黨，2 = 共和黨，3 = 無黨派，如下所示：

   1, 1, 2, 3, 2, 1, 1, 2, 1

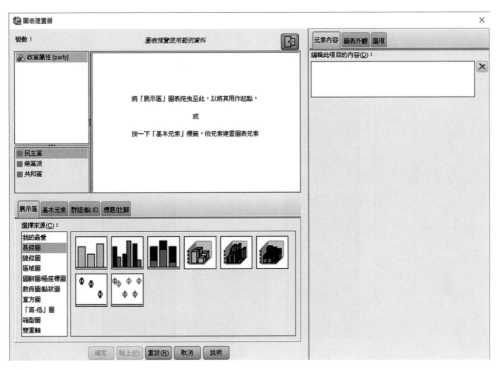

圖 4.11 長條圖對話方塊

2. 點選「圖形→圖表建置器」，你就會看到如圖 4.11 所顯示的「圖表建置器」對話方塊，如果你看到任何其他的畫面，請按下確定鍵。

3. 從選擇來源中點選「長條圖」選項：從清單中雙擊第一個圖像。

4. 將變數名稱「Party」拖曳放入預覽視窗內的 *x* 軸。

5. 將變數名稱「Number」拖曳放入 *y* 軸。

6. 點選「確定」，就會出現如圖 4.12 所示之長條圖。

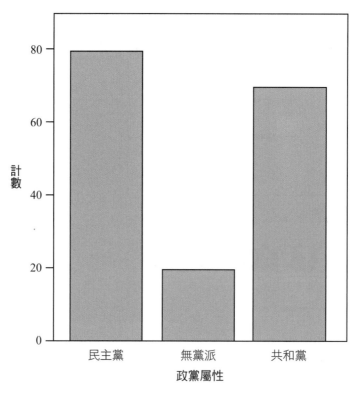

圖 4.12　使用圖表建置器建立長條圖

建立線條圖

按照如下的步驟建立線條圖：

1. 鍵入你想用來建立線條圖的資料。在這個範例中，我們將使用過去 10 年的課程期間所有學生在學期第一天出席的比例，資料如下。你可以將這些資料精確地輸入 SPSS，最上面一列是兩個變數的名稱（不同欄）。

學年	出席率
1	87
2	88
3	89
4	76
5	80

學年	出席率
6	96
7	91
8	97
9	89
10	79

2. 點選「圖形→圖表建置器」，你將會看到如圖 4.11 所顯示的「圖表建置器」對話方塊，如果你看到任何其他的畫面，請按下確定鍵。

3. 從選擇來源中點選「線條圖」選項：從清單中雙擊第一個圖像。

4. 將變數名稱「Year」拖曳放入預覽視窗內的 x 軸。

5. 將變數名稱「Attendance」拖曳放入 y 軸。

6. 點選「確定」，就出現如圖 4.13 所示線條圖。我們利用 SPSS 的圖表編輯器，變更 y 軸的最小值和最大值。

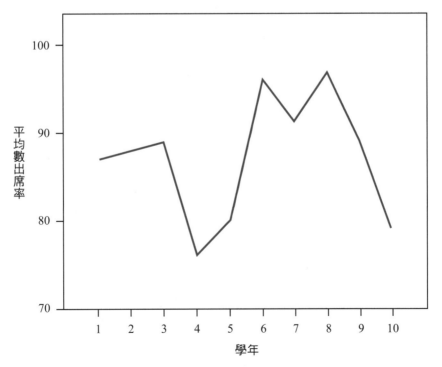

圖 4.13 利用圖表建置器建立線條圖

建立圓餅圖

按照如下步驟建立圓餅圖：

1. 鍵入你想用來建立圓餅圖的資料。在這個範例中，圓餅圖用於表示消費者購買不同品牌之甜甜圈的比例。資料如下：

品牌	百分比
Krispies	55
Dunks	35
其他	10

2. 點選「圖形→圖表建置器」，你將會看到如圖 4.11 所顯示的「圖表建置器」對話方塊，如果你看到任何其他的畫面，請按下確定鍵。

3. 從選擇來源中點選「圓餅圖／極座標圖」：從清單中雙擊唯一圖像。

4. 將變數名稱「Brand」拖曳放入「截塊方式？」軸內。

5. 將變數名稱「Percentage」拖曳放入「角度變數？」軸內。

6. 點選「確定」，就會出現如圖 4.14 所示之圓餅圖。

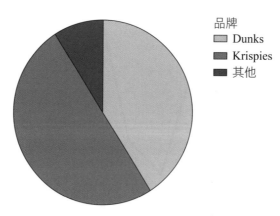

品牌
☐ Dunks
■ Krispies
■ 其他

圖 4.14　利用圖表建置器建立圓餅圖

現實世界的統計

圖形是很有用的，而且一張圖真的勝過千言萬語。

這一篇老舊但是有用的义章，研究人員檢視人們是如何認知和處理統計圖形。Stephen Lewandowsky 和 Ian Spence 檢閱一些設計用以探討不同類型之圖形的合適度，以及人類認知的理解是如何對這些圖形的設計和效用產生影響的經驗研究。

他們聚焦在一些理論上的解釋，包括為何圖形中的某些元素是有效果的而其他則否、插圖符號的使用（像是利用快樂的臉部表情組合成長條圖上的條狀）、需要使用超過一組以上的資料來呈現的多變量展示。此外，就像許多文章經常會出現的情況，他們的結論是，到目前為止，仍然無法取得足夠的資料。在我們所生活的世界日益視覺化之下（符號表情，任何一個？☺☹），這是一篇很有趣的和很有用的閱讀文章，可以取得有關資訊作為科學的主題是如何被討論（現在仍然是如此）的一種歷史觀點。

想要知道更多嗎？可以上網或到圖書館閱讀有關這篇文章：

Lewandowsky, S., & Spence, I. (1989). The perception of statistical graphs. *Sociological Methods Research, 18*, 200-242.

 **小結**

毫無疑問，建立圖表很有趣，而且能大幅增加對沒有整理的資料的瞭解。依據我們在本章所提供的建議，並善加使用這些圖表，但是只有當它們不僅是增加篇幅，而是可以加強對資料的瞭解時才這麼做。

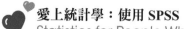
練習時間

1. 名稱為第 4 章資料集 1 (Chapter 4 Data Set 1) 50 個閱讀理解考試成績（變數名稱 Comprehension Score）的資料集，可以在附錄 C 和網站上獲得。回答下面的問題且／或完成下面的任務。

   a. 建立這個資料集的次數分配和直方圖。

   b. 為什麼選擇你所用的組間？

2. 這是一個次數分配表。手動或用 SPSS 建立直方圖。

組間	次數
261-280	140
241-260	320
221-240	3,380
201-220	600
181-200	500
161-180	410
141-160	315
121-140	300
100-120	200

3. 某一位三年級的老師正在尋求改善她的學生在團體討論和課程講授時間的投入程度，她追蹤了 15 位三年級學生每一個人在一星期內每天的回應次數，這些資料可以在第 4 章資料集 2 (Chapter 4 Data Set 2) 取得，請利用 SPSS 建立一個長條圖（每一個長條代表一天──警告：這可能會是一個難題喔！）

4. 試指出下列這些分配是負偏態、正偏態或完全沒有偏態？並解釋你如此描述的理由？

   a. 這群有天分的運動員在垂直跳躍項目的得分很高。

   b. 在這個不可思議的測驗中，每一個人都得到相同的分數。

   c. 在今年最困難的拼寫測驗中，當成績公布後，三年級的學生哭了，然後他們的父母都在抱怨。

5. 使用第 4 章資料集 3 (Chapter 4 Data Set 3) 的餡餅喜好資料，利用 SPSS 建立一個圓餅圖。

6. 對下面的每一種情況，說明你使用圓餅圖、線條圖，還是長條圖？以及為什麼？

   a. 某個大學的一年級、二年級、三年級和四年級學生的比例。

   b. 過去 24 小時內的溫度變化。

   c. 四個不同職位的申請人數。

   d. 應試者通過考試的比例。

   e. 10 個類別中，各個類別的人數。

7. 對下列每一類圖形，提供一個你可能使用該圖形的範例。例如：你會用圓餅圖來顯示一年級到六年級兒童收到減價午餐的比例。當你完成時，手動畫出這些想像的圖。

   a. 線條圖

   b. 長條圖

   c. 散布圖 / 點狀圖（加分）

8. 去圖書館找一篇你感興趣的領域且包含經驗資料的期刊文章，但是沒有這些資料的任何圖形表示，使用這些資料建立一個圖表。要確定你要建立的是哪一類型的圖表，以及為什麼做這樣的選擇。你可以手繪圖表，或者使用 SPSS 建立圖表。

9. 建立你所能夠建立的、看起來最糟糕的圖表，如擁擠的表格和無用的文字。沒有什麼東西能像不好的範例一樣，可以給人們持久的印象。

10. 最後，使用圖表或圖形的目的是什麼？

學生學習網址

你可以造訪 edge.sagepub.com/salkindfrey7e 取得強化學習技巧所需要的工具，以及取用練習測驗、eFlashcards、原始和精選的影片、資料集等！

5

計算相關係數
——冰淇淋和犯罪

難易指數：☺☺（比較難）

本章學習內容

✦ 瞭解什麼是相關係數及其作用。

✦ 計算簡單相關係數。

✦ 解釋相關係數的值。

✦ 瞭解有什麼其他類型的相關係數存在，以及何時應該
　可以使用。

相關係數到底是什麼？

　　集中趨勢測量數和變異性測量數，並不是我們唯一有興趣利用圖形獲得一組分數看起來像什麼的敘述統計值。你已經學到，知道一個最具代表性的分數（集中趨勢）和一個分布或離散性（變異性）的測量數，對描述一個分布的特徵是不可少的。

　　但是，我們有時也對變數之間的關係感興趣——或者更精確地說，當一個變數發生變化時，另一個變數的值如何變化。我們表示感興趣的方式是透

過計算簡單相關係數，例如：年齡和力量、收入和受教育年數、記憶力和藥物用量、你和父母的政治態度，瞭解彼此之間有什麼關係？

　　相關係數 (correlation coefficient) 是反映兩個變數之間線性關係的數值性指標。這個敘述統計值的範圍介於 −1.00 和 1.00 之間。兩個變數的相關有時也叫做二元（兩變數）相關，甚至更明確的說，在本章大部分我們所討論的相關類型是**皮爾森積差相關** (Pearson product-moment correlation)，是以它的發明者卡爾‧皮爾森 (Karl Pearson) 命名的。

皮爾森相關係數是探究兩個變數之間的關係，但是這兩個變數在本質上是連續的。換句話說，這些變數可以假定是某些基本連續體中的任何值，例如：身高（你實際上可以達到 5 英尺 6.1938574673 英寸高）、年齡、考試成績或收入。還記得我們在第 2 章中所談到的測量水準嗎？等距和比例的測量水準是連續的，但是其他有一大群變數是不連續的，這些變數叫做離散變數或者類別變數，例如：種族（如白人和黑人）、社會階級（如高和低）和政黨背景（如民主黨與共和黨）。在第 2 章中，我們稱這些類型的變數為名目水準，在這些案例中，你需要使用其他相關的技術，如 *phi* 相關。這些內容是屬於更高階的課程，但是你應該知道這些是可被接受的且非常有用的技術。我們在本章後面的部分，還會簡短地提及這些技術。

　　還有其他類型的相關係數用於測量多於兩個變數之間的關係，我們將把其中一些內容留到後面的進階統計章節中討論（你現在已經在期待了，對吧？）。

相關係數的類型：選擇 1 和選擇 2

　　相關反映變數間關係的動態性質，這樣做可以讓我們瞭解變數發生變化時，變化的方向是相同還是相反的。如果變數變化的方向相同，這相關稱作**直接相關** (direct correlation) 或**正相關** (positive correlation)；如果變數變化的方向相反，這相關稱作**間接相關** (indirect correlation) 或**負相關** (negative correlation)。表 5.1 顯示出這些關係的彙總。

　　現在要記住，表中的例子反映的是通則。例如：關於一個考試中完成試

表 5.1 相關的類型和相應的變數之間的關係

變數 X 的變化	變數 Y 的變化	相關的類型	數值	例子
X 值增加	Y 值增加	直接的或正向的	正值，範圍是從 0.00 到 +1.00	你用於學習的時間越多，考試成績就會越高。
X 值減少	Y 值減少	直接的或正向的	正值，範圍是從 0.00 到 +1.00	你存在銀行的錢越少，所賺得利息就越少。
X 值增加	Y 值減少	間接的或負向的	負值，範圍是從 −1.00 到 0.00	你運動越多，體重就越輕。
X 值減少	Y 值增加	間接的或負向的	負值，範圍是從 −1.00 到 0.00	你完成考試的時間越少，你答錯的題數就越多。

卷的時間和答對的題數：一般來說，一個考試所用的時間越少，分數越低。這樣的結論不是火箭科學（越快越好），因為回答得越快越可能犯無心的錯誤，例如：沒有正確的閱讀說明。但是，當然也有人既能答得快又能回答得很好，而且也有人不但答得很慢也不能回答得很好。重點是我們討論一群人在兩個不同變數上的平均表現。我們是計算這群人在兩個變數之間的相關，而不是針對任何一個特定的個人。

這裡有幾件與相關係數有關的簡單（但很重要）的事情要記住：

- 相關係數的數值範圍是從 −1.00 到 +1.00。
- 相關係數的絕對值反映相關的強度。因此 −0.70 的相關比 0.50 的相關強。在考慮相關係數時，學生們最常犯的一個錯誤就是認為直接的或正向的相關總是比間接的或負向的相關強（也就是「更好」），只因為符號而不是其他的理由。
- 計算相關至少要有兩個變數和至少有兩個人。
- 另一個易犯的錯誤是給相關的符號一個價值判斷。許多學生認為負相關不好而正相關很好，但想想表 5.1 中的例子，其中運動與體重呈負相關，負相關是正面的事情！這也是為什麼不使用「負向的」、「正向的」來表達，而要用「直接的」、「間接的」，可以更清晰的傳達意義。
- 皮爾森積差相關係數用小寫字母 r 表示，r 的下標表示有相關的兩個變

數。你可能以為 Pearson 的 P 可以當作此一相關的符號，但是在希臘語中，字母 P 實際上類似於英語中的「r」音，所以使用 r。P 是用於母體的理論相關性，因此，不用為 Pearson 感到遺憾。（如果有幫助，可將 r 視為關係的代表。）例如：

- r_{XY} 是變數 X 和變數 Y 之間的相關係數。
- $r_{\text{weight-height}}$ 是體重和身高之間的相關係數。
- $r_{\text{SAT.GPA}}$ 是學術能力測驗成績 (SAT) 和平均成績 (GPA) 之間的相關係數。

相關係數反映了兩個變數之間共享的變異性總量，以及它們共同的部分。例如：你可以預期一個人的身高和他的體重相關，因為這兩個變數有許多共同的特徵，如個人的營養和醫療史、整體健康狀況和基因，當然，高個子的人通常有較大的分量。另一方面，如果一個變數的值沒有變化，而因此沒有可共享的部分，那麼，兩個變數之間的相關係數為 0。例如：當你計算年齡和完成的學年數之間的相關時，每個人的年齡是 25 歲，那麼這兩個變數之間就沒有相關，因為關於年齡完全沒有資訊（無變異性）可以共享。

同樣地，如果限制或者強迫一個變數的數值範圍，這個變數和其他變數之間的相關係數會比變數的值沒有被限制時更小。例如：當你計算成績非常好的學生的閱讀理解成績和年級之間的相關，你會發現相關係數小於你所計算的整體學生同樣的相關係數。這是因為成績非常好的學生的閱讀理解成績也非常好，相對於所有的學生來說，這個成績的變化也很小。該如何避免呢？如果你對兩個變數之間的關係感興趣，就盡力充分蒐集不同的資料——這樣，你才可以得到真正有代表性的結果。那你該怎麼做呢？盡可能精確地衡量變數（使用更高的、更多資訊的測量水準），並使用在你所感興趣的特性上有很大變異的樣本。

計算簡單相關係數

式 5.1 所示是變數 X 與變數 Y 之間的簡單皮爾森積差相關係數的計算公式：

$$r_{XY} = \frac{n\sum XY - \sum X \sum Y}{\sqrt{\left[n\sum X^2 - (\sum X)^2 \right]\left[n\sum Y^2 - (\sum Y)^2 \right]}} \tag{5.1}$$

其中

- r_{XY} 是 X 與 Y 之間的相關係數
- n 是樣本數
- X 是變數 X 的個別分數
- Y 是變數 Y 的個別分數
- XY 是每一個 X 分數與相對應的 Y 分數的乘積
- X^2 是個別 X 分數的平方
- Y^2 是個別 Y 分數的平方

這裡是我們在例子中所使用的資料：

	X	Y	X^2	Y^2	XY
	2	3	4	9	6
	4	2	16	4	8
	5	6	25	36	30
	6	5	36	25	30
	4	3	16	9	12
	7	6	49	36	42
	8	5	64	25	40
	5	4	25	16	20
	6	4	36	16	24
	7	5	49	25	35
總計、合計或 Σ	54	43	320	201	247

在我們將數字代入公式之前，我們要確認你瞭解了每一個符號所代表的涵義。

- $\sum X$，或所有 X 值的總和，是 54。
- $\sum Y$，或所有 Y 值的總和，是 43。

- $\sum X^2$，或是每一個 X 值平方的總和，是 320。
- $\sum Y^2$，或是每一個 Y 值平方的總和，是 201。
- $\sum XY$，或是 X 和 Y 的乘積的總和，是 247。

　　一組數值總和的平方與數值平方的總和很容易混淆。一組數值總和的平方是取數值如 2 和 3，先加起來（就是 5），接著將總和值平方（是 25）。平方值的總和是取數值如 2 和 3，先平方（分別是 4 和 9），接著將平方值加起來（是 13）。當你在計算時，請看括號內的數字。

按照下面的步驟計算相關係數：

1. 列出每個參與者的兩個數值。你應該以欄的形式列出，以避免混淆。如果是手動計算，請使用方格紙；如果是數位化計算，則使用 SPSS 或其他一些資料分析工具。
2. 計算所有 X 值的總和，並計算所有 Y 值的總和。
3. 計算每個 X 值的平方，並計算每個 Y 值的平方。
4. 計算 XY 乘積的總和。

將這些值放入式 5.2 的等式中：

$$r_{XY} = \frac{(10 \times 247) - (54 \times 43)}{\sqrt{[(10 \times 320) - 54^2][(10 \times 201) - 43^2]}} \qquad (5.2)$$

對啦！然後你會在式 5.3 中看到答案：

$$r_{XY} = \frac{148}{213.83} = .692 \qquad (5.3)$$

　　相關真正有趣的地方是，測量一個變數與另一個變數間有關之共變性的距離總和，因此，如果兩個變數是高度的變異（即有較廣範圍的分數），它們之間的相關很有可能會高於不是高度變異的兩個變數。在此，這並不是說較多的變異性就保證會有較高的相關，因為分數必須是以有系統的方式變化才行。但是，如果說某一個變數的變異是受限的，無論另一個變數的變化多大，相關程度就會較低。舉例來說，假設你正在檢視高中的學術成就和大學

第一年成績之間的相關，如果你只看班上前 10% 的學生，這些學生很可能有非常相似的成績，導致沒有變異性和不存在某一個變數的變化是另一個變數之函數的空間。當你計算某一個變數與另一個沒有變化（即沒有變數性）的變數之間的相關，你猜會得到什麼？ $r_{XY} = 0$，這就是答案。我們學到什麼？變異性是有作用的，你不應該用人為的方式加以限制。

散布圖：相關的視覺圖像

視覺化呈現相關有一個非常簡單的方式：建立所謂的**散布圖** (scatterplot or scattergram)（SPSS 的術語是散布圖 / 點狀圖）。這只是在不同的軸上，畫上每一組分數而已。

這是完成散布圖的步驟，如圖 5.1 所示，我們利用前面計算簡單相關係數的 10 組分數所畫的。

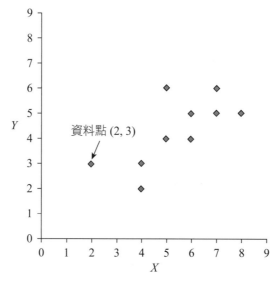

資料點 (2, 3)

圖 5.1　簡單的散布圖

1. 畫出 *x* 軸和 *y* 軸。一般來說，變數 *X* 在橫軸，變數 *Y* 在縱軸。
2. 依據你對資料的瞭解，標出 *x* 軸和 *y* 軸的數值範圍。例如：在我們的範例中，變數 *X* 的數值範圍是由 2 到 8，因此我們在 *x* 軸座標上的數值是由 0 到 9。值域範圍高一些或低一些沒有影響──只要你能預留數值會出現的

空間。變數 Y 的數值範圍是由 2 到 6，因此我們在 y 軸座標上的數值是由 0 到 9。製作相似標記的 x 軸和 y 軸，有時能夠使完成的散布圖更容易瞭解。

3. 最後，對每一對分數（例如：圖 5.1 中所示的 2 和 3），我們在圖上標注 x 軸座標為 2，y 軸座標為 3 的位置。就如在圖 5.1 中所看到的，點代表資料點，是兩個值的交叉點。

　　當所有的資料點都畫上之後，這樣的一個圖，關於兩個變數之間的關係要告訴我們什麼呢？首先，這個資料點集合的一般形狀，表明了相關是直接的（正向的）或是間接的（負向的）。

　　如果資料點形成的點集是從 x 軸和 y 軸的左下角到右上角，就會出現正的斜率。如果資料點形成的點集是從 x 軸和 y 軸的左上角到右下角，就會出現負的斜率。

　　還有一些散布圖表現出非常不同的相關，你可以看到資料點的分組如何反映相關係數的符號和強度。

　　圖 5.2 所顯示的是一個完全的直接相關，$r_{XY} = 1.00$，而且所有的資料點沿一條正向斜率的直線排成一列。

　　如果是完全間接相關，相關係數值就是 −1.00，而且資料點也會沿一條直線排成一列，但是直線是從圖的左上角到右下角。換句話說，連接資料點的直線斜率是負的，而且要記住，在兩個示例中，關聯的強度都是相同的，只是方向不同。

　　不要期望在行為科學或社會科學中找到完全相關的兩個變數。也就是說，兩個變數是如此完全的相關，它們共用所有共同的特徵；換句話說，知道一個就像知道另一個。如想想你的同學，你是否認為這些不同的人，他們共享的一個共同特徵和他們的另一個特徵完全相關？很可能不是。實際上，r 值接近 0.70 和 0.80 就可能是你將看到的最大值。

　　在圖 5.3 中，你可以看到一個強烈（但不是完全）的直接關係散布圖，相關係數 $r_{XY} = 0.70$。注意，資料點是沿著正向的斜率排成一列，雖然不是完全的相關。

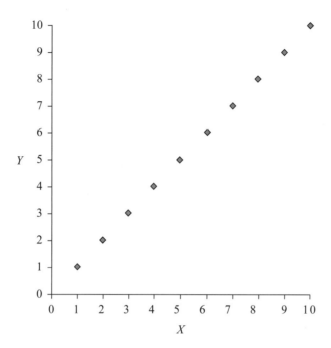

圖 5.2　一個完全直接的，或正向的相關

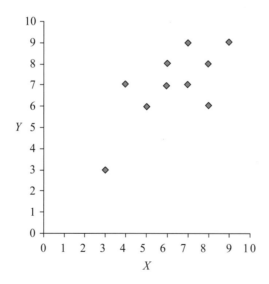

圖 5.3　一個強烈的、正向的，但不是完全的直接關係

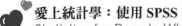
　　現在我們將向你展示一個高度間接的（或負向的）關係，如圖 5.4 所示，相關係數 $r_{XY} = -0.82$。要注意的是，資料點如何沿著負的斜率從圖的左上角到右下角排成一列。

　　這就是不同的相關類型看起來的樣子，而且你可以由檢視資料點分組的方式，來真正地判斷相關的一般強度和方向。

　　不是所有的相關都可以通過一條直線來反映 X 值和 Y 值的關係，該直線稱為**線性相關 (linear correlation)**（關於這一點，可參見第 16 章）。關係可能不是線性的，而且也可能無法反映在一條直線上。讓我們拿年齡和記憶力之間的相關來說，在年齡早期，這相關可能是高度正向的，兒童的年齡越大，他們的記憶力越好；接著，到了青年和中年時期，沒有太多的變化或相關，因為大多數青年人和中年人都保持了良好的記憶力；但是在老年時期，記憶力開始衰退，而且記憶力和年齡的增長有間接關係。如果你將這些集中起來考慮，你會發現記憶力和年齡之間的相關看起來像一條曲線，當年齡增長時，記憶力先是成長，然後保持一定水平，接著就會下降，這是一種曲線關係，而且有時對一種關係的最好描述就是曲線關係。

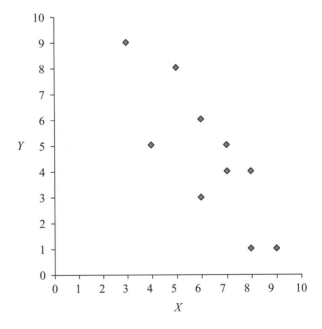

圖 5.4　一個高度間接的關係

相關矩陣：成串的相關

如果你有多於兩個以上的變數，而且想要瞭解這些變數之中的兩兩相關時，該怎麼辦？如何說明彼此之間的相關？使用如表 5.2 所示的**相關矩陣** (correlation matrix)，是一個簡單和優雅的解決方法。

表 5.2　相關矩陣

	收入	教育	態度	投票
收入	1.00	0.574	−0.08	−0.291
教育	0.574	1.00	−0.149	−0.199
態度	−0.08	−0.149	1.00	−0.169
投票	−0.291	−0.199	−0.169	1.00

就如同你在這個虛構的資料所看到的，在這矩陣中有四個變數：收入 (Income)、教育 (Education)、態度 (Attitude)，以及他們會去投票 (Vote) 的可能性。

對每一對變數都有一個相關係數。例如：收入和教育之間的相關係數是 0.574。同樣的，收入和人們是否參加最近一次投票的相關係數是 −0.291（意思是說，收入越高的人，越不可能去投票）。

在這樣的矩陣中，總共只有 6 個相關係數。因為變數和它們自身是完全相關（也就是沿著對角線而下的值都是 1.00），而且因為收入和投票之間的相關與投票和收入之間的相關相同，矩陣因此呈現對稱的鏡像。

你可以利用 SPSS 或其他的統計分析軟體，如 Excel，輕易地建立和前面所看到一樣的相關矩陣。像在 Excel 的應用中，你可以使用分析工具箱。

當你在閱讀應用相關係數來描述數個變數之間關係的期刊文章時，你就會看到這樣的矩陣（矩陣的複數）。

瞭解相關係數的涵義

好吧！我們已經有了兩個變數之間關係的數值指標，而且我們知道相關的值越大（不論正負號），關係就越強。但是我們應該如何解釋它，而且使它成為一種關係更有意義的指標？

這裡有幾種不同的方式，可以來看簡單相關係數 r_{XY} 的解釋。

使用經驗法

也許解釋相關係數值最容易的（但不是最正式的）方式是用眼睛看，並使用表 5.3 中的資訊，這是基於行為科學中對相關性大小的常規解釋。

表 5.3　解釋相關係數

相關係數的大小	一般解釋
0.5 到 1.0	非常強的關係
0.4	中到強的關係
0.3	中度關係
0.2	弱到中度的關係
0.0 到 0.1	弱關係或無關係

因此，如果兩個變數之間的相關係數是 0.3，你可以安全的下結論說，這關係是中度的關係，不是強烈的關係，但當然也沒有弱到說問題中的變數沒有分享任何共同的特徵。

這種眼球法非常適合於快速評估兩個變數之間關係強度，例如：當你簡要評估視覺化呈現的資料時。但是，因為這個經驗法則確實依賴主觀判斷（什麼是「強相關」或「弱相關」），因此我們應該選擇更精確的方法。這就是我們現在將要看到的內容。

特殊效應！
相關係數

在整本書中，我們將學習各種效應值，以及如何解釋它們。效應值 (effect

size) 是變量之間關係強度的指標，而且在我們所學習的大多數統計方法中，都會有相關的效應值有關的報告和解釋。相關係數即是效應值的完美範例，因為它確實是關係強度的一種測量數。幸好有表 5.3，我們已經知道如何解釋它。

將相關係數平方：決定性的努力

解釋相關係數更精確的方法是計算判定係數。**判定係數** (coefficient of determination) 是一個變數的變異數，可以被其他變數的變異數解釋的百分比。是不是太難了？

在本章前面的部分，我們已經指出，共用某些特徵的變數之間如何相互關聯。如果我們計算 100 個五年級學生的數學成績和語文成績的相關係數，我們會發現是中度相關，因為孩子的數學好（或不好）的許多原因也是語文好（或不好）的原因，如他們的學習時數、聰明程度、父母關心學校功課的程度、家裡圖書的數量，以及其他更多方面都和數學及語文的表現有關，而且可以解釋這些孩子之間的差異（這也是變異性的來源）。

這兩個變數共用的特徵越多，它們就越相關。這兩個變數也共用變異性——或者孩子們彼此之間為何不同的原因。總之，越聰明的孩子學習越努力，成績就越好。

為了確定一個變數的變異量，有多少可以被另一個變數的變異量解釋，判定係數就是把相關係數平方。

例如：如果平均成績 (GPA) 和學習時數之間的相關係數是 0.70（或者 $r_{\text{GPA . time}} = 0.70$），那麼判定係數，用 $r^2_{\text{GPA . time}}$ 表示，是 0.7^2 或 0.49。這意味著平均成績變異量的 49%，可以被學習時數的變異量解釋。相關越強，越多的變異量可以被解釋（這很有道理）。這兩個變數共用的特徵越多（例如：好的學習習慣、在課堂能夠預期的知識、沒有疲勞），有關一個分數的表現可以被另一個分數解釋的資訊就越多。

但是，如果 49% 的變異量可以被解釋，就意味著 51% 不能被解釋，因此即使對 0.70 的強相關來說，這些變數的分數之間存在差異的原因仍有許多不能被解釋。不能被解釋的變異量大小就是**異化係數**〔coefficient of alienation，也叫做**非判定係數** (coefficient of nondetermination)〕。不要擔心，這裡沒有外星人，這不是《*X* 檔案》或《陰屍路》影集，它僅僅是 *Y* 的變異量不能被 *X* 解釋的數量（當然，反之亦然，因為這種關係是雙向的）。

用圖表示這個共用變異量的想法如何？沒問題。在圖 5.5 中，你會看到一個相關係數、對應的判定係數，以及表示兩個變數共用多少變異量有的圖表。每個圖中重疊的區域越大（兩個變數共用的變異量就越大），這兩個變數 就越高度相關。

相關係數	判定係數	變數 *X*	變數 *Y*
$r_{xy} = 0$	$r_{xy}^2 = 0$	⭘ 共用 0%	⭘
$r_{xy} = .5$	$r_{xy}^2 = 0.25$ 或 25%	共用 25%	
$r_{xy} = .9$	$r_{xy}^2 = 0.81$ 或 81%	共用 81%	

圖 5.5　變數如何共用變異量以及導致的相關

- 第一個圖顯示兩個圓沒有接觸。它們沒有接觸是因為它們沒有任何共用的部分，相關係數為 0。
- 第二個圖顯示兩個圓有重疊。相關係數是 0.5（而且 $r_{XY}^2 = 0.25$），兩個變數共用大約 25% 的變異量。
- 最後，第三個圖顯示兩個圓幾乎是一個置於另一個之上。幾乎是完全相關，相關係數 $r_{XY} = 0.9$ ($r_{XY}^2 = 0.81$)，兩個變數共用大約 81% 的變異量。

當冰淇淋吃得越多⋯⋯犯罪率就上升（或相關與因果關係）

這裡是計算、瞭解或解釋相關係數時，真正需要注意的重要事情。

想像一下，在美國一個中西部的小鎮，發生一個不符合任何邏輯的現象，地方警察局局長發現冰淇淋消費上升時，犯罪率也跟著上升。這很簡單，如果你測量這兩個變數，你會發現這兩個變數的關係是直接的，意味著人們吃越多的冰淇淋，犯罪率就上升；就像你可能預期的一樣，他們吃的冰淇淋越少，犯罪率就下降。這個警察局局長感到很困擾，直到他回想起他在

大學選修的統計學初級課程，而且記憶猶新。（他可能還拿出了他仍然擁有的這本書的舊版本。實際上，為了確保他隨時手上都有一本，這很可能是他購買的三本書中的其中一本。）

他的這個困惑最後怎麼變成了一個「啊哈」！他想到這「非常容易」，這兩個變數一定是共用什麼或彼此具有共同的特徵。要記住，一定存在某些事同時和冰淇淋消費水準及犯罪率水準相關，你能猜到那是什麼嗎？

室外溫度是它們共有的特徵。當室外變暖時，例如：在夏天，就會有更多犯罪（白天越長，人們將窗戶開著，戶外的壞男孩和女孩較多等），而且因為天氣變暖，人們就享受吃冰淇淋這一古老的樂趣。反之，在又漫長又黑暗的冬天，冰淇淋的消費就比較少，同時犯罪也較少。

熱愛統計的人物

凱瑟琳·科曼 (Katharine Coman, 1857-1915) 是一位非常善良且富有愛心的研究人員，在她 57 歲因癌症去世後，有一本著名的書是描寫關於她的詩歌和散文。她相信學習經濟學可以解決社會問題的信念，並促使衛斯理學院 (Wellesley College) 讓她教授經濟學和統計學，證明了她對統計的熱愛。她可能是第一位女性統計學教授。科曼在她的生活和寫作中是一位傑出的社會運動人士，她經常引用工業和經濟統計數據來支持自己的立場，尤其是當它們與勞工運動和非裔美國工人的角色有關時。關於科曼教授的人文傳記是《黃三葉草》(Yellow Clover)（1922 年），是她的長期戰友（也是《美麗的美國》的合著者）凱瑟琳·李·貝茨 (Katherine Lee Bates) 向她致敬所寫。

　　最近當選為市議員的喬伊，他知道這些發現並且有了一個很好的想法，或者至少他認為他的選民會喜歡。（記住，他忘記了在大學開設的統計學課程。）為什麼不在夏天限制冰淇淋的消費量，這肯定將會導致犯罪率下降？聽起來很合理，對吧？好啦！進一步檢驗，這個結論根本沒有任何意義。

　　這是由於一個簡單的原則，就是相關表示存在於兩個或更多變數之間的關聯，但相關和因果無關。換句話說，僅僅因為冰淇淋消費水準和犯罪率一起上升（或一起下降），並不意味著一個變數的變化會導致另一個變數的變化。

　　舉例來說，如果我們將鎮中所有商店的冰淇淋拿走而且不再銷售，你認為犯罪率會下降嗎？當然不會，而且這種想法十分荒謬。但更奇怪的是，關聯經常被這樣解釋，就好像本質上是因果關係，而且社會科學和行為科學的複雜問題，就會因為這樣的誤解而淪為微不足道的瑣事。長頭髮和嬉皮及越戰有關嗎？當然無關；犯罪數量的上升和更有效、更安全的轎車有關嗎？當然無關。但是它們都是同時發生，因而建立了關聯的假象。

使用 SPSS 計算相關係數

　　現在讓我們使用 SPSS 計算相關係數。我們使用的資料集是名稱為第 5 章資料集 1 (Chapter 5 Data Set 1) 的 SPSS 資料檔。

　　這個資料集中有兩個變數：

變數	定義
Income	以美元計的年收入
Education	以年計的教育水準

依照下面的步驟計算皮爾森相關係數：

1. 打開名稱為「第 5 章資料集 1 (Chapter 5 Data Set 1)」的檔案。
2. 點選「分析→相關→雙變異數」，你就會看到圖 5.6 中所示的「雙變量相關性」分析對話方塊。
3. 雙擊變數名稱「Income」移到變數框。

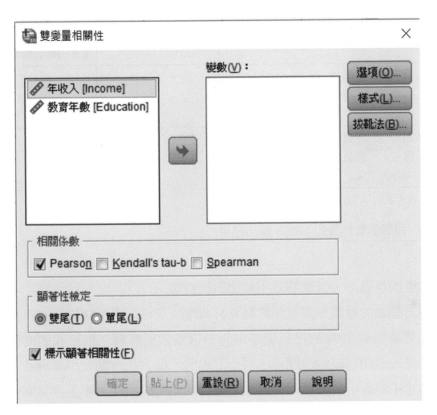

圖 5.6   雙變量相關性對話方塊

4. 雙擊變數名稱「Education」移到變數框。你也可以按住 Ctrl 鍵，一次選取多個變數，然後利用兩個對話方塊之間的「移動」箭頭，同時移動這兩個變數。
5. 點選「確定」。

SPSS 輸出結果

　　圖 5.7 中的輸出結果顯示相關係數等於 0.574，也顯示樣本數是 20，以及相關係數的統計顯著性測量指標（我們將會在第 7 章討論統計顯著性的主題）。

　　SPSS 的輸出結果顯示，這兩個變數相互關聯，且隨著收入水準的提高，教育水準也隨之提高。同樣，隨著收入水準的下降，教育水準也下降。相關

相關性

		Income 年收入	Education 教育年數
Income 年收入	皮爾森 (Pearson) 相關性	1	.574 **
	顯著性（雙尾）		.008
	N	20	20
Education 教育年數	皮爾森 (Pearson) 相關性	.574 **	1
	顯著性（雙尾）	.008	
	N	20	20

**. 相關性在 0.01 層級上顯著（雙尾）。

 圖 5.7　相關係數計算的 SPSS 輸出結果

性很顯著的事實是，這種關係不是出自於偶然。

至於相關的意義，判定係數為 0.574 的平方，或是 0.329 或 .33，這意味著一個變數中有 33% 的變異量是由另一個變數所解釋。根據我們的經驗原則，這是一個相對較弱的關係。再一次提醒，低收入水準並不會導致低教育水準，也不是高中沒讀完的人就注定要過低收入的生活。那是因果關係，而不是關聯，相關僅代表關聯。

建立一個 SPSS 散布圖

你可以動手畫一個散布圖，但如果可以知道如何用 SPSS 做這件事也是不錯的。讓我們用產生圖 5.7 相關矩陣的相同資料來建立散布圖。要確認在你的電腦螢幕上，呈現的是命名為第 5 章資料集 1 (Chapter 5 Data Set 1) 的資料集。

1. 點選「圖形→圖表建置器→散布圖／點狀圖」，就會出現如圖 5.8 所顯示的對話方塊。
2. 雙擊第一個「散布圖／點狀圖」範例。
3. 點選變數名稱「Income」並拖曳到 y 軸。
4. 點選變數名稱「Education」並拖曳到 x 軸。
5. 點選「確定」，就會出現像圖 5.9 一樣好看、簡單且易於理解的散布圖。

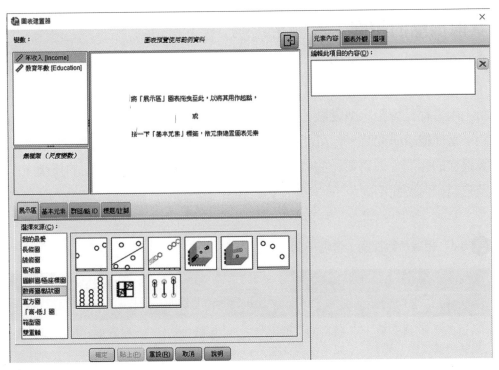

圖 5.8 圖表建置器對話方塊

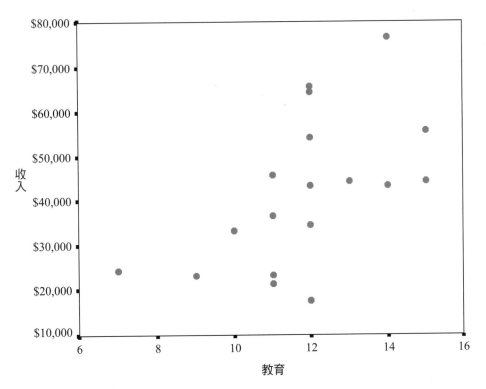

圖 5.9 簡單的散布圖

其他很酷的相關

評估變數有不同的方式。例如：名目水準變數的屬性是類別的，如種族（黑人或白人）或政黨背景（無黨籍或共和黨）；或者如果你測量收入和年齡，兩者都是等距水準變數，因為作為它們建立基礎的連續體具有相等的組距。當你繼續研究時，你可能遇到在不同測量水準資料間的相關。而且要計算這樣的相關，你需要一些特殊的技術，表 5.4 彙總了這些不同的技術，以及它們如何彼此不同。

表 5.4　相關係數採購，選哪一個？

測量水準和範例			
變數 X	變數 Y	相關類型	要計算的相關
名目的（投票偏好，如共和黨或民主黨）	名目的（性別，如男性或女性）	Phi 係數	投票偏好和性別之間的相關
名目的（社會階層，如上層、中層或下層）	順序的（高中畢業班的排序）	等級二系列相關係數	社會階級和在高中排名之間的相關
名目的（家庭結構，如雙親家庭或單親家庭）	等距的（平均成績）	點二系列相關係數	家庭結構和平均成績之間的相關
順序的（轉換為排名的身高）	順序的（轉換為排序的體重）	斯皮爾曼等級相關係數	身高和體重之間的相關
等距的（解決的問題數）	等距的（以年計的年齡）	皮爾森相關係數	解決的問題數和以年計的年齡之間的相關

分離方法：有關淨相關的一點說明

好的，你現在已經擁有簡單相關的基礎知識，但是，在探索變數之間的關係時，還有許多其他屬於相關技術的特殊工具可用。

常見的一種「其他」工具稱之為**淨相關** (partial correlation)，是用以探討兩個變數之間的關係，但從兩者之間的關係中刪除了第三個變數的影響。有時，第三個變數稱為中介 (mediating) 或干擾 (confounding) 變數。

例如：假設我們正在探索憂鬱症程度與慢性病發作之間的關係，而且發

現，總體上來說，這種關係是正向的。換句話說，慢性病的發作越明顯，出現憂鬱症的可能性就越高（當然，反之亦然）。現在請記住，這種關係可能不是因果關係，一個變數可能不會「導致」另一個變數，並且一個變數的出現並不表示另一個變數也會出現。正相關只是對這兩個變數之間關聯性的評估，關鍵之處是它們共享了一些共同的變異量。

這就是重點——我們想要控制的是它們所共有的其他變數，在某些情況下，將這些共享的變異量從關係中刪除，我們才能聚焦於我們所感興趣的關鍵關係。

舉例來說，家庭支持程度？營養習慣？疾病的嚴重程度或持續時間？這些變數和其他更多變數都可以解釋這兩個變數之間的關係，或者它們至少可以解釋某些變異量。

再回想一下，這與我們關注冰淇淋消費量與犯罪程度之間的關係時所提出的論點完全相同。一旦將戶外溫度（中介變數或干擾變數）從方程式中刪除，……碰！冰淇淋消費量與犯罪程度之間的關係直線下降。讓我們來看看。

以下是 10 個城市的冰淇淋消費量和犯罪率的一些數據。

	冰淇淋消費量	犯罪率
冰淇淋消費量	1.00	0.743
犯罪率		1.00

因此，冰淇淋消費量和犯罪率這兩個變數之間的相關性為 0.743。這是一個非常穩健的關係，大約解釋兩個變數之間 50% 的變異量（$0.743^2 = 0.55$ 或 55%）。

現在，我們將加入第三個變數，平均戶外溫度。下面是這三個變數集的皮爾森相關係數。

	冰淇淋消費量	犯罪率	平均戶外溫度
冰淇淋消費量	1.00	0.743	0.704
犯罪率		1.00	0.655
平均戶外溫度			1.00

從這些值可以看出，冰淇淋消費量與戶外溫度之間、犯罪率與戶外溫度之間，都存在相當強的關係。我們感興趣的問題是：「在戶外溫度的影響刪除或分離出去之後，冰淇淋消費量和犯罪率之間有什麼關係？」

這就是淨相關的功能。當刪除了第三個變數的效應後（在這例子中，戶外溫度），再檢視兩個變數之間的關係（在這例子中，冰淇淋消費量和犯罪率）。

解釋兩個變數之間關係的第三個變數，可以是中介變數或干擾變數。但是，這些不同類型的變數是具有不同的定義，而且很容易混淆。在我們的相關範例中，干擾變數 (confounding variable) 就像溫度一樣，同時會影響我們所感興趣的兩個變數，並解釋它們之間的相關性。中介變數 (mediating variable) 則是介於我們所感興趣的兩個變數之間的變量，它解釋了表面上的關係。例如：如果 A 與 B 相關，且 B 與 C 相關，則 A 和 C 似乎相關，但這僅僅是因為它們都與 B 相關，B 就是一個中介變數。也許 A 影響 B，而 B 影響 C，所以 A 和 C 是相關的。

使用 SPSS 計算淨相關

讓我們使用一些資料和 SPSS 來說明淨相關的計算，以下是原始的資料。

城市	冰淇淋消費量	犯罪率	平均戶外溫度
1	3.4	62	88
2	5.4	98	89
3	6.7	76	65
4	2.3	45	44
5	5.3	94	89
6	4.4	88	62
7	5.1	90	91
8	2.1	68	33
9	3.2	76	46
10	2.2	35	41

1. 將我們所使用的資料輸入 SPSS。
2. 點選「分析→相關→局部」，你就會看到圖 5.10 中所示的「局部相關性」對話方塊。
3. 以拖曳或雙擊的方式，將變數名稱「Ice_Cream」和「Crime_Rate」移到「變數」框內。
4. 將變數名稱「Outside_Temp」移到「為此項目進行控制」框內。
5. 點選「確定」，然後你會看到如圖 5.11 所示的 SPSS 輸出結果。

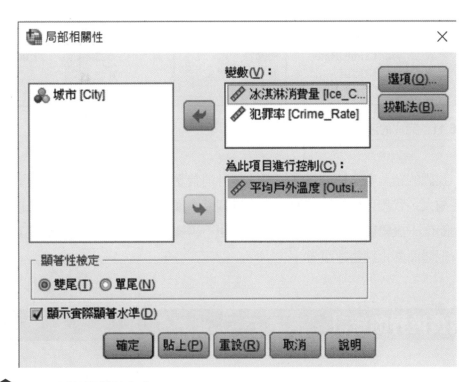

圖 5.10　淨相關對話方塊

瞭解 SPSS 輸出結果

　　從圖 5.11 中可以看到，在刪除戶外溫度 (Outside_Temp) 的影響或調節量後，冰淇淋消費量 (Ice_Cream) 和犯罪率 (Crime_Rate) 之間的相關性為

0.525，這比冰淇淋消費量與犯罪率之間的簡單皮爾森相關（即 0.743）要小，後者不考慮戶外溫度的影響。似乎原先可以解釋的 55% 變異量（且我們稱之為「在 0.05 顯著水準下」），在刪除作為調節變數的戶外溫度 (Outside_Temp) 後，現在可以解釋 $0.525^2 = 0.28 = 28\%$ 的變異量（而且關係不再顯著）。

相關性

控制變數			Ice_Cream 冰淇淋消費量	Crime_Rate 犯罪率
Outside_Temp 平均戶外溫度	Ice_Cream 冰淇淋消費量	相關性 顯著性（雙尾） 自由度	1.000 . 0	.525 .147 7
	Crime_Rate 犯罪率	相關性 顯著性（雙尾） 自由度	.525 .147 7	1.000 . 0

圖 5.11　完成的淨相關分析

　　我們的結論呢？戶外溫度解釋冰淇淋消費量和犯罪率之間的共有變異量已足夠大，我們可以得出結論，雙變量關係很顯著，但是在刪除戶外溫度這個調節或干擾變數的影響後，這個關係便不再顯著，而且，我們不需要為了減少犯罪而禁止銷售冰淇淋。

現實世界的統計

　　這是一件很有樂趣的事，就像有越來越多的興趣用不同的方式將統計應用在不同的運動一樣，一個非正式命名為「賽伯計量學」(Sabermetrics) 的學科，這個名詞是由 Bill James 所創造的（因電影《魔球》(Moneyball) 而出名）。

　　Stephen Hall 和他的同事檢視了球隊的薪資和這些球隊（職業棒球和職業足球）的競爭力，他是最早從經驗研究的觀點，關注到這個現象的其中一個人。換句話說，直到這些資料被公開，多數人做決策都是以傳聞的證據而不是量化的評估為

基礎。Hall 使用 1980 年至 2000 年期間的美國大聯盟和英式足球聯盟的球隊薪資單資料，他利用一個允許建立因果關係（不只是相關而已）的模型來檢視這個連結性。

雖然在職業棒球中沒有因果關係的證據存在於薪資和球員表現之間，薪資和球員表現在 1990 年代都同時顯著地提高；但相對地，在英式足球中，研究人員找到高薪資和高績效之間的因果關係，相當

酷，不是嗎？關聯如何可以用來探索現實世界的決策？

想要知道更多嗎？可以上網或到圖書館閱讀有關這篇文章：

Hall, S., Szymanski, S., & Zimbalist, A. S. (2002). Testing causality between team performance and payroll: The cases of Major League Baseball and English soccer. *Journal of Sports Economics, 3*, 149-168.

小結

顯示一個變數和另一個變數如何相關，以及它們共有什麼特徵的想法是一種非常強而有力的想法，也是非常有用的敘述統計（也在推論統計中使用，稍後將向你展示）。要記住的是，相關只表明關聯的關係，但不是因果的，而且你將能夠瞭解這項統計量如何提供關於變數之間關係的有價值資訊，以及變數在其他變數變化時如何變化或保持不變。現在是開始改變一些速度的時候，將焦點移到信度和效度上就可以完成第二部分。你需要知道這些相關的觀念，因為你將會學習到如何判斷分析結果有何不同，像是分數和其他變數所代表的意義。

練習時間

1. 使用這些資料回答問題 a. 和 b.。這些資料存在名稱為第 5 章資料集 2 (Chapter 5 Data Set 2) 的檔案中。

   a. 手動計算皮爾森積差相關係數，並顯示所有你的計算過程。

   b. 手動建立這 10 對資料的散布圖。依據這散布圖，你將預測相關是直接的，還是間接的？為什麼？

（共 20 個問題）回答正確的問題總數	對參加考試的態度（總分是 100）
17	94
13	73
12	59
15	80
16	93
14	85
16	66
16	79
18	77
19	91

2. 使用下面的資料回答問題 a. 和 b.。這些資料存在名稱為第 5 章資料集 3 (Chapter 5 Data Set 3) 的檔案中。

（游完 50 碼）速度	力量（推舉的重量級）
21.6	135
23.4	213
26.5	243
25.5	167
20.8	120
19.5	134
20.9	209
18.7	176
29.8	156
28.7	177

a. 使用計算機或電腦計算皮爾森相關係數。

b. 使用相關係數從最弱到最強的數值範圍來解釋這些資料，並計算判定係數。主觀分析和 r^2 值比較結果如何？

3. 根據關係的強度排列下面的相關係數（從最弱的開始）。

$$+0.71, +0.36, -0.45, +0.47, -0.62$$

4. 就下列一組分數，計算皮爾森相關係數並解釋其結果。這些資料存在名稱為第 5 章資料集 4 (Chapter 5 Data Set 4) 的檔案中。

過去 12 個月課堂成就提高比例	過去 12 個月課堂預算增加比例
0.07	0.11
0.03	0.14
0.05	0.13
0.07	0.26
0.02	0.08
0.01	0.03
0.05	0.06
0.04	0.12
0.04	0.11

5. 動手計算下面的資料集內練習時間和學期平均成績 (GPA) 的相關，你從分析中得到什麼結論？這些資料存在名稱為第 5 章資料集 5 (Chapter 5 Data Set 5) 的檔案中。

練習時間	學期平均成績
25	3.6
30	4.0
20	3.8
60	3.0
45	3.7
90	3.9
60	3.5
0	2.8
10	2.5
15	3.0

6. 利用 SPSS 決定這些優秀學生讀書時數與學期平均成績 (GPA) 的相關。為什麼相關是那麼低？

讀書時數	學期平均成績 (GPA)
23	3.95
12	3.90
15	4.00
14	3.76
16	3.97
21	3.89
14	3.66
11	3.91
9	3.89
18	3.80

7. 兩個變數之間的判定係數是 0.64，請回答下面的問題：

    a. 什麼是皮爾森相關係數？

    b. 這關係的強度如何？

    c. 兩個變數的關係中，不可解釋的變異量有多少？

8. 下表有三個變數，每一個都是和 20 位參與頭部傷害恢復的研究有關。建立一個簡單矩陣以顯示變數之間的相關，你可以用手動方式（要計畫在此停留一段時間）或利用 SPSS 或其他應用軟體。這些資料存在名稱為第 5 章資料集 6 (Chapter 5 Data Set 6) 的檔案中。

受傷時年齡	治療的水準	12 個月的治療分數
25	1	78
16	2	66
8	2	78
23	3	89
31	4	87
19	4	90

受傷時年齡	治療的水準	**12** 個月的治療分數
15	4	98
31	5	76
21	1	56
26	1	72
24	5	84
25	5	87
36	4	69
45	4	87
16	4	88
23	1	92
31	2	97
53	2	69
11	3	79
33	2	69

9. 看表 5.4，你是用什麼類型的相關係數來檢驗性別（在本研究中僅定義為兩種類別：男性或女性）和政黨背景的關係？家庭組成（雙親或單親）和高中平均成績之間的關係呢？解釋你為什麼選擇這樣的答案。

10. 當兩個變數相關（如力量與跑速），它也意味著彼此之間有關聯。請解釋，若它們彼此有關聯，那麼為什麼不是一個變數導致另外一個變數的結果？

11. 提供兩個變數之間存在相關的三個例子，其中因果關係在概念上很有意義。

12. 為什麼相關分析不能作為證明變數之間有因果關係，而不僅僅是關聯的一種工具？

13. 你在什麼時機會使用淨相關？

學生學習網址

你可以造訪 edge.sagepub.com/salkindfrey7e 取得強化學習技巧所需要的工具，以及取用練習測驗、eFlashcards、原始和精選的影片、資料集等！

6

瞭解信度和效度
——只要真相

難易指數：☺☺☺（沒那麼難）

本章學習內容

✦ 定義信度和效度，以及瞭解它們為什麼重要。

✦ 這是統計課程，與這些測量事物有何關聯？

✦ 瞭解如何評估測量的品質。

✦ 如何計算和解釋不同類型的信度係數。

✦ 如何計算和解釋不同類型的效度係數。

信度和效度介紹

　　問一下你的父母、老師、兒科醫生或你身邊周遭的任何人，他們對當今兒童最關注的五個問題是什麼，肯定會有一群人將肥胖視為這些問題之一。仙蒂‧史拉特 (Sandy Slater) 和她的同事們發展並測試了一份自評調查問卷的信度和效度，該份問卷是針對低收入城市的少數民族鄰里和農村地區的青少年，詢問其家庭、學校和社區的體育活動環境。特別的是，研究人員檢視了這些青少年參與者的臥室、住宅及學校教室外面的電子和遊樂設備的一些

115

變數資訊，他們還研究了與孩子們親近的人對運動的看法。在兩次不同的情況下，總共 205 對親子完成了 160 項帶回家填答的調查問卷，這是建立再測信度的理想模型。研究人員發現此一測量具有良好的信度和效度，他們希望這項調查可用在協助找到機會和訂定策略，以鼓勵較未受到照顧的年輕人更加積極地運動。

是否想瞭解更多？查閱這篇原文：Slater, S., Full, K., Fitzgibbon, M., & Uskali, A. (2015, June 4). Test-retest reliability and validity results of the Youth Physical Activity Supports Questionnaire. *SAGE Open*, 5(2). doi:10.1177/2158244015586809

測量這件事到底要做什麼？

這是一個很好的問題，也是你應該問的問題。畢竟你選修的是統計學課程，而且到現在為止，學習的內容都是統計學的內容。現在看起來你所面對的，似乎是屬於測驗和測量課程的主題。因此，這部分的內容在統計學書中到底有什麼作用？

很好，到現在為止，《愛上統計學》所涵蓋的內容都與蒐集和分析資料有關。現在，我們將要展開分析和解釋資料的旅程。不過，在我們開始學習這些技巧之前，必須先確保這資料就是你所認定的資料，即資料代表你想知道的內容。換句話說，如果你正在研究貧窮，你要確保你用於評估貧窮的測量工具能發揮作用；或者如果你是研究中年男性的攻擊性，你也要保證你評估攻擊性的任何工具都能發揮作用。

還有更多真正的好消息：如果你想繼續深造，並且想選修測驗和測量課程，這一章的介紹會大幅度地增進你對這個領域的瞭解，以及你要學習哪些主題。

而且為了保證整個資料蒐集，以及讓資料有意義的過程發揮作用，首先要確保你用於蒐集資料的工具能發揮作用。在本章中會回答的基本問題是「我怎麼知道我每一次使用的測驗、量表和工具等，所得到的分數是這個人的真正表現，而不是隨機發生的？」（這是信度），以及「我怎麼知道我所使用的測驗、量表和工具等，能夠測量到我想要測量的內容？」（這是效

度）。

不論它是對消費行為的簡單觀察工具，或者是測量諸如複雜沮喪這類心理結構的工具，任何一個研究人員都會告訴你，確認所使用測量工具的信度和效度的重要性。不過，還有另外一個很好的理由，如果你用來蒐集資料的工具是不可信或無效的，那麼任何假設檢定的結果都無法有確定的結論。如果你不能確定檢定能夠完成它應該完成的工作，並且能夠確保其分數的一致性不是隨機的，那麼你怎麼知道你所得到的無顯著性結果，是由於有問題的檢定工具，還是在虛無假設為真的情況下拒絕了它（你將會在下一章瞭解型一誤差這個朋友）所導致？你想要一個「清白的」虛無假設檢定嗎？那就將信度和效度變成你研究工作的重要部分。

你可能已經注意到本章一開始就出現的一個新名詞——**依變數** (dependent variable)。在一個實驗中，這是結果變數，或是研究人員所關切的，想要知道它作為一個處遇 (treatment) 的函數，是否有任何的變化會發生。而且，猜看看？處遇也有一個名稱——**自變數** (independent variable)。舉例來說，如果一個研究人員檢視不同的閱讀計畫對理解程度的影響，自變數就是閱讀計畫，依變數或結果變數就是閱讀理解分數。依變數這個名詞被當作結果變數使用，是因為此一假設指出，它是視自變數而定或受到自變數的影響。雖然這些名詞在《愛上統計學》這本書的其他內容不常會用到，但你還是應該對它們熟悉一點。

信度——再做一次直到做對

信度 (reliability) 很容易解釋。信度就只是一個測試，或者不管你使用哪一種測量工具，對事物的測量是否可以保持一致性。如果你在特別的處遇發生之前執行人格類型的測試，那麼，四個月之後再進行的相同測試是否可信？我的朋友，這是信度的其中一種類型——當一個人被測量兩次時，分數一致的程度。還有其他不同的信度類型，在定義信度之後，我們會對每一類型的信度做一點介紹。

考試成績——真實或運氣

當你參加這個課程的考試，得到一個分數，像是 89 分（這很好）或 65 分（需要好好學習）。這個測驗分數包含了幾個不同要素，包括：**觀察分數** (observed score)，即你實際得到的考試分數，如 89 分或 65 分；**真實分數** (true score)，即如果你無限多次參加同一項考試所得到的代表性分數。我們不能直接測量真實分數（因為我們沒有時間或精力無限制地針對某些人進行相同的測驗），但是我們可以估計它。

為什麼真實分數和觀察分數會不相同？是的！如果考試（以及伴隨的觀察分數）是對測量內容的完美反映（我們是指絕對完美），那它們就可能相同。

但是，錯誤總在不經意間發生，莫非定律 (Murphy's law) 告訴我們世界並不完美。因此，你看到的觀察分數可能非常接近真實分數，但是很少會相同。此一差異就是誤差的總量，以下將會介紹。

注意，信度與效度不同，它不是指是否測量到你所想要測量的，這就是為什麼真實分數與所欲測量的構念是否得到真實反映無關。相反地，真實分數是一個人無限多次參加同一個測驗所獲得的平均分數，它代表了此一既定的測驗在理論上的真實表現水準。現在，有人會希望表現的真實水準能夠反映出所感興趣的構念，但這是另一個問題（效度問題）。此一區別在於，如果測驗始終如一地得到一個人的平均分數，那麼，該測驗就是有信度的，但這與測驗的內容無關。事實上，一個具有完美信度的測驗，可能不會產生與你所感興趣的構念有任何關係的分數，像是「你真正知道的」。

觀察分數 = 真實分數 + 誤差分數

誤差？是的，的確是誤差。例如：讓我們假定某個學生的統計學考試成績是 89 分，但是他的真實分數（我們永遠不會真的知道，只是理論上來說）是 80 分，這意味著 9 分的差異（就是**誤差分數**，error score）是由於誤差造成的，或者說是個人考試分數偏離百分之百正確的原因。

這樣的誤差來源是什麼？可能是考試的房間太溫暖導致有些學生昏昏欲睡，這對考試分數一定有影響；或者，測驗上的題項格式所用的措辭方式，讓人們以隨機方式做出不一致的解釋。同上，這兩個例子都反映出測驗情境的工具或條件，而不是所測量特徵的品質，對吧？

我們的任務是盡可能減少誤差，例如：改善測驗的環境並選擇支持一致回答的題項格式，盡可能地減少這些錯誤。減少這類的誤差，就可提高信度，因為觀察分數才能更吻合真實分數。

誤差越小就越可信，就那麼簡單。

信度的不同類型

信度有幾種不同的類型，在本節中，我們將介紹最重要也是最常用的四種類型。所有這些類型的信度是以觀察某一個測驗自身的相關程度，來檢視分數中有多大的隨機性。這幾種類型都總結在表 6.1 中。

表 6.1　信度的不同類型、何時使用、如何計算，以及它們的涵義

信度的類型	何時使用	如何計算	舉例說明 所得結果的涵義
再測信度	當你想知道一個測驗在不同時間是否可信。	計算時期 1 的測驗分數和時期 2 相同測驗的分數之間的相關係數。	不同時期的青少年認同形成的邦佐 (Bonzo) 測驗是可信的。
平行形式信度	當你想知道一個測驗的幾個不同形式是否可信或者等價。	計算某一種形式的測驗分數與相同內容的另一種形式（不是完全相同的測驗）的測驗分數之間的相關係數。	人格測試的兩種形式是等價的，而且表現出平行形式的信度。
內在一致性信度	當你想知道一個測驗中，各個分數之間的一致性。	每一個項目的得分與總得分之間的相關係數，最常見的方法是使用稱為 α 係數的加總指數。	創造力 SMART 測驗的所有項目之間彼此相關。
評分者信度	當你想知道不同的人對同一個測驗的評分是否具有一致性。	檢視不同評分者間一致同意次數的比例。	最佳穿著足球員評價的評分者信度是 85%，表示不同裁判的一致性程度很高。

再測信度（前測―後測信度）

再測信度 (test-retest reliability) 用來檢視經過一段時間之後，某個測驗是否仍然可靠。

例如：你想建立檢定不同類型職業方案偏好的測試。你在 9 月執行了測驗，接著在 6 月執行了相同的測驗（保持相同很重要）。然後，將這兩組分數（記住，是同一人作了兩次測驗）做相關分析（如同我們在第 5 章做過的），你便可以測量信度。當你檢視隨著時間而產生變化和差異時，再測信度是所必需的，因為你希望這些變化是真實的，而不是隨機的。

你必須非常確信你已經測量的內容是以可靠的方式測量，這樣才使你每次得到的測量結果都盡可能接近每個個體的代表值。

計算再測信度：這裡是正在發展的「管理職業教育測試」(Mastering Vocational Education, MVE) 在時期 1 和時期 2 的一些測驗分數。我們的目標是計算皮爾森相關係數，作為測量工具之再測信度的測量值。

ID	時期 1 得分	時期 2 得分
1	54	56
2	67	77
3	67	87
4	83	89
5	87	89
6	89	90
7	84	87
8	90	92
9	98	99
10	65	76

這個過程的第一步和最後一步是計算皮爾森積差相關係數（複習第 5 章相關內容），這個值等於

$$r_{Time1 \cdot Time2} = 0.90$$

0.90 是否意謂達到再測信度？我們很快會解釋這個值。

平行形式信度

平行形式信度 (parallel forms reliability) 用於檢定同一測驗的不同形式的等價性或相似性。

例如：你在研究記憶，部分工作內容是看 10 個不同單字並盡可能的記住，然後在 20 秒鐘學習、10 秒鐘休息之後背誦這些單字。因為這些研究的進行需要兩天的時間，也涉及到一些記憶技巧的訓練，你需要符合研究工作所需的另一組單字，而且很明顯不能是相同的內容。因此，你建立另一組單字清單，而且希望這個清單和第一組類似。在這個範例中，你希望不同形式間的一致性很高，因為它只是使用不同的形式檢定相同的概念。測量人員想到可以當作一個大型「測驗」的較大項目庫，因此，通過比較形式，他們正在查看測驗本身的關係。所有類型的信度都是採取檢視測驗與其自身之間關係的做法。

計算平行形式信度：這裡是來自「自主記憶測試」(I Remember Memory Test, IRMT) 的形式 A 和形式 B 的一些分數。我們的目標是計算皮爾森相關係數，以作為此測量工具的平行形式信度測量值。

ID	形式 A 得分	形式 B 得分
1	4	5
2	5	6
3	3	5
4	6	6
5	7	7
6	5	6
7	6	7
8	4	8
9	3	7
10	3	7

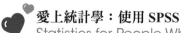

熱愛統計的人物

扮演了某些角色，尤其是在有關種族受教育機會差異的測驗及其影響的問題上。尤菲米婭·洛夫頓·海恩斯 (Euphemia Lofton Haynes, 1890-1980) 是一位對美國學校中規定種族隔離特別感興趣的教育研究人員。海恩斯博士一生主要是在華盛頓特區擔任華盛頓教育委員會主席，致力於社會正義和教育平等。一路走來，海恩斯博士成為第一位在 53 歲獲得數學博士學位的女性。

在教育領域中，測量和測驗是許多有關教育方式與方法長期爭論中的重要部分。統計和熱愛統計的人在這些辯論中

這個過程的第一步和最後一步是計算皮爾森積差相關係數（複習第 5 章相關內容），這個值等於

$$r_{\text{FormA . FormB}} = 0.13$$

我們很快會解釋這個值。

內在一致性信度

內在一致性信度 (internal consistency reliability) 與之前介紹的前兩種類型非常不同。內在一致性信度係用於，當你想確定測驗中的項目是否彼此有足夠強的相關，可以假定它們都是測量相同的事物，如果是的話，那麼將它們加到總分中就很有意義。

讓我們假設你正在發展對不同類型醫療保健的態度測量，而且你想確保這 5 個項目正好就是測量同一件事（即你希望對醫療保健的態度）。對於一組受試者，你會檢查每個項目的分數及它們是否相關。你會期望在某些項目

（例如：「我喜歡我的醫療保健品質」）上得分高的人，在其他類似項目（例如：「我的醫療保健值得我付出這個費用」）上的得分很高。

　　alpha（或 α）係數，有時也被發明人 Lee (Cronbach) 稱為克隆巴赫係數 (Cronbach's alpha)，是大家所熟知的內部一致性信度的一個特別測量數，其中各個項目得分之間的相關越可預測，則克隆巴赫係數的值越高。而且，此測量值越高，你對於該測驗具內部一致性且與自身具有良好的相關性就越有信心。

　　例如：這裡有 5 個項目的測驗可能會產生很高的 alpha 係數：

1. 4 + 4 = ?
2. 5 − ? = 3
3. 6 + 2 = ?
4. 8 − ? = 3
5. 1 + 1 = ?

　　所有項目似乎都在測量同一件事，不論這一件事是什麼（這是一個效度問題，別轉臺！）。

　　現在，這裡是一個離內部一致性有一大段距離的 5 個項目測驗：

1. 4 + 4 = ?
2. 3 隻小豬中最胖的 1 隻是誰？
3. 6 + 2 = ?
4. 128 × ? = 2,176
5. 因此，野狼到底想要什麼？

　　為什麼這個例子不具有內部一致性是很明顯的。這些問題彼此間並不一致——內部一致性的主要準則。

計算 α 係數或克隆巴赫係數

　　計算克隆巴赫係數時，實際上就是計算每位受試者在每個項目上的得分，和總得分之間的相關係數，並與所有個別項目得分的變異性比較。計算的邏輯是，每個總分很高的測試者，在每一個項目上的得分應該也很高（例

如：總分 40 的受試者的每一個項目的得分為 5、5、3、5、3、4、4、2、4、5），而且每個總分很低的受試者，在每一個項目上的得分應該也很低（如 4、1、2、1、3、2、4、1、2、1）。

這裡是 10 個受試者在 5 個態度項目測試（我愛醫療保健測驗）上的一些樣本資料，其中，每個項目的得分在 1（非常不同意）到 5（非常同意）之間。

ID	項目 1	項目 2	項目 3	項目 4	項目 5
1	3	5	1	4	1
2	4	4	3	5	3
3	3	4	4	4	4
4	3	3	5	2	1
5	3	4	5	4	3
6	4	5	5	3	2
7	2	5	5	3	4
8	3	4	4	2	4
9	3	5	4	4	3
10	3	3	2	3	2

下面是計算克隆巴赫係數的公式：

$$\alpha = \left(\frac{k}{k-1} \right) \left(\frac{s_y^2 - \sum s_i^2}{s_y^2} \right) \tag{6.1}$$

其中

- k 表示項目的個數
- s_y^2 表示觀察分數的變異數
- $\sum s_i^2$ 表示每一個項目的變異數總和

下面是為完成上面的等式所需要計算的值（觀察分數的變異數，或 s_y^2，以及每個項目的變異數總和，或 $\sum s_i^2$）。

ID	項目 1	項目 2	項目 3	項目 4	項目 5	總成績
1	3	5	1	4	1	14
2	4	4	3	5	3	19
3	3	4	4	4	4	19
4	3	3	5	2	1	14
5	3	4	5	4	3	19
6	4	5	5	3	2	19
7	2	5	5	3	4	19
8	3	4	4	2	4	17
9	3	5	4	4	3	19
10	3	3	2	3	2	13
						$s_y^2 = 6.4$
觀察值變異數	0.32	0.62	1.96	0.93	1.34	$\sum s_i^2 = 5.17$

將這些數值代入這個等式，你就會得到下面這個等式

$$\alpha = \left(\frac{5}{5-1}\right)\left(\frac{6.40 - 5.17}{6.40}\right) = .24 \tag{6.2}$$

你會發現係數 α 為 0.24，而且你已完成了內在一致性信度計算（除了接下來的解釋之外）。

如果我們告訴你還有許多其他類型的內在一致性信度，你不會感到驚訝吧？這對內在一致性的測量來說是事實，不僅有 α 係數，也有折半信度、庫德─里卡德松 (Kuder-Richardson) 20 和 21（KR_{20} 與 KR_{21}），以及其他基本上在做同一件事的類型，只是方式不同而已。不過，大多數的研究人員相信，克隆巴赫係數是評估內在一致性信度的最好方法。

使用 SPSS 計算克隆巴赫 (Cronbach's α) 係數

一旦你知道如何手動計算克隆巴赫係數，且想要使用 SPSS 來計算，兩者的轉換非常容易。我們使用本章之前給的資料集，有 10 個受試者在 5 個項目上的測驗分數。

1. 在資料編輯視窗鍵入資料。要確保不同的項目在不同的欄。
2. 點選「分析→比例→信度分析」，你就會看到如圖 6.1 所示的對話方塊。
3. 一次雙擊一個變數或是選取所有項目（使用 Shift 加點擊的技術），將每個變數（項目 1 至項目 5）移到項目：對話方塊中。要確定在「模型」之下，由下拉式功能表選取 α。
4. 點選「確定」。SPSS 會執行此一分析指令，然後產生圖 6.2 所示的結果。

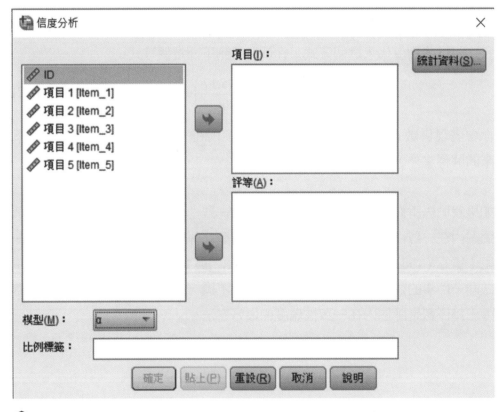

圖 6.1　信度分析對話方塊

比例：**ALL VARIABLES**

觀察值處理摘要

		N	%
觀察值	有效	10	100.0
	已排除[a]	0	.0
	總計	10	100.0

a. 根據程序中的所有變數成批刪除。

可靠性統計量

Cronbach's Alpha	項目數
.239	5

 6.2　信度分析的 SPSS 輸出結果

瞭解 SPSS 輸出結果的涵義

對於你在第 125 頁上看到 10 個人的 5 個項目分數的資料集，克隆巴赫係數的值為 0.239。如你所見，這與手動完成的操作非常接近，而且，實際上，我們僅報告信度到小數點後兩位或 0.24。輸出結果所顯示的內容不僅僅限於此。如你將在後面學到的，這是一個相對較低的信度。

評分者信度

評分者信度 (interrater reliability) 是讓你知道兩個評分者對某些結果判斷的一致性程度的測量。

例如：你有興趣的是銀行人員和潛在的支票帳戶顧客，在交易過程中某一特別社會互動類型，而且你進行現場觀察（在單向鏡之後觀察），來看銀行人員在接受了新的或高級的顧客關係課程之後，是否會使得在面對潛在顧客時，微笑和愉悅的行為增加。你的工作是注意每 10 秒內，銀行人員是否展現課程中所教的三種不同行為，包括微笑、坐著時身體前傾或者用手指出要點。每次你看到這三種行為中的任何一種出現，就在你的積分表上標示一個（×）；如果沒有觀察到任何一種，就標示為（一）。

作為這個過程的一部分，而且也保證你的記錄是可信的測量，你就會想

知道不同的觀察者對於這些行為發生的一致性水準。評分的形式越類似，不同的評分者一致性水準和信度也就越高。

計算計分者信度

在這個範例中，這裡真正重要的變數是在 2 分鐘內，每 10 秒鐘（或者是 12 個 10 秒鐘內）對顧客的友善行為是否發生。因此，我們要看的是，在分成 12 個 10 秒鐘的 2 分鐘時間框架內評分的一致性。分數表中一個 × 代表著行為發生，一個橫線（—）表示行為沒有發生。

在 12 個時期內（12 個可能的一致），戴夫與莫琳一致認為有 7 個時期出現友善的行為（時期 1、3、4、5、7、8 和 12），3 個時期沒有出現友善的行為（時期 2、6 和 9）。也就是說，在 12 次可能一致的機會中，共有 10 次是一致的。

	時期	1	2	3	4	5	6	7	8	9	10	11	12
記錄者 1	戴夫	×	—	×	×	×	—	×	×	—	—	×	×
記錄者 2	莫琳	×	—	×	×	×	—	×	×	—	×	—	×

評分者信度可以使用下面的簡單公式計算：

$$評分者信度 = \frac{一致的數量}{可能一致的數量}$$

而當我們代入你所看到的數值後……

$$評分者信度 = \frac{10}{12} = 0.833 = 83\%$$

最後得到的評分者信度係數是 0.833。

多大才是大？解釋信度係數

好吧！現在我們開始討論正題，猜猜看？你是否還記得第 5 章所學的對相關係數的解釋？這些標準與解釋信度係數幾乎是相同的，不同的是，我們通常會看到比一般研究還高的值，所以，我們會採取更嚴格的標準。

我們只需要兩件事，那就是：

- 信度係數是正向的，而不是負向的。
- 信度係數盡可能的大（在 0.00 和 +1.00 之間）。

因此，解釋很簡單。我們剛剛計算出的評分者信度係數 0.833 的確是很高，代表兩組觀察值之間有高度一致性。而較早之前的克隆巴赫係數值為 0.239，就不是那麼強。通常，對於大多數類型的信度，我們希望係數為 0.70 或更高。至於以一致性的百分比作為評分者信度係數的估計，我們希望一致性能達到 80% 或更高。

如果你不能建立信度……怎麼辦？

建立一個測驗的信度的道路，並不平坦──它需要大量的工作。如果測驗是不可靠的，那該怎麼辦？

下面有一些事需要謹記在心。要記住，信度是隨機誤差對觀察分數貢獻度的一個函數，誤差降得越低，信度就越高。

- 在進行測驗時，要確保對所有設置的指示都已標準化且清楚明確。
- 增加項目或者觀察值的數量，因為一個測驗的題項越多，受試者答案的隨機性就越有可能被排除，通常，測驗越長，信度越好。
- 刪除模糊的項目，因為有些人會以一種方式回應，其他人則會用不同的方式回應，而這和他們的知識、能力水準或個人特徵無關。
- 特別是對成就測試（如拼寫考試、歷史考試）來說，要確認問題不會太難也不會太簡單，你希望不同受試者之間有變異性，因此，他們的真實或代表分數才有機會出現。
- 在測驗執行時，將外部事件的不可預測影響極小化，例如：在接近測驗的時間若有特殊的重大事件發生，像是狂歡節 (Mardi Gras) 或畢業季，你可以延遲評估的進行。

還有一件事

建立一個可靠的心理測驗（對於一個大詞來說，這意味著對心智的衡

量？）工具的第一步是建立信度（而且我們已經花了一些時間在這個議題上）。為什麼？如果測驗或測量工具不可靠，或者沒有一致性，而且不能在不同的時間進行相同的測驗，那麼測量什麼就不重要了（這是效度問題），對吧？

在拼寫入門的「孩子對拼寫很在行」(Kids Are Cool at Spelling, KACAS) 測驗中，開始的三個項目可能是：

$$16 + 12 = ?$$
$$21 + 13 = ?$$
$$41 + 33 = ?$$

這肯定是信度很高的測試，但是不能肯定是有效的測試。現在我們對信度已經有相當的瞭解，**讓我們開始介紹效度。**

效度——哇！真相是什麼？

最簡單的說，**效度** (validity) 是一個評估工具的特質，表示此工具能夠測量到它說要測量的內容。一個有效的測驗是測量它所想要測量的內容，而且也真的做得很好。如果成就測驗是要測量歷史知識，那麼那就是它要測量的內容；如果智商測驗是打算要測量由測驗建立者所定義的智商內容，那麼它就只測量那些內容。如果大學入學考試的目的是找到將在大學獲得成功的學生，那麼，只有在確實能做到這一點，該考試才是有效的。

效度的不同類型

就像信度有不同的類型，效度也有不同的類型，我們會介紹最重要也最常用的三種類型。這幾種類型都總結在表 6.2 中。

內容效度

內容效度 (content-based validity) 是一個測驗的性質，它使得測試項目是由用於設計測驗的總體項目中抽取而來。內容效度常用於成就測驗（例如：從一年級的拼寫測試到學術能力測驗的任何測驗）。

表 6.2 效度的不同類型、何時使用、如何計算，以及它們的涵義

效度的類型	何時使用	如何計算	舉例說明 對所得結果的涵義
內容效度	當你想知道一個特定主題的項目樣本，是否能夠反映項目總體。	從一個什麼應該放入測驗的發展完善架構中選取項目。	我的統計學課程的每週小考，可以公正地評價每章的內容。
準則效度	當你想知道測驗成績是否和其他標準有系統性的相關，而這個標準被認可是測量相同的事物。	計算測驗成績和其他有效並評價相同能力集的測量之間的相關係數。	烹飪技能的 EATS 測驗已顯示與在結束烹飪學習後 2 年內成為主廚相關（預測效度的一個案例）。
建構效度	當你想知道測試是否測量一些基本的心理構念。	證明項目與某一個精確的理論或構念的定義非常吻合。	參與身體接觸和危險性運動的男性在攻擊性 TEST 測驗的得分較高，這正是理論所預期的。

建立內容效度。建立內容效度實際上非常容易，你需要做的就是確定你的在地（和合作）的內容專家。例如：我要設計物理學入門課程測驗，我會尋找當地的物理專家（也許是地方高中的教師或者在大學教授物理學的教授），而且我會說「嗨！艾伯塔，你看這 100 個選擇題的題目，能不能準確地反映我期望我的入門課程學生瞭解的所有可能主題和概念？」

我可能告訴艾伯塔主題是什麼，然後在她看了這些題目後，就會給我有關這些題目是否符合我建立之標準的判斷，包括了入門課程整體題目的代表。如果答案是肯定的，就表示我完成了設計（至少就現在而言）；如果答案是否定的，我就要回到設計階段，重新建立新的題目或者修正現有的題目（直到專家認可內容正確為止）。我可能會從比我所需要的 100 個題目更多的題目庫開始，然後選擇我的專家認為最合適的 100 個題目。

準則效度

準則效度 (criterion-based validity) 是評估一個測試是否反映現在和未來的能力集。如果準則是發生在現在，我們所談的就是**同步準則效度**

(concurrent criterion validity)；如果準則是發生在未來，我們所談的就是預測準則效度 (predictive criterion validity)。對於準則效度的出現，你不需要同時建立同步效度和預測效度，只需要看哪一個能夠滿足測試目的的效度。

建立同步效度

例如：你受僱於世界烹飪學院，設計測量烹飪技能的工具。烹飪訓練的部分內容與直接知識有關（例如：什麼是奶油麵粉糊？）這屬於成就測驗的內容。

因此，你建立了你認為能夠測量烹飪技能的測驗，現在你想建立同步效度水準。為完成這項工作，你設計了烹飪量表（你設計的評分是從 1 到 100），是一套以 5 分制的指標項目所集合而成（如現場展示、食物安全、清潔等），為每個裁判都使用的標準（如表現、清潔等）。作為一個準則（這是關鍵），你還有另一組裁判，他們將學生整體烹飪能力，進行從 1 到 10 的等級排序。然後你計算烹飪量表得分和裁判排序之間的相關係數。如果效度係數（簡單相關係數）很高，那就表示你設計得很好──否則，就需要重新回到設計階段。

建立預測效度

例如：我們知道烹飪學校 10 年來發展得很好，而且你不僅僅對人們廚藝好壞感興趣（這是你剛才建立的同步效度的部分），也對預測效度感興趣。現在，準則已經從現在當下的得分（裁判的給分）轉變為檢視未來的得分。

在此，我們的興趣是發展一個測驗，可以預測一個 10 年後成為成功的廚師。要建立烹飪測驗的預測效度，你要回過頭來鎖定已完成烹飪課程的畢業生，對他們進行測驗。然後，等待 10 年之後，根據不同但相關的指標，像是成功的程度，再對他們進行一次測驗，你可以使用以下測量指標：(1) 他們是否擁有自己的餐廳，以及 (2) 餐廳在社群媒體上的平均評分。此一設計的基本原理是，如果一家餐館的評分很高，那麼廚師一定在做正確的事。

要完成這項練習，你要計算烹飪測驗的分數與這些評分之間的相關係數，較高的相關係數表明具有預測效度，較低的相關係數表明缺乏預測效度。現在，你知道你的烹飪測驗具有一定效度，你可以將其出售給烹飪學校使用。（當然，在你等待了 10 年的時間來蒐集效度證據的過程中，你的測

驗開發公司可能倒閉了，但你已經知道這個想法了。）

建構效度

建構效度 (construct-based validity) 是最有趣也最難建立的效度，因為建構效度是基於測驗或測量工具背後的基本結構或概念。

你可能記得從你的初級心理學的延伸學習中瞭解，構念是一個無法直接觀察到的抽象特徵，例如：攻擊性是一個構念（包括不恰當的碰觸、暴力、缺乏成功的社會互動等變數所組成），智力、母嬰依戀和希望等同樣也都是構念。而且要記住的是，這些構念來自研究者所假定的某種理論立場，例如：他或她認為有攻擊傾向的男性比沒有攻擊傾向的男性，更容易處於與執法者的衝突中。

建立建構效度

如果你有好戰性（或攻擊性）的測驗量表，這是依據你對什麼是形成攻擊性這個構念的理論觀點，概括得出的一系列項目所構成的觀察工具。你從犯罪學文獻瞭解到，具有攻擊性的男性會比其他人更容易做出某種類型的行為，例如：他們陷入更多的爭論、更多的肢體衝突（如推擠）、更多的暴力犯罪，而且在人際關係方面較為失敗。好戰性量表包括了描述不同行為的項目，其中有些項目在理論上和攻擊性行為有關，有些則是無關的。

一旦好戰性量表完成，你就應該檢視結果來確定好戰性量表的得分，是否與你預測的行為類型（如涉入犯罪的程度或人際關係的品質等）的出現相關，而不要與無關的行為類型（如習慣、或對某些食物類型的偏好等）有關。而且，如果你預測應該有關之項目的相關係數很高，而且無關之項目的相關係數很低，你就可以得出好戰性量表（很可能是你所設計之評估攻擊性要素的項目）的測量是有效的結論。恭喜！

如果不能建立效度……那該怎麼辦？

是的，這個問題很難回答，特別是因為效度的類型有這麼多。

一般來說，如果你沒有得到你想要的效度證明，這是由於你的測驗沒有做到它應該要做的事。如果是一個成就測驗，而且令人滿意的內容效度水準

是你要的，那麼你可能要重新設計測驗的問題，以確保這些問題與你所請教的專家的意見是一致的，或是和州的教育委員會所認定的各個年級應教授的教育標準是一致的。

如果你關心準則效度，你可能需要重新檢視測試中項目的本質，並且回答這個問題：我預期對這些問題的反應，與我選定的準則之間相關程度如何？當然，這是假定你所使用的準則是有意義的。

最後，如果你尋求建構效度卻找不到，那你最好要認真思考支撐你建立測驗的理論基礎。也許你對攻擊性的定義和模型是錯的，或者智力的定義和概念化需要批判性的重新思考，你的目的是在於確認理論和以理論為基礎所設計的測驗項目之間具有一致性。

最後的友善建議

測量這件事是相當酷的，因為它在學術上是有趣的，而且在這個責信的時代，每個人都想知道學生、股票經紀人、教授（！）、社會福利機構專案的進度。

由於對責信和結果的測量這股強烈且不斷增高的興趣，吸引撰寫傑出論文或學期論文的大學生、或是撰寫畢業論文或學位論文的研究生，為他們最後的論文計畫設計一組測量工具。

但是要注意的是，聽起來很好的想法卻可能導致一場災難，因為建立任何工具的信度和效度的過程可能需要幾年的持續工作，而且當天真的或無研究精神的人想建立新的工具檢定新的假設時，可能會使事情變得更糟。這意味著在檢定新假設時，最重要的事還包括確保這個工具能發揮它應該有的作用。

如果你在做自己的原創性研究，如為了畢業論文或學位論文所要求，要確保找到一個已經建立了良好信度和效度證據的測量工具。這樣的話，你才可以將精力用在檢定你的假設工作上，而不是傻傻的將精力浪費在發展工具這項工作上——因為這本身就是一項職業。是否想要有一個好的開始，請查閱布羅斯測驗中心 (Buros Center for Testing)，你可以從 http://buros.com 獲得線上資料。

信度和效度：非常親密的兄弟

現在我們暫時停下腳步，並回顧閱讀這一章的其中一個原因。

這是指定要學習的內容。

實際上，不是。這一章很重要，因為你需要瞭解你用於測量結果之工具的信度和效度。為什麼？因為如果工具不可信也無效，那你的實驗結果就會讓人懷疑。

就如本章之前提到的，你可以有一個有信度但無效度的測驗，但是，你不可能有一個有效度卻是沒有信度的測驗，為什麼？是的，因為不論一個測驗在測量什麼都可以重複測量（這是信度），但是可能仍然沒有測量到它應該測量的內容（這是效度）；反之，如果一個測驗確實在測量它要測量的內容，那麼這個測試就必須能夠實現一致性的測量。

你可能在本章的幾個地方已經看到關於信度和效度關係的內容，但是還有一種非常酷的關係，你會在之後的課程中學到，不過，你現在應該知道。這個關係是效度的最大值等於信度係數的平方根，例如：如果機械能力傾向測試的信度係數是 0.87，效度係數不會超過 0.93（是 0.87 的平方根）。用專業語言來說，就是一個測驗的效度會受到信度的限制。如果我們在確定一個測驗能夠測量到它所要測量的內容之前，不必再思考一個測驗必須要一致性的做它要做的，那就完全合理了。但是這個關係也很密切，你不可能有一個沒有信度卻有效度的工具，因為一個測驗要做到它應該做的之前，首先必須具有測驗的一致性，對吧？因此，兩者是攜手並進。

 現實世界的統計

這是一篇有關專家在執行各類型的研究或利用研究結果指導行動時，效度為何是一個需要理解和確認的重要概念的典型文章。在這個例子中，它是和注意力不足過動症 (ADHD) 的評估有關的研究。

通常，這種診斷的偏差是來自於症狀及家長和老師報告的主觀性，利用相對較新的持續性表現測驗（測量持續的和選擇

性的注意力）可以提高更標準化和更精確地診斷 ADHD 的期待，這兩者是任何有信度和有效度之測驗的品質。在這個研究中，納他尼爾‧澤爾尼克 (Nathanel Zelnik) 和他的同事檢視了 230 位在臨床上被視為 ADHD 的小孩的多元性注意力測驗 (Test of Variables of Attention, TOVA)，在 179 位被診斷為 ADHD 的小孩中（效標組），有 163 位參與者被測出是潛在的 ADHD（91.1% 的敏感度），但是，在被認為不是 ADHD 的那一組小孩中，也有 78.4% 的參與者被測出是潛在的 ADHD。

總而言之，這並不是一個充分可靠的測量，足以精確地區辨這兩組參與者。

想要知道更多嗎？可以上網或到圖書館閱讀有關這篇文章：

Zelnik, N., Bennett-Back, O., Miari, W., Geoz, H. R., & Fattal-Valevski, A. (2012). Is the test of variables of attention reliable for the diagnosis of attention-deficit hyperactivity disorder (ADHD)? *Journal of Child Neurology, 27*, 703-707.

小結

是的，這是統計學課程，為什麼要學習測量這件事？再提一次，任何統計學的應用都是圍繞一些測量的結果。就如你需要基本的統計學讓資料變得更有意義，你也需要基本的測量資訊，使得如何評價行為、考試成績、排序或評分變得有意義。

練習時間

1. 去圖書館找 5 篇你有興趣的領域中，有提供信度和效度資料報告的文章，討論他們所用的結果測量工具。指認所建立的信度類型和效度類型，並且評論這個水準你認為是否可接受。如果不能接受，該如何改進？

2. 提供一個你會想建立再測信度和平行形式信度的範例。

3. 你正在發展一套測量職業偏好（人們在一生中想要做的工作）的工具，而你需要在學生參加職業訓練的一年中執行許多次測驗。你需要評估此一測驗

的再測信度，且資料是來自兩次執行評估的數據（由第 6 章資料集 1 可取得）——一次在秋季，另一次在春季。你會說這是一個有信度的測驗嗎？為什麼是或為什麼不是？

4. 一個測驗如何可以是有信度但是卻沒有效度？請提出一個例子。為什麼一個測驗除非它是有信度的，否則，都是無效的測驗？

5. 這個情境是，你是在州政府的就業部門中負責測驗發展計畫，你需要在同一天中針對相同測驗執行至少兩種以上的測量形式，你會想要建立哪一種類型的信度？利用第 6 章資料集 2 的資料，計算參與測試的 100 個人在第一種和第二種測量形式之間的信度係數，看看是否達成你的目標？

6. 概括來說，描述一個有信度但卻沒有效度的測驗會是像什麼？現在，你能否同樣描述一下一個有效度但卻沒有信度的測驗會是像什麼？

7. 在檢定任何實驗假設時，為什麼用於測量結果的測驗具有信度和效度是很重要的？

8. 描述內容效度、預測效度和建構效度之間的差異，並舉例說明如何測量這些效度。

9. 在一個評估「跳出框框思考」的觀察性紙筆測驗中，說明你建立建構效度時會採取的步驟。

學生學習網址

你可以造訪 edge.sagepub.com/salkindfrey7e 取得強化學習技巧所需要的工具，以及取用練習測驗、eFlashcards、原始和精選的影片、資料集等！

抓住獲得樂趣和利潤的機會

「這是我統計上的交往對象。」

到目前為止，你知道什麼，接下來呢？首先，在瞭解如何描述一組分數的特徵，以及分布彼此如何不同方面，你已經具備了紮實的基礎，這是你在《愛上統計學》第 2、3 和 4 章學到的內容。在第 5 章，你也學習了如何使用相關的工具描述變數間的關係。而在第 6 章，你瞭解了信度和效度對於決定你是否相信一個測驗分數或正在測量某一個研究變數的重要性。現在是提高賭注並且開始認真玩的時候了。在《愛上統計學》第三部分的第 7 章，會介紹假設檢定的重要性和性質，包括假設檢定是什麼、有什麼不同的類型、假設的功能，以及為何和如何檢定假設的深度討論。

接著，在第 8 章，我們將進入機率的所有重要的主題，以常態曲線及機率的基本原則的討論為代表。機率是統計學的一部分，能幫助我們定義某些事件（如一個考試中的特定分數）將會發生的可能性或某個事件已經發生的可能性。我們將使用常態曲線作為這些討論的基礎，而且你將會看到在一個分布中，任何數值或事件的發生具有與機率一致的可能性。

帶著樂趣學習機率和常態曲線之後，我們準備在第四部分開始更進一步的討論，主要是根據假設檢定和機率數學來檢定變數間關係的特定問題。從現在開始會漸入佳境。

假設和你——
檢定你的問題

難易指數：☺☺☺1/2（不需要整晚都學習）

本章學習內容

✦ 瞭解樣本和母體之間的差異。
✦ 瞭解虛無假設和研究假設的重要性。
✦ 判斷一個好假設的標準。

因此你想成為一位科學家

你可能已經在其他的課程聽到假設這個名詞，你甚至不得不為了你在另一門課上所做的研究計畫建立一個假設，或者你可能在某一期刊文章中已經看到過一次或兩次。如果是這樣，你可能對假設是什麼已經有了很好的概念。對於不熟悉這個常用名詞的人來說，**假設 (hypothesis)** 基本上是「有高度訓練的猜測」，它最重要的角色是反映一般問題的陳述，而這正是提出研究問題的動機。

這就是為什麼花費精力和時間，去建立一個真正精準和清晰的研究問題是如此重要的原因。研究問題將會引導你建立假設，而反過來說，假設將決

定你用於檢定假設，以及回答最初提出之問題的分析技術。

因此，一個好的假設，將問題陳述或研究問題轉換為更適合於檢定的形式，這種形式就叫做假設，我們將在本章後面的部分，討論什麼東西能構成一個好的假設，但在這之前，我們的注意力會轉向樣本和母體的差異，這是一個重要的區別，因為雖然假設是用以描述母體，但假設檢定是處理樣本，然後將結論通則化到更大的母體。我們也會強調假設的兩個主要類型（虛無假設和研究假設）。但是，首先讓我們正式定義在《愛上統計學》前面的章節用到的一些簡單辭彙。

樣本和母體

作為一個好的科學家，你希望能說「如果方法 A 比方法 B 好」，這是對宇宙所有人而且永遠都是真實的，對吧？的確，如果你在方法 A 和方法 B 相對的優點上進行足夠的研究，並檢定了足夠的人，你有一天也許會那樣說。

但是不要太激動，因為你不太可能有如此的信心這麼說，這要花費很多的金錢 ($$$) 和太多的時間（所有這些人）來做所有這些研究，另外，這甚至是不必要的。相反地，你可以只從母體中選擇一個代表性樣本，並且檢定樣本中有關方法 A 和方法 B 的相對優點的假設。

幾乎所有的科學家都受到時間和研究基金永遠不夠的限制，接下來最好的策略就是，從一個較大群參與者中選取一部分，而且在這個較小的群體中進行研究。在這種情況下，較大的群體稱為母體，而從這個母體中選出的較小群體稱為樣本。實際上，統計學是一個檢視樣本並據以推論其所代表之母體的學科領域。確實，統計值 (statistic) 這個字詞就技術上而言，是指描述樣本的數字〔而我們用以描述母體的數字的字詞是參數 (parameter)〕。

測量一個樣本和母體特徵接近程度的測量數叫做**抽樣誤差** (sampling error)。抽樣誤差基本上就是樣本統計值和母體參數之間的差異，抽樣誤差越大，抽樣過程中的精確性就越低，而且你想要在樣本中所找到的結果確實反映如你預期在母體中的結果，就更加困難。就像分布的變異性測量一樣，樣本的

測量值和母體的測量值之間的差異也存在變異性測量，這通常稱為標準誤 (standard error)——基本上就是這兩個值之間差異的標準差。

樣本應該盡可能地以和母體的特徵相吻合的方式從母體中選取，你知道的，讓抽樣誤差極小化，其目標就是使得樣本盡可能地類似母體。保證這兩個群體類似的最重要的意義就是，基於樣本而得的研究結論可以通則化到母體。當樣本精確地代表了母體，就可以說研究結論具有高度的通則化。

具有高度通則化是良好研究的一個重要品質，因為這表示投入研究的時間和努力（及金錢），除了原始參與者之外，對其他群體的人也有重要的意涵存在。

我們很容易將「數量大」與「代表性」劃上等號。請記住，擁有一個精確的代表性樣本比擁有一個大樣本更為重要（人們常常認為大樣本更好——順便說一下，只有在感恩節時這才成立）。樣本中有很多很多的參與者可能會給人留下深刻的印象，但是如果參與者不能代表更大的母體，這項研究的價值就很低。

虛無假設

好吧！我們有了從母體中選取的一組參與者樣本，用以檢定我們的研究假設，我們首先要建立**虛無假設** (null hypothesis)。

虛無假設是一個有趣的小生物，如果它能講話，它一定會說類似這樣的話：「我代表你們正在研究的兩個變數無關。」換句話說，虛無假設就是相等的陳述，這可以由下面擷取自各種受歡迎的社會科學和行為科學期刊中的真實虛無假設獲得證明。為了保護無辜的受害者，我們改變了名稱。

- 9 年級學生的記憶力測驗平均成績，和 12 年級學生的平均成績沒有差異。
- 當使用 Margolis 社交活動量表進行衡量時，以社區為基礎的長期照護和以居家式長期照護在促進老年人社交活動方面的效能沒有區別。
- 反應時間和問題解決能力之間無關。
- 高所得家庭和低所得家庭提供給小孩的學校相關活動方面的支援數量沒

有差異。

這四個假設相同的地方是，它們都包含一個兩件或更多件事情之間彼此相等或無關的敘述。

虛無假設的目的

虛無假設的基本目的是什麼？虛無假設既是研究起點，也是測量實際研究結果的基準。

現在，讓我們更詳細的檢視每一個目的。

首先，虛無假設是研究的起點，因為在沒有其他資訊的情況下，虛無假設就是被接受為事實的現實狀態。例如：讓我們檢視上面列出的第一個虛無假設：

9 年級學生的記憶力測驗平均成績，和 12 年級學生的平均成績沒有差異。

如果對 9 年級和 12 年級學生的記憶技巧沒有更多瞭解，你就沒有理由相信這兩個群體之間存在差異，對吧？如果對這些變數間的關係沒有任何瞭解，你能做的就是去猜測。那就要靠運氣了。你可能對一個群體為什麼比另一個群體做得好做出猜測，但是你沒有先驗的（在此之前）證據，那麼，除了假定他們是相同的之外，還有什麼選擇？

以「沒有關係」當作起始點是整個研究主題的重點，在你能證明有差異存在之前，你只能假定沒有差異。而無差異或無關的陳述正是虛無假設的所有內容。這樣的陳述確保了（作為科學社群的成員）我們是在一個公平的比賽場合上開始，對於我們所提假設的檢驗結果如何，沒有偏向某一個或另一個方向。

進一步說，如果這兩個群體之間存在任何差異，那麼，你必須假定這些差異是由任何群體之間在任何變數上有差異的最有吸引力解釋所造成的——隨機性！這是對的，在沒有其他資訊下，隨機性總是對觀察到的兩個群體之間的差異，或變數之間關係的最可能和最有吸引力的解釋。隨機性解釋我們不能解釋的差異。你可能已經把隨機性看作是吃角子老虎遊戲中贏得 5,000

美元大獎的勝率，但是我們討論的隨機性完全是其他的「事物」，它掩蓋事實，甚至使得瞭解變數間關係的「真實」本質變得更困難。

例如：你可能選取了一群足球隊員和一群橄欖球隊員，比較他們的跑步速度。但是要考慮所有我們不知道的，想一下是踢足球還是打橄欖球會讓運動員的速度更快。但是，檢查一下我們不知道的所有可能導致速度差異的因素。誰會知道是否有些足球隊員進行了更多練習，或者是否有些橄欖球隊員更強壯？或者兩群隊員是否都接受了不同類型的額外訓練？

還有，也許測定他們速度的方式存有很大的隨機性空間；出問題的碼錶或大風天可能導致與真實跑步速度無關的差異。作為好的研究者，我們的工作是從解釋觀察到的差異中消除隨機性因素，並評估其他可能導致群體差異的因素，像是有目的的訓練或營養計畫，以瞭解這些因素如何影響速度。

重點是，如果我們發現群體間的差異不是由於訓練引起的，那麼，我們別無選擇，只能將此一差異歸因於隨機性所造成的。而且，順便一提，你可能會發現將隨機性視為等同於誤差的想法是相當有用。當我們可以控制錯誤的來源時，我們可以針對某些結果提供有意義的解釋的可能性就會增加。

虛無假設的第二個目的是，提供一個與觀察到的結果進行比較的基準，分析這些差異是否是由於其他因素所引起。虛無假設有助於定義任何觀察到的群體間差異是由隨機性引起的範圍（這是虛無假設的論點），或者是由隨機性之外的因素引起（這可能是操縱其他變數的結果，例如：在我們的足球和橄欖球運動員例子中的訓練）。

大多數的研究都有隱含的虛無假設，而且你可能無法在報告和期刊文章中找到虛無假設的清晰陳述。取而代之的是，你將會找到明確陳述的研究假設，這是我們接下來要關注的焦點。

研究假設

虛無假設是變數間沒有關係或是某個數值為 0 的陳述，而**研究假設** (research hypothesis) 是變數間有關係的明確陳述。例如：對於之前陳述的每一個虛無假設，都有對應的一個研究假設 (a corresponding research hypothesis)。注意，我們說到相應的研究假設用的是「不定冠詞」(a)，而不

是「定冠詞」(the)，因為對任何一個虛無假設來說，肯定存在不止一個研究假設。

- 9 年級學生的記憶力測驗平均成績，不同於 12 年級學生的平均成績。
- 依據 Margolis 社會活動量表的測量，在促進老年人的社交活動方面，以社區為基礎的長期照顧效果，不同於居家式長期照顧的效果。
- 較慢反應時間和問題解決能力是正相關。
- 高所得家庭和低所得家庭提供給孩子在教育活動方面的支援數量有差異。

　　這四個研究假設有一個共同點：它們都是不等式的陳述。它們假定變數間存在一定的關係，而且不是虛無假設中的等式關係。

　　不等式關係可以採取兩種不同形式——有方向的和無方向的研究假設。如果研究假設假定不等式的關係沒有特定的方向（例如：「不同於」），這個研究假設就是無方向的研究假設；如果研究假設假定不等式的關係指向某個方向（例如：「多於」或「少於」），這個研究假設就是有方向的研究假設。

無方向的研究假設

　　無方向的研究假設 (nondirectional research hypothesis) 反映群體間的差異，但是差異的方向是不確定的。

　　例如：下面的研究假設即是無方向的，兩個群體之間的差異方向並沒有特別指定：

　　9 年級學生的記憶力測驗平均成績，不同於 12 年級學生的平均成績。

　　這個假設是一個研究假設，因為它只是陳述差異的存在，且它是無方向的，因為它沒有說明任何有關差異的方向。無方向的研究假設就如同這裡所描述的，可以用下面的式子表示：

$$H_1 : \bar{X}_9 \neq \bar{X}_{12} \tag{7.1}$$

其中

- H_1 表示第一個（可能有好幾個）研究假設的符號，
- $\overline{X}_9$ 表示 9 年級學生樣本的平均記憶成績，
- $\overline{X}_{12}$ 表示 12 年級學生樣本的平均記憶成績，
- ≠ 表示「不等於」。

有方向的研究假設

有方向的研究假設 (directional research hypothesis) 反映群體間的差異，而且差異的方向是確定的。

例如：下面的研究假設即是有方向的，因為兩個群體之間的差異方向是明確的：

12 年級學生的記憶測驗平均成績比 9 年級學生的平均成績高。

其中一個被假設大於（不僅僅是不同）另一個。
其他兩個有方向的假設的範例是：

A 大於 B（或 A > B），或 B 大於 A（或 A < B）。

這兩個假設都表示有確定的不相等（大於或小於）。就如上面描述的 12 年級學生的成績比 9 年級學生的成績好的假設，可以用下面的式子表示：

$$H_1 : \overline{X}_{12} > \overline{X}_9 \tag{7.2}$$

其中

- H_1 表示第一個（可能有好幾個）研究假設的符號，
- $\overline{X}_9$ 表示 9 年級學生樣本的平均記憶成績，
- $\overline{X}_{12}$ 表示 12 年級學生樣本的平均記憶成績，
- > 表示「大於」。

研究假設的目的是什麼？這個被直接檢定的假設被視為是研究過程中一個重要步驟。此一檢定的結果與你錯誤預期的結果（也就是虛無假設）相比較，確定你可能觀察到的兩個群體或變數之間的差異，這兩個假設中哪一個是更具吸引力的解釋。

表 7.1 是四個虛無假設和相應的有方向的，以及無方向的研究假設。

表 7.1　虛無假設和相應的研究假設

虛無假設	無方向的研究假設	有方向的研究假設
9 年級學生的記憶力測驗平均成績和 12 年級學生的平均成績**沒有差異**。	12 年級學生的記憶力測驗的平均成績**不同於** 9 年級學生的平均成績。	12 年級學生的記憶力測驗平均成績**高於** 9 年級學生的平均成績。
依據 Margolis 社會活動量表的測量，以社區為基礎的老人長期照顧的效果和居家式老人長期照顧的效果**沒有差異**。	依據 Margolis 社會活動量表的測量，以社區為基礎的老人長期照顧效果**不同於**居家式老人長期照顧的效果。	依據 Margolis 社會活動量表的測量，以社區為基礎的老人長期照顧效果**高於**居家式老人長期照顧的效果。
反應時間和問題解決能力**無關**。	反應時間和問題解決能力**有關**。	反應時間和問題解決能力之間有**正向相關**。
高所得家庭和低所得家庭在教育活動方面提供給孩子的支援數量**沒有差異**。	高所得家庭在教育活動方面提供給孩子的支援數量**不同於**低所得家庭提供的支援數量。	高所得家庭在教育活動方面提供給孩子的支援數量**多於**低所得家庭提供的支援數量。

討論有方向和無方向假設的另一種方式，就是討論**單尾檢定 (one-tailed test)** 和**雙尾檢定 (two-tailed test)**。單尾檢定（反映有方向的假設）假定了特定方向的差異，例如：當我們假設群體 1 的得分比群體 2 高時；雙尾檢定（反映無方向的假設）假定有差異存在，但沒有特定的方向。我們之所以說「尾巴」，是因為我們經常通過將統計結果應用於具有兩個「尾巴」的常態曲線來理解統計結果。當你檢定不同類型的假設（單尾和雙尾），並建立拒絕或接受虛無假設的機率水準，這個區別的重要性就出現了。在第 8 章和第 9 章會有更多的討論，我保證。

研究假設和虛無假設的一些差異

除了虛無假設通常是代表一種等式，而研究假設通常是代表一種不等式外，這兩類假設還有幾個重要的不同之處。

首先，簡短的回顧一下，兩類假設的差異在於一個（虛無假設）表示兩個變數之間沒有關係（相等），而研究假設表示兩個變數之間有關係（不相等），這是最主要的差異。

其次，虛無假設總是指涉母體，而研究假設總是指涉樣本。我們從一個較大的母體中選擇一個參與者樣本，接著，我們試著將從樣本中得到的結論通則化到母體中。如果你還記得你的基本哲學和邏輯原理（你已經上過這些課，對吧？），你將會記得從一個小群體（如樣本）到一個大群體（如母體）就是歸納的過程。

第三，因為整個母體不能直接被檢定（再次強調，這是不實際的、不經濟的，通常也是不可能的），你不能百分之百肯定地說母體的各個部分之間在某些變數上沒有真正的差異；相反地，你必須由以樣本為基礎之研究假設的檢定結果來做出（間接的）推論。因此，虛無假設必須被間接檢定，而研究假設則能夠被直接檢定。

第四，虛無假設總是用希臘字母表達，而研究假設總是用羅馬字母表達。例如：9 年級的平均成績等於 12 年級學生的平均成績的虛無假設可以表示如下：

$$H_0 : \mu_9 = \mu_{12} \tag{7.3}$$

其中

- H_0 表示虛無假設，
- μ_9 表示 9 年級學生母體的理論平均值，
- μ_{12} 表示 12 年級學生母體的理論平均值。

12 年級學生樣本的平均值高於 9 年級學生樣本的平均值研究假設，如式 7.2 所示（前面所呈現）。

最後，因為你不能直接檢定虛無假設，因此，虛無假設是暗含假設。但是，研究假設是明確地而且可以像這樣的陳述。這是你在研究報告中很少看到虛無假設的敘述，而幾乎總是看到研究假設敘述（用符號或文字）的另一個原因。

好假設的標準是什麼？

現在你知道假設是有高度訓練的猜測──這是進一步研究的起點。對任何的猜測來說，有些假設一開始就比另一些假設好。我們再怎麼強調也不為過：精確提出你想要回答的問題，並且記住你提出的任何假設，就是你要問的原始研究問題的直接延伸，這是非常重要的事。這個問題反映你個人的興趣和動機，以及就你所知，之前已經完成什麼研究。在瞭解這些之後，你可以使用下面的標準來決定你在研究報告中看到的假設，或者你自己所建立的假設，是否是可以被接受的。

我們用一個研究範例來說明這一點，這項研究是檢視為工作到很晚的員工提供的課後兒童照顧，對父母工作調適的影響。下面是一個很好的有方向研究假設：

> 依據「工作態度調查」的測量，讓自己的孩子加入課後兒童照顧計畫的父母的工作態度，會比沒有讓自己的孩子加入這個計畫的父母更積極。

下面就是這些準則。

首先，一個好的假設一般是以宣稱的形式而不是以問題的形式陳述。（它是以句號結束，或者，如果你真的很興奮，則以驚嘆號結尾！）雖然前面的假設可能已經在研究人員的腦海中浮現出「課後照顧計畫對工作……的好處是什麼？」這樣的問題，之所以沒有提出來的原因是，當他們做出明確、有力的敘述時，假設是最有效的。

其次，一個好的假設提出變數間的預期關係。在我們例子中的假設，清楚地描述了課後兒童照顧和父母的工作態度之間的關係，可以檢定這些變數來觀察一個變數（加入放學後兒童照顧計畫）對另一個變數（工作態度）的影響。

注意到第二個準則中「預期」一詞嗎？定義一個預期關係是為了要預防採取一種可能很有誘惑，但沒什麼生產力的「釣魚法」（又稱為「鳴槍法」）來檢視可能會被找到的任何關係，你確實可以使用鳴槍放炮的方法到達某個地方，但是由於你並不知道從哪裡開始，所以也不知道在哪裡結束。

釣魚法就是把你的釣魚線扔出去，然後拉起任何咬了線的東西。不論你的興趣是什麼，或甚至所蒐集的資料是否是科學調查中合理的一部分，你都可以在許多事情上盡可能地蒐集資料。或者，你把槍裝滿子彈，然後向任何移動的東西射擊，你肯定能射中什麼。問題是，你可能沒有射到你想要射中的東西，更糟的是，你可能錯過你想要射中的東西，最糟的是（如果可能的話），你可能不知道你射中的是什麼。大數據和資料探勘（請參閱第 19 章）是嗎？好的研究人員不是只想要任何可以捕捉或射擊的東西，他們想要特定的結果。為了獲得它們，研究人員需要將問題操作化和讓假設明確、有力且易於理解。

第三，假設反映了用來建立它們的理論和文獻基礎。就如你在第 1 章讀到的，科學家的成功很少是歸因於他們自己的努力，他們的成功一部分通常是因為走在他們前面的許多其他研究人員，留下後續探索的框架。一個好的假設即反映這一點，就是和已經存在的文獻及理論有確切的關聯。在前面提到的範例中，讓我們假定有文獻表明，父母知道自己的孩子在井然有序的環境中得到照料會感到更放心，他們就能在工作中更有生產力。瞭解這一點，就可以讓我們假設，課後照顧孩子的計畫能讓父母得到他們所想要的安全感，然後，這會使父母集中精神工作，而不是不斷地打電話或傳簡訊來確定他們的孩子瑞秋或者格雷戈里是否安全到家。

第四，假設應該簡短並切中要點。你希望你的假設以宣稱的形式描述變數間的關係，並且盡可能直接和明確。越是切中要點，其他人（如你的碩士論文或博士論文口試委員會成員）就越容易閱讀你的研究、瞭解你確切的假設是什麼，以及重要的變數是什麼。實際上，當人們閱讀並評價研究時（你會在後面的章節學到更多），他們大多數做的第一件事是找到假設，以獲得有關研究的一般目的和研究如何進行的一個很好的想法。一個好的假設可以告訴你這兩方面的事情。

第五，好的假設是可檢定的假設——而可以檢定的假設包含了可以被測量的變數。這意味著你可以真正執行由假設所反映的問題本意。你可以從上面的範例假設中看到，重要的比較是讓孩子加入課後照顧計畫的父母和沒有讓孩子加入的父母之間的比較。接著，就是要測量態度，找出這兩個群體的

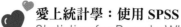
父母和衡量態度變數，這些都是合理的目標。態度可以由「工作態度調查」來測量（虛構的標題，但是你可以瞭解），而且假定這個測量的效度和信度已經確立。想想看，如果建立的假設是「讓孩子加入課後照顧計畫的父母對他們的工作有更好的感受」時，我們的檢定會有多困難。雖然你可能得到相同的資訊，但是像「更好的感受」這樣模糊的用詞，就會使得結果更難解釋。

總之，假設應該：

- 以宣稱的形式表達；
- 假定變數間的關係；
- 反映建立假設的理論和文獻基礎；
- 簡短並切中要點；
- 可以檢定的。

當一個假設滿足這五個準則，你便知道這個假設好到足以繼續進行研究，並有很好的機會回答由此一假設所推導出的研究問題。

現實世界的統計

你可能認為使用虛無假設和研究假設是社會科學的科學研究世界中理所當然的事，嗯！你可能是錯的。這裡正好有一些從過去這幾年來發表在專業期刊上，對此一問題提出關切的文章中所抽取出來的例子。雖然大多數人還沒有準備放棄將假設檢定視為是從事科學研究的最常用途徑，但是，現在對每一個人來說，去質疑這個方法是否總是我們所使用的最好模式，這並不是一個不好的想法。

想要知道更多？上網或到圖書館找到……

- 傑夫‧吉爾 (Jeff Gill) 提出有關使用虛無假設顯著性檢定模型作為評估假設的最好方法的各種問題，他聚焦在政治學及此一技術的使用如何普遍地被誤解，討論了重要的問題和提供一些解決方案。你可以在這篇文章找到完整的參考文獻：Gill, J. (1999). The insignificance of null hypothesis testing, *Politics Research Quarterly*, 52, 647-674.
- 霍華德‧韋納 (Howard Wainer) 和丹尼爾‧羅賓森 (Daniel Robinson) 將這些批評更往前推一步，提出此一程序的傳

統運用方式是合理的，但是，顯著性檢定及結果解釋的修正是為了對現代科學提供更好的服務。基本上，他們認為其他的工具（像是我們在第 11 章會討論的效應量）也應該被用來評估結果。可以在這篇文章讀到完整的內容：Wainer, H., & Robinson, D. H. (2003). Shaping up the practice of null hypothesis significance testing. *Educational Researcher, 32*, 22-30.

• 最後，在一篇真的很有趣的文章〈不死理論的大墳場：發表偏差和心理學對虛無假設的厭惡 (A Vast Graveyard of Undead Theories: Publication Bias and Psychological Science's Aversion to the Null)〉中，克里斯多福・弗格森 (Christopher Fergusion) 和莫里茲・希尼 (Moritz Heene) 提出一個非常真實的議題，即許多的期刊拒絕刊登發現虛無假設的結果（像是各組之間沒有差異），弗格森和希尼相信透過這種結果不被刊登，錯誤的理論將永遠不可能因它的真實性而被加以指責和確實地檢驗，科學的可複證性（所有的科學過程中非常重要的一個原則）大打折扣。你可以從這篇文章找到更多：Ferguson, C. J., & Heene, M. (2012). A vast graveyard of undead theories: Publication bias and psychological science's aversion to the null. *Perspective on Psychological Science, 7*, 555-561.

我們希望你從前面的範例中得到的想法是：科學不是非黑即白、老生常談、或是其他暗示做事只有一種正確方法和一種錯誤方法的任何隱喻。科學是一個有機且動態的過程，其關注的焦點、方法和可能結果總是在變化。

小結

任何科學研究的中心要素是假設，而且不同類型的假設（虛無假設和研究假設）有助於形成計畫，來回答研究中所提出的問題。虛無假設的研究起點和基準點，我們可以把虛無假設作為在評價研究假設的可接受性時的比較基礎。現在，讓我們繼續學習如何實際檢定那些虛無假設。

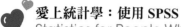

練習時間

1. 去圖書館，並從你感興趣的領域中找出五篇實證研究文章（包含實際的資料）。對於每一篇文章，列出下面的內容：

   a. 虛無假設是什麼（潛在的，還是明確的陳述）？

   b. 研究假設是什麼（潛在的，還是明確的陳述）？

   c. 那麼，那些沒有明確陳述或潛在的假設的文章呢？找出那些文章，看看你是否可以為它們寫一個研究假設。

2. 當你在瀏覽期刊時，請從你感興趣的領域中選擇另外兩篇文章，並簡要描述樣本及它們是如何從母體中抽取的。一定要加上一些關於研究人員在選擇樣本方面是否做得足夠好的文字，才能證明你的答案是正確的。

3. 依據下面的研究問題，建立一個虛無假設、一個有方向研究假設、一個無方向研究假設。

   a. 注意力對教室裡離開座位行為的效果如何？

   b. 婚姻的品質和夫婦雙方與他們兄弟姊妹關係的品質之間的關係如何？

   c. 治療飲食障礙的最好方式是什麼？

4. 回到你在問題 1 中找到的五個假設，並用本章最後部分討論的五個準則進行評價。

5. 使用寫得不好或模棱兩可的研究假設，可能會帶來哪些問題？

6. 什麼是虛無假設？其重要目的之一是什麼？它和研究假設有什麼區別？

7. 在研究假設的脈絡下，機率是什麼？我們在研究中如何處理機率？

8. 為什麼虛無假設推測變數之間沒有關係？

學生學習網址

你可以造訪 edge.sagepub.com/salkindfrey7e 取得強化學習技巧所需要的工具，以及取用練習測驗、eFlashcards、原始和精選的影片、資料集等！

機率和機率的重要性
——鐘形曲線的樂趣

難易指數：☺☺☺（不是太容易也不是太難，但是很重要）

本章學習內容

✦ 瞭解機率及為什麼它是瞭解統計學的基礎。

✦ 應用常態曲線或鐘形曲線的特點。

✦ 計算和解釋 z 分數及理解其重要性。

為什麼是機率？

現在你認為這是統計學課程了吧！呵呵！是的，就如你在這一章將學到的，學習機率是常態曲線（之後會有更多討論）的基礎，也是推論統計的基礎。

為什麼？首先，常態曲線提供我們瞭解與任何可能結果有關之機率的基礎（如一次考試中得到某個分數的機率，或者投擲一枚硬幣時得到正面的機率）。

其次，學習機率是決定我們在敘述特定的發現或結果是「真」時所具有之信心程度的基礎。或者更好的說法是，一個結果（如平均成績）沒有出現

只是由於偶然因素所致。例如：我們比較 A 群體（每星期參加 3 小時的額外游泳訓練）和 B 群體（每星期都沒有額外訓練），我們發現 A 群體在適配度檢定上和 B 群體不同，但是我們可以說這個差異已經超出我們所預期的隨機性嗎（因此，可能是由於額外訓練所造成的）？學習機率所提供的工具，讓我們可以確定確切的數學可能性，即差異不是來自於偶然因素，而是由其他因素所引起的。

　　上一章我們花在假設上的所有時間都是值得的，一旦我們把對虛無假設和研究假設的瞭解和機率基礎的想法結合在一起，我們就可以討論某些結果（由研究假設形成）出現的可能性。

常態曲線（或鐘形曲線）

　　什麼是常態曲線？好吧！**常態曲線**〔normal curve，也叫做**鐘形曲線**(bell-shaped curve)〕就是某一數值的分布具備三個特徵的視覺化呈現，圖 8.1 說明了這三個特徵。

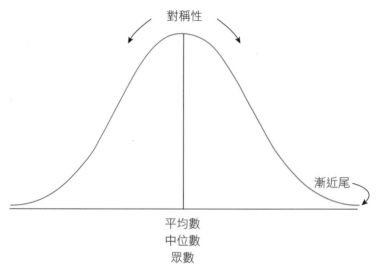

對稱性

漸近尾

平均數
中位數
眾數

圖 8.1　常態曲線或鐘形曲線

　　常態曲線表示一個平均數、中位數和眾數彼此相等的分布。你可能還記得第 4 章的內容，也就是如果中位數和平均數不同，那麼分布就向一個方向

或另一個方向傾斜。常態曲線沒有偏態，常態曲線有一個很好的波峰（只有一個），而且那波峰正好處於中間。

其次，常態曲線完全對稱於平均數。如果沿著中心線將曲線對折，這兩半會完全重疊，這兩邊是完全相同的，曲線的一半是另一半的鏡像。

最後（準備好學習新的內容），常態曲線的雙尾是**漸近的 (asymptotic)**——很陌生的字。這個字的涵義是曲線的雙尾越來越逼近橫軸，但是永遠不會碰到。看看你是否對這個特徵為何如此重要有一些想法（在此之前，因為我們稍後將會討論到），因為它是所有機率要素的基石。

常態曲線像鐘的形狀，賦予這個曲線本身另外一個名稱，也就是鐘形曲線。

當你摯愛的作者之一，尼爾，還小時，他總是好奇常態曲線的尾巴如何能逼近橫軸或 x 軸，卻永不碰到它，試試看這樣做，放置兩支相距一英寸的鉛筆，然後將它們移近些（一半），所以它們就相距二分之一英寸，再移近些（四分之一英寸），再移近些（八分之一英寸），這兩支鉛筆會持續的接近，對吧？但是不會（永遠不會）相碰。 常態曲線的尾巴同樣也是如此，尾巴緩慢的接近曲線「棲居」其上的橫軸，但是永遠不會真正的碰到。

這一點為什麼很重要？如在本章後面的部分你將會學到的，尾線從不和 x 軸相碰的事實，意味著存在無限小的可能性可以得到極值（在曲線的左側或右側）。如果尾巴和 x 軸相碰，得到極值的可能性就不存在。

嘿，那不是常態曲線！

我們希望你的下一個問題是，「但是有許多組分數的分布不是常態或不是鐘形，對吧？」是的（在此有一個大但書）。

首先，在大多數情況下，當我們允許分數有所變化且測量很多人時，所有這些人的分布形狀看起來很接近常態。通常，在自然界中，許多事物分布具有我們稱之為常態的特徵，也就是說，有很多的事物或事件正好在分布的中間，但是在兩端卻相對較少，如圖 8.2 顯示了一般母體中智商和身高的分布。

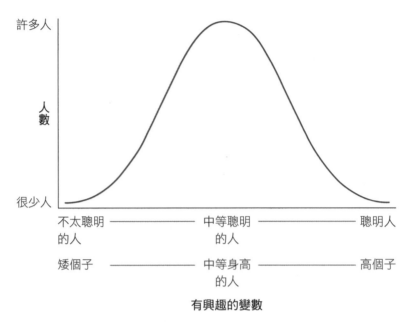

許多人

人數

很少人

不太聰明　　　　　　　　中等聰明　　　　　　　　聰明人
的人　　　　　　　　　　的人

矮個子　　　　　　　　　中等身高　　　　　　　　高個子
　　　　　　　　　　　　的人

有興趣的變數

圖 8.2　數值可以如何分布

　　即使個別分數不是常態分布的，研究人員還是傾向於對分數匯總進行統計推論，例如：集中趨勢的測量數，且這些數值的分布將趨近於常態，而與個別分數的分布無關。當我們處理大樣本數（超過 30），且從母體中重複抽取樣本時，這些樣本的平均數分布就會相當接近常態曲線的形狀。這是很重要的，因為當我們討論的由樣本推論母體時，我們所做的大多數工作，都是基於這樣的假設基礎上，意即由母體中所抽取的樣本，其平均數都是屬於常態分布，而這正是樣本的特徵會持續接近母體特徵的另一種說法。

　　例如：一個群體中聰明人很少，智力或認知能力處在絕對底端的人也很少，大多數人正好處在曲線的中間，而當我們移到曲線的尾巴時，人數就比較少；同樣地，高個子的人相當少，矮個子的人也相當少，但大多數人處在中間。在這兩個範例中，智力和身高的分布接近常態分配。

　　因此，傾向於出現在常態曲線中極值範圍內的那些事件，具有很小的發生機率。我們可以很確切地說任何人（事前我們還不知道他們的身高）個子很高的勝率不是很大，但是我們知道任何一個人處於平均身高，或者正好處於中間附近的勝率是相當不錯的。傾向於在常態曲線中間出現之事件的發生

機率，高於那些在極值範圍內出現之事件的發生機率，且就身高、體重、一般智力、舉重能力、擁有星際大戰人物卡數量等，這都是真實的。

更常態的曲線 101

你已經知道有三個主要的特徵使得曲線成為常態，或者看起來像鐘形，但是常態曲線不僅僅有這三個特點，請看一下圖 8.3 中的曲線。

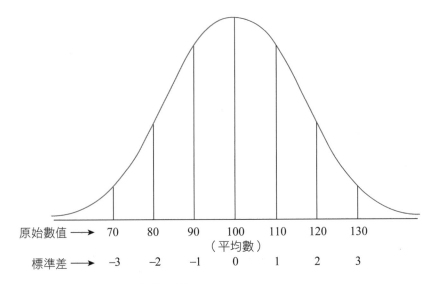

原始數值 →	70	80	90	100	110	120	130
				（平均數）			
標準差 →	–3	–2	–1	0	1	2	3

圖 8.3 　分割成不同部分的常態曲線

這裡所顯示的分布平均數是 100，標準差是 10。我們已經在 x 軸上增加了用以表示分布中偏離平均數，而以標準差表示的距離。你可以看到 x 軸（表示分布中的數值）的刻度是以 10（也就是這個分布的標準差）為間隔，從 70 增加到 130，10 是一個標準差的值。我們編造了這些數字（100 和 10），所以不要傻傻地想要找出我們從哪裡得到這些數字。

因此，短暫的回顧告訴我們，這個分布的平均數是 100，標準差是 10，曲線內的每條垂直線將曲線分成一個部分，而且每個部分由特定的分數所限定，例如：平均數 100 右端的第一部分由數值 100 和 110 所限定，這表示偏離平均數 (100) 一個標準差。

而且在每一個原始分數 (70, 80, 90, 100, 110, 120, 130) 下端，你將會發現相對應的標準差 (–3, –2, –1, 0, +1, +2, +3)，在我們的範例中，每一個標

準差是 10 點，因此高出平均數 (100) 一個標準差，就是平均數加 10 或者是 110；低於平均數 (100) 一個標準差，就是平均數減 10 或者是 90。不是很難，對吧？

如果我們進一步深入討論，你應該就能夠看到由平均數為 100、標準差為 10 的常態分布表示的數值範圍，是由 70 到 130（包括 −3 到 +3 個標準差）。

關於常態分布、平均數和標準差的一個始終是正確的重要事實：對任何分布來說（不論平均數和標準差的數值），如果分數是常態分布的，幾乎 100% 的分數將落於平均數的 −3 到 +3 個標準差範圍內。這非常重要，因為這個事實可用在所有的常態分布上。因為這個規則的確很實用（再說一次，不論平均數和標準差的數值為何），分布彼此之間可以相互比較，稍後我們還會再討論。

緊接著前文所言，我們再進一步討論這個觀念。如果分數的分布是常態的，我們也可以說有一定百分比的個案會落在沿 x 軸的不同資料點之間（例如：平均數和一個標準差之間）。事實上，在分數的分布中大約 34%（實際上是 34.13%）的個案落在平均數（在這個範例中是 100，還記得嗎？）和平均數以上 1 個標準差（就是 110）的範圍內。這大約是所有個案數的三分之一，因為常態分布曲線是對稱的，所以，往另一個方向也是如此，大約有三分之一的個案數會落在平均數和平均數以下 1 個標準差的範圍內，這是可以查證的事實，因為它永遠都是對的。

想要再進一步嗎？請認真地看圖 8.4。你可以看到具備所有明顯特徵的同一常態曲線（平均數等於 100，標準差等於 10），以及在平均數和標準差定義的範圍內，我們預期出現之個案數的百分比。

下表是我們可以得出的結論。

兩者間的距離	包括的範例百分比	所包括的分數範圍（如果平均數 = 100，標準差 = 10）是……
平均數和 1 個標準差	曲線之內 34.13% 的個案	從 100 至 110 或 100 至 90
1 個標準差和 2 個標準差	曲線之內 13.59% 的個案	從 110 至 120 或 90 至 80
2 個標準差和 3 個標準差	曲線之內 2.15% 的個案	從 120 至 130 或 80 至 70
3 個標準差及以上	曲線之內 0.13% 的個案	130 以上或 70 以下

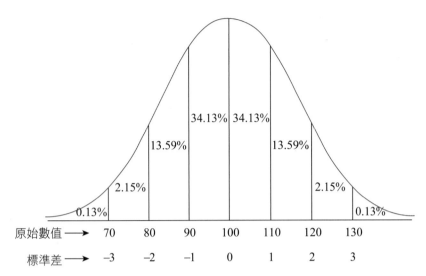

原始數值 ——→ 70　80　90　100　110　120　130

標準差 ——→ −3　−2　−1　0　1　2　3

圖 8.4　常態曲線下切割成不同區域

　　如果你們將常態曲線任何一邊的所有數值加起來，猜猜你會得到什麼？答對了，是 50%。為什麼？常態曲線之下，平均數和平均數的右側或左側所有分數的距離範圍內包括了 50% 的分數。

　　而因為曲線對稱於中心線（每一邊是另一邊的鏡像），兩個部分加起來即表示所有分數的 100%。雖然這不是火箭科學（越快越好），但是無論如何，指出這一點是很重要的。

　　現在要記住的是，我們使用的平均數 100 和標準差 10 僅僅是特定範例的樣本數字。儘管測量人員傾向於設計標準化檢定，因此他們將容易記住平均數（例如：100）和標準差（例如：10 或 15），但很明顯地，有各種不同的平均數和標準差的分布存在。

　　這些所有的特徵都相當簡潔，特別是當你考慮 34.13%、13.59% 等數值是絕對獨立於平均數和標準差的實際值時。這些百分比是因為曲線的形狀，而不是因為分布中的任何分數或平均數和標準差的值。事實上，如果你真的在一個硬紙板上繪製常態曲線，然後將平均數和 1 個標準差範圍內的區域切下來，然後秤一下重量，它恰好會是占從中切除曲線的整個硬紙板的 34.13%。（試一次，這是真的。）或者想像你正在用墨水或油漆填滿曲線的形狀；在平均數和 1 個標準差之間的區域，將占所用墨水總量的 34%！

　　在我們的範例中，這意味著（粗略地說）有 68%（34.13% 的雙倍）的分數落在原始分數 90 到 110 之間。那麼其他 32% 呢？好問題！剩下部分的一半（16%，或者 13.59% + 2.15% + 0.13%）落在平均數的 1 個標準差以上（平均數右側），另一半落在平均數的 1 個標準差以下（平均數左側）。而且因為曲線是傾斜的，所以當分數越來越偏離平均數時，曲線下的區域量就越小，那麼一個分數落在分布極值範圍內的可能性要小於落在中間的可能性，這一點也就不讓人驚奇了。這也是為什麼曲線在中間有波峰而在任何一個方向上沒有偏度，而且這也是為什麼離平均數較遠的分數發生的機率，會比離平均數較近的分數發生的機率還要低。

我們最中意的標準分數：z 分數

　　你已經不只一次看到分布在集中趨勢和變異性方面是如何的不同。

　　但是在應用統計學的一般實務（及將它們應用在研究活動）中，我們將會發現我們在處理實際上不同的分布，而我們需要對它們進行相互比較。進行這樣的比較，我們需要某一種標準。

　　和**標準分數** (standard score) 打個招呼。因為這些分數以標準差為單位進行了標準化，所以是可以比較的。例如：一個分布為平均數是 50、標準差是 10 的 1 個標準分數和一個分布為平均數是 100、標準差是 5 的 1 個標準分數是一樣的，它們都代表 1 個標準差，並且與各自平均數是一個相等的距離。我們也可以使用常態曲線的知識，並分配偏離平均數 1 個標準差或更遠的分數的出現機率。我們在後面會繼續討論。

　　雖然還有其他類型的標準分數，但是在你學習統計學過程中最常看到的是 **z 分數** (z score)。z 分數就是將原始分數與分布平均數的差除以標準差所得的結果，如式 8.1 所示：

$$z = \frac{X - \bar{X}}{s} \tag{8.1}$$

其中

- z 表示 z 分數
- X 表示個別分數
- $\overline{X}$ 表示分布的平均數
- s 表示分布的標準差

例如：在式 8.2 中，你可以看到如何計算平均數是 100、原始分數是 110、標準差是 10 的 z 分數。

$$z = \frac{110 - 100}{10} = 1.0 \qquad (8.2)$$

給定 z 分數去計算原始分數和給定原始分數去計算 z 分數一樣容易。你已經知道了給定原始分數、平均數和標準差的 z 分數公式，但如果你知道 z 分數、平均數和標準差，那麼要如何計算相應的原始分數？簡單：就用公式 $X = z(s) + \overline{X}$。如果有需要，你可以很容易的將原始分數轉換成 z 分數，然後又轉換回去。例如：分布的平均數是 50，標準差是 5 中的標準分數為 -0.5，那麼原始分數會是 $X = (-0.5)(5) + 50$，或 47.5。

正如你在公式 8.1 中所看到的，我們分別使用 $\overline{X}$ 和 s 表示平均值和標準差。在某些書籍（和某些演講）中，母體平均數是用希臘字母 mu 或 μ 表示，標準差用希臘字母 sigma 或 σ 表示。每一個人可以嚴格限制何時使用何者，但是出於我們的目的，我們將使用羅馬字母。

下面是平均數為 12、標準差為 2 的 10 個分數樣本的原始分數和相應的 z 分數。平均數之上的原始分數對應的 z 分數是正數；反之，平均數之下的原始分數對應的 z 分數是負數。例如：原始分數 15 對應的 z 分數是 $+1.5$，原始分數 8 對應的 z 分數是 -2，當然，原始分數 12（或平均數）的 z 分數是 0（因為 12 與平均數的距離為 0）。z 分數有點不可思議，因為將所有人的分數平均為零！

X	$X - \bar{X}$	z 分數
12	0	0
15	3	1.5
11	−1	−0.5
13	1	0.5
8	−4	−2
14	2	1
12	0	0
13	1	0.5
12	0	0
10	−2	−1

以下是關於這些分數的一些觀察，當作是一個小小的複習。

首先，那些在平均數以下的分數（如 8 和 10）是負的 z 分數，而那些在平均數以上的分數（如 13 和 14）是正的 z 分數。

其次，正的 z 分數總是落在平均數的右側，而且在分布的上半部分；而負的 z 分數總是落在平均數的左側，也就是分布的下半部分。

第三，當我們討論位在平均數 1 個標準差以上的一個分數時，也就等於說這個分數是在平均數之上的一個 z 分數。就我們的目的來說，當比較不同分布的分數時，z 分數和標準差是等價的。換句話說，z 分數就是偏離平均數的標準差個數。

最後（也是很重要的一點），不同分布的 z 分數具有可比較性。下面是另一個可以說明最後這一點的資料表，這個表和上一個類似。這 10 個分數的平均數是 57.3、標準差是 15.61。

X	$X - \bar{X}$	z 分數
67	9.7	0.621
54	−3.3	−0.211
65	7.7	0.493
33	−24.3	−1.557

X	$X - \overline{X}$	z 分數
56	−1.3	−0.083
76	18.7	1.198
65	7.7	0.493
33	−24.3	−1.557
48	−9.3	−0.596
76	18.7	1.198

　　你在之前看到的平均數是 12、標準差是 2 的第一個分布中,原始分數 12.8 對應的 z 分數是 +0.4,也就是說,原始分數 12.8 距離平均數 0.4 個標準差。在平均數是 57.3、標準差是 15.61 的第二個分布中,原始分數 64.8 對應的 z 分數也是 +0.4。這是奇蹟嗎?不——我們這樣做的其中一個目的是為了指出,如何根據來自不同資料集或分布的分數來比較績效。相對於彼此,原始分數 12.8 和 64.8 均與平均數有相等距離。當這些原始分數用標準分數來表示時,就它們在各自分布中的相對位置而言,它們是可以直接互相比較的。獲得這兩個分數的任何人,與參加這些測驗的其他人的表現相同。

熱愛統計的人物

　　常態曲線無所不在,尤其是在自然界中。事實上,瞭解分布及它們如何告訴我們關於任何特定結果之可能性所需要知道的一切,是讓生物統計學家(對生物學感興趣的統計學家)能夠開展工作的原因。熱愛統計學並利用機率評估藥物有效性和安全性的人是狄昂・普萊斯 (Dionne L. Price)。普萊斯博士是食品和藥物管理局的研究總監,也是美國統計協會的會員。

她從小就對數學感興趣,由一位學校老師撫養長大,並成為重視教育的大家庭一分子。儘管過去對於女孩來說,投入數學和統計學的研究很少見,但是普萊斯博士並沒有因此而受到阻止。正如她所解釋的,「數學可以打開無法想像的機會之門。天空是無限的,我敦促對數學感興趣的學生繼續努力!」

z 分數表示什麼

你已經知道特定的 z 分數不只代表一個原始分數，也代表一個分布沿 x 軸的一個特定位置。而且 z 分數越極端（例如：–2 或 +2.6），距離平均數就越遠。

因為你已經知道沿 x 軸落在特定兩點之間面積的百分比（例如：平均數和 +1 個標準差之間的面積是 34%，+1 個標準差和 +2 個標準差之間的面積是 14%），我們也可以作出如下正確的敘述：

- 所有分數的 84% 落在 z 分數為 +1 之下（50% 落在平均數之下，34% 落在平均數和值為 +1 的 z 分數之間）。
- 所有分數的 16% 落在 z 分數為 +1 之上（因為曲線下的全部面積是 100%，84% 的分數落在值為 +1 的 z 分數之下）。

想一下上面的兩個敘述。

我們所想要說的是，如果分布是常態分布，曲線的不同面積可以用不同數目的標準差或 z 分數來表示。

是的——重點來了，這些面積或比例也很容易可以看作是代表一特定分數出現的機率。例如：這裡有一個大哉問的問題，你現在可以提出來和回答：

在平均數為 100、標準差為 10 的一個分布中，110 或以上的分數出現的機率是多少？

答案是？機率是 16%，或者說 100 次中會出現 16 次，或 0.16。我們如何得到這個答案呢？

首先，我們計算對應的 z 分數，也就是 +1[(110 − 100)/10]。接著，依據我們已經知道的知識（見圖 8.4），我們知道 z 分數為 1 表示 x 軸上的一個特定位置，分布中有 84% (50% + 34%) 的分數落在這個位置之下，在這個位置之上有 16% 的分數或機率是 0.16。

換句話說，因為我們已經知道介於平均數和平均數之上或之下 1、2 和 3 個標準差之間的面積，我們可以很容易地得出任何 z 分數對應的數值出現

的機率。

　　到此，我們介紹的方法對於 z 分數是 1、2 和 3 很合適，但是如果 z 分數不是像 2 一樣的整數，而是像 1.23 或 –2.01 一樣的非整數呢？我們需要找到一個更精確的方法。

　　我們該怎麼辦呢？很簡單，就是學會計算和應用沿 x 軸上幾乎每一個可能的值所對應的曲線面積，或者（我們更喜歡這個選項）使用附錄 B（常態分布表）的表 B.1。表中列出了對應於不同 z 分數的曲線之下面積的所有數值（不包括極值在內）。

　　表 B.1 有兩欄，第一欄（命名為 z 值）就是已經計算好的 z 分數；第二欄（均值和 z 值之間的面積）就是這兩點之間曲線下的面積。

　　舉例來說（當你往下閱讀時，應該翻到表 B.1 並自己試看看），如果我們想知道平均數和 z 分數為 +1 之間的面積，先在 z 值欄找到數值 1.00，接著在對應的第二欄找到介於平均數和 z 分數 1.00 之間的面積 34.13。你以前看到過這樣的表嗎？

　　為什麼在表中沒有任何正號或負號（如 –1.00）呢？因為曲線是對稱的，z 分數是正或者是負並沒有影響。在任何方向上，平均數和 1 個標準差之間的面積都是 34.13%。

　　接下來的步驟是，假使說對於特定的 z 分數如 1.38，你想知道與這個 z 分數對應的機率。如果你想知道介於平均數和 z 分數 1.38 之間面積的百分比，你可以在表 B.1 中找到對應 z 分數 1.38 的面積是 41.62，這表明一個分布中多於 41% 以上的所有個案落在 z 分數 0 和 1.38 之間，而且約 92% (50% + 41.62%) 的範例落在 z 分數 1.38 之下。現在你應該注意到，我們做最後的範例時根本完全沒有提到原始分數，一旦你懂得使用這個表，就不再需要原始分數了。

　　但是我們是否始終只對介於平均數和一些 z 分數之間的面積量感興趣呢？那麼不是平均數的兩個 z 分數之間的面積，又是如何計算呢？例如：我們有興趣知道的是介於 z 分數 1.5 和 z 分數 2.5 之間的面積量？或者換個說法是，一個分數落在這兩個 z 分數之間的機率？我們如何使用這個表計算這些結果？這很容易，只要找到每一個 z 分數對應的面積，然後用一個減去另一個。通常畫圖是有幫助的，如圖 8.5 所示。

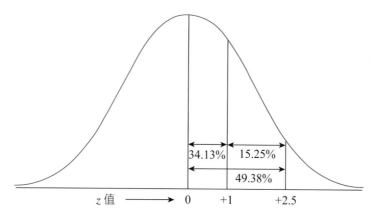

34.13% 15.25%

49.38%

z 值 ——→ 0   +1   +2.5

圖 8.5   繪圖說明兩個 z 分數之間面積的差異

例如：我們想找到在平均數為 100、標準差為 10 的分布中，原始分數在 110 和 125 之間的面積。我們可以採用如下的步驟：

1. 計算原始分數 110 的 z 分數，也就是 (110 − 100)/10，或 +1。
2. 計算原始分數 125 的 z 分數，也就是 (125 − 100)/10，或 +2.5。
3. 使用附錄 B 的表 B.1，找到介於平均數和 z 分數 +1 之間的面積，是 34.13%。
4. 使用附錄 B 的表 B.1，找到介於平均數和 z 分數 +2.5 之間的面積，是 49.38%。
5. 因為你想知道兩個值之間的距離，用較大的數減去較小的數：49.38% − 34.13% = 15.25%。圖 8.5 是具有很多資訊的圖。

因此，我們可以十分確信，一特定分數出現的機率，可以藉由檢視這個分數在分布中相對於其他分數的位置得到最好的理解。在這個範例中，一分數出現在 z 分數 +1 和 z 分數 +2.5 之間的機率大約是 15%。

以下是另一個例子。在平均數 100、標準差 10 的一組分數中，原始分數 117 對應的 z 分數是 1.70。這個 z 分數對應的曲線下面積是 95.54% (50% + 45.54%)，意味著這分數出現在 z 分數 1.70 之下的機率是 95.54%，或者說 100 次中有 95.5 次，或者是 0.955。

有關於標準分數的兩件事。首先，即使我們關注的是 z 分數，但還有其他類型的標準分數，例如：T 值是一種標準分數，它是將 z 分數乘以 10，然後加 50 而來，這個標準分數的優點是很少出現負的 T 分數。和 z 分數一樣，T 值也可以讓你從不同分布計算分數。

其次，一個標準分數和一個標準化分數是完全不同的動物。標準化分數來自事先已確定平均數和標準差的分布。使用如 SAT 和 GRE（研究生入學考試）等考試成績的標準化分數，可以很容易比較取自不同形式或管理的測驗成績，因為它們的平均數和標準差都是一樣的。

z 分數真正表示什麼

統計賽局的另一個說法是能夠估計某個結果的機率。如果我們掌握了本章前面的內容，並且再往前走一步，我們便可以定某一特定事件發生的機率。接著，我們將使用一些準則來判斷我們認為該事件的可能性是等於、高於或低於我們以隨機方式所預期的機率。研究假設提出了所預期事件的命題，而我們將蒐集資料後再使用我們的統計工具來評估該事件的可能性有多大。

這就是「統計學是什麼」的 20 秒版本，但是包含了很多內容。現在讓我們用一個範例來將這一段內容再走一遍。

假使說你的老朋友——值得信賴的盧，給了你一枚硬幣，並讓你決定硬幣是否是「公正的」，也就是說，如果你拋 10 次硬幣，你應該可以得到 5 次正面、5 次反面。

因為任何一次拋擲，出現正面或反面的機率是 0.5，所以我們預期出現 5 次正面和 5 次反面，在 10 次獨立的拋硬幣實驗中（也就是任一次拋擲不會影響下一次），我們應該得到 5 次正面，以此類推。現在的問題是，出現多少次正面才能確認這枚硬幣是偽造的或是非法的？

假使說我們用來判斷公正性的標準是：如果在拋擲 10 次硬幣中，我們得到正面（或者反面）的次數少於 5%，我們將說硬幣是偽造的，而且叫警察來抓人了。5% 就是統計學家們使用的標準，如果事件（正面出現的次數、一次考試的成績或者兩個群組平均成績的差異）的機率發生在極值上（我們

所說的極值是定義為出現次數小於 5%），那麼它就是不太可能出現的結果，在這個範例中就是不公正的結果。

　　再回到硬幣和盧的問題上。

　　因為有兩種可能的結果（正面和反面），我們拋擲硬幣 10 次，所有可能的結果組合是 2^{10} 或 1,024 種。例如：9 次正面 1 次反面、7 次正面 3 次反面、10 次正面 0 次反面等。例如：在 10 次拋擲實驗中得到 6 次正面的機率大約是 21%。

正面次數	機率
0	0.00
1	0.01
2	0.04
3	0.12
4	0.21
5	0.25
6	0.21
7	0.12
8	0.04
9	0.01
10	0.00

　　所以，任何特定結果出現的可能性即可得知，如 10 次投擲中出現 6 次正面，大約是 0.21，或 21%。現在是做出決定的時間，也就是 10 次拋擲中你究竟要得到多少次正面，才可以斷定硬幣損壞了、不均勻、偽造的或是不公正的。

　　好吧！與所有優秀的統計學家一樣，我們將標準定義為 5%，之前我們已經討論過了。如果觀察到的結果（所有我們投擲硬幣的結果）機率小於 5%，我們將可以斷定這是不太可能發生的，以致於隨機性之外的事必須為此負責──而此一「隨機性之外的事」就是一個偽造的硬幣。

　　如果你看看上面的表，你可以看到 8、9 或 10 次正面都表示小於 5% 的結果。因此，如果 10 次硬幣投擲的結果是 8、9 或 10 次正面，結論就是這

枚硬幣不是公正的。（當然，你是對的：正面出現 0、1 或 2 次也能得出相同的結論，硬幣另一面的出現情形也是如此。）

相同的邏輯也適用於之前關於 z 分數的討論。我們究竟預期 z 分數要多麼極端才可以斷定一個結果的出現不是由於隨機性，而是由於一些其他因素？如果你查閱附錄 B 的常態曲線表，你將看到 z 分數 1.65 的臨界點大約包含了曲線下面積的 45%，如果你把它與曲線另一側下方面積的 50% 加起來，就得到全部面積的 95%，那樣在 x 軸的這一點之上只留下了 5%，任何表示 z 分數 1.65 或這個值以上的任何分數就落在很小的區域內——或者至少是在比其他分數出現的機率小很多的區域內。

假設檢定和 z 分數：第一步

我們這裡所要說的是，任何事件都有一個相關的機率，而我們用這些機率值來決定我們所預期的某個事件有多麼不可能出現。例如：拋擲 10 次硬幣只出現 1 次正面 9 次反面是不太可能的事。而我們也說過，如果一事件在 100 次中似乎只發生 5 次 (5%)，我們就可以認為相對於其他可能發生的事件來說，這個事件不太可能發生。

與研究假設相關的結論當然也是如此。虛無假設（你在第 7 章所學到的）宣稱兩個數值之間沒有差異，像是兩個群體的平均數或是某些樣本的數值為零，我們試著去檢定虛無假設上任何可能存在的錯誤。

換句話說，如果透過研究假設的檢定，我們發現事件發生的可能性是有些極端的，那麼研究假設就是比虛無假設是更有吸引力的解釋。因此，如果我們發現 z 分數（記著 z 分數是和這些事件的發生機率相同）是極端值（多極端？發生機率小於 5%），我們就會說極端值出現的原因不是由於隨機性，而是與某種處理方式或某種關係者有關。我們將會在下一章更詳細的討論這一點。

使用 SPSS 計算 z 分數

SPSS 可以做很多很酷的事情，但在這裡也可以勝任雕蟲小技，利用這個軟體程式成為節省時間的好幫手。你已經知道如何手動計算 z 分數，現在讓 SPSS 來替你代勞。

要讓 SPSS 計算圖 8.6 中第一欄所示的資料集的 z 分數，依以下步驟：

1. 在新的 SPSS 視窗輸入資料。
2. 點選「分析→敘述統計→敘述統計」。
3. 雙擊變數名稱將變數移到「變數」框。
4. 在「敘述統計」對話方塊點選「將標準化值存成變數 (Z)」。
5. 點選「確定」。

你可以在圖 8.6 看到 SPSS 資料如何計算對應的 z 分數。（注意，當 SPSS 幾乎完成所有的事之後，會自動帶你進入結果輸出視窗，但在那裡你將看不到計算得到的 z 分數！你必須轉換到資料視圖。）

	Score	ZScore
1	67.00	.62153
2	54.00	-.21145
3	65.00	.49338
4	33.00	-1.55703
5	56.00	-.08330
6	76.00	1.19821
7	65.00	.49338
8	33.00	-1.55703
9	48.00	-.59590
10	76.00	1.19821

圖 8.6　讓 SPSS 為你計算 z 分數

胖和瘦的次數分配

現在你當然可以推斷資料分布彼此之間，在許多方面可以非常不同。事實上，有四種不同的方式：平均值（你已經知道的平均數、中位數或眾數）、變異性（全距、變異數及標準差）、偏態和峰度。最後兩項是新的名

詞，當我們用圖形展示它們看起來像什麼時，我們將會定義它們。現在讓我
們討論這四種方法的特徵，並且舉例說明。

平均值

我們再一次回到集中**趨勢測量數**。如圖 8.7 所示，你會看到三個不同的
分配在平均值上有何不同。你注意到分布 C 的平均值大於分布 B 的平均值；
同樣地，分布 B 的平均值大於分布 A 的平均值。

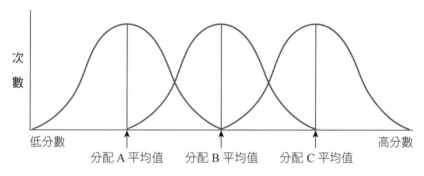

次
數

低分數

分配 A 平均值　　分配 B 平均值　　分配 C 平均值

高分數

圖 8.7　分布在平均值上可以如何不同

變異性

在圖 8.8 中，你可以看到具有相同平均值但是變異性不同的三個分布。
分布 A 的變異性小於分布 B 的變異性，分布 B 的變異性小於分布 C 的變異
性。換句話說，這三個分布中以分布 C 的變異性最大，分布 A 的變異性最
小。

偏態

偏態 (skewness) 是對一個分布缺乏對稱性或者不平衡性的一種測量。換
句話說，就是分布的一個「尾巴」比另一個長。例如在圖 8.9 中，分布 A 的
右尾比左尾長，相當於分布的右端發生的次數較少。這是正偏態分布，因為
數值較大的右邊有較長的尾巴，我們稱它為正偏態。這個例子可能像是你參
加一個非常難的考試時，只有少數人得到相當高的成績，而非常多的人的成
績都相當低。分布 C 的右尾比左尾短，相當於分布的右端發生的次數較多。

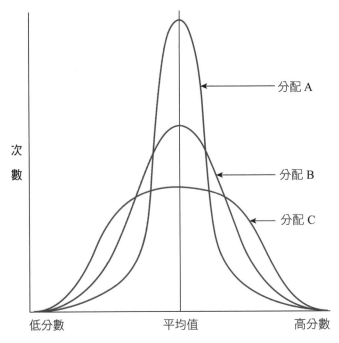

次數

低分數　　　　　　平均值　　　　　　高分數

→ 分配 A

→ 分配 B

→ 分配 C

圖 8.8　分布的變異性可以如何不同

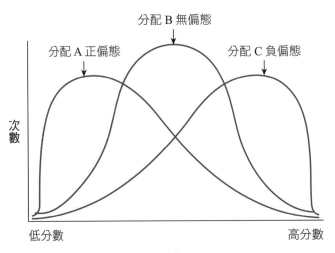

分配 B 無偏態

分配 A 正偏態　　　　　　　　　分配 C 負偏態

次數

低分數　　　　　　　　　　　　　高分數

圖 8.9　不同分配的偏態程度

這是負偏態分布，就像是參加一個較簡單的考試的例子（許多人得高分，很少人拿低分）。而分布 B 剛好左右尾相等，而且沒有偏態。

峰度

即使這聽起來像是醫療情況，但這是我們可以將不同分布加以分類的四種方法中的最後一個。**峰度** (kurtosis) 與一個分布看起來是如何扁平或者陡峭有關，而且用於描述這個特徵的概念是相對的。

例如：**低闊峰** (platykurtic) 一詞是指一個分布相對於常態分布或鐘形分布來說是十分的扁平；**高狹峰** (leptokurtic) 一詞是指一個分布相對於常態分布或鐘形分布來說是十分的陡峭和高聳。在圖 8.10 中，分布 A 相對於分布 B 是扁平的；分布 C 相對於分布 B 是陡峭的。基於一個很好的理由，圖 8.10 看起來與圖 8.8 類似，例如：低闊峰的分布比那些不是低闊峰的分布更為分散；同樣地，高狹峰的分布相對於其他分布來說，其離散性或變異性更小。

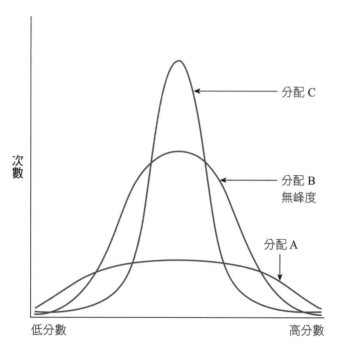

圖 8.10　不同分配的峰度

當偏態和峰度主要用來當作描述用語時（例如：「這是負偏態分布」），也有一個有關分布是多傾斜或陡峭的數學指標。例如：偏態是由平均值減去中

位數計算而得。如果一個分布的平均值是 100，而中位數是 95，則偏態值是 100 − 95 = 5，而這個分布是正偏態。如果一個分布的平均值是 85，而中位數是 90，偏態值是 85 − 90 = −5，這個分布是負偏態。其實還有一個更複雜的公式，這個公式不是相對的，而是考慮了分配的標準差，因此偏態指標能夠相互比較（見式 8.3）。

$$Sk = \frac{3(\bar{X} - M)}{s} \tag{8.3}$$

其中

- Sk 為皮爾森（就是你在第 5 章學過的，設計出相關係數的那位統計學家）偏態測量數
- $\bar{X}$ 為平均值
- M 為中位數
- s 為樣本標準差

這裡有一個範例：分布 A 的平均值是 100，中位數是 105，標準差是 10；分布 B 的平均值是 120，中位數是 116，標準差是 10。使用皮爾森的公式，分布 A 的偏態是 −1.5，分布 B 的偏態是 1.2。分布 A 是負偏態，分布 B 是正偏態。不管偏態的方向如何，分布 A 比分布 B 更偏。

在這個討論中，我們不要遺漏了峰度 (kurtosis)。它也可以用一個非常時髦的公式來計算，如下所示：

$$K = \frac{\sum \left(\dfrac{(X - \bar{X})}{s} \right)^4}{n} - 3 \tag{8.4}$$

其中

- K 為峰度測量數
- $\sum$ 為總和
- X 為個別分數
- $\bar{X}$ 為樣本平均值
- s 為標準差

• n 為樣本數

這是一個相當複雜的公式。它基本上是在看一組分數有多平坦或高聳。你可以看出，如果每一個分數都相同，那麼，分子為 0 且 $K = 0$，表示沒有偏態。當分布具**常態峰 (mesokurtic)**（終於有一個新字丟出來）時，K 等於零。如果個別分數（公式中的 X）與平均數的差異大（因此，有很大的變異性），那麼，分布的曲線將可能非常扁平。

現實世界的統計

更多有關孩童肥胖的問題……

你一定曾經聽過關於孩童時期肥胖的各種討論，這些研究人員致力於探討藉由將體能活動當作介入手段，調查減少孩童肥胖的方法，這和 z 分數可能有什麼關係呢？z 分數是他們的主要結果或依變數中的一個：平均身體質量指數 (BMI) 的 z 分數 = 3.24，標準差 = 0.49。

這些參與的小朋友被邀請去參加一個為期一週的運動營，他在參加期間選擇其中一項作為未來 6 個月的運動項目，在運動營之後，由一位來自當地運動俱樂部的教練協助每一位小孩，在基準期和 12 個月後各測量一次孩童的體重、身高、身體組成、生活型態。結果呢？參與介入手段的小孩，其 BMI 的 z 分數有明顯的下降。

為什麼是 z 分數？最大的可能是因為這些相互比較的小孩是來自於不同的分數分布（他們有不同的平均數和標準差），而且利用標準分數，這些差異（至少是分數的變異性）可以被消除。

想要知道更多嗎？可以上網或到圖書館閱讀有關這篇文章：

Nowicka, P., Lanke, J., Pietrobelli, A., Apitzsch, E., & Flodmark, C. E. (2009). Sports camp with six months of support from a local sports club as a treatment for childhood obesity. *Scandinavian Journal of Public Health*, *37*, 793-800.

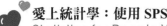

愛上統計學：使用 SPSS
Statistics for People Who (Think They) Hate Statistics

小結

　　瞭解整個推論統計的最初和最重要的技能，就是能夠計算 z 分數，並能夠估計在一個樣本資料中這個 z 分數出現的可能性。一旦我們知道考試成績（或其結果的數值，像是組間的差異）發生的可能性，我們就能將這個可能性和我們基於隨機性所預期的可能性進行比較，並進一步做出有用的決策。在《愛上統計學》第四部分開始，我們將把這個模型應用到檢定差異性問題的特定範例中。

練習時間

1. 常態曲線的特徵是什麼？你可以想到人類的哪些行為、特性或特徵的分布是常態的？是什麼原因讓你認為它們的分布可能是常態性？
2. 就標準分數的計算，你需要知道哪三項資訊？
3. 標準分數，像 z 分數，讓我們可以在不同樣本間做比較，為什麼？
4. 為什麼 z 分數是標準分數？為什麼 z 分數可以用於比較不同分布的分數？
5. 一組測驗分數的平均數是 50 分，標準差是 5 分，原始分數是 55 分所對應的 z 分數是 +1，當標準差變成是原來的一半或 2.5 分，z 分數是多少呢？從這個例子中，你可以得到一個結論，即在一組資料中，變異量的減少對標準分數是有影響的（在其他條件一樣，像是相同的原始分數），為什麼這個影響是很重要的？
6. 就下列一組分數，填滿空格。平均數是 74.13，且標準差是 9.98。

原始分數	z 分數
68.0	?
?	−1.6
82.0	?
?	1.8
69.0	?
?	−0.5
85.0	?

原始分數	z 分數
?	1.7
72.0	?

7. 就以下這一組分數，計算標準分數。用 SPSS 完成此一工作，也動手計算以確定 SPSS 是對的（雖然不像使用 SPSS 那麼容易，但一旦你掌握到算法，就很簡單了）。注意看看，有無任何不一樣？

18

19

15

20

25

31

17

35

27

22

34

29

40

33

21

8. 依據平均數為 75、標準差為 6.38 的常態分布來回答問題 (a) 到 (d)。繪製一個小圖來協助，看你需要什麼。

a. 一個分數落在原始分數 70 和 80 之間的機率是多少？

b. 一個分數落在原始分數 80 以上的機率是多少？

c. 一個分數落在原始分數 81 和 83 之間的機率是多少？

d. 一個分數落在原始分數 63 以下的機率是多少？

9. 為了獲得體適能認證，傑克必須拿到前 10% 的分數。全班平均數是 78，而標準差是 5.5，他的原始分數需要是多少才能獲得那份有價值的文件？

10. 想像你正負責一個計畫，在計畫結束後所有的參與成員必須用五種不同的測驗來評量。為什麼只有計算這五種測驗的平均值當作績效表現的衡量是沒有意義的，還不如先計算每一個人在每一種測驗的 z 分數，再取其平均值？

11. 相對於他（或她）的同班同學，誰是最好的學生？這裡是所有你需要知道的資訊。

數學			
班級平均數	81		
班級標準差	2		
閱讀			
班級平均數	87		
班級標準差	10		
原始分數			
	數學分數	閱讀分數	平均值
Noah	85	88	86.5
Talya	87	81	84
z 分數			
	數學分數	閱讀分數	平均值
Noah	_____	_____	_____
Talya	_____	_____	_____

12. 這是一個非常難的額外加分題，就如你所知道的，常態曲線所定義的其中一個特徵是分布的尾端不會和 x 軸相碰觸，為什麼？

學生學習網址

　　你可以造訪 edge.sagepub.com/salkindfrey7e 取得強化學習技巧所需要的工具，以及取用練習測驗、eFlashcards、原始和精選的影片、資料集等！

顯著性差異
——使用推論統計

PART IV

「討論平方和。」

你已經學到這裡，而且仍然充滿活力，那麼恭喜你自己。到現在為止，你應該已經瞭解敘述統計到底是在做什麼、隨機性如何在有關結果的決策中扮演影響因子，以及結果有多少的可能是因隨機性因素或是相對於某些理論上的原因而出現。

　　你已是建立和瞭解假設在社會和行為科學研究中所扮演之角色的專家，現在就是實踐的時候了，讓我們看看在《愛上統計學》接下來的部分會學到什麼，你曾經付出的努力會因為對應用問題的瞭解而得到快速的補償。

　　本書的這部分專門討論瞭解和應用特定類型的統計來回答特定類型的研究問題，我們將會介紹最常用的統計檢定。在本書的最後一部分，我們將會介紹一些稍微複雜的統計檢定，也會告訴你一些比較有用的統計套裝軟體，這些統計套裝軟體可以用來算出如同使用老式計算機算出來的數值。

　　讓我們由顯著性概念的簡短討論開始，然後逐步介紹執行推論性檢定的步驟，接著我們將進入特定檢定的範例。這一章我們將有許多需要動手的工作，現在就讓我們開始吧！

顯著的顯著性
——對你我來說，它意味著什麼

難易指數：☺☺（激發思考與理解的關鍵）

本章學習內容

✦ 瞭解顯著性的概念及其為何重要。

✦ 區辨型 I 錯誤和型 II 錯誤。

✦ 瞭解如何進行推論統計工作。

✦ 針對你的研究目的選擇適當的統計檢定。

顯著性的概念

對於初學統計學的學生來說，統計顯著性 (statistical significance) 的概念最令人迷惑，但是對你來說，事實並非如此。雖然統計顯著性是非常有影響力的概念，但是也很簡單，上過基礎統計學課的任何學生都可以瞭解，你也是。

我們需要一個研究範例來說明我們想提出的重點。我們以達科特和理查德斯 (E. Duckett and M. Richards) 的〈單親家庭中的母親就業和青少年的日常經歷〉(Maternal Employment and Young Adolescents' Daily Experiences in

Single Mother Families) 為例（1989 年在密蘇里州堪薩斯城所舉行的兒童發展研究學會上所發表的論文——很久以前在一個遙遠的銀河系中 [密蘇里州堪薩斯城……]）。兩位作者調查了 436 名 5 至 9 年級的青少年對母親就業的態度，儘管該文章的發表是在很多年前進行，但它還是一個很好的示例，可以說明本章核心內容中的許多重要觀念。

特別的是，他們調查了母親有工作和沒工作的青少年，在態度上是否存在差異。他們也檢定了其他因素，但是就這個範例來說，我們關注的是有工作的母親和沒有工作的母親，這兩者之間的群體差異。還有一件事，讓我們在差異性的討論中增加「顯著性」一詞，且我們有一個如下所述的研究假設：

母親有工作和沒有工作的青少年，對母親就業的態度具有顯著性差異。

我們所說的顯著性，是指兩個群體間態度的任何差異，是由於系統性因素，而不是隨機性因素的影響。在這個範例中，影響因素是母親是否有工作，我們假定控制了可能影響兩個群體之間差異的所有其他因素（我們可以透過某些研究設計的選擇做到這一點），因此，剩下的可以解釋青少年態度差異的唯一因素，就是母親是否有工作。對吧？是的。結束了嗎？還沒有。

假如我們是完美的

由於我們的世界並不完美，所以我們對那些我們找到可能導致群體之間有差異的因素有多大的信心，必須保留一定的迴旋餘地。換句話說，你必須能夠說明，即使你很確信兩個青少年群體之間的差異是由於某些因素所引起的，而不是隨機性造成的，但是你不能百分之百地、絕對地、肯定地、無可置疑或毫不含糊地（理解了嗎？）確定這一點。你的結論是錯誤的可能性始終存在，不論這個可能性多小。所以，亞里斯多德說：不可能是可能的。他是對的，無論機會多麼小，總會有機會。

而且，順便一提的是，常態曲線的尾端從未真正地碰觸到 x 軸的整體概念（如我們在前一章所提到的）與我們在這裡的討論是直接相關的，如果尾巴真的碰觸到，某一事件在分布的任何一個尾端成為非常極端的機率會完全等

於 0，但是，正因為它沒有碰觸到，它總是有一個機會，不論這個世界是多麼完美，這個事件都有機會發生——不論它的機率可能是多麼地小或有多麼不可能。

為什麼？原因很多。例如：你可能只是錯了，也許在這次實驗中，青少年的態度差異不是由於母親工作與否引起的，而是由於其他沒有注意到的解釋因素，像是有一些學生出席地方性的就業母親俱樂部舉辦的演講。如果一個青少年群體的成員幾乎都是男性，而另一個青少年群體的成員幾乎是女性的情況下，又是怎樣的結論？這也可能是差異的來源。如果你是優秀的研究者且完成你的研究功課，你可以解釋這樣的差異，但總是有可能無法做到。作為優秀的研究者，你必須考慮這種可能性的存在。

那麼，你要怎麼做呢？在大多數涉及假設檢定（例如：範例中的群體差異）的科學研究中，一定存在無法控制的誤差，這也是前面幾章已經討論過的隨機性因素。你願意承擔的機率水準或風險水準，就是**顯著水準**，這個名詞毫無疑問地給堅強的男人或女人帶來恐懼。

顯著水準 (significance level) 是指你無法 100% 確信在實驗中所觀察的結果，是由於處理因素或所欲檢定之因素有關的風險（這是一個快速和不嚴謹的定義），在這個範例中，需要檢定的因素就是「母親是否工作」。如果你讀到的敘述是在 0.05 機率水準下有顯著性的結論（或者更專業的說 $p < 0.05$，在專業期刊中你會經常看到），一個翻譯成白話的說法是，20 次中有 1 次（或 0.05，或 5%）所發現的任何差異不是由於假設的原因（母親是否在工作），而是由於其他隨機原因（是的，隨機性）所引起。你的工作就是藉由消除所有可能和你所觀察到的任何差異的其他競爭原因，來減少這種可能性，但因為你不可能完全消除這種可能性（因為沒有人能夠控制所有潛在的因素），所以必須分配一些機率水準給這些因素，而且謹慎的陳述結論。

總之（且在實務上），研究者定義了他或她願意承擔的風險水準。如果結果落在「這不是偶然因素引起的——而是其他因素所產生的影響」的範圍內，研究者就會知道虛無假設（敘述式是等式）不是觀察到的結果最有吸引力的解釋；相反地，研究假設（不等式，或者說存在差異）才是我們中意的解釋。

現在來看另一個範例，這是假設的範例。

研究者有興趣瞭解參與學前專案的孩子和沒有參與的孩子，在學習成績上是否存在差異，虛無假設是這兩個群體在某些學習成績的測量是相等的。

研究假設是參與學前專案孩子的成績平均值，高於沒有參與專案孩子成績的平均值。

作為一個優秀的研究者，你的工作就是證明（盡你所能──而且沒有人可以完美的解釋任何事物）兩個群體之間存在的任何差異僅僅是由於學前專案的影響，而非任何其他因素或這些因素的組合所造成。透過各種不同的技術（你會在研究方法課程中學到！），你可以控制或者消除造成差異的所有可能來源，如父母教育水準、家中小孩的數目等因素的影響。一旦消除了其他潛在的解釋變數，唯一留下對差異的解釋選項就是學前經驗的影響。

但是你可以完全（即天衣無縫）確定嗎？不，你不行。為什麼？首先，因為你不能確定你所研究的樣本能夠反映母體的結構。而且即使樣本能代表母體，也總是存在影響結論的其他因素，在設計試驗的過程中，你總會不可避免地遺漏這些因素。研究中始終存在錯誤的可能性（偶然性的另一個說法）。

在對考試成績的差異是由於經驗不同而下結論時，你已接受一些風險。實際上（給點掌聲鼓勵），這個風險水準就是你願意執行的統計顯著性水準。

統計顯著性 (statistical significance) 是指在虛無假設為真的情況下，你拒絕虛無假設所要承擔的風險水準（這裡是正式的定義）。就上面的例子來說，虛無假設是兩個樣本群體之間沒有差異（記住，虛無假設始終以等式陳述），但是在你的資料中，你的確發現有差異的存在。也就是考慮到你目前可能找到的證據的情況下，群體成員的身分似乎對學習成績有影響。但是，在真實的世界中，整個母體可能是沒有差異，如果你拒絕了你所陳述的虛無假設，你就犯了一個錯誤，這類型的錯誤就是人們所熟知的型 I 錯誤，為了盡可能多用專業術語，統計顯著水準就是犯型 I 錯誤的可能性。

因此，下一步就是發展出一套步驟，來檢定我們的發現是否指出此一誤差是造成差異的原因，還是實際差異更可能是造成差異的原因。

這世界上最重要的表（只對這一學期而言）

下面是簡單的摘要。

虛無假設可能是對的或錯的。兩個群體之間可能真的沒有差異（使用一般的虛無假設），也可能真的是不相等的（如兩個群體之間存在差異）。但是要記住，你永遠不會知道真實的狀況，因為虛無假設不能直接檢定（記住，虛無假設只應用於母體，且基於我們討論過的各種理由，母體無法直接被檢定）。

而且，作為一位優秀的統計學者，你既可以選擇拒絕也可以接受虛無假設，對吧？這裡一共可以形成四種情況，如你在表 9.1 中所看到的。

現在就來看看表中的每一格。

更多有關表 9.1

表 9.1 中的四個重要細格描述了，虛無假設的本質（對的或錯的）和相應的行動（接受或拒絕虛無假設）之間的關係。就如你所看到的，虛無假設可能是對的也可能是錯的，而且你可能接受或拒絕它。

表 9.1　不同類型的錯誤

		你可以採取的行動	
		接受虛無假設	拒絕虛無假設
虛無假設的本質	虛無假設是對的	1 ☺ 對啦！虛無假設是對的，且群體之間沒有差別的情況下，你接受了虛無假設。	2 ☹ 哦喔！你犯了型 I 錯誤，在群體之間沒有差異的情況下拒絕了虛無假設。犯型 I 錯誤的機率也可以用希臘字母阿爾法，或 α 表示。
	虛無假設是錯的	3 ☹ 哎呀！你犯了型 II 錯誤，接受了錯的虛無假設。犯型 II 錯誤的機率也可以用希臘字母貝塔，或 β 表示。	4 ☺ 很好，在群體之間存在差異的情況下，你拒絕了虛無假設。此一機率也可以叫做檢定力，或 $1 - \beta$。

要瞭解這個表，最重要的是，研究者永遠不知道虛無假設的真實本質，

以及群體之間真的存在或不存在差異。為什麼？因為母體（虛無假設所代表的）不能直接檢定。為什麼？因為這樣做是不切實際的，而且這也是為什麼我們有推論統計。

- ☺表 9.1 中，細格 1 表示的狀況是虛無假設是對的（母體之間沒有差異）情況下，研究者做出了正確決策——接受它，這沒有問題。在我們的範例中，我們的結果表明兩個孩子群體之間沒有差異，而且我們採取了正確的行動，不拒絕表示沒有差異的虛無假設。

- ☹哎呀！細格 2 表示一個嚴重的錯誤。我們在這裡拒絕了虛無假設（即沒有差異存在），而虛無假設實際上是對的（且群體之間沒有差異）。即使兩個孩子群體之間沒有差異，但是我們得出的結論是有差異，這種類型的錯誤就是大錯特錯，稱之為**型 I 錯誤** (Type I error)。

- ☹嗯！還有另一類錯誤，細格 3 也表示一種嚴重的錯誤。我們在這裡接受了虛無假設（也就是沒有差異），而虛無假設實際上是錯的（且實際上群體之間是有差異的）。我們已經說過，即使兩個孩子群體之間有差異，但是我們得出的結論是沒有差異，這很明顯也是大錯特錯，這就是大家熟知的**型 II 錯誤** (Type II error)。

- ☺表 9.1 中的細格 4 表示的狀況是虛無假設實際上是錯的情況下，研究者做出了拒絕的正確決定，這也沒有問題。在我們的範例中，我們的結果表明兩個孩子群體之間有差異，而且我們採取了正確行動，拒絕陳述沒有差異的虛無假設。

因此，如果 0.05 是好的，那麼 0.01 更好，為什麼不把型 I 錯誤的風險水準定在 0.000001？一個非常好的理由是，你將非常堅決地相信自己的虛無假設是對的，以致於你幾乎不可能拒絕虛無假設，即使當你應該拒絕它時。這樣嚴格的型 I 錯誤率留下的餘地很小，實際上，研究假設可能是正確的，但是因為過於嚴格的型 I 錯誤水準，而無法獲得接受此一研究假設的結論。

回到型 I 錯誤

我們現在把重點放在細格 2，也就是犯了型 I 錯誤，因為這是我們討論

的重點。

這個型 I 錯誤或顯著水準具有特定的值，這些值定義了在任何虛無假設的檢定中你願意承擔的風險。一般設定的顯著水準是在 0.01 與 0.05 之間。

例如：如果顯著水準是 0.01，這意味著在任何一個虛無假設檢定中，有 1% 的可能性是：在虛無假設為真的情況下，你拒絕了虛無假設，並且在群體之間，實際上根本沒有差異的情況下，得出群體之間有差異的結論。

如果顯著水準是 0.05，這意味著在任何一個虛無假設檢定中，有 5% 的可能性是：在虛無假設為真的情況下，你拒絕了虛無假設（並得出群體之間有差異的結論），而實際上群體間根本沒有差異。要注意的是，顯著水準與虛無假設的獨立檢定相關，是建立在「要是……又怎樣 (what if)」的思考基礎上，如果虛無假設在母體中是真實的，那麼我在樣本中發現此一重大結果（如兩組之間有差異）的可能性是多少？

在研究報告中，統計顯著性通常以 $p < 0.05$ 表示，可以讀作「觀察到這種結果的機率小於 0.05」，而且通常在報告或期刊文章中簡單表述為「在 0.05 的顯著水準下」。

像 SPSS 和 Excel 這類可以進行統計分析的時尚軟體引進後，我們就不再需要擔心「$p < 0.05$」或「$p < 0.01$」這類敘述的不精確性——$p < 0.05$ 意指從 0.000 到 0.049999 的所有值，對吧？但是，像 SPSS 和 Excel 這些軟體可以給你犯型 I 錯誤時所願意承擔之風險的精確機率，如 0.013 或 0.158。因此，當你在研究報告中看到類似「$p < 0.05$」的陳述時，意味著 p 值是從 0.00 到 0.049999999999 之間的任何值（你可以想像得到的）。同樣地，當你看到「$p > 0.05$」或「$p = n.s.$」（非顯著性），意味著拒絕真實的虛無假設的機率超過 0.05，實際上的範圍是從 0.0500001 到 1.00（或接近 1.00，記得那些曲線永遠不會碰觸到地面，所以，我們永遠無法確定虛無假設是真的）。因此，我們知道一個結果的確定機率是很棒的事，因為我們能夠更準確的測量我們願意承擔的風險。但是，如果 p 值恰好是 .05，該怎麼辦？如果 SPSS 或 Excel（或任何其他程式）產生的值是 .05，請擴展小數位數——它實際上可能是 .04999999999。

　　如同前文所討論過的，順著型 I 錯誤，你還可能會犯另一類型的錯誤，如表 9.1 中所示。當你不正確地接受了錯的虛無假設，就產生了型 II 錯誤（表中的細格 3）。例如：由樣本群體所代表的母體之間可能確實存在差異，但是你得到沒有差異的錯誤結論。

　　當我們討論一項發現的顯著性時，你可能會聽到使用檢定力 (power) 這個名詞。檢定力是一個統計檢定可以偵測並拒絕錯的虛無假設的機率陳述，從數學上來說，檢定力的計算就是用 1 減去犯型 II 錯誤的比例機會。一個檢定力更高的檢定總是比相對較低檢定力的檢定更具有吸引力，因為高檢定力的檢定，可以讓你更清楚知道什麼是錯的、什麼是對的。

　　理想上，你想同時減少型 I 錯誤和型 II 錯誤，但是這總是很難如你所願或在你的控制之下。你已經完全控制了型 I 錯誤的水準，或者說你願意承擔的風險大小（因為你實際上設定了風險水準），不過，型 II 錯誤並沒有直接受到控制，但是它與樣本大小等因素相關。型 II 錯誤對樣本中個體的數量特別敏感，當個體數量增加時，型 II 錯誤就降低。換句話說，樣本的特徵越是與母體的特徵匹配（可以由增加樣本數來達成），你接受錯的虛無假設的可能性就降低。

顯著性與有意義

　　對研究者來說，有趣的狀況是當他或她發現實驗的結果在統計上是顯著的！你知道統計顯著性的技術上涵義──即虛無假設不是所觀察到結果的合理解釋。現在，如果你的實驗設計和其他因素都經過謹慎的考慮，毫無疑問地，統計上顯著的結果為你的研究領域做出貢獻邁出了第一步，但是，對統計顯著性的價值及其重要性或意義，在觀念上必須有正確認知。

　　例如：我們面對的情況是將規模非常大的不識字成年人樣本（大概 10,000 人）分成兩組，一組透過傳統教學來接受密集閱讀訓練，另一組透過電腦來接受密集閱讀訓練。組 1（以傳統方式學習）在某一閱讀測驗的平均成績是 75.6，組 2（使用電腦學習）的平均成績是 75.7，兩組的變異數幾乎

相等。就如你所看到的，成績平均數的差異只有十分之一點或 0.1（75.6 對 75.7），但是對獨立平均數之間的顯著性進行 t 檢定時，結果在 0.01 的水準是顯著的，這表明電腦學習者比教室教學學習者學得更好。（第 11 章和第 12 章會討論 t 檢定，我們會利用像這樣的情境。）

在 0.01 的水準下，0.1 的差異確實是具有統計上的顯著性，但是是否有意義？測驗成績（這麼小的差距）的改進，是否能夠為建立這個專案花費 300,000 美元的成本提供充分合理的解釋？或者說這個差異無足輕重可以忽略，即使在統計上是顯著的？

下面列出的是我們依據這個範例和其他許多可能的範例，得出的有關統計顯著性的重要結論：

- 統計顯著性本身是沒有多大意義的，除非所執行的研究具有健全的概念基礎，可以賦予結果的顯著性一些意義。

- 統計顯著性不能脫離發生的背景被獨立解釋，例如：若你是學校系統管理者，如果留級專案以半分之差顯著地提高學生的標準化成績，你是否願意將學生留在一年級？

- 雖然統計顯著性是很重要的概念，但不是終極目標，當然也不應該是科學研究的唯一目標，這就是為什麼我們著手檢定假設，而不是證明假設。如果我們的研究設計正確，那麼甚至虛無假設也會告訴你們重要的資訊，如果特定的處理因素沒有發揮作用，這也是其他人需要知道的重要資訊。如果你的研究設計得很好，接著你應該知道為什麼處理因素沒有發揮作用，那麼下一個沿著這條線進行研究的人，在設計他或她的研究時，就可以考慮你所提供的有價值資訊。

研究者在他們的書面報告中以許多不同的方式處理統計顯著性的報告，有些人使用像是顯著的（假定如果某現象是顯著的，在統計上也是如此）、或是統計上顯著的完整字詞，但是，有些人還使用了「**邊際上顯著**」(marginally significant) 這個用語，得到機率可能是 0.04 的結果，或是「**接近顯著**」(nearly significant)，其機率可能是 0.06。該怎麼辦？如果你正在分析自己的資料或審查他人的數據，那麼你就是老闆，利用自己的腦袋並考慮與完成此一工作的相關面向，在所提問和回答的問題系絡中，如果 0.051 已經

足夠，那就是了。外面的審查委員是否同意是大辯論的起源和課堂討論的好主題，慣例上，0.05 是所要求的常用顯著性水準。

幾乎每一個學科都有「其他」名詞來表示顯著的與有意義的之間的區別，但是，這個議題大多被認為是涉及到相同的要素。舉例來說，健康照護專業人員將方程式中有意義的部分指稱為「臨床的顯著」，而不是「有意義的」。這是相同的觀念——他們只是在他們的結果發生的環境之下，使用一個不同名詞。

曾經聽過「出版偏差」(publication bias) 嗎？它是指一個 0.05 的顯著值通常被當作一篇文章是否刊登的唯一認真考慮的標準。這並不只是精確的 0.05 或是更低的值，而在過去一段時間甚至是今日，有些期刊的編輯委員會堅持像是 0.05 或 0.01 這類的顯著水準當作判斷事情對錯的聖杯，根據某人的判斷，如果達不到這些值，其研究發現就不可能是顯著的，更不用說是有意義的。現在，據說在整個領域中已經有一致性了，但是如今一些不錯的分析工具如 SPSS 和 Excel，允許我們精確地找到和結果有關的準確機率，而不是一個像是以 0.05 作為全有或全無的判斷標準，甚至在這個值被討論之前就已經決定它的意義了。除了顯著性水準外，許多期刊都要求研究人員報告效應量的大小（變量之間關係的大小，例如：相關性或群體之間的標準化差異），因此可獲得更全面的訊息。做一個經驗老道的人——以所有的證據為基礎，自己做決定。

推論統計介紹

敘述統計是用於描述樣本的特徵，而推論統計則是根據樣本的特徵來推論母體的一些特徵。

在《愛上統計學》前半部分的幾個重點，我們已經強調，一個好的科學研究的特色，就是由母體中選取一個可以代表母體的樣本。接下來的過程就

是推論統計，就是根據樣本的檢定（和試驗）結果，從較小的樣本群體推論到較大的母體。

在我們開始討論個別的推論檢定之前，讓我們先瞭解推論方法應用的邏輯。

推論如何進行

下面是研究計畫的一般步驟，可以瞭解推論如何進行，我們仍然以青少年對母親工作的態度作為範例。

下面是可能發生之事件的次序：

1. 研究者從母親有工作的青少年和母親沒有工作的青少年中選擇代表性樣本，樣本選擇的方式是樣本可以代表他們所來自的母體。例如：他們可能是從一個很長的潛在參與者清單中隨機挑選出來。
2. 每一個青少年要進行一次測驗來評估他或她的態度，接著計算群體的平均分數，並使用一些檢定方法來比較。
3. 可以得出的結論是成績之間的差異是由於隨機性的結果（也就是母親工作之外的一些因素是差異的原因），或是群體之間的差異是「真實的」，以及統計顯著的差異的結果（也就是由於母親在工作）。
4. 可以得出的結論是樣本所來自的母體中，母親就業和青少年態度之間的關係。換句話說，根據樣本資料分析所得結果對所有的青少年母體做出推論。

如何選擇使用什麼檢定

上面的步驟 3 讓我們提出下面這個問題，「我如何選擇適當的統計檢定來決定群體之間的差異是否存在？」。天知道，檢定方法太多了，你必須決定使用哪一種，以及何時使用。

是的，學習使用哪一種檢定的最好方式是成為有經驗的統計學者，選修過許多個領域的課程而且參與了許多研究。經驗仍然是最好的老師，事實上，你沒有方法可以真的學習到要選用哪一種及何時使用，除非你在現實生活中有實際應用這些工具的機會。而上這門課的結果就是，你正在學習如何

使用這些特定的工具。

　　但是，為什麼一項特定的統計檢定才是正確使用的基本原因，可以簡化為和你的研究問題有關的幾個特徵。因此，為了實現我們的目的並開始學習，我們建立了各種工具的簡易流程圖（或速查表），如圖 9.1 所示。你必須知道你在做什麼，這樣選擇正確的統計檢定就不完全是隨意的決定，但它無疑是啟動學習的好起點。

　　不要認為圖 9.1 可以取代你去學習這些不同的檢定在何時使用是適當的，這裡的流程圖只是幫助你開始學習而已。

這真的很重要。我們只是寫出，選擇適當的統計檢定不一定是一件容易的事。學習如何做的最好方法就是親自去做，這意味著要練習甚至修習更多的統計學課程。一般來說，我們在此處提供的簡單流程圖是很有用的，但請謹慎使用。當你做出決定時，請與你的教授或其他經歷過這些事情的人核對，他們可能會比你更有信心（並且他們也知道更多！）。

如何使用流程圖

1. 假定你是剛入門的統計人員（實際上也是），對顯著性檢定有一定的瞭解，但是對於何時使用哪一種很迷惑。
2. 回答流程圖上半部的問題。
3. 依據對流程圖每一個問題的回答進行選擇，直到流程圖的末端，那就是你應該選擇的統計檢定。這不是火箭科學（越快越好），而且經過一些練習（你可以透過本書的這一部分來練習），你就能夠快速有效的選擇適當的檢定。本書其餘部分的每一章都會以類似圖 9.1 中所見的流程圖開始，透過特定的步驟帶你選擇應該使用的統計檢定。

圖 9.1 中的簡易流程圖是否包含所有的統計檢定？當然不是。大約有上百種統計檢定方法，但是圖 9.1 列出了最常用的方法，而且你熟悉了你所在領域的研究之後，你就會經常使用其中幾種檢定方法。

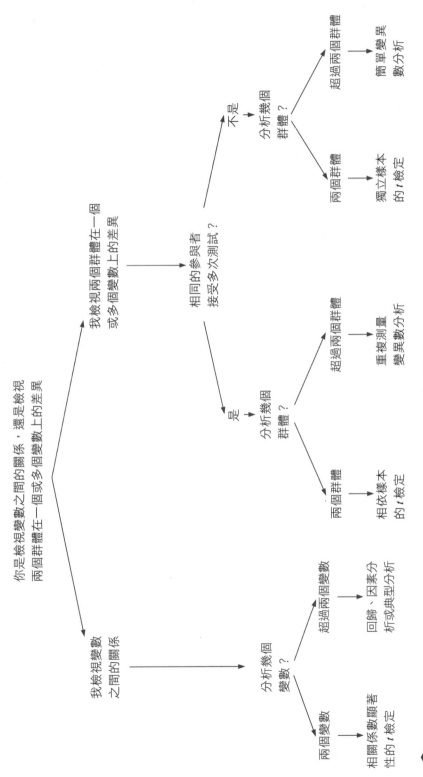

圖 9.1　決定使用何種統計檢定的簡易（但並不一定是最好的）流程圖

顯著性檢定的介紹

推論統計做得最好的，是可以依據樣本的資訊得出關於母體的結論。進行推論的最有用工具之一就是統計顯著性檢定，此一檢定可以依據所提問題的性質和虛無假設的形式，而應用於不同類型的情境。

舉例來說，你是否想瞭解兩個群體之間的差異，例如：男孩在某一考試的成績是否與女孩的成績有顯著差別？或者是兩個變數之間的關係，例如：自尊心和沮喪？這兩個例子需要不同的方法，但是，兩者最後都會使用特定的統計顯著性檢定方法對虛無假設進行檢定。

顯著性檢定如何進行：計畫

顯著性檢定是基於這樣的事實，每一類型的虛無假設都與特定的統計量有關，而每一種統計是與一特定的分布連結，讓你可以用它來估計你的結果是隨機性出現的可能性。

下面是統計檢定應用在任何虛無假設時，需要採用的一般步驟，這些步驟也是第四部分各章的模式。

1. 陳述虛無假設。你是否記得虛無假設的陳述形式是等式？虛無假設是在沒有其他資訊可用以做出判斷的情況下，我們假定它是「真實」的狀態。

2. 設定和虛無假設有關的風險水準（或者顯著水準，或犯型 I 錯誤的可能性）。任何研究假設也要設定你可能犯錯的特定風險水準，型 I 錯誤越小（如 0.01 與 0.05 相比），你願意承擔的風險越小。因為你永遠不會知道兩個變數之間的「真實」關係，因此沒有假設檢定是完全沒有風險的。記住，按慣例，型 I 錯誤率設定的水準是 0.05 或更低；SPSS 和其他軟體則可陳述確切的水準。

3. 選擇恰當的檢定統計量。每一個虛無假設伴隨著特定的檢定統計量，在本書的這一部分，你可以知道哪一種檢定與何種問題類型相關。

4. 計算檢定統計值。**檢定統計值** (test statistic value)，也稱之為**實際值** (obtained value) 或觀察值，是特定的統計計算的結果，例如：兩個群體的平均值之間差異的顯著性、相關係數與 0 值之間差異的顯著性、兩個比例值之間差異的顯著性，都需要檢定統計值。

5. 使用特定統計量的統計臨界值表確定拒絕虛無假設需要的值。每一個檢定統計量（同時考慮群體大小和願意承擔的風險）都有相應的**臨界值**(critical value)，這個值是虛無假設確實為真的情況下，你所預期統計檢定量的值。實務上，當使用電腦軟體時，這些臨界值表都被電腦計算取代了。

6. 比較實際值和臨界值。這是關鍵的一步，就是比較由檢定統計量獲得的值（你計算所得的值）與隨機情況下你預期的值（臨界值）。

7. 如果實際值比臨界值更為極端，虛無假設無法被接受。也就是說，虛無假設的等式陳述（反映隨機性）不是我們所發現差異的最有吸引力解釋，這也正是推論方法表現出其真正美麗的地方。只有當實際值大於隨機情況下的值（也就是統計檢定量的結果不是隨機變動的結果），你才可以說你發現的任何差異不是隨機結果，而虛無假設的等式陳述不是你發現的任何差異最有吸引力的解釋；相對地，差異一定是由於處理因素或你所使用的任何自變數所造成的。

8. 如果實際值沒有超過臨界值，虛無假設是最有吸引力的解釋。如果你不能證明你發現的差異是由於隨機因素之外的因素（如處理因素）所造成的，那麼差異一定是由於隨機因素或者其他你沒有辦法控制的因素所造成的。換句話說，虛無假設就是最好的解釋。

價值千言萬語的圖

在圖 9.2 中，你可以看到我們剛才學習的八個步驟，這是當我們比較實際值和臨界值時的視覺化呈現。在這個範例中，顯著水準設定為 0.05 或者 5%，也可以設定為 0.01 或 1%。

在檢視圖 9.2 時，須注意以下幾點：

1. 整個曲線表示根據特定虛無假設的所有可能結果，像是兩個群體之間的差異或相關係數的顯著性。

2. 臨界值是這樣的點，即超過這個點的實際結果是如此稀少，因此，可以推論此實際結果不是由於隨機因素，而是由於其他因素所造成的。在這個範例中，我們定義的稀少程度是發生的可能性小於 5%。

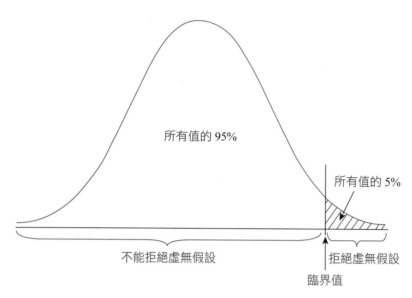

所有值的 95%

所有值的 5%

不能拒絕虛無假設

拒絕虛無假設

臨界值

圖 9.2　比較實際值和臨界值，並做出拒絕或者接受虛無假設的決定

3. 如果表示實際值的結果落在臨界值的左邊（比較不極端），結論就是虛無假設是觀察到的任何差異的最有吸引力解釋。換句話說，如果虛無假設為真，實際值是落在我們預期大部分結果是由於隨機因素所引起的區域內（曲線下面積的 95%）。

4. 如果實際值落在臨界值的右邊（更極端），結論就是研究假設是觀察到的任何差異的最有吸引力解釋。換句話說，實際值落在我們預期的少數結果是由於非隨機因素所引起的區域內（曲線下面積的 5%）。

變得更有信心

　　你現在已經知道機率可以和前二章所介紹主題的結果相連結在一起，我們在此可以用有點不同的方式來說明相同的事，同時也介紹一個稱之為信賴區間的新觀念。

　　信賴區間 (confidence interval, CI) 是在給定的樣本數值（或樣本統計值）之下，我們可以得到的母體數值（或母體參數）範圍的最佳估計。例如：如果我們知道（在一個學區內所有 3 年級學生中）以 20 位 3 年級學生為樣本的平均拼字分數，我們有多大的信心可以說母體的平均數會落在兩個分數之

間？因此，95% 的信賴區間會有 95% 次可能是正確的。

你已經知道原始分數落在 ±1.96 個 z 分數或標準差之內的機率是 95%，對吧？（如果你需要複習的話，翻到第 8 章的第 161 頁）或者，原始分數落在 ±2.56 個 z 分數或標準差之內的機率是 99%。如果我們利用加上或減去等同於這些 z 分數的原始分數，就可以產生一個信賴區間。

讓我們隨便用一些真實的數字來說明吧！

如果說，100 位 6 年級學生的平均拼字分數是 64 分（超過 75 個字），標準差是 5 分，我們預測 6 年級學生整個母體平均拼字分數的母體平均數，信心會是多少？

95% 的信賴區間等於

$$64 \pm 1.96(5)$$

或範圍是從 54.2 分至 73.8 分。因此，至少你可以說有 95% 的信心，所有 6 年級學生的平均拼字分數的母體平均數會落在這兩個分數之間。

想要更有信心嗎？ 99% 信賴區間的計算如下：

$$64 \pm 2.56(5)$$

或範圍是從 51.2 分至 76.8 分，因此，至少你可以說有 99% 的信心，所有 6 年級學生的平均拼字分數的母體平均數會落在這兩個分數之間。

要牢記在心的是，大部分的統計學者會用平均數的標準差（稱之為平均數的標準差誤）計算信賴區間，但是，我們必須用簡單的範例來介紹這個概念。

在介紹概念時，雖然我們使用標準差來計算信賴區間，但許多人會選擇使用平均數的標準誤 (standard error of the mean) 或 SEM（請參閱第 10 章）。理論上，平均數的標準誤是可以從總體中選擇的所有樣本平均數的標準差。記住，標準差和平均數的標準誤都是圍繞某個「真實」點的測量「誤差」（在我們的例子中，為真實的平均數和真實的變異量）。SEM 的使用稍微複雜一點，但這是計算和理解信賴區間的另一種方法，也很有意義，因為我們試圖猜測平均數的可能值範圍，而不是個別分數。

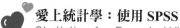
為什麼當正確的機率增加時（例如：從 95% 提高到 99%），信賴區間本身會變得更大？因為信賴區間的範圍越大〔這個例子是從 95% 的 19.6 (73.8 − 54.2) 擴大到 99% 的 25.6 (76.8 − 51.2)〕，讓你可以包容更多數量的可能結果，因此你會變得更有信心。哈！這一點也不酷嘛？統計學者對以下事實感到自豪：如果我們願意不那麼精確，我們可以更有信心。

熱愛統計的人物

大衛 ‧ 布萊克威爾 (David Blackwell, 1919-2010) 是一位出色的統計學家和數學家，也是首位入選美國國家科學院院士的非洲裔美國人。他在 16 歲進入大學，20 歲拿到碩士，22 歲取得博士學位。種族歧視政策阻礙了他的進修機會和教授生涯。儘管很出色，但他在 1940 年代無法在普林斯頓大學學習，在那裡也被禁止上課，並且由於他的種族而被拒絕在加州大學伯克萊分校任教。10 年後，他被伯克萊大學聘用，並在那裡擔任領導 30 年。我們在本章中寫有關布萊克威爾博士的訊息，因為他的大部分工作都集中在估算的

準確性上。他寫了第一本貝氏統計的書，並開發了一種稱為 Rao-Blackwell 估計器的統計技術，該技術通常是使用樣本值猜測母體值的最佳方法。

現實世界的統計

當不同學科之間的人在分享時，如何互相學習真的是一件很有趣的事情，但讓人慚愧的是這種事情並不常發生，這是為什麼跨學科的學習是非常重要的許多理由的其中一個，它可以創造一個新、舊觀念在新與舊的情境中使用的環境。

像這樣的討論發生在以麻醉相關文章為主的醫學期刊，其焦點是放在探討統計和臨床顯著性的相對優點上。提摩西‧霍爾 (Timothy Houle) 和大衛‧史坦 (David Stump) 指出，有許多大型的臨床試驗在只有非常微小差異的群體間獲得一個相當高的統計顯著差異水準（正如我們在前一章所討論過的），但是他們在臨床上是無關的。不過，這兩位作者指出，透過適當的行銷，可以從令人質疑其臨床重要性的結果中創造出幾十億美元，這真的是一個貨物既出概不退換或買主要自行小心的狀態。很清楚地，在此只有少數一些很好的經驗可以學習，有關一個結果的顯著性是否真的有意義，要如何知道呢？看看其所發現之結果的脈絡和實質內容。

想要知道更多嗎？可以上網或到圖書館閱讀有關這篇文章：

Houle, T. T., & Stump, D. A. (2008). Statistical significance versus clinical significance. *Seminars in Cardiothoracic and Vascular Anesthesia, 12*, 5-6.

小結

現在你已經明確地瞭解顯著性概念如何應用，剩下的工作就是將顯著性概念應用到不同的研究問題中。這也是下一章開始的內容，也會在本書這一部分的多數章節中繼續使用。

練習時間

1. 為什麼顯著性是研究和應用推論統計的重要構念？

2. 什麼是統計顯著性？

3. 臨界值（的概念）代表什麼意義？

4. 給定以下的資訊且決策的顯著水準設為 0.05，你的決定是拒絕或是無法拒絕虛無假設？並為你的結論提出解釋。

　　a. 虛無假設是一個人聽的音樂類型和犯罪傾向之間無關 $(p < 0.05)$。

　　b. 虛無假設是咖啡的消費數量和學業平均成績 (GPA) 之間無關 $(p = 0.62)$。

　　c. 研究假設是工作時數和工作滿意程度之間是負相關 $(p = 0.51)$。

5. 下面的陳述有什麼問題？

　　a. 型 I 錯誤是 0.05，意指 100 次的試驗中，有 5 次我會拒絕真的虛無假設。

　　b. 將型 I 錯誤設定為 0 是可能的。

　　c. 型 I 錯誤率越小，結果越好。

6. 當研究假設是在 0.01 顯著水準，而不是 0.05 顯著水準被檢定時（所有其他條件皆相等），為什麼會「比較難」去發現一個顯著結果？

7. 為什麼我們應該是說「無法拒絕」虛無假設，而不是「接受」虛無假設？

8. 顯著性和有意義的之間有什麼差異？

9. 以下是顯著性與有意義的之間爭論的進一步探討：

　　a. 提供一個範例，其中的發現可能是同時在統計上顯著且有意義。

　　b. 現在提供一個範例，其中的發現可能是統計上顯著但不具有意義。

10. 隨機性為何與研究假設的顯著性檢定有關？

11. 在圖 9.2，右側有一塊加上條紋的區域。

　　a. 那整個條紋區域代表什麼意思？

　　b. 如果條紋區域在曲線之下是一大塊，那又代表什麼意思？

學生學習網址

　　你可以造訪 edge.sagepub.com/salkindfrey7e 取得強化學習技巧所需的工具，以及取用練習測驗、eFlashcards、原始和精選的影片、資料集等！

10

只有一個
——單一樣本 z 檢定

難易指數：☺☺☺（不是太困難——這是此類檢定的第一個，
瞭解就夠了，不一定要精通。）

本章學習內容

✦ 決定何時適合使用單一樣本 z 檢定。

✦ 計算觀察到的 z 值。

✦ 解釋 z 值。

✦ 瞭解 z 值的涵義。

✦ 理解什麼是效應量及如何解釋它。

單一樣本 z 檢定的介紹

　　缺乏睡眠可能會引發各種問題，從心情不佳到疲累，甚至在少數個案中
會導致死亡，所以，你可以想像健康照護專家對於瞭解病人是否有充分睡
眠是非常關注的，而且，對於那些生病的人和真正需要透過睡眠帶來治療
效果和恢復精神品質的人，這是特別重要的事。約瑟夫‧卡佩萊里 (Joseph
Cappelleri) 博士和他的同事檢視了全身肌肉無力這個特殊疾病的病人的睡
眠障礙，以評估醫療成效研究 (Medical Outcomes Study, MOS) 的睡眠量表

(Sleep Scale) 作為測量睡眠問題的有用性。雖然其他的分析已經完成，包括一組實驗組和一組控制組的相互比較，但還有一個重要的分析（就我們的討論而言）是參與者的 MOS 分數和全國 MOS 基準分數的比較。這一個樣本平均分數（本研究參與者的 MOS 數值）與母體的平均分數（全國的基準常模）之間的比較，必須使用單一樣本 z 檢定。而研究者的發現呢？參與者的 MOS 睡眠量表分數低於基準常模（母體的平均數，$p < 0.05$）。換句話說，樣本平均值和母體平均值相等的虛無假設無法被接受。

那麼，為什麼要使用單一樣本 z 檢定呢？卡佩萊里和他的同事想要知道利用相同測量所蒐集到的樣本數值和母體（全國）數值是否不同。實際上，他們是比較一個樣本統計值和一個母體參數，看看能否得到這個樣本可以代表母體的結論。

是想瞭解更多？查閱 Cappelleri, J. C., Bushmakin, A. G., McDermott, A. M., Dukes, E., Sadosky, A., Petrie, C. D., & Martin, S. (2009). Measurement properties of the Medical Outcomes Study Sleep Scale in patients with fibromyalgia. *Sleep Medicine, 10*, 776-770.

通往智慧與知識的道路

圖 10.1 是第 9 章所介紹的流程圖，你可以利用此圖選擇適當的檢定統計量──**單一樣本 z 檢定 (one-sample z test)**。沿著圖 10.1 標示底色的步驟順序就可以找到，這是一個非常容易的檢定（其他的都沒有這個容易），因為這是本書的第四部分中只有一個群體時唯一的推論**比較**程序（我們利用這一個群體的平均數和理論上看不到的母體比較），而且，有很多要素的討論會帶你回到第 8 章和標準分數；另一個原因是，你在這方面已經是專家⋯⋯。

1. 我們正在檢視一個樣本和一個母體之間的差異。
2. 只有一個群體被檢定。
3. 適當的統計檢定量是單一樣本 z 檢定。

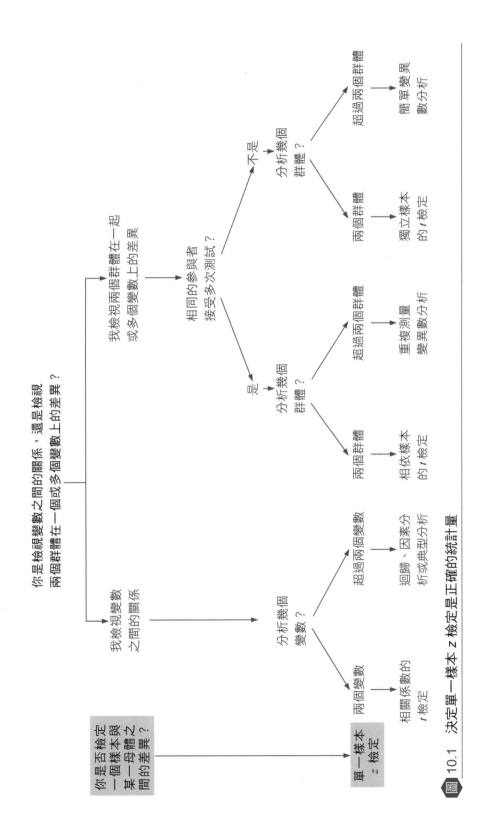

圖 10.1 決定單一樣本 z 檢定是正確的統計量

計算 z 檢定的統計量

　　式 10.1 是計算單一樣本 z 檢定之數值的公式。記著，我們正在檢定某一個樣本平均數是否屬於某一母體或對某一母體的合理估計，樣本平均數 ($\overline{X}$) 和母體平均數 (μ) 的差異決定了 z 值的分子（除號上方的數值），分母（除號下方的數值）稱之為平均數的標準誤 (standard error of the mean)，是一個誤差項，我們在隨機下預期這個數值是包含從母體中所選取之所有可能的樣本平均數的總變異性，利用這個樣本平均數的標準誤（這裡的重要字詞是標準），讓我可以再一次（如我們在第 9 章所示）使用 z 分數來決定某一結果的機率。

$$z = \frac{\overline{X} - \mu}{SEM} \tag{10.1}$$

其中

- $\overline{X}$ 表示樣本的平均數
- μ 表示母體的平均數
- SEM 表示平均數的標準誤

　　現在，要使用下列式 10.2 的公式來計算式 10.1 所需要之樣本平均數的標準誤：

$$SEM = \frac{\sigma}{\sqrt{n}} \tag{10.2}$$

其中

- σ 表示母體的標準差
- n 表示樣本的數目

　　樣本平均數的標準誤是從母體所選取之所有可能平均數的標準差，在不可能計算所有可能的平均數的情況下，那是我們可以得到的最佳估計值。如果我們的樣本選擇非常完美，樣本可以合理地代表母體，樣本和母體的平均值之間的差異會是零，對吧？沒錯。如果從母體中進行抽樣並不正確（隨機和代表性），那麼所有這些樣本的標準差會非常大，對吧？沒錯。所以，我

們會嘗試選取完美的樣本，但是，無論我們如何努力的做，總是會有一些誤差存在，而樣本平均數的標準誤反映了這整個群體的所有樣本平均數的所在範圍（記得第 9 章的信賴區間嗎？），這可能是（也就是）其他測量的標準誤。

到了舉例的時候了。

麥克唐納博士 (Dr. McDonald) 認為他那一群修地球科學的學生是非常特殊的（好的方面），他想知道這個班級的學習平均值是否落在過去 20 年來曾經修過地球科學課程這個較大之學生群體中的平均值範圍內。因為他都有保存良好的紀錄，他知道這一群 36 位學生和過去登錄的 1,000 位較大學生群體的平均數和標準差，以下就是他所保有的資料。

	樣本數	平均數	標準差
樣本	36	100	5.0
母體	1,000	99	2.5

下面是有名的八個步驟和 z 檢定統計量的計算。

1. **陳述虛無假設和研究假設**

   虛無假設的陳述是樣本平均值等於母體平均值。如果虛無假設不被拒絕，表示樣本可以代表母體；如果虛無假設被拒絕而支持研究假設，表示樣本的平均值和母體的平均值不一樣。

   虛無假設是

$$H_0 = \bar{X} = \mu \tag{10.3}$$

   這個例子的研究假設是

$$H_1 = \bar{X} \neq \mu \tag{10.4}$$

2. **設定和虛無假設有關的風險水準（或者顯著水準，或犯型 I 錯誤的可能性）**

   風險水準、型 I 錯誤或顯著水準（或其他名稱？）在此設定為 0.05，但這

完全可以由研究者自行決定的。

3. 選擇合適的檢定統計量

利用圖 10.1 所示的流程圖，我們可以決定單一樣本 z 檢定是合適的檢定。

4. 計算檢定統計量值（也叫做實際值）

現在是你代入數值並進行計算的時候了，式 10.1 是 z 值的公式，代入特定的數值（先是式 10.5 的 SEM，接著是式 10.6 的 z 值）。將這些數值插入之後，我們得到以下的結果：

$$SEM = \frac{2.5}{\sqrt{36}} = \frac{2.5}{6} = 0.42 \qquad (10.5)$$

$$z = \frac{100 - 99}{0.41667} = 2.38 \qquad (10.6)$$

利用麥克唐納博士既有的資料，比較樣本平均數和母體平均數所得到的 z 值是 2.38。

5. 使用特定統計量的適當臨界值決定拒絕虛無假設所需要的值

現在我們需要到附錄 B 的表 B.1，表 B.1 列出特定 z 值的機率，即是拒絕虛無假設的臨界值，這正是我們在第 9 章的幾個範例中所做的事。

我們可以利用表 B.1 的數值，藉由比較隨機下的預期值（分布表中的值或臨界值）和觀察到的值（實際值），來檢視兩個平均數是否「屬於」彼此。從我們在第 9 章的操作，我們知道 z 值在 1.96 時的機率是 0.025，而且如果我們認為樣本平均數可能是大於或小於母體平均數，那麼，我們必須考慮分布的兩端（即 ±1.96 的範圍）和全部的型 I 錯誤為 0.05。

6. 比較實際值和臨界值

實際值是 2.38，因此，在 36 個樣本和以 0.05 的水準檢定虛無假設的情況下，臨界值是 ±1.96，這個值代表了哪一個隨機性為什麼是樣本平均數和母體平均數有差異的最有吸引力的解釋。無論是哪一個方向超過了臨界值的結果（記著，研究假設是沒有方向的且這是雙尾檢定），即表示我們需要對樣本和母體的平均數為何會有差異提出解釋。

7. 和 8. 做出決定

如果實際值是比臨界值還更極端（回憶圖 9.2），虛無假設便不應該被接

受；如果實際值沒有超過臨界值，虛無假設就是最有吸引力的解釋。在這個例子中，實際值 (2.38) 確實是超過了臨界值 (1.96)，這已經足夠極端到讓我們可以說，以麥克唐納博士的班級中的 36 位學生為樣本和先前曾經修過這個課程的 1,000 位學生為母體的平均值是不相等的。如果實際值小於 1.96，即是表示樣本的考試成績和過去 20 年來曾經參加考試的 1,000 位學生的成績是沒有差異的，在這個例子中，這 36 位學生的表現基本上和之前的 1,000 位學生是相同的水準。

然後，最後一個步驟呢？解釋為什麼，當然。為什麼這一群學生會不一樣？也許麥克唐納是對的，他們比較聰明，但是，也有可能他們是較佳的科技使用者或是對此學科更有興趣，又也許他們只是比較用功，所有這些問題在其他時候都會被檢定。

那麼我如何解釋 *z* = 2.38，*p* < 0.05？

- *z* 表示我們所用的檢定統計量。
- 2.38 是實際值，是利用本章較早前給的公式計算所得的值。
- *p* < 0.05（實際上是這個簡短運算式中最重要的部分）表示對虛無假設的任何檢定來說，（如果虛無假設是對的）機率是小於 5%，樣本和母體的平均值是有差異的。

使用 SPSS 執行 *z* 檢定

我們將在這裡採取一些新的方向，因為 SPSS 不提供單一樣本 *z* 檢定，但提供單一樣本 *t* 檢定。當樣本數是足夠大（大於 30）時，這兩者的結果幾乎是相同的，檢視單一樣本 *t* 檢定將可以說明 SPSS 是很有用——這是我們的目的。此一檢定與 *z* 檢定之間的主要區別在於，SPSS 使用 *t* 分數的分布來評估檢定的結果。

z 和 *t* 檢定之間的真正區別在於，對於 *t* 檢定而言，母體的標準差是未知的；而對於 *z* 檢定而言，母體的標準差是已知的。另一個區別是，這兩個檢定使

用不同的臨界值分布來評估結果（在他們是使用不同的檢定統計量之下，這是可以理解的）。

在下面的範例中，我們將使用 SPSS 的單一樣本 t 檢定來評估一個分數 (13) 是否代表整個樣本的特徵。這是所有的樣本：

12

9

7

10

11

15

16

8

9

12

1. 在輸入資料後，點選「分析→比較平均數→單一樣本 T 檢定」，然後你會看到如圖 10.2 所展示的「單一樣本 T 檢定」對話方塊。
2. 雙擊分數變數，將它移動到「檢定變數：」對話方塊內。
3. 輸入檢定值 13。
4. 點選「確定」後，你會看到如圖 10.3 的輸出結果。

瞭解 SPSS 的輸出

圖 10.3 顯示下面的訊息：

1. 樣本數是 10 個，平均分數為 10.9 且標準差是 2.92。
2. 計算得到的 t 值為 −2.27，在 0.05 的水準下是顯著的（幾乎沒有，但是做到了！）。
3. 此一結果指出，檢定值 13 與樣本中的數值有顯著的差異。

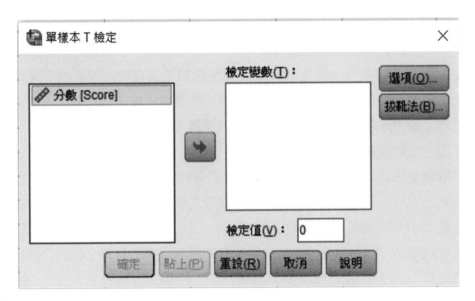

圖 10.2　單一樣本 T 檢定對話方塊

T 檢定

單一樣本統計量

	N	平均值	標準差	標準誤平均值
Score 分數	10	10.90	2.923	.924

單一樣本檢定

	檢定值 = 13					
	t	自由度	顯著性（雙尾）	平均值差異	差異的 95% 信賴區間	
					下限	上限
Score 分數	−2.272	9	.049	−2.100	−4.19	−.01

圖 10.3　單一樣本 T 檢定的輸出結果

特別效應：這個差異是真的嗎？

　　好的，現在是讓我們重新檢視效應量大小這個重要概念的時候了，並學習如何使用它來讓你所進行的任何推論檢定的分析，都變得更加有趣和有價

值。

　　一般來說，使用各種推論工具，你可能會發現樣本和母體之間的差異，兩群或更多群樣本等，但是 64,000 美元的問題不僅在於該差異是否（在統計上）顯著，而且是否有意義。也就是說，代表你所檢定的每個樣本或群體的分布之間的分離程度是否存在足夠大的差異，確實是值得討論？

　　嗯……歡迎來到效應量大小的世界。

　　效應量大小 (effect size) 是變數之間關係的強度。正如我們在第 5 章中討論的，它可以是一個相關係數，但是變數之間的關係也可以是在群體之間的差異大小上很明顯。對治療程度的衡量，這可能表明藥劑或介入措施的有效性，對吧？。因此，獲得治療的群體與未得到治療的群體之間的差異指出了自變數（治療）與依變數之間的關係。

　　因此，效應量大小可以是相關的數值，也可以是估計差異的數值。計算效應量大小特別有趣的是，沒有考慮樣本的大小。計算效應量大小並做出判斷，為理解不要求顯著性之分析結果增加了一個全新的面向。關於效應量大小的另一個有趣的註解是，許多不同的推論檢定使用不同的公式來計算效應量大小（如你在第 5 章中看到的，並將在接下來的幾章中看到），但是當在檢視群體的差異時，有一個通用的度量標準（稱之為 Cohen's *d*，我們很快會講到這一點）很有可能被使用。

　　讓我們再以麥克唐納博士和地球科學考試的資料作為一個範例。這裡再一次提到平均數和標準差。

	樣本數	平均數	標準差
樣本	36	100	5.0
母體	1,000	99	2.5

　　這是計算單一樣本 *z* 檢定的效應量大小的 Cohen's *d* 的公式：

$$d = \frac{\bar{X} - \mu}{\sigma} \qquad (10.7)$$

其中

- $\overline{X}$ 表示樣本的平均數
- μ 表示母體的平均數
- σ 表示母體的標準差

如果我們在公式 10.7 中用麥克唐納博士的數值代替，我們將得到：

$$d = \frac{100 - 99}{2.5} = 0.4$$

從我們先前的計算中可以知道，實際值為 2.38 的 *z* 分數是顯著的，這表示麥克唐納博士的班級表現與母體的表現確實是不同。現在我們已經確定了效應量大小 (0.4)，因此，讓我們將注意力轉移到這個具有統計顯著的結果可能對效應量大小有何意義上。

瞭解效應量大小

對效應量大小瞭解最多的是雅各・科恩 (Jacob Cohen)，他寫了一些關於該主題的最有影響力和最重要的文章。他寫了一本非常重要且很有影響力的書（你的統計老師在他或她的書架上有！），指導研究人員如何計算出各種不同問題的效應量大小，這些問題涉及變數之間的差異和關係。該書還提供了一些指南，說明了不同大小的效應量對理解差異可能代表的意義。在我們的示例中，你還記得效應量大小是 0.4。

這是什麼意思呢？科恩（和其他人）發現的一件很酷的事情就是什麼是小的、中的和大的效應量。這些解釋效應量大小的經驗法則中，大部分都是基於對數以千計的真實研究的檢視，這似乎是常態分布的。他們使用以下的準則：

- 小效應量介於 0 到 0.2 之間。
- 中效應量介於 0.2 到 0.8 之間。
- 大效應量是超過 0.8 以上。

在我們的範例中，效應量是 0.4，可歸類為中等。但是，它真正的意義是什麼？

透過群體的比較，效應量大小使我們對某一群體相對於另一群體的相對

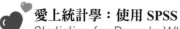

位置有了一個想法。例如：如果效應量大小為零，則表示兩個群體趨於非常相似且完全重疊——兩個分數的分布之間沒有差異。另一方面，效應量大小為 1，表示兩個群體的重疊程度大約是 45%（有很多的共同點）。而且，正如你可能預期的，隨著效應量變大，它反映了兩個群體之間的距離增加或沒有重疊。

雅各‧科恩撰寫的《行為科學的統計檢定力分析》(*Statistical Power Analysis for the Behavioral Sciences*) 一書，於 1967 年首次發行，其最新版本 (1988, Lawrence Erlbaum) 可從泰勒 (Taylor) 和弗朗西斯 (Francis) 出版社的再版取得，這是任何想要瞭解比這裡所提供的非常粗淺資訊更多的人所必讀的書。它充滿了表格和技術，可讓你瞭解具有統計顯著的發現僅僅是故事的一半，另一半是效應量的大小。事實上，如果你真的想讓自己傷腦筋，請思考許多統計學家認為效應量大小比顯著性更重要。想像一下！為什麼會這樣呢？

 現實世界的統計

最近有去看醫生嗎？你的檢驗結果有沒有向你解釋什麼？利用電子化醫療紀錄是否可以掌握有關即將出現之趨勢的任何訊息？在這個研究中，諾埃爾‧布魯爾 (Noel Brewer) 和他的同事比較表格和長條圖來報告醫療檢驗結果的有用性。

利用一個 z 檢定，研究人員發現，相較於使用表格呈現，研究者只需要使用較少的時間看長條圖，研究人員將長條圖有較優表現的這個差異歸因於可以溝通基本的資訊（你還記得在第 4 章，我們強調像長條圖這類的圖形勝過千言萬語）；而且，不令人非常意外的是，當參與者同時看這兩種形式的資料時，有接觸長條圖經驗的那些人會比較偏愛長條圖，而有接觸表格經驗的那些人則是發現圖形比較容易使用。你下一次去拜訪你的醫生，當他或她給你看一張表格時，告訴他或她，你想要看長條圖的結果。現在，將統計學應用在現實世界，每一天都在發生！

想要知道更多嗎？可以上網或到圖書館閱讀有關這篇文章：

Brewer, N. T., Gilkey, M. B., Lillie, S. E., Hesse, B. W., & Sheridan, S. L. (2012). Tables or bar graphs? Presenting test results in electronic medical records. *Medical Decision Making, 32,* 545-553.

小結

　　單一樣本 z 檢定是推論檢定中最簡單的例子，這是為什麼我們花這麼長的篇幅來解釋這個檢定是什麼和如何應用。但是，（很）好消息是，我們在這裡所採取的大部分（即使不是全部）的步驟，和我們進入到較為複雜的分析工具時，你所看到的步驟幾乎完全一模一樣。事實上，在下一章，我們將進入一個很常用的推論檢定，即是我們在這裡所討論之 z 檢定的延伸，即兩個不同群體的平均數之間的簡單 t 檢定。

練習時間

1. 什麼時候適合使用單一樣本 z 檢定？

2. 在 z 檢定中，z 值是什麼？它和簡單的 z 分數或標準分數有何相似性？

3. 在下面的情境中，用文字寫出研究假設：

　　a. 鮑伯想知道在他的巧克力飲食法的群體中所減輕的體重，是否代表中年男性這個較大群體所減輕的體重。

　　b. 健康部門要負責找出在過去的這一個流感季節每千人的感染率，是否與過去 50 季的平均比率相當。

　　c. 布萊爾幾乎確信過去這一年來每個月的花費，並不代表過去 20 年的平均月花費。

4. 在 Remulak 學校體系內 $(n = 500)$，最近這個流感季的感染案例大約是每週 15 個。就全州而言，每週的平均值是 16 個，標準差是 15.1。Remulak 的兒童生病的情形是否和全州的兒童一樣？

5. 有 3 家超級 Bo 的特色商店的夜班工人約 3 小時可以搬存 500 個產品，相較於此一連鎖商店的其他 97 家商店，3 小時平均可以搬存 496 個產品，此一比率如何？這 3 家特色商店的夜班工人是否做得比「平均值」好？這裡是你需要的資訊：

	樣本數	產品搬存的平均值	標準差
特色商店	3	500	12.56
所有商店	100	496	22.13

6. 有一個重要的研究所進行的調查是，當樣本和全部的母體相比較時，接受治療的群體在某些症狀上的減緩是因為某一藥物的作用。其結果指出，研究假設的檢定結果得到 z 檢定的數值是 1.67，研究人員可以公布什麼結論？線索：注意型 I 錯誤的比率或顯著水準並沒有被陳述（因為通常應該要提供的），你對整個結果會做何解釋？

7. 對一群業餘愛好者來說，米爾曼高爾夫團體是很棒的，他們準備好轉職業選手了嗎？這是相關資料。（提示：請記住，「高爾夫」分數越低越好！）

	樣本數	平均分數	標準差
米爾曼高爾夫團體	9	82	2.6
職業選手	500	71	3.1

8. 以下是 T&K 在 2015 年的 12 個月期間內銷售玩具的單位數清單。2016 年 1 個月的銷量為 31,456，與 2015 年的月銷售量有顯著差異嗎？

2015 年的銷售單位數	
1 月	34,518
2 月	29,540
3 月	34,889
4 月	26,764
5 月	31,429
6 月	29,962
7 月	31,084
8 月	30,506
9 月	28,546
10 月	29,560
11 月	29,304
12 月	25,852

學生學習網址

你可以造訪 edge.sagepub.com/salkindfrey7e 取得強化學習技巧所需要的工具，以及取用練習測驗、eFlashcards、原始和精選的影片、資料集等！

11

兩個群體的 *t* 檢定
——不同群體的平均數檢定

難易指數：☺☺☺（比前一章稍長一些，但基本上是相同的
程序和很相似的問題。不太難，但需要專注。）

本章學習內容

+ 使用獨立樣本平均數 *t* 檢定較合適的時機。
+ 計算觀察到的 *t* 值。
+ 解釋 *t* 值並理解 *t* 值的涵義。
+ 計算獨立樣本平均數 *t* 檢定的效應量。

獨立樣本 *t* 檢定的介紹

即使飲食失控因為其嚴重性得到關注，卻很少有人進行跨文化症狀盛行和嚴重性的比較研究。約翰・舍斯泰特 (John P. Sjostedt)、約翰・舒馬克 (John F. Shumaker) 與納特沃特 (S. S. Nathawat) 以 297 個澳洲大學生和 249 個印度大學生進行了這項比較研究。每個學生都參加了飲食態度測驗和戈德法布肥胖恐懼量表 (Goldfarb Fear of Fat Scale) 測驗，兩項測驗均獲得高分，表示存在飲食障礙，然後將一個群體的得分和另一個群體進行比較。就澳洲學生和印度學生的平均數比較而言，印度學生在兩個測驗的得分都高於澳洲學生，

飲食態度測驗的結果是 $t_{(544)} = -4.19$，$p < 0.0001$，戈德法布肥胖恐懼量表測驗的結果是 $t_{(544)} = -7.64$，$p < 0.0001$。

那麼，這些結果意味著什麼？接著往下讀。

為什麼用獨立平均數 t 檢定？舍斯泰特和他同事的興趣在於發現兩個相互獨立的群體在一個（或多個）變數的平均數上是否有差異。我們所指的獨立性是兩個群體在任何方面都不相關，研究中的每一個參與者只接受一次測試。研究者採用獨立平均數的 t 檢定，得出對每一個結果變數，兩個群體之間的差異在等於和小於 0.0001 的水準下是顯著的。這麼小的型 I 錯誤意味著兩個群體得分的差異是由於群體本身之外的因素引起的機率非常小，在這個範例中，群體本身的因素是指民族、文化或者種族。

是否想瞭解更多？請查閱 Sjostedt, J. P., Schumaker, J. F., & Nathawat, S. S. (1998). Eating disorders among Indian and Australian university students. *Journal of Social Psychology, 138*(3), 351-357.

通往智慧與知識的道路

下面介紹如何用圖 11.1 來選擇合適的統計檢定，這個流程圖在第 9 章已介紹過，也就是獨立樣本平均數的 t 檢定，沿著圖 11.1 中加底色的步驟就可以。

1. 探究澳洲學生和印度學生之間差異。

2. 每一個參與者只被測試一次。

3. 有兩個群體。

4. 合適的統計檢定是獨立樣本平均數的 t 檢定。

幾乎每一個統計檢定都有特定的假設支援檢定的使用。例如：t 檢定的一個主要假設是：兩個群體中每個群體的變異性是相等的。這是**變異數齊一性 (homogeneity of variance)** 的假定，齊一性表示相同的意思。當樣本數足夠大時破壞這個假定並沒有什麼大不了的，但在小樣本的情況下，人們會不太確定檢定的結果和結論。你不需要擔心這些假定，因為這些內容已經超過

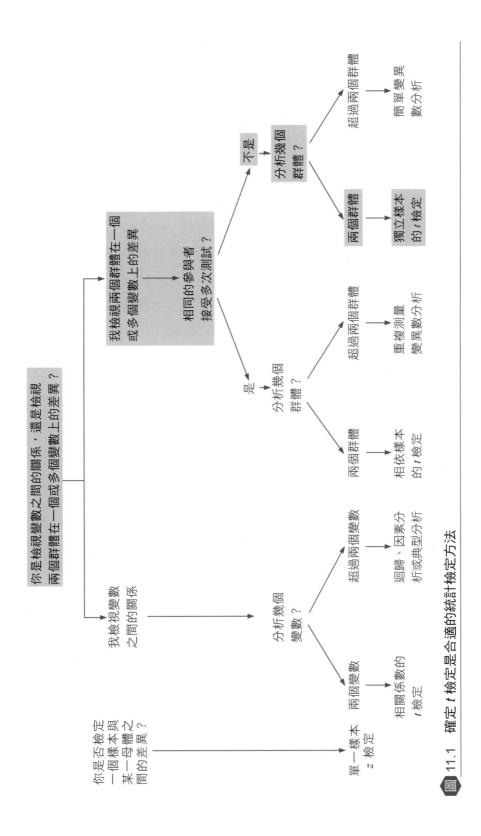

圖 11.1 確定 *t* 檢定是合適的統計檢定方法

了本書的範圍。不過，你應該知道的是，這種假定很少被違反，但是有可能的，進階的統計課程會討論如果發生這種情況時如何處理。

如同我們前面所提過的，有非常多的統計檢定存在，且我們在本書中所涵蓋的、用在單一樣本的唯一推論檢定是單一樣本 z 檢定（參見第 10 章）。但是，也有單一樣本 t 檢定被使用比較某一個樣本平均數和另一個樣本平均數，且有時這個分數實際上就是母體平均數，就像是單一樣本 z 檢定一樣。在任何情況下，你可以使用單一樣本 z 檢定或單一樣本 t 檢定來檢定相同的假設，而且你會得到相同的結論（雖然你會使用不同的值和分布表來做相同的事）。在第 10 章中說明使用 SPSS 比較某一樣本與母體時，我們已經討論了一些執行單一樣本 t 檢定的問題。

計算 t 檢定統計量

式 11.1 是計算獨立樣本平均數 t 檢定中，t 值的公式。平均數之間的差異構成公式中上方的分子，這兩個群體的群體內和群體之間的變異量則構成分母。

$$t = \frac{\overline{X}_1 - \overline{X}_2}{\sqrt{\left[\dfrac{(n_1-1)s_1^2 + (n_2-1)s_2^2}{n_1+n_2-2}\right]\left[\dfrac{n_1+n_2}{n_1 n_2}\right]}} \tag{11.1}$$

其中

- $\overline{X}_1$ 表示群體 1 的平均數
- $\overline{X}_2$ 表示群體 2 的平均數
- n_1 表示群體 1 中參與者的數目
- n_2 表示群體 2 中參與者的數目
- s_1^2 表示群體 1 的變異數
- s_2^2 表示群體 2 的變異數

這個公式比我們之前看到的還大一些，但公式中完全沒有新的內容，只是代入正確的數值而已。

舉例時間

　　下面的資料是幫助老年癡呆症患者記住日常任務的次序而設計的專案，能夠記住的單字數量，群體 1 是使用視覺教學，群體 2 使用視覺教學和密集口語演練。我們將使用這些資料，計算下面例子中的檢定統計量。

群體 **1**			群體 **2**		
7	5	5	5	3	4
3	4	7	4	2	3
3	6	1	4	5	2
2	10	9	5	4	7
3	10	2	5	4	6
8	5	5	7	6	2
8	1	2	8	7	8
5	1	12	8	7	9
8	4	15	9	5	7
5	3	4	8	6	6

　　下面是有名的八個步驟和 *t* 檢定統計量的計算。

1. 陳述虛無假設和研究假設

　　如式 11.2 所示，虛無假設表示群體 1 和群體 2 的平均數之間沒有差異。就我們的目的而言，研究假設（式 11.3 所示）表示兩個群體的平均數之間有差異；研究假設是雙尾的無方向假設，因為它只是表示差異存在，卻沒有特定的方向。

　　虛無假設是

$$H_0 : \mu_1 = \mu_2 \tag{11.2}$$

　　研究假設是

$$H_1 : \overline{X}_1 \neq \overline{X}_2 \tag{11.3}$$

2. 設定和虛無假設有關的風險水準（或者顯著水準，或犯型 I 錯誤的可能性）

風險水準、型 I 錯誤或顯著水準（任何其他名稱？）在此設定為 0.05，但這完全可以由研究者自行決定的。

3. 選擇合適的檢定統計量

使用圖 11.1 所示的流程圖，我們決定合適的檢定方法是獨立樣本平均數的檢定，因為這兩個群體相互獨立。

4. 計算檢定統計量值（也叫做實際值）

現在是你代入數值並進行計算的時候了。式 11.1 是 t 值公式。代入特定的值之後，我們就得到式 11.4（我們已經計算了平均數和標準差）。

$$t = \frac{5.43 - 5.53}{\sqrt{\left[\frac{(30-1)3.42^2 + (30-1)2.06^2}{30+30-2}\right]\left[\frac{30+30}{30\times30}\right]}} \tag{11.4}$$

代入特定的數值之後，式 11.5 表示我們如何得到最後的值 −0.137。因為是用一個較小的值（群體 1 的平均數是 5.43）去減一個較大的值（群體 2 的平均數是 5.53），所以這個值是負值。記住，因為檢定是無方向的，研究假設在任何差異存在時都是成立的，所以，差異的符號是沒有意義的。

$$t = \frac{-0.1}{\sqrt{\left[\frac{339.20 + 123.06}{58}\right]\left[\frac{60}{900}\right]}} = -0.137 \tag{11.5}$$

當討論無方向的檢定時，你可能會發現 t 值表示為如下所示的絕對值，$|t|$ 或 $t = |0.137|$，完全忽略了該值的符號。你的老師甚至會這樣表示 t 值，以強調該符號與單方向的檢定相關，而與無方向的檢定無關。

5. 使用特定統計量的適當臨界值表決定拒絕虛無假設所需要的值

現在我們需要查閱附錄 B 的表 B.2，表 B.2 列出了 t 檢定的臨界值。

我們可以使用這個分布來看兩個獨立樣本的平均數是否彼此不同，藉由比較如果母體沒有差異的隨機下預期值（分布表中的值或臨界值）和觀察到的值（實際值）。

我們的第一個任務是確定**自由度** (degrees of freedom, df)，近似於樣本數（但是，出於技術上的原因，稍加調整以使結果更準確）。對於此特定的檢定統計量，自由度為 $n_1 - 1 + n_2 - 1$ 或 $n_1 + n_2 - 2$（將項目以任意順序放置會得出相同的值），因此，對於每個群體來說，將兩個樣本的大小相加並減去 2。在此示例中，30 + 30 − 2 = 58。這是 *t* 檢定特別適用的自由度，但不一定適用於其他任何情況。

無論你使用什麼統計檢定，自由度的概念幾乎是相同的。但是，針對特定檢定計算自由度的方式可能因老師而異，也會隨書本不同。我們告訴你，先前檢定的正確自由度計算為 $(n_1 - 1) + (n_2 - 1)$。但是，有些老師認為你應該使用兩個群體中的較小者（你可能想考慮使用更保守的替代方法）。

使用這個自由度 (58)、你願意承擔的風險水準（早先定義的 0.05），以及雙尾檢定（因為研究假設沒有方向），你就可以使用 *t* 檢定表來查臨界值。對於顯著水準為 0.05、自由度為 58 的雙尾檢定來說，拒絕虛無假設需要的值就是……哦！在分布表中沒有自由度 58 這個數值！怎麼辦？如果選擇對應自由度 55 的值，你會顯得保守，因為你使用了小於現有樣本規模的樣本所對應的值（臨界值 *t* 值會變大）。

如果你選擇對應自由度 60（最接近 58 的值）的值，你會更接近母體的大小，但是選擇 60 相較於 58 而言更為隨意一些。雖然統計學家對於這種情況該怎麼做的觀點不同，我們通常選擇最接近於實際樣本規模的值，因此，在顯著水準為 0.05、自由度為 58 的情況下，拒絕虛無假設需要的值是 2.001。

6. 比較實際值和臨界值

實際值是 −0.14（−0.137 四捨五入到最接近的百分之一），拒絕群體 1 和群體 2 的成績沒有差異的虛無假設的臨界值是 2.001。臨界值 2.001

表示，在願意承擔的風險水準為 0.05、每個群體 30 個參與者的情況下，隨機因素是對兩個群體之間所觀察到的任何差異的最有吸引力的解釋。

7. 和 8. 做出決定

現在我們該做出決定了。如果實際值大於臨界值（參照圖 9.2）就不能接受虛無假設，如果實際值沒有超過臨界值，虛無假設就是最有吸引力的解釋。在這個範例中，實際值 (–0.14) 沒有超過臨界值 (2.001)，這個值沒有大到讓我們可以說群體 1 和群體 2 之間的差異，是由於隨機因素之外的因素引起的。如果實際值等於或者大於 2.001，就如投硬幣試驗中，10 次有 8、9 或 10 次都得到正面一樣，這個值大到我們不能相信除了隨機因素之外，其他因素沒有發揮作用。在投硬幣試驗中，它是一個不均勻的硬幣；在這個範例中，一定有其他更好的方法來教這些老年人記憶技巧。

那麼，是什麼引起兩個群體之間這麼小的差異？如果我們繼續現在的討論，那麼可以說差異是由於抽樣誤差，或者對參與者成績的微小變化引起的。最重要的是，我們可以確信（當然不是 100% 確信，這是和顯著水準和型 I 錯誤有關，對吧？），差異不是由於任何特定的因素所造成的，使得一個群體比另一個群體獲得更好的成績。

那麼我如何解釋 $t_{(58)}$ = –0.14，$p > 0.05$？

- t 表示我們所用的檢定統計量。
- 58 是自由度數值。
- –0.14 是實際值，是使用本章較早先前給的公式計算所得的值。
- $p > 0.05$（是這個簡短運算式中最重要的部分）表示對虛無假設的任何檢定來說，兩個群體的無差異是由於教學方式不同所造成的可能性大於 5%。同時注意，$p > 0.05$ 也可以 $p = ns$ 的形式出現，以表示無顯著性。

效應量和兩個群體的 t 值

你在第 5 章和第 10 章中已經學到，效應量大小是測量變量之間相互關係強弱的一種測量值，通過群體的比較，它可以衡量差異的大小，類似於多

大才算大？

　　而且計算效應量特別有趣的是，不考慮樣本規模。計算效應量並且對效應量做出判斷，對理解顯著性結果增加一個新的面向。

　　現在看下面的範例。研究者檢視的問題是參與社區自助服務（例如：撲克牌遊戲、野外旅行等），是否提高了美國老年人的生活品質（從 1 到 10 分為十個等級）。研究者執行了為期 6 個月的治療，在治療期結束之後測量兩個群體的生活品質（每個群體由 50 名 80 歲以上的老人構成，其中一個群體得到社區服務，另一個沒有得到），下面是結果。

	沒有社區服務	有社區服務
平均數	6.90	7.46
標準差	1.03	1.53

　　而且結論在 0.034 的水準下，差異是顯著的（也就是 $p < 0.05$，對吧？）。所以，是有顯著差異，但是差異的規模是多大？

計算和瞭解效應量

　　就如同我們在第 10 章所展示的，計算效應量最簡單、最直接的方法，就是以平均數之間的差，除以任何一個群體的標準差。這樣做有一定的風險，因為這假定兩個群體的標準差（和變異數）相等。

　　就上面的範例來說，我們會這樣計算：

$$ES = \frac{\overline{X}_1 - \overline{X}_2}{s} \qquad (11.6)$$

其中

- *ES* 表示效應量
- $\overline{X}_1$ 表示群體 1 的平均數
- $\overline{X}_2$ 表示群體 2 的平均數
- *s* 表示任何一個群體的標準差

　　因此，在我們的範例中

$$ES = \frac{7.46 - 6.90}{1.53} = 0.366 \tag{11.7}$$

也就是這範例的效應量是 0.37。

你已經看到我們在第 10 章所提供的準則，0.37 的效應量屬於中等規模。除了這兩個平均數之間的差異具有統計顯著外，還可以得到的結論是，由於效應量是不可忽略的，因此，這個差異也是有意義的。現在，在對結果的解釋上，你希望它有多大的意義取決於許多因素，包括所問研究問題的系絡。

那麼你真的想對效應量這東西瞭解更多。你可以用簡單的方式計算，就如我們剛才所展示的（將平均數相減，然後除以任何一個標準差），或者，你真的可以讓坐在你旁邊那個有趣的同學感到驚訝。效應量的公式就是在上面的 *ES* 等式的分母中，使用合併的變異數。合併的標準差類似於群體 1 的標準差和群體 2 的標準差的平均數。公式如下：

$$ES = \frac{\overline{X}_1 - \overline{X}_2}{\sqrt{\dfrac{\sigma_1^2 + \sigma_2^2}{2}}} \tag{11.8}$$

其中

- *ES* 表示效應量
- $\overline{X}_1$ 表示群體 1 的平均數
- $\overline{X}_2$ 表示群體 2 的平均數
- σ_1^2 表示群體 1 的變異數
- σ_2^2 表示群體 2 的變異數

如果我們將上面列出的數字代入這個公式，就會得到一個驚人的效應量 0.43，這與之前我們使用的更直接方法計算所得的效應量 0.37 差異不大（且仍屬於中等規模效應）。但是這是更準確的方法，相當值得知道。

兩個非常酷的效應量計算器

為什麼不搭順風車直接到網站 http://www.uccs.edu/~lbecker/ ？加州大學

的統計學家李 ‧ 貝克爾 (Lee Becker) 發展了效應量計算器。或由德爾思 ‧
沃爾夫岡 (Drs. Wolfgang) 和亞歷山德 ‧ 拉倫哈德 (Alexandra Lenhard) 在
http://www.psychometrica.de/effect_size.html 所創建的另一個計算器。利用這
些計算器,你只要輸入數值,點選「計算」(Compute),程式就會完成接下
來的工作,如圖 11.2 所示。

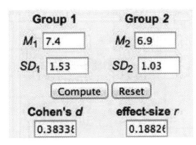

資料來源:Lee Becker, http://www.uccs.edu/~lbecker/

 圖 11.2　非常酷的效應量計算器

使用電腦進行 *t* 檢定

　　SPSS 已準備好幫你執行這些推論檢定。這裡是如何執行我們已經完
成的檢定,並對結果進行解釋。我們使用的資料集名稱是第 11 章資料集 1
(Chapter 11 Data Set 1)。若對這些資料進行檢查,你會看到分組變數(組 1
或組 2)在第一欄,檢定變數(記憶)在第二欄。

1. 在資料編輯視窗鍵入資料或者下載資料檔案。要確保有一欄為分組資料,
   而且在這一欄中只有兩個組。
2. 點選「分析→比較平均數→獨立樣本 *T* 檢定」,你就會看到如圖 11.3 所
   示的「獨立樣本 *T* 檢定」對話方塊。
3. 點選變數名稱「Group」,然後點選「」,將變數移到「分組變數」框中。
4. 點選變數名稱「Memory_Test」,然後點選「」,將變數移到「檢定變
   數」框中。
5. 在定義分組變數之前,SPSS 不會讓你繼續執行。這意味著你要告知 SPSS
   變數群體分成幾個等級(你該不會認為軟體可以聰明到自己計算出來

圖 11.3　獨立樣本 T 檢定的對話方塊

吧？），並定義它們。在任何情況下，點選「定義組別」，在群組 1 鍵入
數值 1，群組 2 鍵入數值 2，如圖 11.4 所示。在定義之前，必須先點選分
組變數的名稱（在這個例子中是群體）。

6. 點選「繼續」，接著點選「確定」，則 SPSS 執行這個分析指令，然後得
出圖 11.5 所示的輸出結果。

圖 11.4　定義群組對話方塊

T 檢定

組別統計量

群體		個數	平均數	標準差	平均數的標準誤差
記憶測試	1	30	5.43	3.421	0.625
	2	30	5.53	2.063	0.377

獨立樣本檢定

		變異數相等的 Levene 檢定		平均數相等的 t 檢定					差異的 95% 信賴區間	
		F 檢定	顯著性	t	自由度	顯著性（雙尾）	平均差異	標準誤差異	下界	上界
記憶測試	假設變異數相等	4.994	0.029	−.137	58	0.891	−.100	0.729	−1.560	1.360
	不假設變異數相等			−.137	47.635	0.892	−.100	0.729	−1.567	1.367

圖 11.5 獨立樣本平均數 t 檢定 SPSS 輸出結果複製

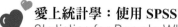

注意，當我們一直在用小寫字母 t 時，SPSS 如何使用大寫字母 T 表示這項檢定？那是因為它有時就像是主題或標題一樣而已。對你來說，重要的是，知道這只是大小寫有所不同，實際上是完全相同的檢定。

瞭解 SPSS 輸出結果的涵義

這項分析的 SPSS 輸出結果很多，就我們的目的來說，我們只要選擇圖 11.5 所示的結果就可以，有三點需要注意：

1. 實際的 t 值是 −0.137，非常接近於本章之前手動計算所得的值 (−0.14，0.1368 的四捨五入)。

2. 自由度數值是 58（你之前應用公式 $n_1 + n_2 - 2$ 已得出了這個值）。

3. 此項發現的顯著性水準是 0.891，或者 $p = 0.89$，這表示就虛無假設的一項檢定來說，在虛無假設是真的情況下拒絕虛無假設的可能性非常高（100 次中有 89 次）！也就是型 I 錯誤率肯定大於 0.05，我們之前手動計算這個過程時，就已經得到一樣的結論了。

現實世界的統計

凡事豫則立，就像男女童軍一樣。但是，教學準備的最佳方式是什麼呢？在這個由土耳其 Kirikkale 大學的塞爾坎·塞利克 (Serkan Celik) 所做的研究，線上和面對面的急救教學課程可以用來相互比較，以檢定學習傳遞模式的效能。有趣的是，這兩種模式都是由同一位老師教導，線上形式的學員在課程最後獲得較高的學習分數。塞利克在他的分析中做了什麼呢？課程的獨立樣本 t 檢定，且事實上，他是利用 SPSS 產生所得到的 t 值，顯示兩種教學方式之間是有差異的。

想要知道更多嗎？可以上網或到圖書館閱讀有關這篇文章：

Celik, S. (2013). A media comparison study on first aid instruction. *Health Education Journal, 72*, 95-101.

小結

　　獨立樣本 t 檢定是你執行真正的統計檢定和嘗試由應用觀點去完整瞭解顯著性的第一步。在進一步深入學習之前，要確定你瞭解本章的內容，而且可以手動完成我們要求做到的一些計算。接下來，我們學習使用相同檢定的另外一種形式，不過這一次，是從一個群體的參與者中獲得兩組分數，而不是從兩個獨立的群體中各獲得一組分數。

練習時間

1. 使用檔案名稱為第 11 章資料集 2 (Chapter 11 Data Set 2) 的資料，在 0.05 的顯著水準下，檢定在課堂上男生比女生更經常舉手的研究假設。使用計算機手動完成這次練習。關於此研究假設，你得出的結論是什麼？記住，首先要決定這是單尾檢定，還是雙尾檢定。

2. 使用相同的資料集（第 11 章資料集 2），在 0.01 的顯著水準下，檢定課堂上男生和女生舉手次數不同的研究假設。使用計算機手動完成這次練習。關於此研究假設，你得出的結論是什麼？你使用的資料和問題 1 使用的資料相同，但是假設不同（一個是有方向的，另一個是無方向的），結果有何不同？為什麼？

3. 到了有點乏味的時刻，動手練習只是想瞭解你是否可以得到正確的數值。利用下面的資訊動手計算 t 檢定的統計量。

　　a. $\overline{X}_1 = 62$　　$\overline{X}_2 = 60$　　$n_1 = 10$　　$n_2 = 10$　　$s_1 = 2.45$　　$s_2 = 3.16$

　　b. $\overline{X}_1 = 158$　　$\overline{X}_2 = 157.4$　　$n_1 = 22$　　$n_2 = 26$　　$s_1 = 2.06$　　$s_2 = 2.59$

　　c. $\overline{X}_1 = 200$　　$\overline{X}_2 = 198$　　$n_1 = 17$　　$n_2 = 17$　　$s_1 = 2.45$　　$s_2 = 2.35$

4. 利用你在前面的問題 3 所得到的結果，且在 0.05 的顯著水準下，說明每一個檢定的雙尾臨界值為何？虛無假設是否會被拒絕？

5. 利用下列資料與 SPSS 或其他電腦應用程式，像是 Excel 或 Google Sheets，並針對在家諮商與離家治療對兩個分開的群體是否同等有效，撰寫一段摘要文字。資料在此，結果變數是在治療之後以 1 至 10 為尺度的焦慮水準。

在家諮商	離家治療
3	7
4	6
1	7
1	8
1	7
3	6
3	5
6	6
5	4
1	2
4	5
5	4
4	3
4	6
3	7
6	5
7	4
7	3
7	8
8	7

6. 使用檔案名稱為第 11 章資料集 3 (Chapter 11 Data Set 3) 的資料，檢定農村居民和城市居民對槍枝管制的態度相同的虛無假設。使用 SPSS 完成對這個問題的分析。

7. 這裡有一個可以思考的好問題。一位公共衛生研究人員（L 博士）檢定下列假設：提供小孩安全座椅給新車買主，也將鼓勵父母採取其他方法來保護他們的小孩（如更安全地駕駛車輛；保證小孩安全的居家環境）。L 博士針對接受與不接受小孩安全座椅的父母，計算他們在車上與家中安全行為的出現次數。有什麼發現呢？在 0.013 顯著水準下，有顯著的差異。另一位研究者（R 博士）也做了相同的研究，且為了我們方便說明，我們假設所有一切都相同

——同類型的樣本、同樣方法來測量結果、同樣的安全座椅等。R 博士的結果是，在 0.051 顯著水準下是有顯著差異（請回憶第 9 章的結果）。誰的結果你比較相信？為什麼？

8. 這裡有 3 個實驗的結果，其中，用來比較的兩群組的平均數都相同，但標準差則是每個實驗都不同。利用公式 11.6 計算效應量，然後討論為何這個大小會隨著變異量的改變而改變。

實驗 1				效應量
	群組 1 平均值		78.6	
	群組 2 平均值		73.4	
	標準差		2	_____
實驗 2				
	群組 1 平均值		78.6	
	群組 2 平均值		73.4	
	標準差		4	_____
實驗 3				
	群組 1 平均值		78.6	
	群組 2 平均值		73.4	
	標準差		8	_____

9. 利用第 11 章資料集 4 (Chapter 11 Data Set 4) 和 SPSS，檢定 4 年級學生這兩個群體的正確拼字數量的群體平均數之間是沒有顯著差異的虛無假設，你的結論是什麼？

10. 針對這個問題，你需要做兩個分析。利用第 11 章資料集 5 (Chapter 11 Data Set 5)，就兩個群體在檢定變數（命名為 Score）上的差異計算 *t* 分數。然後，利用第 11 章資料集 6 (Chapter 11 Data Set 6) 做相同的事。注意，雖然每一組的平均分數是一樣的，但這兩個 *t* 值之間是有差異存在的，這個差異的來源是什麼？在相同的樣本數之下，為什麼 *t* 值會有差異？

11. 這是一個有趣的（假設的）情況。某一群體在能力傾向測試中的平均分數為 89.5，而第二個群體的平均分數為 89.2。兩個群體的樣本數均約為 1,500 個，且平均數之間的差異是顯著的，但效應量很小（假設為 0.1）。你如何看待兩

個群體之間在統計上有顯著差異，而沒有有意義的效應量大小呢？

學生學習網址

你可以造訪 edge.sagepub.com/salkindfrey7e 取得強化學習技巧所需要的工具，以及取用練習測驗、eFlashcards、原始和精選的影片、資料集等！

12

兩個群體的 *t* 檢定
——相關群體的平均數檢定

難易指數：☺☺☺（不太難——這是這類檢定的第二個，
但你只要瞭解就夠了，不一定要精通）

本章學習內容

✦ 瞭解何時適合使用相依平均數的 *t* 檢定。
✦ 計算觀察到的 *t* 值。
✦ 解釋 *t* 值，並理解 *t* 值的涵義。
✦ 計算相依樣本平均數 *t* 檢定的效應量。

相依樣本 *t* 檢定的介紹

　　如何給孩子最好的教育，很明顯是任何社會都要面對的最苦惱問題之一。由於孩子之間差異太大，所以不得不在滿足整體的基本需求，和保證特殊的孩子（光譜上最好和最壞的兩端）得到他們需要的機會之間尋求平衡。閱讀是在教育中非常重要的部分，阿拉巴馬大學的三位教授研究了資源教室和正規教室對有學習障礙孩子的閱讀成績的影響。雷尼塔・古德曼 (Renitta Goldman)、加里・薩普 (Gary L. Sapp) 與安・舒梅特・福斯特 (Ann Shumate Foster) 發現，大體上來說，在一年的每日指導下，資源教室和正規

教室兩種方式在整體閱讀成績分數方面沒有差異。由資源教室這一組前測和後測的特定比較中，他們發現 $t_{(34)} = 1.23$，$p > 0.05$。在專案一開始時，資源教室孩子的閱讀成績分數是 85.8；在專案結束時，資源教室孩子的閱讀成績是 88.5，有一點差異，但是差異未達顯著。

為什麼是相依平均數檢定？相依平均數 t 檢定指出，單一群體的相同個案在兩種不同的條件下進行研究。在這個範例中，條件是實驗前和實驗結束後。我們使用相依平均數檢定的主要原因是，相同的孩子被測試兩次，也就是在 1 年期專案開始之前和 1 年期專案結束之後，第 2 次的分數和第 1 次的分數是相關的（相依的）。依據上面的結果你可以知道，在專案開始前和專案結束後分數並沒有差異，相對較小的 t 值 (1.23) 並沒有大到落在我們足以拒絕虛無假設的範圍之外。換句話說，由於兩次的變化太小，以致於我們不能說變化是由隨機因素之外的因素引起。2.7 (88.5 − 85.8) 這麼小的差異可能是由於抽樣誤差或者群體內的變異引起。

是否想瞭解更多？查閱 Goldman, R., Sapp, G. L., & Foster, A. S. (1998). Reading achievement by learning disabled students in resource and regular classes. *Perceptual and Motor Skills, 86*, 192-194.

通往智慧與知識的道路

下面介紹如何使用流程圖選擇合適的檢定統計量，也就是相依平均數的 t 檢定，沿著圖 12.1 中加底色的步驟就可以找到。

1. 前測和後測學生成績的差異是關注的重點。
2. 參與者接受不止一次的測試。
3. 有兩個分數的群體。
4. 適合的檢定統計量是相依平均數的 t 檢定。

統計學者有時會以另一種方式討論相依檢定，即**重複測量** (repeated measures)。相依檢定通常被稱為「重複測量」的原因有二，因為這些測量是跨時間、不同條件或某些因素而重複進行，也因為它們是在相同個案中重

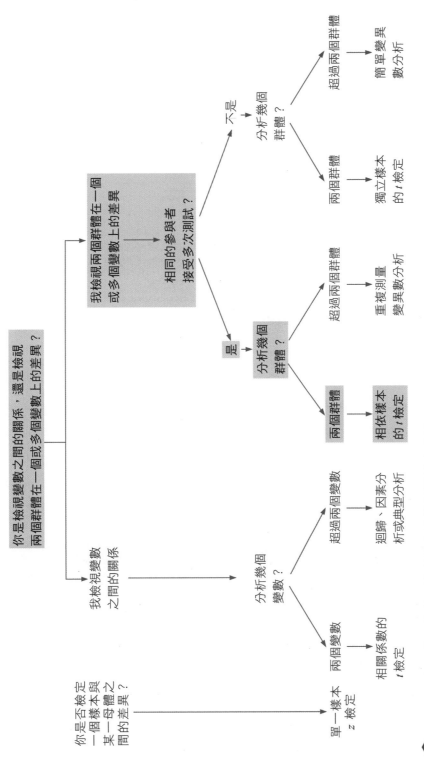

圖 12.1 確定相依平均數 *t* 檢定是合適的統計檢定方法

複進行，每一個案就是一個人或事物。

計算檢定統計量

相依平均數 t 檢定包含每一群體平均數的比較，而且聚焦在分數之間的差異。就如你在式 12.1 所看到的，兩次測驗的差異總和構成分子，並反映群體之間的差異。

$$t = \frac{\sum D}{\sqrt{\dfrac{n\sum D^2 - (\sum D)^2}{n-1}}} \tag{12.1}$$

其中

- D 表示從時間點 1 到時間點 2 每一個分數之間的差異
- $\sum D$ 表示群體間差異的總和
- $\sum D^2$ 表示群體間差異的平方和
- n 表示成對觀察值的數目

下面用一些資料說明相依平均數 t 檢定的 t 值如何計算。就如上面的範例一樣，列出前測和後測結果，而且為了解說的緣故，假定這是閱讀專案開始前和結束後的分數。

順便說一下，有趣的是，因為該檢定是檢查配對分數之間的平均值差異是否大於 0，所以，它與我們在第 10 章中進行的單一樣本 t 檢定相同。

	前測	後測	差異 (D)	D^2
	3	7	4	16
	5	8	3	9
	4	6	2	4
	6	7	1	1
	5	8	3	9
	5	9	4	16
	4	6	2	4
	5	6	1	1

兩個群體的 t 檢定——相關群體的平均數檢定

	前測	後測	差異 (D)	D^2
	3	7	4	16
	6	8	2	4
	7	8	1	1
	8	7	−1	1
	7	9	2	4
	6	10	4	16
	7	9	2	4
	8	9	1	1
	8	8	0	0
	9	8	−1	1
	9	4	−5	25
	8	4	−4	16
	7	5	−2	4
	7	6	−1	1
	6	9	3	9
	7	8	1	1
	8	12	4	16
總和	158	188	30	180
平均數	6.32	7.52	1.2	7.2

下面是有名的八個步驟和 t 檢定統計量的計算。

1. 陳述虛無假設和研究假設

虛無假設表示閱讀成績的前測和後測平均分數之間沒有差異。研究假設是單尾、有方向的假設，因為研究假設是假定後測分數高於前測分數。

虛無假設是

$$H_0 : \mu_{\text{posttest}} = \mu_{\text{pretest}} \tag{12.2}$$

研究假設是

$$H_1 : \overline{X}_{\text{posttest}} > \overline{X}_{\text{pretest}} \qquad\qquad (12.3)$$

2. 設定和虛無假設有關的風險水準（或顯著水準，或犯型 I 錯誤的可能性）

   風險水準、犯型 I 錯誤的機率或顯著水準在此設定為 0.05，但這完全可以由研究者自行決定的。

3. 選擇合適的檢定統計量

   使用圖 12.1 所示的流程圖，我們確定合適的檢定方法是相依平均數的 t 檢定，因為這兩個群體並非彼此獨立，所以這不是獨立平均數的 t 檢定。事實上，這不是兩組參與者群體的分數，而是相同參與者的兩組分數，兩組之間相互依賴。相依平均數 t 檢定的另一個名稱是成對樣本 t 檢定，或相關樣本的 t 檢定，你會在第 15 章看到兩組分數（前測和後測）之間相關的顯著性檢定，和我們這裡計算的 t 值之間有非常密切的關係。

4. 計算檢定統計量值（也叫做實際值）

   現在是你代入數值並進行計算的時候了。上面已經列出 t 值計算公式。代入特定的值之後，我們就得到式 12.4（我們已經計算了前測和後測分數的平均數和標準差）。

$$t = \frac{30}{\sqrt{\dfrac{(25 \times 180) - 30^2}{25 - 1}}} \qquad\qquad (12.4)$$

   代入特定的數值之後，我們得到下面的等式和最終的實際 t 值為 2.45。前測分數的平均值是 6.32，後測分數的平均值是 7.52。

$$t = \frac{30}{\sqrt{150}} = 2.45 \qquad\qquad (12.5)$$

5. 使用特定統計量的適當臨界值表決定拒絕虛無假設所需要的值

   現在我們需要查閱附錄 B 的表 B.2，表 B.2 列出了 t 檢定的臨界值。同樣地，我們有一個 t 檢定，而且使用第 11 章中用到的同一個表來找出拒絕虛無假設的臨界值。

   我們的第一個任務是決定自由度 (*df*)，自由度近似於樣本數大小。對現在

這個檢定統計量來說,自由度是 $n-1$,其中 n 等於成對觀察值的數目,也就是 25 - 1 = 24。這是只適合這項統計檢定的自由度,對其他統計檢定來說未必是。

使用這個數字 (24)、你願意承擔的風險水準(之前定義的 0.05),以及單尾檢定(因為研究假設有方向的——後測分數大於前測分數),拒絕虛無假設需要的臨界值是 1.711。

6. 比較實際值和臨界值

實際值是 2.45,大於拒絕虛無假設所需要的臨界值。

7. 和 **8.** 做出決定

現在我們該做出決定了。如果實際值大於臨界值,就不能接受虛無假設,如果實際值沒有超過臨界值,虛無假設就是最有吸引力的解釋。在這個例子中,實際值超過臨界值,這個值夠大,我們可以說前測分數和後測分數的差異的確是由於隨機因素之外的因素所引起的。如果我們正確地執行這個實驗,那麼可能是什麼因素影響結果?很簡單,是每日閱讀專案。因此,一個明智的猜測是,差異的產生是由於該特定的因素所造成的,前測群體和後測群體之間的差異不可能是由隨機因素引起的,而是由於特定的處理因素。

那麼我如何解釋 $t_{(24)} = 2.45$,$p < 0.05$?

- t 表示我們所用的檢定統計量。
- 24 是自由度數值。
- 2.45 是使用本章之前所給的公式計算得到的實際值。
- $p < 0.05$(實際上是這個簡短運算式中最重要的部分)表示對虛無假設的任何一個檢定來說,如果母體的實際差異為 0,那麼得到比和我們的樣本中的平均值差異一樣大或是更大的可能性小於 5%。因為我們定義 0.05 作為研究假設比虛無假設更有吸引力的標準,所以,我們的結論就是兩組分數之間具有顯著性差異。

使用 SPSS 進行相依樣本 *t* 檢定

　　SPSS 可以隨時幫助你執行推論性檢定。現在就執行我們已經完成的檢定，並對結果進行解釋。我們使用的資料集名稱是第 12 章資料集 1 (Chapter 12 Data Set 1)，也就是之前的範例所使用的資料。

1. 在資料編輯視窗鍵入資料或下載資料集。要確保前測分數和後測分數在不同欄。與獨立平均數 *t* 檢定不同，這裡不需要定義組別。SPSS 知道當你選取這個指令程序時，你就是希望只有一組。在圖 12.2 中，你可以看到每一欄的開頭分別被貼上標題 pretest 與 posttest。
2. 點選「分析→比較平均數法→成對樣本 T 檢定」，你就會看到如圖 12.3 所示的對話方塊。
3. 將變數名稱「Posttest」拖曳到「配對變數：」方塊內的變數 1 空間內，如圖 12.4 所顯示的做法。
4. 將變數名稱「Pretest」拖曳到「配對變數：」方塊內的變數 2 空間內。
5. 點選確定。
6. SPSS 執行這個分析指令，然後得出圖 12.5 所示的輸出結果。

Pretest	Posttest
3	7
5	8
4	6
6	7
5	8
5	9
4	6
5	6
3	7
6	8

圖 12.2　第 12 章資料集 1 的資料

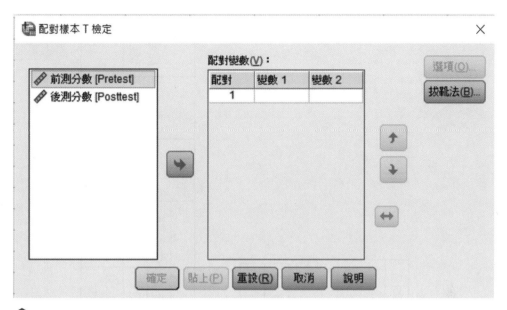

圖 12.3　配對樣本 T 檢定對話方塊

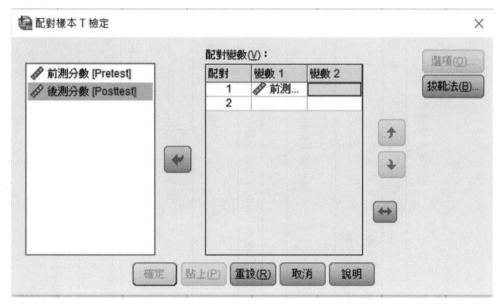

圖 12.4　成對樣本 t 檢定的變數選取

T 檢定

成對樣本統計量

		平均值	N	標準差	標準誤平均值
配對 1	Pretest 前測分數	6.32	25	1.725	.345
	Posttest 後測分數	7.52	25	1.828	.366

成對樣本相關性

		N	相關性	顯著性
配對 1	Pretest 前測分數 & Posttest 後測分數	25	.051	.810

成對樣本檢定

		成對差異					t	自由度	顯著性（雙尾）
		平均值	標準差	標準誤平均值	差異的 95% 信賴區間				
					下限	上限			
配對 1	Pretest 前測分數 - Posttest 後測分數	-1.200	2.449	.490	-2.211	-.189	-2.449	24	.022

圖 12.5 成對樣本平均數 t 檢定的 SPSS 輸出結果

為什麼先拖曳 Posttest ？

SPSS 是以下面的方式運作。它是變數 1 減去變數 2，因為研究假設是有方向性的，且「表示」後測的分數會大於前測的分數，我們想要以後測分數減去前測分數，所以才將 Posttest 指定為變數 1。

SPSS 較舊的版本並不允許你界定是哪一個平均數減去另一個平均數的次序。所以，假使你正在使用的是舊版的 SPSS，如果第一個變數的平均值小於第二個變數的平均值，那麼，你就會得到負的 *t* 值（在這個例子中，*t* 值會是 −2.449，而不是 2.449）。當你在解釋分析結果時，只要你在腦海裡記著研究假設是最重要的，就沒事了。

只是好玩而已，我們在此有小小的提醒，幫助你融入學習情境。有時，只是有時，當兩個測量（通常是針對相同的參與者）實際上是針對在所有相關特徵上（可能是年齡、性別、社會階級、積極性、測驗速度、冰淇淋喜好──你可以理解吧？）都非常近似而配對在一起的不同參與者，研究人員還是會使用相依平均數的檢定。在這個案例中，即使他們是不同的參與者，也會因為他們是配對而被認為是相依的樣本。我們只是微調相依這個字的意義及說明如何應用在這種情境中。

理解 SPSS 的輸出結果

從這裡開始：

1. 後測分數 (7.52) 大於前測分數 (6.32)，至少到目前為止，這個分析結果表明了支持研究假設，也就是學生的後測分數高於前測分數。就我們的樣本來說，這是正確的，但在母體中是否也可能是正確的？讓我們來看看。

2. 前測和後測群體之間的平均數差異是 1.2，這是後測分數平均值減去前測分數平均值。由於隨機因素影響而得到 *t* 值是 2.449，或是更大數值的可能性是 0.022，這是很不可能的。

3. 不過，也要注意到你在圖 12.5 所看到的輸出結果是雙尾檢定的機率（或無方向性的檢定），而我們是要進行單尾檢定，那麼該怎麼辦呢？繼續往下看。使用附錄 B 表 B.2，我們發現對自由度 24、顯著水準 0.05 的單尾檢定來說，拒絕虛無假設的臨界值是 1.711。因此，雖然 SPSS 給我們特定的 t 值，但是沒有給我們單尾檢定該給的機率值。這只適用在雙尾檢定，而不適用在單尾檢定，因此，我們必須依賴自己的技能，基於完全公開的緣故，SPSS 可以進行單尾檢定，但是它需要一些超出本書範圍的操作。（如果你覺得自己很勇敢，可以用 Google 搜索。提示一下，它涉及調整信賴區間。）

信不信由你，回想起過去的年代，當你的作者或者你的老師還是大學生時，那時只有大型主機電腦，還沒有我們今天擁有桌上型電腦所看到的那種驚奇。換句話說，統計學課堂上所做的所有計算都是動手計算，首先，這樣做的最大好處是幫助我們更理解過程；其次是就算沒有電腦也可以進行分析。因此，如果電腦不能給你需要的所有結果，你就需要具備一定的創造力。只要知道臨界值的基本公式，而且有合適的臨界值表，你也可以做得很好。

兩個群體的 t 值和效應量（再一次）

小伙子，猜猜看？相依平均數之間差異檢定的效應量大小的計算公式和過程，就是獨立平均數之間差異檢定的效應量大小的計算公式和過程。

所有相關的詳細資訊，你可以參考第 11 章（第 226 頁），但這裡是公式和效應量大小。而且，正如我們確定你所理解的，我們從圖 12.5 的輸出中得到這些值。

$$ES = \frac{7.52 - 6.32}{1.828} = 0.656 \tag{12.6}$$

因此，就這個分析來說，效應量大小（根據 Cohen 所提出及第 11 章中所討論的準則）為中到大（超過 0.5 表示為「中等」）。在所提出之研究問題的脈絡下，這個差異不僅是顯著的，而且已經大到既真實又有意義。

現實世界的統計

你可能是屬於「三明治」世代的一分子，這一世代的成年人不僅要照顧年長的父母，也要扶養未成年的小孩，這種情況（各種人口中像這樣的年齡層在美國各地都有）說明了評估年長者（無論是如何定義這個世代）和使用我們在此所討論之分析工具的重要性。這個研究的目的是確認不同個人日常生活作息的泰國老年人樣本的生活滿意度，透過檢定老年人的配對樣本來瞭解誰是自認為對生活滿意或不滿意的人，在生活滿意測量工具上回答 85% 及以上的分數，被當作是認定老年人生活滿意度的標準，雙尾的相依樣本 *t* 檢定（因為樣本是配對的——研究人員實際上將這些配對的參與者視為是同一群參與者）被

同時用以檢視整體和各個日常生活領域的平均分數差異，對生活滿意的那一組老年人相較於對生活不滿意另一組相配對的老年人，很明顯有較高的分數。最有趣的研究問題之一是，這個研究結果如何可以應用到不同文化中的其他老年人參與者樣本。

想要知道更多嗎？可以上網或到圖書館閱讀有關這篇文章：

Othaganont, P., Sinthuvorakan, C., & Jensupakarn, P. (2002). Daily living practice of the life-satisfied Thai elderly. *Journal of Transcultural Nursing, 13*, 24-29.

小結

這是平均數的檢定。你剛剛學習到如何比較來自獨立群體（第 11 章）和相依群體（第 12 章）的資料，而且現在是進一步學習處理兩個以上群體（可能是獨立的或相依的）的顯著性檢定的時候，這類統計技術就叫做變異數分析，是非常強有力、流行且很有價值的統計分析工具。

練習時間

1. 獨立平均數檢定和相依平均數檢定有何不同？何時使用哪一個較恰當？

2. 在下列範例中，指出你會執行獨立樣本 t 檢定或是相依樣本 t 檢定。

   a. 兩組腳踝扭傷的人接受不同水準的治療，哪一種治療是最有效的？

   b. 一位護理研究者想要知道：接受額外居家照顧的病患是否會比接受標準居家照顧的病患恢復快？

   c. 一組青春期男孩接受人際技巧的諮詢服務，並於 9 月及 5 月接受測試，以瞭解對於家庭和諧是否有任何影響？

   d. 有一組成年男性接收了降低他們高血壓的指導，而另一組則沒有接收任何指導。

   e. 有一組男性在針對心臟健康的 6 個月研究期間，獲得使用運動課程的機會，並接受兩次測驗。

3. 使用第 12 章資料集 2 (Chapter 12 Data Set 2) 手動計算 t 值，然後將結論寫下來，這結論是關於在 25 個街區實施的資源回收專案是否改變紙的使用量（以噸計）。（提示：專案前和專案後是處理的兩個水準。）在 0.01 顯著水準下檢定此虛無假設。

4. 這裡是一項研究的資料，其中的青少年在學年開始時接受了諮商服務，以瞭解此一服務對他們的容忍度產生正面的影響，是否與其他種族的青少年有所不同，在研究開始前及 6 個月之後，都進行評估工作。這樣的課程有用嗎？結果變數是面對其他青少年的態度測驗分數，由最低分 0 分到最高分 50 分，分數越高，容忍度越高。利用 SPSS 或其他電腦應用程式來完成這項分析。

諮商前	諮商後
45	46
46	44
32	47
34	42
33	45
21	32
23	36

諮商前	諮商後
41	43
27	24
38	41
41	38
47	31
41	22
32	36
22	36
34	27
36	41
19	44
23	32
22	32

5. 使用第 12 章資料集 3 (Chapter 12 Data Set 3) 計算 *t* 值，然後將結論寫下來，這結論是關於引入服務專案之後，使用服務中心的一群家庭的滿意水準是否有差異，尺度是從 1 到 15。請用 SPSS 完成這個練習，並且描述這個結果的確切機率。

6. 用手動的古老方式做這個練習題。某一知名品牌製造商想要知道人們喜歡 Nibbles 或 Wribbles。消費者有一個機會來抽樣每一類餅乾，並從 1 到 10 指出他們的喜歡或不喜歡程度。他們最喜歡哪一種餅乾？

Nibbles 分數	Wribbles 分數
9	4
3	7
1	6
6	8
5	7
7	7
8	8

Nibbles 分數	Wribbles 分數
3	6
10	7
3	8
5	9
2	8
9	7
6	3
2	6
5	7
8	6
1	5
6	5
3	6

7. 檢查一下第 12 章資料集 4 (Chapter 12 Data Set 4)，輪班是否和工作壓力有關（壓力分數越高，工人感受到越大的壓力）？

8. 第 12 章資料集 5 (Chapter 12 Data Set 5) 提供了兩組成年人的資料，分別在秋季和春季的阻力舉重課程中進行了測試。 結果變數是骨骼密度（分數越高，骨骼越密），分數從 1 到 10。舉重課程是否有效？效應量大小如何？

學生學習網址

你可以造訪 edge.sagepub.com/salkindfrey7e 取得強化學習技巧所需要的工具，以及取用練習測驗、eFlashcards、原始和精選的影片、資料集等！

13

兩個群體是否太多？
——嘗試變異數分析

難易指數：☺（比其他統計檢定長且難，但卻是非常有趣
也非常有用的方法，值得付出更多努力。）

本章學習內容

✦ 決定何時適合使用變異數分析。

✦ 計算和解釋 *F* 統計量。

✦ 使用 SPSS 完成變異數分析。

✦ 計算單因子變異數分析的效應量。

變異數分析的介紹

心理學的一個新興領域是運動心理學，雖然這個領域主要集中在提高運動成績，仍有許多運動面向受到特別注意。其中之一是何種心理技能對於一個成功的運動員是必需的。針對心中這個疑問，馬里斯・古塔 (Marious Goudas)、楊尼斯・塞奧佐拉基斯 (Yiannis Theodorakis) 和喬治斯・卡拉莫薩利蒂斯 (Georgios Karamousalidis) 對運動員應對技能量表的有效性進行了檢定。

作為研究的一部分，他們使用簡單的**變異數分析**（analysis of variance

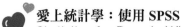
或 ANOVA）來檢定運動的訓練年數與應對技能（或運動員應對技能量表的得分）有關的假設。因為需要檢定多於兩個群體，而且要比較這些群體的平均成績，所以使用 ANOVA（當比較兩個以上群體的平均數時，會使用變異數分析程序。），尤其是，群體 1 是訓練年數在 6 年以內的運動員，群體 2 是訓練年數為 7-10 年的運動員，群體 3 是訓練年數在 10 年以上的運動員。

ANOVA 的檢定統計量是 F 檢定（以這個統計量的建立者 R. A. Fisher 命名），此一研究針對「壓力處理分量表」(Peaking Under Pressure subscale) 的檢定結果顯示 $F_{(2, 110)} = 13.08$，$p < 0.01$。這三個群體的分量表平均數完全不同。換句話說，測驗分數的任何不同可能和他們是在哪一群體（運動方面的訓練年數）有關，而不是一些隨機因素所造成的。

是否想瞭解更多？上網或到圖書館查閱：Goudas, M., Theodorakis, Y., & Karamousalidis, G. (1998). Psychological skills in basketball: Preliminary study for development of a Greek form of the Athletic Coping Skills Inventory-28. *Perceptual and Motor Skills, 86*, 59-65.

通往智慧與知識的道路

下面介紹如何使用圖 13.1 所示流程圖選擇 ANOVA 作為合適的檢定統計量，沿著圖中加底色的一系列步驟就可以找到。

1. 我們在檢定不同群體之間分數的差異，在這個範例中是運動員感受壓力的差異。
2. 每一個運動員只接受一次的測驗，沒有再接受更多的測驗。
3. 有三個群體（訓練年數為 6 年以下、7-10 年和 10 年以上）。
4. 合適的檢定統計量是簡單變異數分析。（順帶一提，我們將單因子變異數分析稱為「簡單」，是因為只有一種方法可以對參與者進行分組和比較。）

ANOVA 的不同形式

ANOVA 有許多不同的形式，最簡單的形式是**簡單變異數分析** (simple

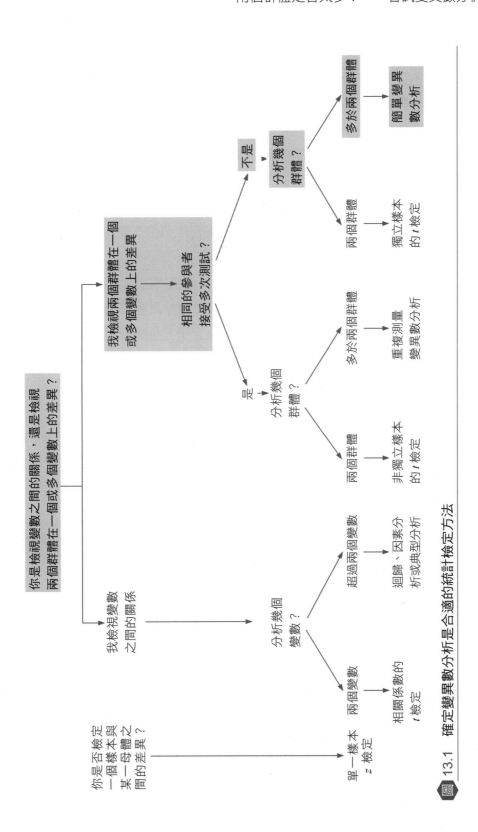

圖 13.1 確定變異數分析是合適的統計檢定方法

analysis of variance)，也是本章的重點，用於只分析一個因子或一個自變數（如群體的身分），而這個因子有多於兩個以上的等級。簡單 ANOVA 也叫做**單因子變異數分析**(one-way analysis of variance)，因為只有一個分組因子。這項技術叫做變異數分析的原因是，由於個體表現差異產生的變異數，可以分解為 (a) 群體內個體差異產生的變異數和 (b) 群體間差異產生的變異數。群體間的差異是假定由於處理不同所造成的，而群體內差異是由於每一群體內的個體之間的差異所造成的。此一資訊可用於找出預期的群體差異有多少可能性是由於隨機因素所造成，然後，將觀察得到的群體差異與隨機所預期的群體差異進行比較，因而得出統計結論。

ANOVA 在許多情況下類似於 t 檢定（兩個群體的變異數分析實際上是 t 檢定。事實上，在獨立 t 檢定中計算出的 t 值即是單因子變異數分析中計算所得 F 值的平方根！），在 ANOVA 和 t 檢定中，都需要計算平均數之間的差異，但 ANOVA 要處理多於兩個以上的平均數，而且，你感興趣的是平均數之間的平均差異。

舉例來說，我們想要調查每個星期待在幼兒園 5、10 和 20 個小時對語言發展的影響。每個孩子所屬的組別就是自變數（或處理變數），或者就是分組或組間的因子，語言發展是依變數（或結果變數）。這個實驗設計看起來如下表所示，一個變數（參加時數）有三個等級。

組 1（每星期 5 小時）	組 2（每星期 10 小時）	組 3（每星期 20 小時）
語言發展測試成績	語言發展測試成績	語言發展測試成績

更複雜的 ANOVA 類型是**因子設計** (factorial design)，用於分析多於一個以上的自變數。下面的範例是調查待在幼兒園的小時數所產生的效應，但是性別差異產生的效應也是調查的變數。實驗設計看起來如下表所示：

	待在幼兒園的時間		
性別	組 1（每星期 5 小時）	組 2（每星期 10 小時）	組 3（每星期 20 小時）
男	語言發展測試成績	語言發展測試成績	語言發展測試成績
女	語言發展測試成績	語言發展測試成績	語言發展測試成績

這是 3×2 的因子設計，3 表示其中一個分組因子有三個等級（組 1、組 2 和組 3），2 表示另一個分組因子有兩個等級（男和女）。綜合起來就有 6 種不同的可能性（每個星期待在幼兒園 5 小時的男生，每個星期待在幼兒園 5 小時的女生，每個星期待在幼兒園 10 小時的男生等）。

因子設計導循和簡單 ANOVA 一樣的基本邏輯和原則，但是因子設計更為複雜，需要同時檢定多於一個以上因子的影響，以及因子組合的影響。不用擔心，你會在下一章學習到所有的因子設計。

計算 F 檢定統計量

簡單 ANOVA 檢定多於兩個以上的群體在一個因素或維度上的平均數差異，例如：你可能想知道四個群體（20、25、30 和 35 歲的年齡群體）對私人學校的公共支持態度是否有差異；或者你想知道 5 個不同年級（2、4、6、8 和 10 年級）的兒童群體中，他們的父母參與學校活動的程度是否有差異。

簡單 ANOVA 可以用在任何分析，當：

- 只有一個維度或者一個處理變數；
- 分組因子有多於兩個以上的等級，而且
- 在尋找不同群體於平均分數上的差異。

計算 F 值的公式，也就是評估群體間整體差異的假設所需要的檢定統計量，如式 13.1 所示。這是簡單的公式，但是相對於前幾章所學的其他檢定統計量來說，需要花費更多精力來計算。

$$F = \frac{MS_{組間}}{MS_{組內}} \tag{13.1}$$

其中：

- $MS_{組間}$ 是群體間的變異數；
- $MS_{組內}$ 是群體內的變異數。

這個比率背後的邏輯就像是這樣，如果每一個群體內完全沒有變異性（所有的分數都相同），那麼群體之間的任何差異都有意義，對吧？也許是。

ANOVA 公式（是一個比率）比較群體間的變動量（因分組因子而產生）與群體內的變動量（由於隨機因素而產生）。如果比率為 1，即群體內差異產生的變異量，等於群體間差異產生的變異量，那麼群體間的任何差異都不顯著。當群體間的平均差異變大（也就是此比率的分子變大），F 值也隨之變大；如果 F 值變大，則相對於所有 F 值的分布，它就會更趨向於極端值，也就更可能是由於隨機因素之外的因素所造成。哇！

下面是一些資料及初步的計算，用來說明 F 值如何計算。就我們的範例來說，我們假定有三組幼兒園學生和他們的語言分數。

群體 1 的成績	群體 2 的成績	群體 3 的成績
87	87	89
86	85	91
76	99	96
56	85	87
78	79	89
98	81	90
77	82	89
66	78	96
75	85	96
67	91	93

下面是有名的八個步驟和 F 檢定統計量的計算。

1. 陳述虛無假設和研究假設

式 13.2 的虛無假設表示三個不同群體的平均數沒有差異。ANOVA，也叫做 F 檢定（因為計算得到的是 F 統計量或 F 比值），尋求不同群體之間所有的差異。

注意，這個檢定不是分析特定的配對平均數（配對差異），像是群體 1 和群體 2 之間的差異。因此，我們需要使用另一項統計技術，本章後面部分會討論。

$$H_0 : \mu_1 = \mu_2 = \mu_3 \tag{13.2}$$

式 13.3 的研究假設表示，三個群體的平均數之間有差異存在。要注意的是，所有的差異都是沒有方向的，這是因為所有的 F 值都是無方向的。

$$H_1 : X_1 \neq X_2 \neq X_3 \tag{13.3}$$

2. 設定和虛無假設有關的風險水準（或者顯著水準，或犯型 I 錯誤的可能性）
   風險水準、犯型 I 錯誤的機率或顯著水準在此設定為 0.05，同樣的，這完全可以由研究者自行決定。
3. 選擇合適的檢定統計量
   使用圖 13.1 所示的流程圖，我們確定合適的檢定方法是簡單 ANOVA。
4. 計算檢定統計量值（也叫做實際值）。

現在是你代入特定的值並進行計算的時候了，有很多計算需要進行。

- F 值是群體間差異和群體內差異的比值。要計算這些值，首先我們要計算每一種差異來源的**平方和** (sum of squares)，包括組間、組內和總體。
- 組間差異平方和等於所有分數的平均數和每一個群體平均數之間差異的平方後加總，這表示每一群體的平均數和總體平均數之差異的大小。
- 組內差異平方和等於群體內每一個個體分數和這個群體平均數之間差異的平方後加總，這表示群體內每一個分數和這個群體平均數之差異的大小。
- 總體差異平方和等於組間差異平方和與組內差異平方和的加總。

好吧！讓我們來計算這些值。

到現在為止，我們已經討論了單尾和雙尾檢定，但在討論 ANOVA 時，不需要確定單尾或雙尾，因為要檢定多於兩個以上的群體，而且因為 F 檢定是綜合性的檢定（這麼酷的一個詞是什麼意思呢？），這表示任何形式的

ANOVA 是檢定平均數之間的總體差異，討論特定差異的方向是沒有任何意義的。

圖 13.2 呈現了你先前所看到的計算的組間、組內和總體平方和時所有需要用到的實際資料。首先，看一下這個擴增的表格中的內容，我們先從這個表的左側欄位開始：

- n 表示每個群體的參與者數量（如 10）
- ΣX 表示每個群體的分數總和（如 766）
- $\bar{X}$ 表示每個群體的平均數（如 76.60）
- $\Sigma(X^2)$ 表示每個分數的平方和（如 59,964）
- $(\Sigma X)^2/n$ 表示每個群體的所有分數和的平方除以群體的大小（如 58,675.60）

其次，讓我們看一下表中最右邊的欄位：

- n 表示參與者的總和數量（如 30）
- $\Sigma\Sigma X$ 表示所有群體的分數總和
- $(\Sigma\Sigma X)^2/n$ 表示所有群體分數總和的平方除以 n
- $\Sigma\Sigma(X^2)$ 表示所有分數平方的總和
- $\Sigma(\Sigma X)^2/n$ 表示每個群體分數和的平方和除以 n

以上是所有需要進行的計算，我們也幾乎完成了。

首先，我們計算所有差異來源的平方和，以下是這樣的計算：

組間平方和	$\Sigma(\Sigma X)^2/n - (\Sigma\Sigma X)^2/n$，或者 215,171.60 − 214,038.53 = 1,133.07
組內平方和	$\Sigma\Sigma(X^2) - \Sigma(\Sigma X)^2/n$，或者 216,910 − 215,171.60 = 1,738.40
總平方和	$\Sigma\Sigma(X^2) - (\Sigma\Sigma X)^2/n$，或者 216,910 − 214,038.53 = 2,871.47

其次，我們需要計算平均平方和，也就是平方和的平均值。這些是最終計算 F 比率時，需要的變異數估計值。

我們是以近似的自由度 (*df*) 去除每一個平方和。記住，自由度是樣本

群體	測驗成績	X^2	群體	測驗成績	X^2	群體	測驗成績	X^2	
1	87	7,569	2	87	7,569	3	89	7,921	
1	86	7,396	2	85	7,225	3	91	8,281	
1	76	5,776	2	99	9,801	3	96	9,216	
1	56	3,136	2	85	7,225	3	87	7,569	
1	78	6,084	2	79	6,241	3	89	7,921	
1	98	9,604	2	81	6,561	3	90	8,100	
1	77	5,929	2	82	6,724	3	89	7,921	
1	66	4,356	2	78	6,084	3	96	9,216	
1	75	5,625	2	85	7,225	3	96	9,216	
1	67	4,489	2	91	8,281	3	93	8,649	
n	10			10			10		$N = 30.00$
ΣX	766			852			916		$\Sigma\Sigma X = 2,534.00$
$\overline{X}$	76.60			85.20			91.60		$(\Sigma\Sigma X)^2/N = 214,038.53$
$\Sigma(X^2)$	59,964			72,936			84,010		$\Sigma\Sigma(X^2) = 216,910$
$(\Sigma X)^2/n$	58,675.60			72,590.40			83,905.60		$\Sigma(\Sigma X)^2/n = 215,171.60$

圖 13.2 計算單因子 ANOVA 所需要的重要數值

數或者群體數的近似值。對 ANOVA 來說，我們需要兩組自由度。對組間估計來說，自由度是 $k-1$，其中 k 等於群體的數目（在這個範例中，有 3 個群體，自由度是 2）；對組內估計來說，我們需要的自由度是 $n-k$，其中 n 是總樣本數（也就是說自由度是 30－3，或 27）。而且 F 比率是組間差異平方和平均與組內差異平方和平均的簡單比值，或 566.54/64.39 或 8.799，這就是實際的 F 值。

下面是用於計算 F 比率的變異數估計**來源表** (source table)，這是在專業期刊和手稿中大多數 F 值表呈現的形式。

來源	平方和	自由度	平均平方和	F
組間	1,133.07	2	566.54	8.799
組內	1,738.40	27	64.39	
總和	2,871.47	29		

F 值的計算並不容易吧？沒錯，但是我們之前已經說過，至少動手計算一次這個過程是很有必要的，它會讓你對這些數字的來源及數字的涵義有更加深入的瞭解。

因為你已經瞭解 t 檢定，所以你可能想知道 t 值（總是用於兩個群體平均數差異的檢定）和 F 值（總是用在多於兩個以上的群體）之間的關係。誠如我們在前面所提到的，兩個群體的 F 值等於兩個群體的 t 值平方，或 $F=t^2$。很簡單的問題，對吧？但是在如果只知道其中一個值，而想知道另一個值的情況下，這也是非常有用。它說明了，所有這些推論統計程序都使用相同的策略，即將觀察到的差異與因隨機因素而預期的差異進行比較。

5. 使用特定統計量的適當臨界值表，決定拒絕虛無假設所需要的值

就如之前所進行的，我們需要比較實際值和臨界值。我們現在需要查閱附錄 B 表 B.3，也就是 F 檢定的臨界值分布表。我們的第一個任務是決定分子的自由度，也就是 $k-1$，或 $3-1=2$，接著決定分母的自由度，也就

是 $N - k$，或 $30 - 3 = 27$。合在一起可以表示為 $F_{(2, 27)}$。實際值是 8.80，或 $F_{(2, 27)} = 8.80$。在顯著水準為 0.05、分子自由度為 2（由表 B.3 中的欄表示）、分母自由度為 27（由表 B.3 中的列表示）情況下，臨界值是 3.36。也就是在顯著水準為 0.05、自由度是 2 和 27 的三個群體的平均數綜合檢定來說，拒絕虛無假設所需要的值是 3.36。

6. 比較實際值和臨界值

實際值是 8.80，而在 0.05 顯著水準下拒絕三個群體沒有差異之虛無假設（沒有關注差異在什麼地方）的臨界值是 3.36。

7. 和 8. 做出決定

現在我們該做出決定了。如果實際值大於臨界值就不能接受虛無假設；如果實際值沒有超過臨界值，虛無假設就是最有吸引力的解釋。在這個範例中，實際值超過臨界值，這個值足夠大到我們可以說三個群體之間的差異不是由於隨機因素引起的。而且，如果我們的實驗過程正確，那麼是什麼因素影響結果？很簡單，是在幼兒園的時數。我們知道差異的產生是由於特定的因素，因為群體之間的差異不可能是隨機因素引起的，而是由於特定的處理變數。

那麼我如何解釋 $F_{(2, 27)} = 8.80$，$p < 0.05$？

- F 表示我們使用的檢定統計量。
- 2 和 27 分別是組間估計和組內估計的自由度數值。
- 8.80 是使用本章之前給的公式計算所得的實際值。
- $p < 0.05$（是這個簡短運算式中真正最重要的部分）表示對虛無假設的任何檢定來說，每個群體語言技能的平均成績有不同的原因，是由於隨機因素而不是受處理變數影響的可能性小於 5%。因為我們定義 0.05 作為研究假設比虛無假設更有吸引力的標準，我們的結論就是，三個群體之間存在顯著差異。

想像這樣的情節。你是廣告公司的高階研究者，想知道顏色是否影響銷售，而且你決定在 0.05 的顯著水準下進行檢定。你將黑白、25% 帶彩色、50%

帶彩色、75% 帶彩色和 100% 帶彩色的產品集合在一起，構成 5 個不同的等級，然後進行 ANOVA 找出是否有差異存在。但是，由於 ANOVA 是綜合性檢定，你不知道顯著差異的來源，如果你對此感興趣，該怎麼辦呢？而且幾乎可以肯定，你會有此興趣。好吧！你可以一次只選擇兩個群體（或配對），然後進行相互檢定（如 25% 帶彩色和 75% 帶彩色）。事實上，你可以檢定每一個兩兩群體組合的差異。需要這樣做嗎？可能不用。在每次進行比較時，都沒有經過深思熟慮的假設而執行這樣的多次的 t 檢定，有時稱之為釣魚，而在某些區域釣魚實際上是違法的。當你這樣進行多次 t 檢定時，犯型 I 錯誤（你設定為 0.05）的可能性會隨著你所執行的檢定數量增加而提高。這項檢定中有 10 對可能的群體差異比較（如沒帶彩色與 25% 帶彩色、沒帶彩色與 50% 帶彩色、沒帶彩色與 75% 帶彩色等），型 I 錯誤真正發生的可能性是

$$1 - (1 - \alpha)^k$$

其中

- α 是型 I 錯誤發生率，在這個範例中是 0.05
- k 是比較的數量

因此，每一對比較群體被檢定時，實際的型 I 錯誤不是 0.05，而是

$$1 - (1 - 0.05)^{10} = 0.40 \ (!!!!!)$$

這與 0.05 相差甚遠。在本章的後面，我們將學習如何安全地進行這些配對的比較。

使用 SPSS 計算 F 比率

　　F 比率這個值動手計算是很無趣的——並不難，只是費時，所有的計算方式都已經在這裡了。使用電腦計算會更容易、更準確，因為電腦可以消除計算上的誤差。也就是說，你應該很高興看到手動計算了這個值，因為這是

一項你應該掌握的技能，可以幫助你瞭解此一過程背後的概念，但是也很高興可以使用 SPSS 這一類的工具。

我們使用第 13 章資料集 1 (Chapter 13 Data Set 1) 中的資料（和前面幼兒園範例中一樣的資料）。

1. 在資料編輯視窗鍵入資料。要確定有一欄是群體，且在這一欄有三個不同的群體。你在圖 13.3 可以看到每一欄開始的標題為「Group」與「Language_Score」。

	Group	Language_Score
1	每星期5小時	87
2	每星期5小時	86
3	每星期5小時	76
4	每星期5小時	56
5	每星期5小時	78
6	每星期5小時	98
7	每星期5小時	77
8	每星期5小時	66
9	每星期5小時	75
10	每星期5小時	67
11	每星期10小時	87
12	每星期10小時	85
13	每星期10小時	99
14	每星期10小時	85
15	每星期10小時	79
16	每星期10小時	81
17	每星期10小時	82

圖 13.3 第 13 章資料集 1 資料

2. 點選「分析→比較平均數→單因子變異數分析」，你就會看到如圖 13.4 所示的「單因子變異數分析」對話方塊。

圖 13.4　單因子變異數分析對話方塊

3. 點選變數名稱「Group」，然後將它移到「因子：」框中。

4. 點選變數名稱「Language_Score」，然後將它移到「依變數清單：」框中。

5. 點選「選項」，接著點選「敘述統計」，然後點選「繼續」。

6. 點選「確定」，SPSS 會執行這個分析指令，然後得到如圖 13.5 所示的結果。

SPSS 輸出結果的涵義

　　SPSS 的輸出結果很明確，而且和之前我們展示如何計算 F 比率而建立的表類似，同時提供了敘述統計量。下面就是我們得到的內容：

1. 報告每一群體和總體的敘述統計量（樣本數、平均數、標準差）。

2. 確定變異的來源——組間、組內和總體變異量。

3. 提供每一個變異來源的平方和。

4. 接著是自由度，以及平均平方和，也就是平方和除以自由度。

5. 最後，就是實際值和相對應的顯著水準。

　　要記住的是，這個假設是在 0.05 的顯著水準下進行檢定。SPSS 的輸出結果給了檢定結果的精確機率水準，像實際值一樣大或是更大的機率是

敘述統計

Language_Score 語言測驗分數

	N	平均值	標準差	標準誤	平均值的 95% 信賴區間		最小值	最大值
					下限	上限		
1 組 1（每星期 5 小時）	10	76.60	11.965	3.784	68.04	85.16	56	98
2 組 2（每星期 10 小時）	10	85.20	6.197	1.960	80.77	89.63	78	99
3 組 3（每星期 20 小時）	10	91.60	3.406	1.077	89.16	94.04	87	96
總計	30	84.47	9.951	1.817	80.75	88.18	56	99

變異數分析

Language_Score 語言測驗分數

	平方和	自由度	均方	F	顯著性
群組之間	1133.067	2	566.533	8.799	.001
群組內	1738.400	27	64.385		
總計	2871.467	29			

圖 13.5 單因子變異數分析的 SPSS 輸出結果

0.001，這是比 0.05 更小的機率。

單因子 ANOVA 的效應量

在前面幾章，你已經知道我們如何使用 Cohen's d 作為效應量的測量數。在此，我們改變方向，使用一個叫做 eta 平方或 η^2 的值。和 Cohen's d 一樣，η^2 是效應量大小的量表。

- 小效應量大約是 0.01。
- 中效應量大約是 0.06。
- 大效應量大約是 0.14。

計算 η^2 的公式如下：

$$\eta^2 = \frac{組間變異量平方和}{總體變異量平方和}$$

而且，你可以直接從 SPSS 所產生的變異來源表得到此一資訊（或是動手計算）。

在我們之前所使用的這個例子中，三個群體的組間變異量平方和為 1,133.07，總體變異量平方和為 2,871.47，簡單的計算結果是

$$\eta^2 = \frac{1,133.07}{2,871.47} = 0.39$$

且根據 η^2 的小—中—大判斷準則，效應量為大。效應量大小是幫助評估 F 比率的絕佳工具，事實上，幾乎所有的檢定統計量都是如此。我們沒有像 Cohen's d 那樣的作法，將這種效應量大小來解釋群體間差異的大小，而是將 eta 平方解釋為依變數被自變數解釋的變異量比例。在這個例子中，語言分數的變異性有 39% 可以被待在幼兒園的時數所解釋，且這是一個很強烈的關係（在我們的虛擬資料中）。

好吧！所以現在你已經完成變異數分析了，也知道三個、四個或者更多群體之間有差異，但是差異處在哪裡？

你已經知道不能進行多元 t 檢定，需要進行**事後 (post hoc)** 比較。在此，每一個群體的平均數都和另一個群體的平均數比較，然後看看差異發生在什

麼地方，但是最重要的是，每一次比較的型 I 錯誤都控制在你所設定的相同水準。有許多不同的比較方法，其中一個就是 Bonferroni（作者偏好使用的統計學辭彙）分析。要使用 SPSS 完成這特定的分析，在 ANOVA 對話方塊（圖 13.4）你可以看到「事後」選項，點選這個選項之後點選「Bonferroni」，接著點選「繼續」，然後你就會看到如圖 13.6 所示的輸出結果。它基本上呈現了所有可能的配對組合的大量獨立樣本 t 檢定結果，看一下「顯著性」那一欄，你會發現，導致三個群體之間總體顯著性差異的是群體 1 和群體 3 之間的顯著配對差異，而群體 1 和群體 2 或群體 2 和群體 3 之間沒有配對差異。配對分析的訊息非常重要，因為它可以讓你瞭解兩個以上群體差異的來源。在這個範例中，有意義的是，在自變數方面（待在幼兒園時間）差異最大的群體導致了顯著的 F 比率。

 現實世界的統計

　　當研究人員結合不同學科的專業來回答不同的問題有多有趣呢？只要看一下這裡所出現的期刊：《音樂與醫學》(*Music and Medicine*)。在這個研究中，作者檢視了表演音樂家的焦慮感，他們檢定了 5 位職業歌手和 4 位笛子演奏家的刺激程度，此外，他們利用一個五點制的李克特量表來評估這些受試者的緊張程度。每一位音樂家在有觀眾（像是一場音樂會）和沒有觀眾（像是彩排預演）的情境下，表演一段放鬆的和緊張的曲目，然後，研究人員利用單因子變異數分析測量他們的心跳速率 (HR) 和心跳速率的變異性 (HRV)，結果顯示這些受試者在這四種不同情境（輕鬆／彩排、緊張／彩排、輕鬆／音樂會、緊張／音樂會）下有顯著的差異，而且，當檢視年齡、性別或工具（歌曲或笛子）這些因素時，並沒有顯著差異存在。

　　想要知道更多嗎？可以上網或到圖書館閱讀有關這篇文章：

　　Harmat, L. & Theorell, T. (2010). Heart rate variability during singing and flute playing. *Music and Medicine, 2*, 10-17.

應變數：Language_Score 語言測驗分數
Bonferroni 法

多重比較

(I) Group 群體	(J) Group 群體		平均值差異 (I-J)	標準誤	顯著性	95% 信賴區間	
						下限	上限
1 組 1（每星期 5 小時）	2	組 2（每星期 10 小時）	-8.600	3.588	.071	-17.76	.56
	3	組 3（每星期 20 小時）	-15.000*	3.588	.001	-24.16	-5.84
2 組 2（每星期 10 小時）	1	組 1（每星期 5 小時）	8.600	3.588	.071	-.56	17.76
	3	組 3（每星期 20 小時）	-6.400	3.588	.257	-15.56	2.76
3 組 3（每星期 20 小時）	1	組 1（每星期 5 小時）	15.000*	3.588	.001	5.84	24.16
	2	組 2（每星期 10 小時）	6.400	3.588	.257	-2.76	15.56

*. 平均值差異在 0.05 層級顯著。

 圖 13.6 單因子變異數分析之後的事後比較分析

小結

變異數分析 (ANOVA) 是《愛上統計學》這本書中最複雜的推論檢定，你需要付出許多的注意力來動手計算，即使可以使用 SPSS，你也必須注意到，這是綜合性的檢定，其中一部分是不能給你配對群體差異的資訊。如果你選擇緊接著進行事後分析，你才真正完成與這項強有力的工具相關的所有工作。我們將會學到一個以上的平均數檢定，那就是因子變異數分析。這是變異數分析的聖杯，可以納入兩個或更多的因子或自變數，但是我們主要討論兩個因子的變異數分析，而且 SPSS 會幫我們展示這個方法。

練習時間

1. 在配對平均數之間的比較時，什麼時候變異數分析是比 t 檢定更適合使用的統計方法？
2. 單因子變異數分析和因子變異數分析有何不同？
3. 使用下面的表，提出三個簡單一元 ANOVA 範例、兩個兩因子 ANOVA 範例和一個三因子 ANOVA 範例。我們展示一些範例給你看，你再提供其他的例子，務必和我們所做的一樣，指出分組變數和檢定變數。

設計	分組變數	檢定變數
簡單 ANOVA	訓練時間分為四個水準—2、4、6 和 8 個小時	打字的準確度
	填入你的範例	
	填入你的範例	
	填入你的範例	
兩因子 ANOVA	訓練和性別的兩個水準（2 × 2 設計）	打字的準確度
	填入你的範例	
	填入你的範例	
三因子 ANOVA	訓練和性別的兩個水準、收入的三個水準	投票態度
	填入你的範例	

4. 使用第 13 章資料集 2 (Chapter 13 Data Set 2) 和 SPSS，計算用以比較游泳者每週訓練的平均時間（<15、15-25，以及 >25 小時）這三個水準的 F 比率，結果變數是游 100 碼自由式的時間，回答「訓練時間是否會產生差異」這個問題。不要忘記使用「選項」來得到群體平均數。

5. 下面的資料是由想要瞭解三組員工的壓力總量是否不同的研究者所蒐集的，你可以在第 13 章資料集 3 (Chapter 13 Data Set3) 中找到。群體 1 的員工是在早上／白天輪班工作，群體 2 的員工是在白天／晚上輪班工作，群體 3 的員工是在晚上輪班工作。虛無假設是群體之間的壓力總量是沒有差異的，利用 SPSS 進行檢定，並提出你的結論。

6. 麵條公司想要知道什麼麵條厚度是消費者在味覺上最喜愛的（在 1 至 5 的尺度上，1 代表最喜歡的），因此，食品製造業者對此進行檢定，資料在第 13 章資料集 4 (Chapter 13 Data Set 4)，分析結果是有顯著差異 ($F_{(2, 57)}$ = 19.398, $p < 0.001$)，薄麵條是最受歡迎的。但是，薄、中和厚麵條之間的差異是什麼？事後多重比較分析可以解答。

7. 為什麼只有在 F 比率是顯著時，才適合進行事後分析？

學生學習網址

你可以造訪 edge.sagepub.com/salkindfrey7e 取得強化學習技巧所需要的工具，以及取用練習測驗、eFlashcards、原始和精選的影片、資料集等！

14

兩個以上的因子
——因子變異數分析的簡要介紹

難易指數：☺（大約和理解這個具有挑戰性的觀念一樣困難，但我們只接觸一些主要的概念）

本章學習內容

✦ 使用多於一個因子的變異數分析。
✦ 瞭解什麼是主效應和交互作用。
✦ 使用 SPSS 完成因子變異數分析。
✦ 計算因子變異數分析的效應量。

因子變異數分析的介紹

　　人們是如何做出決策的，這幾十年來一直是令心理學者著迷。這些研究所得到的資料被廣泛應用在廣告學、商業、規劃，甚至是神學領域。米爾蒂亞德 • 普羅阿斯 (Miltiades Proios) 與喬治 • 多加尼斯 (George Doganis) 調查了積極參與決策過程（在各種情境下）的經驗和年齡如何對道德論證產生影響。研究樣本由 148 個裁判所構成，包含了 56 個足球裁判、55 個籃球裁判，以及 37 個排球裁判，他們的年齡範圍是 17-50 歲，但性別不被列為重要變數。在整個樣本中，大約 8% 沒有在社會、政治或運動領域全面參與決策制

定過程的任何經驗；大約 53% 表現積極但是沒有全面參與；大約 39% 不但表現積極，也參與該組織所作的決策。雙因子變異數分析（在第 18 章可以瞭解更多有關多變量的技術）顯示了經驗和年齡，對道德論證及裁判目標導向的交互影響。

為什麼是雙因子變異數分析？很簡單，它有兩個獨立因子，第一個是經驗水準，第二個是年齡。就像任何變異數分析的指令程序一樣，有：

1. 對年齡主效應的檢定；
2. 對經驗主效應的檢定；
3. 對經驗和年齡之交互作用的檢定（結果是顯著的）。

在檢定不只一個因子或者獨立變數時，變異數分析非常酷的一點是，研究者不僅可以分析每一個因子的個別效應，同時可以通過交互作用分析兩者的共同效應，在本章後面的部分會進行更多的討論。交互作用是指一個自變數對依變數的影響強度，會因人們對另一個自變數的評分而不同。我們將在本章後面加以詳細討論。

想瞭解更多？可以上網或到圖書館查閱：Proios, M., & Doganis, G. (2003). Experiences from active membership and participation in decision-making processes and age in moral reasoning and goal orientation of referees. *Perceptual and Motor Skills, 96*(1), 113-126.

通往智慧與知識的道路

下面說明你如何使用圖 14.1 所示流程圖來選擇 ANOVA（但現在多於一個因子）作為合適的檢定統計量，沿著圖中加底色的系列步驟就可以。

1. 我們正在檢定不同群體的分數之間的差異，在這個例子中，是檢定經驗水準和年齡之間的差異。
2. 參與者只接受一次測試。
3. 我們處理兩個以上的群體。
4. 我們處理多於一個因子或自變數。
5. 合適的檢定統計量是因子變異數分析。

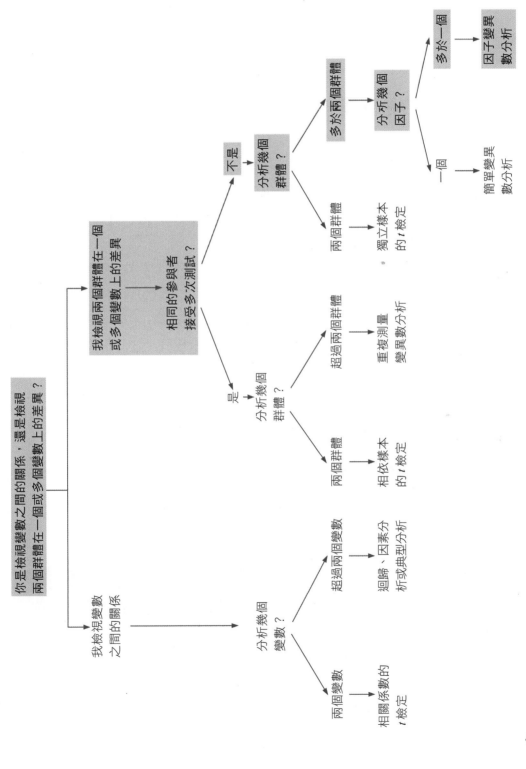

圖 14.1 確定因子變異數分析是正確的統計檢定方法

就如在第 13 章一樣，我們已經確定 ANOVA 是正確的方法（檢定多於兩個群體之間的差異，或者獨立變數多於兩個水準之間的差異），但是因為我們要處理不只一個因子，所以，因子 ANOVA 是正確的選擇。

ANOVA 的新選擇

你已經瞭解 ANOVA 至少有一種形式，也就是第 13 章討論的簡單變異數分析。簡單變異數分析只分析一個因子或者處理變數（如群體的會員身分），而且這個因子或者處理變數可分為多於兩個的群體或等級。

現在，我們將整個技術提升一級到可以同時分析多於一個因素，並稱為**因子變異數分析 (factorial analysis of variance)**。

「因子變異數分析」這個術語是用於描述任何同時存在多個自變數，以多種方式對參與者進行分組的變異數分析。這些自變數被視為是因子。你可能聽說過稱為「因素分析」的統計技術（我們將在第 18 章中討論），因素分析是一種相關的分析指令，和因子變異數分析不同。統計學者喜歡對完全不同的事物使用相似的術語，似乎是為了混淆我們而設計的，不要受到迷惑！

我們來看一個包含兩個因子的簡單範例：性別（男和女）和處理變數（高強度和低強度的訓練專案），以及結果（體重減輕效果）。順便一提，即使每一個自變數都只有兩個群體（或等級），我們仍然是進行「雙因子」的因子變異數分析，而不是兩個不同的變異數分析，因為我們想知道是否有交互作用存在。這個範例的實驗設計看起來像是：

		訓練專案	
		高強度	低強度
性別	男性		
	女性		

接著，我們來看主效應和交互作用看起來像什麼。現在不進行許多資料分析，要到本章的最後才會有資料分析，這裡只是觀看和學習。甚至型 I 錯

誤的確切機率也在最後結果才提供（而且我們不需要把像是 $p < 0.05$ 的陳述等混雜在一起），我們使用 0.05 作為拒絕（或無法接受）虛無假設的準則。

就這類型的分析來說，你可以提出並回答三個問題：

1. 兩個訓練專案等級（也就是高強度和低強度）對體重減輕效果之間是否有差異？
2. 性別的兩個水準（男性和女性）對體重減輕效果之間是否有差異？
3. 高強度或低強度專案對男性或女性是否有不同的作用？

問題 1 和問題 2 討論主效應的存在，問題 3 則討論兩個因子之間的交互作用。

主要事件：因子 ANOVA 的主效應

你應該還記得，變異數分析的最主要工作，是檢定兩個或多於兩個群體之間的差異，如果資料分析表明了任何因子的不同等級之間存在差異，我們就會說存在**主效應** (main effect)。在我們的範例中，共有四個群體，每個群體有 10 個參與者，總數是 40 個，分析結果就像下面的表格一樣（我們使用 SPSS 計算出這個夢幻表格）。這個表格也是我們在第 13 章所介紹之變異來源表的另一種形式。

主效應與交互作用的檢定
依變數：體重減輕效果

來源	型 **III** 平方和	自由度	均方	*F*	顯著性
修正模型	3,678.275	3	1,226.092	8.605	**1.000**
截距	232,715.025	1	232,715.025	1,633.183	**0.000**
TREATMENT	429.025	1	429.025	3.011	**0.091**
GENDER	3,222.025	1	3,222.025	22.612	**0.000**
TREATMENT* GENDER	27.225	1	27.225	0.19	**0.665**
誤	5,129.700	36	142.492		
總計	241,523.000	40			
修正後總數	8,807.975	39			

現在只看來源欄和顯著性欄（有粗體標示）。看一下 TREATMENT 列、GENDER 列和 TREATMENT * GENDER 列，我們可以得出的結論是有性別主效應 ($p = 0.000$)，而沒有處理變數主效應 ($p = 0.091$)，且這兩個主要因子之間沒有交互作用 ($p = 0.665$)。因此，對減輕體重來說，參與者在高強度群體或低強度群體並不重要，但參與者是男性或女性卻很重要，而且因為處理因子和性別之間沒有交互作用，所以處理變數在性別上沒有差異效應。

如果你將這些值的平均數繪圖，就會得到像圖 14.2 一樣的圖形。

你可以看到男性和女性在體重減輕軸相差的距離很大（所有男性的平均數是 85.25，所有女性的平均數是 67.30）。但是對處理變數來說（如果你計算了平均數），你會發現差異很小（高強度組的平均數是 73.00，低強度組的平均數是 79.55）。當然，現在這是變異數分析，群體內的變異性很重要，但是在這個範例中，你可以看到在每一個因子中（如性別）群體（如男性和女性）間的差異，以及它們如何反映在分析的結果中。

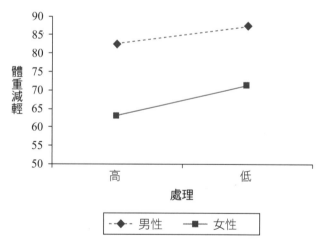

圖 14.2　男性和女性橫跨處理變數的平均數

或許更有趣的：交互作用

好的，現在讓我們開始討論交互作用。讓我們看一個有不同變異來源的表格，這個表指出男性和女性受到處理變數的影響，暗示**交互作用**

(interaction effect) 的存在，而且，事實上，你會看到一些非常酷的分析結果。最重要的部分，又再一次加粗體標示。

主效應與交互作用的檢定
依變數：體重減輕

來源	平方和	自由度	平均平方和	*F*	顯著性
修正模型	1,522.875	3	507.625	4.678	**0.007**
截距	218,892.025	1	218,892.025	2,017.386	**0.000**
TREATMENT	265.225	1	265.225	2.444	**0.127**
GENDER	207.025	1	207.025	1.908	**0.176**
TREATMENT* GENDER	1,050.625	1	1,050.625	9.683	**0.004**
誤	3,096.100	36	108.503		
總計	224,321.000	40			
修正後總數	5,428.975	39			

在這個例子中，沒有處理變數和性別的主效應（分別為 $p = 0.127$，$p = 0.176$），但是存在交互作用 ($p = 0.004$)，這是一個非常有意思的結果。實際上，你是在高強度組或低強度組，或者你是男性或女性都不重要，但是如果你是女性且在低強度組，這兩個因子都是非常重要的，你可以減少更多的體重。

圖 14.3 呈現用這四個群體的平均數所畫出來的圖形。

下面列出實際的平均數（SPSS 計算的結果）：

	男性	女性
	平均數	平均數
高強度	73.70	79.40
低強度	78.80	64.00

如何理解這個結果？這解釋非常直接了當。在此我們可以說，聰明如你也應該可以認知到，這就是之前我們所列出的三個問題的答案。

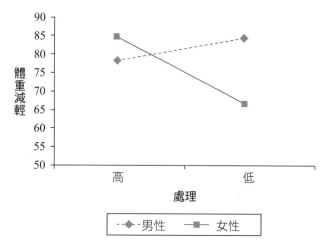

圖 14.3　男性和女性橫跨處理變數的平均數（交互作用）

- 沒有訓練類型的主效應。
- 沒有性別主效應。
- 處理變數和性別之間有明顯的交互作用，也就是說，在高強度群體中，女性的減重效果比男性大，而在低強度組中，男性的減重效果比女性大。

　　事實上，瞭解交互作用規模（或是沒有交互作用）的最簡單方法之一就是利用平均數畫圖，像我們在圖 14.3 所做的一樣，這些線條之間不一定總是急劇地交叉，這種圖形的出現也是看 x 軸檢視什麼變數而定，不過，利用平均數畫圖通常是理解主效應和交互作用產生什麼效果的唯一方式。

　　進行實際的統計檢定以檢查交互作用是否顯著，基本上是查看圖形上的線條並判斷它們是否平行。如果沒有相互作用，則一個自變數對依變數的影響對於另一自變數的每個等級來說都是一樣的，因此，每一條線上升或下降相同的數量，並且是平行的。如果線條不平行，則存在相互作用。

　　這是特別需要記憶的內容。如果你接觸的不多（且不曾閱讀本章），可能會認為所有你必須做的分析，就是男性和女性平均數之間的 t 檢定，然後是參與高強度訓練群體和參與低強度訓練群體平均數之間的另一種簡單 t 檢定，而且你不會有任何發現。但如果用到主要因子之間交互作用的想法，你就會發現差異性效應的存在，這是在其他的分析中沒有被注意到的結果。的

熱愛統計的人物

　　大約始於 1940 年代的古典實驗設計幾乎總是涉及比較群體的平均數,即變異數分析的方法。這種方法的主要倡導者之一是格特魯德 · 瑪麗 · 考克斯 (Gertrude Mary Cox, 1900-1978)。考克斯博士是第一位當選國際統計學會會員的女性,曾任

美國統計學會會長,並且也是國際生物統計學會的創始成員。她與威廉 · 科克倫 (William Cochran) 共同撰寫並於 1950 年出版的《實驗設計》(*Experimental Design*) 一書,是該領域的經典著作,被奉為圭臬達數十年。

確,如果你可以接受這個進場的成本,交互作用實際上是任何因子變異數分析中最有趣的結果,考慮一下納入其他的自變數吧!

使用電腦計算 *F* 檢定統計量

　　這是讓你改變的時候了。在《愛上統計學》的整本書中,我們已經提供範例,說明如何同時使用古老的方式(動手或用計算機計算)和使用像是 SPSS 這類的統計分析套裝軟體進行特定的分析。由於因子變異數分析的介紹,我們只使用 SPSS 來說明分析的過程,這不只是因為使用計算機完成因子 ANOVA 更具智能上的挑戰性,也是因為計算的工作量太大。基於這個原因,我們不打算涉及動手計算,而是直接進行重要數值的計算,並且將更多的時間用在解釋上。

　　我們使用之前顯示有顯著交互作用的資料,如下表所示。

處理變數→	高強度	高強度	低強度	低強度
性別→	男性	女性	男性	女性
	76	65	88	65
	78	90	76	67
	76	65	76	67

處理變數→	高強度	高強度	低強度	低強度
性別→	男性	女性	男性	女性
	76	90	76	87
	76	65	56	78
	74	90	76	56
	74	90	76	54
	76	79	98	56
	76	70	88	54
	55	90	78	56

　　這裡是一些步驟和 *F* 檢定統計量的計算。你在這裡沒有看到「有名的八個步驟」的原因是（好吧！是有 10 個），這是本書從頭到尾第一次（也是唯一一次）不用動手計算，而是只用電腦計算。如我前面說過的，就這個程度的課程而言，這個分析實在太過於費力。

1. 陳述虛無假設和研究假設

實際上這裡出現三個虛無假設（式 14.1a、14.1b、14.1c），陳述兩個因子的平均數之間沒有差異且沒有交互作用。我們開始吧！

首先，對處理變數來說，

$$H_0 : \mu_{高強度} = \mu_{低強度} \tag{14.1a}$$

對性別變數來說，

$$H_0 : \mu_{男性} = \mu_{女性} \tag{14.1b}$$

對處理變數和性別之間的交互作用來說，

$$H_0 : \mu_{高強度 \times 男性} = \mu_{高強度 \times 女性} = \mu_{低強度 \times 男性} = \mu_{低強度 \times 女性} \tag{14.1c}$$

式 14.2a、14.2b、14.2c 所顯示的研究假設，陳述群體的平均數之間有差異且存在交互作用。具體內容如下：

首先，對處理變數來說，

$$H_1 : \overline{X}_{高強度} \neq \overline{X}_{低強度} \tag{14.2a}$$

對性別變數來說，

$$H_1 : \overline{X}_{男性} \neq \overline{X}_{女性} \tag{14.2b}$$

對處理變數和性別之間的交互作用來說，

$$H_1 : \overline{X}_{高強度 \times 男性} \neq \overline{X}_{高強度 \times 女性} \neq \overline{X}_{低強度 \times 男性} \neq \overline{X}_{低強度 \times 女性} \tag{14.2c}$$

2. 設定和虛無假設有關的風險水準（或者顯著水準，或犯型 I 錯誤的可能性）

   風險水準或型 I 錯誤或顯著水準是 0.05。同樣地，SPSS 會提供精確的 p 值，但是所使用的顯著水準完全由研究者自行決定。

3. 選擇合適的檢定統計量

   使用圖 14.1 所示的流程圖，我們確定合適的檢定方法是因子 ANOVA。

4. 計算檢定統計量值（也叫做實際值）

   我們將使用 SPSS 來計算，這裡是具體的步驟。我們使用前述的資料，這些資料可以從《愛上統計學》這本書的網站下載，也在附錄 C 中列出。

   在資料編輯視窗鍵入資料，或開啟資料檔案。要確定每一個因子都有一欄，包括處理變數、性別和減輕體重，如圖 14.4 所示。

5. 點選「分析→一般線性模型→單變異數」，你會看到如圖 14.5 所示「因子變異數分析」對話方塊。

6. 點選變數名稱「Loss」，然後將它移到「應變數」框中。

7. 點選變數名稱「Treatment」，然後將它移到「固定因子」框中。

8. 點選變數名稱「Gender」，然後將它移到「隨機因子」框中。

9. 點選「選項」，接著點選「敘述性統計量」，然後點選「繼續」。

10. 點選「確定」。SPSS 執行分析指令後會產生如圖 14.6 所示的結果（和你在本章前面看到的一樣）。

	 Treatment	 Gender	 Loss
1	高強度	男性	76
2	高強度	男性	78
3	高強度	男性	76
4	高強度	男性	76
5	高強度	男性	76
6	高強度	男性	74
7	高強度	男性	74
8	高強度	男性	76
9	高強度	男性	76
10	高強度	男性	55

圖 14.4　第 14 章資料集 1 的資料

圖 14.5　因子變異數分析對話方塊

受試者間效應項檢定
依變數：**Loss** 減輕體重

來源		類型 III 平方和	自由度	均方	F	顯著性
截距	假設	218892.025	1	218892.025	1057.322	.020
	誤	207.025	1	207.025[a]		
Treatment	假設	265.225	1	265.225	.252	.704
	誤	1050.625	1	1050.625[b]		
Gender	假設	207.025	1	207.025	.197	.734
	誤	1050.625	1	1050.625[b]		
Treatment * Gender	假設	1050.625	1	1050.625	9.683	.004
	誤	3906.100	36	108.503[c]		

a. MS(Gender)

b. MS(Treatment * Gender)

c. MS（錯誤）

 14.6　因子變異數分析的 SPSS 輸出結果

　　想知道為什麼 SPSS 輸出結果的標題為單變量變異數分析？我們知道你會這樣想。是的，就 SPSS 而言，這項分析只處理一個依變數或者結果變數，在我們的這個例子中就是減輕體重。如果我們的研究問題中不只一個變數（如對飲食的態度），那就是多變量變異數分析，它在檢視群體差異的同時，也要控制自變數之間的關係，在第 18 章會有更多的討論。

SPSS 輸出結果的涵義

　　SPSS 的輸出結果非常簡潔，下面就是我們得到的內容：

1. 變異的來源——確認主效應和交互作用。

2. 每一個變異來源的平方和。

3. 接著是自由度，以及平均平方和（均方），也就是平方和除以自由度。

4. 最後就是實際值和精確的顯著水準。

5. 就性別來說，在期刊或者報告中出現的結果看起來像：$F_{(1, 36)} = 0.197$，$p = 0.734$。

6. 就處理變數來說，在期刊或者報告中出現的結果看起來像：$F_{(1, 36)} = 0.252$，$p = 0.704$。

7. 就交互作用來說，在期刊或者報告中出現的結果看起來像：$F_{(1, 36)} = 9.683$，$p = 0.004$。

我們已經完成了！唯一的顯著結果是性別和處理變數之間的交互作用。

計算因子 ANOVA 的效應量

這裡是使用不同的公式來計算因子 ANOVA 的效應量大小，但是觀念是相同的，我們仍然是對觀察到的差異大小做出判斷。

對因子 ANOVA 來說，這個統計量稱為 omega 平方，以 ω^2 表示，公式如下：

$$\omega^2 = \frac{SS_{組間} - (df_{組間})(MS_{組內})}{MS_{組內} + SS_{總體}}$$

其中，

- ω^2 是效應量的值
- $SS_{組間}$ 是處理變數之間的平方和
- $df_{組間}$ 是整體的自由度
- $MS_{組內}$ 是處理變數的組內平均平方和
- $SS_{總體}$ 是修正後總體平方和

不要被這個公式困住；這些術語是你在第 13 章中已經看過的，最後的 ω^2 值的解釋也與我們前面討論的其他效應量大小的解釋相同。

對於第 277 頁範例中命名為 Gender 的因子的效應量大小，我們可以得到以下的公式：

$$\omega^2 = \frac{3222.025 - (1)(142.492)}{142.492 + 8807.975} = 0.34$$

性別的效應量大小為 0.34。根據一些常用準則（0.01 是很小，0.06 是中等，0.14 是很大），其效應量大小為 0.34（反映了關聯強度）是非常大的。

順便一提，即使在如此巨大的效應量之下，性別的總體效應也不顯著的原因是，這取決於男性和女性是在高強度群體，還是低強度群體中，顯著的交互作用實際上消除了性別的潛在影響。

 現實世界的統計

你一定看過這些新聞：某些主要發生在孩童時期的失調行為在頻率上持續增加，像是自閉症和注意力不足過動症 (ADHD)，這可能是因為改變了診斷的標準、或對辨識患有這些疾病的兒童的重視程度增加，也可能是這些行為的發生次數真的增加。無論如何，在認定這些診斷的第一步時，需要精確地測量某些行為和結果，這正是此一研究所探討的相關內容。在一個以 70 位 3 歲、4 歲和 5 歲的小孩所組成的樣本中，行為抑制的衡量被用以檢查因子效度 (factorial validity)、生態效度 (ecological validity) 和五種行為抑制表現的衡量信度，一個以性別和年齡群體（兩個因子）作為自變數的 2 × 3 因子變異數分析，顯示性別和年齡有顯著的主效應，交互作用不顯著。這些測量中有些和老師的評定有關，有些則否，導致研究人員的結論是，某些行為抑制的衡量可能很有用，其他則是需要進一步的探究。

想要知道更多嗎？可以上網或到圖書館找到這篇文章：

Floyd, R. G., & Kirby, E. A. (2001). Psychmetric properties of measures of behavioral inhibition with preschool-age children: Implications for assessment of children at risk for ADHD. *Journal of Attention Disorders*, 5, 79-91.

 **小結**

我們已經完成了平均數之間差異的檢定，接著，我們要前往檢視相關或兩個變數之間關係的顯著性。

練習時間

1. 何時你會使用因子 ANOVA 而不是簡單 ANOVA，來檢定兩個或更多群體平均數之間差異的顯著性？

2. 建立一個可以進行因子 ANOVA 的 2×3 實驗設計，要確切地指出自變數和依變數。

3. 使用第 14 章資料集 2 (Chapter 14 Data Set 2)，用 SPSS 完成分析並解釋嚴重程度和處理類型對減輕痛苦的結果。這是一個 2×3 實驗設計，就像你在問題 2 提出的答案中所看到的。

4. 使用第 14 章資料集 3 (Chapter 14 Data Set 3) 並回答下面有關壓力程度和性別對咖啡因的消費量（以每天的咖啡杯數進行測量）是否有影響的分析。

   a. 高度壓力、低度壓力和沒有壓力的群體中，咖啡因消費量是否有差異存在？

   b. 不管是哪一個壓力群體，男性和女性的咖啡因消費量是否有差異？

   c. 有無任何交互作用？

5. 這是額外的加分題目：在命名為第 14 章資料集 4 (Chapter 14 Data Set 4) 的資料檔中，女生的表現是否比男生好（利用一個能力從 1 到 10 的測驗來評估，10 分是最好的。）？如果是的話，是在什麼情況之下？

學生學習網址

你可以造訪 edge.sagepub.com/salkindfrey7e 取得強化學習技巧所需要的工具，以及取用練習測驗、eFlashcards、原始和精選的影片、資料集等！

用相關係數檢定關係
——親戚或只是好朋友？

難易指數：☺☺☺☺（容易——你甚至不需要進行任何計算）

本章學習內容

✦ 檢定相關係數的顯著性。

✦ 解釋相關係數。

✦ 區辨顯著性和有意義（再次！）。

✦ 使用 SPSS 分析相關資料，以及如何瞭解分析結果。

檢定相關係數的介紹

　　丹尼爾・舍克 (Daniel Shek) 在他的研究論文「婚姻品質與親子之間關係的品質」中，告訴我們至少存在兩種可能性。首先，失敗的婚姻可能促進親子關係，這是由於父母對婚姻不滿意，就可能以他們與子女的關係替代婚姻中所欠缺的情感滿足；或者，依據外溢效果的假設，失敗的婚姻也可能破壞親子關係，這是由於失敗的婚姻可能增加了撫養子女的困難。

　　舍克研究了 378 對華人夫婦在 2 年期間的婚姻品質和親子間關係。他發現婚姻品質水準越高，親子關係水準也越高；單一時間的測量（本次調查）

和貫時性的測量（跨時間）都支持這項發現。他也發現，親子關係的強度對父親和母親而言都是一樣的。這是一個明顯的例證，說明如何使用相關係數提供給我們某一變數和另一變數之間是否相關所需要的資訊。舍克全面計算了時期 1、時期 2 與父親、母親之間的不同相關性，但所有的計算目的都相同：確定變數之間是否顯著相關。要記住，這不是說變數關係存在任何因果性，只是說一個變數和另一個變數相關。

想要瞭解更多？上網或到圖書館查閱這篇文章：Shek, D. T. L. (1998). Linkage between marital quality and parent-child relationship: A longitudinal study in the Chinese culture. *Journal of Family Issues*, *19*, 687-704.

通往智慧與知識的道路

下面介紹如何使用流程圖選擇合適的檢定統計量來檢定相關係數，沿著圖 15.1 中加底色的系列步驟就可以。

1. 只檢視變數之間的關係，而不是群體之間的差異。

2. 只用兩個變數。

3. 合適的檢定統計量是相關係數的 *t* 檢定。

計算檢定統計量

你可能會很開心讀到這個資料：相關係數本身可以作為它自己的檢定統計量。這讓事情變得非常簡單，因為你不需要計算任何檢定統計量，而且檢視顯著性實際上也非常容易。

我們現在利用下面的一組資料作為範例，此一資料檢視婚姻品質和親子關係品質這兩個變數之間的關係。這些假設的（編造的）分數範圍可以從 0 分到 100 分，分數越高，婚姻越幸福和親子關係越好。

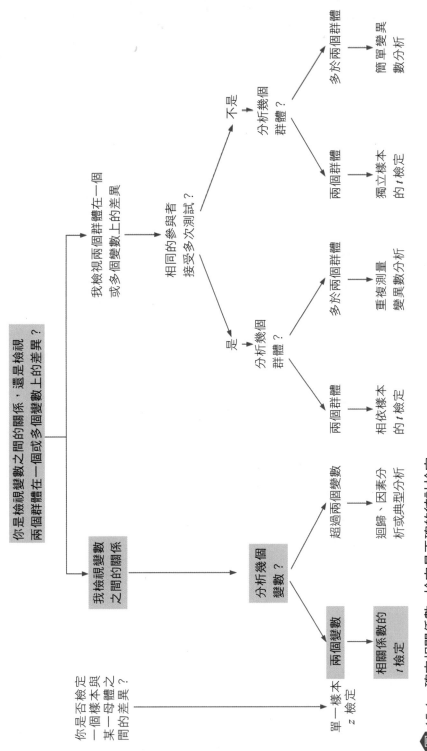

圖 15.1　確定相關係數 t 檢定是正確的統計檢定

婚姻品質	親子關係
76	43
81	33
78	23
76	34
76	31
78	51
76	56
78	43
98	44
88	45
76	32
66	33
44	28
67	39
65	31
59	38
87	21
77	27
79	43
85	46
68	41
76	41
77	48
98	56
98	56
99	55
98	45
87	68
67	54
78	33

　　你可以應用第 5 章的式 5.1（第 89 頁）計算皮爾森相關係數，實際計算時，你會得到的結果是 $r = 0.437$，或當我們將小數點以下兩位數四捨五入時，係數為 0.44。現在，讓我們按照步驟實際檢定這個數值的顯著性，並且對其涵義作出決定。

　　如果你需要快速地回顧一下相關的基本概念，可以回顧第 5 章。

　　下面是有名的八個步驟和檢定統計量的計算。

---

1. 陳述虛無假設和研究假設

虛無假設是陳述婚姻品質和親子關係品質之間沒有關係（技術上，它是假設相關係數為 0）。研究假設是雙尾的、無方向的假設，因為研究假設只是假設兩個變數之間有關係存在，但並沒有說明關係的方向。記住，相關可能是正向的（或直接的）或負向的（或間接的），而且相關係數最重要的特徵是它的絕對值大小，而不是符號（正向或負向）。

虛無假設如式 15.1 所示：

$$H_0 : \rho_{xy} = 0 \qquad (15.1)$$

希臘字母 ρ 或 *rho* 表示母體的相關係數。

研究假設（式 15.2 所示）陳述兩個變數之間有關係，而且這個關係不等於零。

$$H_1 : r_{xy} \neq 0 \qquad (15.2)$$

2. 設定和虛無假設有關的風險水準（或顯著水準，或犯型 I 錯誤的可能性）

風險水準、犯型 I 錯誤的機率，或顯著水準設定為 0.05。

3. 和 4. 選擇合適的檢定統計量

使用圖 15.1 所示的流程圖，我們確定相關係數是合適的檢定。在這個範例中，我們不需要計算檢定統計量，因為樣本的 r 值 ($r_{xy} = 0.44$) 本身就是我們的檢定統計量。

5. 使用特定統計量的適當臨界值表，決定拒絕虛無假設所需要的值

附錄 B 的表 B.4 列出了相關係數的臨界值。

我們的第一個任務是要確定自由度 (*df*)，自由度近似樣本數。就這個特定

的檢定統計量來說，自由度是 $n-2$，或 $30-2=28$，其中 n 等於用來計算相關係數的配對數量。這裡的自由度只適合於這項統計檢定量，但不是其他統計檢定所需要的。

使用這個數值 (28)、你願意承擔的風險水準 (0.05) 和雙尾檢定（因為研究假設是無方向的），臨界值是 0.381（使用 $df = 25$，因為該表中未顯示 28）。因此，對顯著水準為 0.05、自由度為 28 的雙尾檢定來說，我們拒絕虛無假設所需要的值是 0.381。

6. 比較實際值和臨界值

實際值是 0.44，而拒絕兩個變數無關之虛無假設的臨界值是 0.381。

7. 和 **8.** 做出決定

現在我們該做出決定了。如果實際值（或者檢定統計量的值）是比臨界值（表中列出的值）更為極端，就不能接受虛無假設；如果實際值沒有超過臨界值，虛無假設就是最有吸引力的解釋。

在這個範例中，實際值 (0.44) 確實超過臨界值 (0.381)，這個值大到我們可以說兩個變數（婚姻品質和親子關係品質）之間的關係，是由於隨機因素之外的因素所引起。無論母體的相關係數為何，它很有可能是大於 0.0。

單尾還是雙尾檢定？如果是檢定平均數之間的差異，就非常容易將單尾檢定或雙尾檢定概念化，而且對你來說，也很容易理解相關係數的雙尾檢定（任何與零值的差異都要檢定）。但是單尾檢定呢？實際上也很容易，對於有關係存在之研究假設的有方向檢定，可以假定關係是直接的（正向的）或間接的（負向的），因此，舉例來說，如果你認為兩個變數之間是正向相關，那麼就是單尾檢定；同樣地，如果你認為兩個變數之間有負向相關，那麼也是單尾檢定。只有當你沒有預測關係的方向時才是雙尾檢定，明白嗎？

好啦！我們是有點取巧。實際上，你可以計算 t 值（類似於不同平均數之間差異的檢定）檢定相關係數的顯著性，計算公式並不比你之前學到的公式還難，但是你不會在本章看到。重點是，一些聰明的統計學家已經計算了在不同顯著水準下 (0.01、0.05)，不同樣本數（即不同的自由度）的單尾或雙尾檢定的臨界 r 值，就如你在表 B.4 所看到的。因此，如果你在讀專業期刊時看到使用 t 值檢定相關，你現在就知道原因了。

那麼我如何解釋 $r_{(28)} = 0.44$，$p < 0.05$？

- r 表示我們使用的檢定統計量。
- 28 是自由度的數值。
- 0.44 是實際值，是使用我們在第 5 章提供的公式計算所得到的數值。
- $p < 0.05$（實際上是這個簡短片語中最重要的部分）表示對虛無假設的任何檢定來說，兩個變數之間的關係是由於隨機因素引起的可能性小於 5%，因為我們定義 0.05 作為研究假設比虛無假設更有吸引力的標準，我們的結論就是兩個變數之間的關係是顯著的。這表示，在我們的資料中，隨著婚姻品質水準的提高，親子關係品質的水準也提高；同樣地，隨著婚姻品質水準的降低，親子關係品質的水準也降低。

原因與相關（再一次！）

你可能認為你已經對此有足夠的瞭解，但是這一點實在太重要了，使得我們不得不再次強調。因此，我們再一次強調，僅僅因為兩個變數彼此相關（類似上面列出的範例），並不表示一個變數的變化就能引起另一個變數的變化。換句話說，最高的婚姻品質也不能保證親子關係也有高品質。這兩個變數存在相關可能因為共用一些使得一個人成為好丈夫、好妻子或好父母的特質（耐心、理解、犧牲的意願），但是也有相當的可能是看到可以成為好丈夫或好妻子的人，與子女的關係相當糟糕。

效應量大小是表示變數之間關係強度的指標。我們已經瞭解了 Cohen's d，即 t 檢定的效應量大小；eta 平方，即單因子變異數分析的效應量大小等。相關係數本身就是效應量大小！實際上，這是最簡單的效應量，因為它可以直接測量兩個變數之間的關係，對吧？它的解釋如下：0.2 = 小，0.5 = 中，0.8 = 大。還要記住，將相關性當作效應量大小的另一種方法是對相關性求取平方，並將該判定係數解釋為一個變數中與另一個變數重疊的變異量比例。

還記得第 5 章犯罪和冰淇淋的範例嗎？隨著城市中冰淇淋消費量的增加，犯罪率也在上升，但是沒有人認為吃冰淇淋實際上會影響犯罪。在本章

也一樣，僅僅因為變數相關並分享一些共同的特徵，並不意味著這兩個變數之間存在因果關係。

　　相關係數可以用於許多不同的目的，而且你可能在一些文章中看到將相關係數用於估計某一檢定的信度。但是你已經知道了這些內容，因為你已經讀了第 6 章，並且精通它！在第 6 章，你也許記得我們討論過這類的信度相關係數，如再測信度（相同測驗在兩個不同時間點的分數之間相關）、平行形式信度（同一測驗的不同形式所得到分數之間相關）和內在一致性信度（某一檢定不同項目之間相關）。信度基本上是某一測驗本身的相關性，相關係數也是用於更多進階統計技術的標準單位，這些我們將於第 18 章中討論。

顯著性與有意義（再一次，再一次！）

　　在第 5 章，我們回顧了對使用判定係數來理解相關係數之意義的重要性。你可能記得將相關係數平方，可以決定一個變數的變異被另一個變數的變異所解釋的數量。在第 9 章我們也討論了顯著性與有意義的基本議題。

　　但是我們需要再一次提到和討論這個主題。即使相關係數是顯著的（就如本章的範例），並不意味著被解釋的變異數量是有意義的。例如：在這個例子中，簡單皮爾森相關值為 0.437，其判定係數等於 0.190，這表示有 19% 的變異量可以被解釋，而 81% 的變異量不能被解釋。這就留下了很大的質疑空間，不是嗎？

　　因此，即使我們知道婚姻品質和親子關係品質之間有正向的關係，這兩個變數可能「連」在一起，但是這麼小的相關係數 0.437 表示在這兩個變數的關係中，還有其他很重要的因素在發揮作用。因此，你可能會想到統計學中的一句諺語：「你看到的並不一定是你得到的。」

使用 SPSS 計算相關係數

　　現在我們使用第 15 章資料集 1 (Chapter 15 Data Set 1)，這個資料集中有兩個有關品質的測量指標，一個是婚姻（相處的時間，有三個分類項目，1 表示最低的婚姻品質，3 表示婚姻品質最好），另一個是親子關係（情感的

強度，分數越高，情感越好）。

1. 在資料編輯視窗鍵入資料（或打開資料檔案）。要確認有兩欄，每
   一個變數有一欄。在圖 15.2 中，你可以看到各欄的標題分別為 Qual_
   Marriage（代表婚姻品質）與 Qual_PC（代表親子關係品質）。

	🖉 Qual_Marriage	🖉 Qual_PC
1	1	58.7
2	1	55.3
3	1	61.8
4	1	49.5
5	1	64.5
6	1	61.0
7	1	65.7
8	1	51.4
9	1	53.6
10	1	59.0
11	2	64.4
12	2	55.8

▣ 15.2　第 15 章資料集 1 資料

2. 點選「分析→相關→雙變異數」，你就會看到如圖 15.3 所示雙變量相
   關性對話方塊。
3. 雙擊變數名稱「Qual_Marriage」，將它移到「變數」框中，接著，雙
   擊變數名稱「Qual_PC」將它移到「變數」框中。
4. 點選「Pearson」相關係數和「雙尾」顯著性檢定。
5. 點選「確定」，SPSS 的輸出結果如圖 15.4 所示。

瞭解 SPSS 輸出結果的涵義

SPSS 的輸出結果既簡單且直接。

兩個變數之間的相關係數是 0.081，在 0.637 的顯著水準下是顯著的，

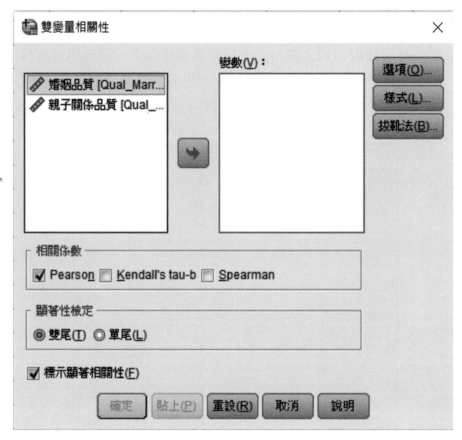

圖 15.3　雙變量相關性對話方塊

相關性

		Qual_Marriage 婚姻品質	Qual_PC 親子關係品質
Qual_Marriage 婚姻品質	皮爾森 (Pearson) 相關性	1	.081
	顯著性（雙尾）		.637
	N	36	36
Qual_PC 親子關係品質	皮爾森 (Pearson) 相關性	.081	1
	顯著性（雙尾）	.637	
	N	36	36

圖 15.4　檢定相關係數顯著性的 SPSS 輸出結果

但是更準確地說就是，犯型 I 錯誤的機率是 0.637，這意味著在虛無假設為真（兩個變數不相關）的情況下，拒絕虛無假設的可能性是 63.7%，這是非常高和不佳的勝算比，至少對於這組資料來說，親子關係品質和婚姻品質似乎是無關。

 現實世界的統計

相較於所有的注意力都集中在社群媒體（在社群媒體的時代是理所當然），看看研究人員如何評估那些在美國以外研究和生活之大學生的「社會」福祉是很有趣的事。這個研究調查了在德黑蘭大學註冊的 236 位學生的五大人格領域和社會福祉之間的關係。相關分析顯示，人格因子和社會福祉領域之間的某些關係，像是神經質和社會接受、社會貢獻及社會凝聚是負向關係；責任感和社會貢獻是正向關係；開放性和社會貢獻是正向關係；社會凝聚、親和力和社會接受及社會貢獻有關。

研究人員依據國家之間的文化差異和人格特質及社會福祉之間的一般關係來討論這些調查發現，有趣的事！

想要知道更多嗎？可以上網或到圖書館閱讀這篇文章：

Joshanloo, M., Rastegar, P., & Bakhshi, A. (2012). The Big Five personality domains as predictors of social wellbeing in Iranian university students. *Journal of Social and Personal Relationships*, 29, 639-660.

 **小結**

相關係數是指出關係的方向和大小的非常有力的工具，並幫助我們理解兩個結果之間相互共享的部分。要記住，相關只是告訴我們關聯性，但並沒有說明某一個變數是否影響另一個變數。

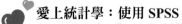
練習時間

1. 給定下面的資訊，使用附錄 B 的表 B.4 來決定相關係數是否顯著，以及你會如何解釋這些結果。

   a. 20 個婦女的速度和耐力之間的相關係數是 0.567，在 0.01 的顯著水準下使用單尾檢定來檢定結果。

   b. 數學考試中回答正確的問題數和完成考試所需時間之間的相關係數 −0.45，在 0.05 的顯著水準下檢定 80 個孩子的相關係數是否顯著。選擇單尾或雙尾檢定，並合理說明你的選擇。

   c. 50 個青少年的朋友數和成績平均績點 (GPA) 之間的相關係數為 0.37，在 0.05 的顯著水準下，其雙尾檢定是否顯著？

2. 使用第 15 章資料集 2 (Chapter 15 Data Set 2) 回答下面的問題，動手計算或使用 SPSS 計算。

   a. 計算動機和成績平均績點 (GPA) 之間的相關係數。

   b. 在 0.05 的顯著水準下使用雙尾檢定，檢定相關係數是否顯著。

   c. 正確或錯誤？動機水準越高就越願意學習，你選擇的答案是什麼及為什麼？

3. 使用第 15 章資料集 3 (Chapter 15 Data Set 3) 來回答下列問題，動手計算或使用 SPSS 計算。

   a. 計算收入與教育程度的相關係數。

   b. 檢定此相關係數的顯著性。

   c. 你能提出什麼論述來支持「低教育程度導致低收入」的結論？

4. 使用第 15 章資料集 4 (Chapter 15 Data Set 4) 回答下面的問題，動手計算相關係數。

   a. 在 0.05 的顯著水準下使用雙尾檢定，檢定學習時數和成績的相關係數是否顯著。

   b. 解釋這個關係，在這個檢定的基礎上，你會得到學習時數和成績之間有何關係的結論？

   c. 這兩個變數之間共用的變異量是多少？

   d. 你如何解釋這個結果？

5. 某一個研究已經完成針對 50 位大學生的壓力程度和咖啡消費量之間關係的分析，相關係數是 0.373，這是雙尾檢定，顯著水準設為 0.01。首先，這個關係是否顯著？其次，下面的敘述有何錯誤：「就這個研究所蒐集的資料和透過嚴謹的分析，我們得到的結論是，如果喝較少的咖啡，就會有較少的壓力？」

6. 使用下面的資料來回答問題，動手完成這些計算。

月齡	識字數
12	6
15	8
9	4
7	5
18	14
24	20
15	7
16	6
21	18
15	17

a. 計算月齡與識字數的相關係數。

b. 在 0.05 顯著水準下，檢定此相關係數的顯著性。

c. 倒帶且回憶你在第 5 章所學習與相關係數有關的內容，並解釋它。

7. 討論這個一般的觀念：若只因為兩件事是相關的，並不表示一個變數的改變會引起另一個變數的改變，並舉例說明（冰淇淋和犯罪之外的例子）。

8. 第 15 章資料集 5 (Chapter 15 Data Set 5) 包含四個變數：

a. 年齡（以年為單位）

b. 鞋子大小（小、中、大的編碼是 1, 2, 3）

c. 智力（像是用標準化測驗測量）

d. 教育程度（以年為單位）

哪些變數之間是顯著相關，且更重要的是，哪些相關是有意義的？

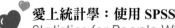
學生學習網址

你可以造訪 edge.sagepub.com/salkindfrey7e 取得強化學習技巧所需要的工具，以及取用練習測驗、eFlashcards、原始和精選的影片、資料集等！

使用線性迴歸
——預測未來

難易指數：☺（要多難就有多難）

本章學習內容

✦ 瞭解預測有何用處及如何應用在社會與行為科學。
✦ 瞭解當在某一個變數的基礎上預測另一個變數時，
　線性迴歸有何用處及為何有用。
✦ 判斷預測的準確性。
✦ 瞭解多元迴歸的用途及為何有用。

線性迴歸的介紹

　　你曾經在新聞報導中看到，關於肥胖如何影響工作和日常生活的所有相關訊息。瑞典的一組研究人員對研究行動不便和／或肥胖預測工作壓力的程度，以及工作中的社會支持是否可以改變此一關聯性感興趣。該研究包括35,000 多名參與者，並且使用線性迴歸估計了工作壓力平均得分的差異，而線性迴歸是我們在本章討論的重點。其結果發現，行動不便的程度確實可以預測工作壓力，而工作中的社會支持顯著地修正了工作壓力、行動不便和肥

胖之間的關聯性。

　　想知道更多？去圖書館或上網查閱這篇文章：Norrback, M., De Munter, J., Tynelius, P., Ahlstrom, G., & Rasmussen, F. (2016). The association of mobility disability, weight status and job strain: A cross-sectional study. *Scandinavian Journal of Public Health, 44*, 311-319.

預測是怎麼一回事？

　　現在就簡短地介紹。你不僅可以計算兩個變數彼此之間相關的程度（就如同我們在第 5 章計算相關係數一樣），也能夠以相關係數為基礎，由一個變數的值來預測另一個變數的值。這是相關應用中非常特別的範例，而且相關是社會和行為科學研究者的一個強而有力的工具。

　　基本概念就是使用之前已經蒐集的資料集（如變數 X、Y 的資料）來計算變數如何相關，接著使用相關係數及 X 的資訊來預測 Y。聽起來有點難！實際上不難，特別是當你看過例子之後。

　　例如：一研究者蒐集了 400 位州立大學學生在高中時期的成績平均績點 (GPA) 和大學第一年的 GPA，他計算了這兩個變數之間的相關係數。接著，他使用你將在稍後本章學到的技巧，利用新的一組學生樣本的高中 GPA（從之前的學生資料集，知道高中 GPA 與大學第一年的 GPA 關係）預測剛進入大學第一年新生的 GPA。很炫吧！

　　這裡有另一個例子。一些教師對幼兒園的額外幫助所發揮的效果感興趣，也就是孩子進入幼兒園的額外幫助是否可以預測他們在一年級有更好的表現？同樣地，這些教師知道幼兒園的效用總量和一年級成績的相關係數，他們可以將這個相關係數應用到新的學生樣本，並依據幼兒園的效用總量預測一年級的成績。

　　迴歸是如何運作的呢？蒐集過去事件（如兩個變數之間現存的關係）的資料，然後在只知道一個變數的情況下，應用到未來的事件，這要比你想像中容易。

相關係數的絕對值越大，不管是直接的或間接的（正向或負向），以此一相關係數為基礎，用一個變數預測另一個變數的準確性就越高，因為這兩個變數共用的部分越多，你對第一個變數的瞭解越多，就可以對第二個變數瞭解更多。而且你可能已經推測，如果是完全相關（+1.0 或 −1.0），那麼，預測就會完全準確。如果 r_{XY} = −1.0 或 +1.0，而且你知道 X 值，那麼你也可以知道 Y 的確切值；同樣地，如果 r_{XY} = −1.0 或 +1.0，而且你知道 Y 值，那麼你也知道 X 的確切值。這兩種預測形式都可以發揮很好的效用。

本章的內容就是詳細瞭解利用線性迴歸由 X 值預測 Y 值的過程，我們將從預測的一般邏輯討論開始，接著複習一些簡單的線性圖形繪製技能，最後以具體的例子討論預測過程。

為什麼是從 X 預測 Y，而不是從 Y 預測 X？慣例。這似乎是一個好的想法，用一致的方式來標識變數，因此，將 Y 變數當成依變數或被預測的變數，而將 X 變數當成為自變數，並且是用於預測 Y 值的變數。且在預測時，Y 值用 **Y'** 表示（讀作 **Y prime**），即 Y 的預測值。（為了聽起來像是專家，你可以將自變數稱為預測變數，將依變量稱為效標。正統主義者保留自變數和依變數來描述因果關係，這是在討論相關時我們無法假定這個因果關係。）

預測的邏輯

在我們開始實際計算並展示如何使用相關進行預測之前，我們先討論預測為何有用，以及如何運用。我們會繼續使用前面以高中的 GPA 預測大學的 GPA 為範例。

預測是由現有結果的知識為基礎來計算未來結果的一種活動，當我們想要從一個變數預測另一個變數時，首先需要計算兩個變數之間的相關係數，表 16.1 顯示在這個範例中使用的資料，圖 16.1 呈現即將用來計算的兩個變數的散布圖（見第 5 章）。

表 16.1　高中 GPA 和大學第一年 GPA 的全部資料

高中 GPA	大學第一年 GPA
3.50	3.30
2.50	2.20
4.00	3.50
3.80	2.70
2.80	3.50
1.90	2.00
3.20	3.10
3.70	3.40
2.70	1.90
3.30	3.70

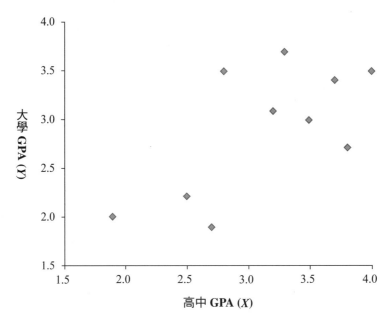

圖 16.1　高中 GPA 與大學 GPA 的散布圖

　　要從高中 GPA 預測大學 GPA，我們必須建立**迴歸方程式** (regression equation)，並使用這個方程式畫出**迴歸線** (regression line)。迴歸線反映出我

們以變數 *X* 的值（高中 GPA）來預測變數 *Y* 的值（大學 GPA）時的最好猜測，就你在表 16.1 中看到的所有資料來說，迴歸線是自身和被預測變數 *Y* 的每一個資料點之間的距離最小的直線，你很快就會學習如何繪製圖 16.2 所示的迴歸線。

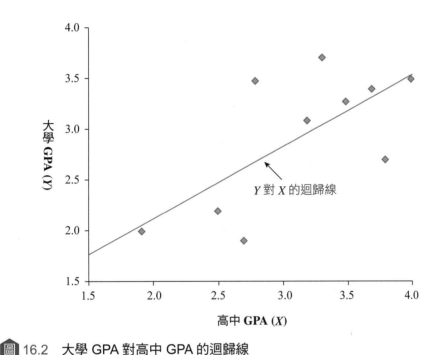

圖 16.2　大學 GPA 對高中 GPA 的迴歸線

在圖 16.2 中，這一條迴歸線表示什麼呢？

首先，這是變數 *Y* 對變數 *X* 的迴歸。換句話說，*Y*（大學 GPA）將由 *X*（高中 GPA）預測。這條迴歸線也叫做**最佳配適線** (line of best fit)，這條線配適這些資料是因為，它使每個資料點與迴歸線的距離最小化，這些距離就是誤差，因為它表示此一預測是錯誤的，它是偏離正確答案的某些距離，畫出這條線來極小化這些誤差。舉例來說，如果你同時將所有這些點都考慮在內，並嘗試找到最配適它們的直線，那麼你會看到如圖 16.2 中的直線。

其次，這條直線允許我們有最佳猜測（已知高中 GPA 的情況下，對大學 GPA 進行估計），例如：如果高中 GPA 是 3.0，那麼，大學 GPA 應該大概是 2.8（記住，這只是用眼球預測）。看一下圖 16.3，你就會瞭解我們是

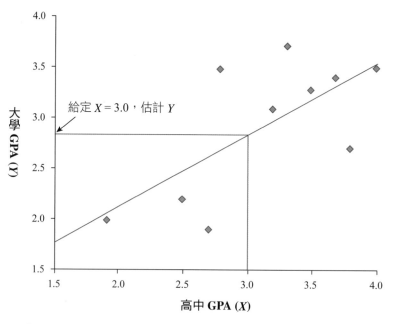

給定 X = 3.0，估計 Y

圖 16.3　給定高中 GPA 估計大學 GPA

怎麼做到的，我們先在 x 軸定位預測值 (3.0)，然後繪製從 x 軸到迴歸線的垂直線，接著繪製水平線到 y 軸，最後估計 Y 的預測值可能是多少。

　　第三，每一個資料點和迴歸線的距離就是**預測誤差** (error in prediction)，即兩個變數之間相關的直接反映。舉例來說，如果你看一下標示在圖 16.4 中的資料點（3.3、3.7），你可看到這個（X、Y）的資料點是在迴歸線上方，這個資料點和迴歸線的距離就是預測誤差，就如圖 16.4 中所標示；因為如果是完美預測，所有預測點會落在什麼位置？剛好就在迴歸線或預測線上。

　　第四，如果是完全相關（且 x 軸與 y 軸相交於 Y 的平均數），所有的資料點將沿著 45° 角形成一條直線，且迴歸線會通過每一個資料點（就如前面第三點所說）。

　　給定迴歸線之後，我們可以使用迴歸線預測任何未來的數值，這正是我們現在要做的——建立迴歸線然後進行預測工作。

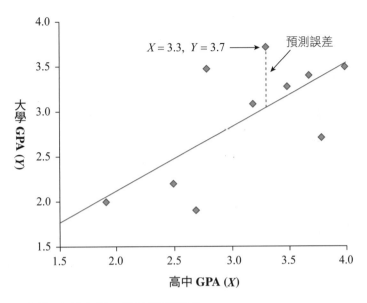

圖 16.4　預測很少是完美：估計預測誤差

（為你的資料）繪製世界上最佳的直線

　　瞭解預測的最簡單方式，就是以一個變數的數值〔我們稱 X 為**預測因子** (predictor) 或自變數〕為基礎，決定另一個變數的數值〔我們稱 Y 為**效標** (criterion) 或依變數〕。

　　我們發現 X 預測 Y 最好的方式，就是建立本章之前提到的迴歸線，迴歸線是由我們已經蒐集的資料所建立，接著，用這些方程式以預測變數 X 的新值來進行預測。

　　式 16.1 顯示迴歸線的一般公式，看起來很熟悉，因為你可能在高中或大學的數學課使用過類似的公式，在幾何學中，它是任何直線的公式：

$$Y' = bX + a \tag{16.1}$$

其中，

- Y′ 是根據已知的 X 值為基礎對 Y 的預測值；
- b 是直線的斜率或方向；
- X 是被用以當預測因子的數值；
- a 是直線通過 y 軸的點。

現在讓我們使用之前表 16.1 中列出的相同資料，進行一些我們所需要的計算。

	X	Y	X^2	Y^2	XY
	3.5	3.3	12.25	10.89	11.55
	2.5	2.2	6.25	4.84	5.50
	4.0	3.5	16.00	12.25	14.00
	3.8	2.7	14.44	7.29	10.26
	2.8	3.5	7.84	12.25	9.80
	1.9	2.0	3.61	4.00	3.80
	3.2	3.1	10.24	9.61	9.92
	3.7	3.4	13.69	11.56	12.58
	2.7	1.9	7.29	3.61	5.13
	3.3	3.7	10.89	13.69	12.21
總計	31.4	29.3	102.50	89.99	94.75

從這個表中，我們看到：

- ΣX 或所有 X 值的總和是 31.4。
- ΣY 或所有 Y 值的總和是 29.3。
- ΣX^2 或每個 X 值的平方總和是 102.5。
- ΣY^2 或每個 Y 值的平方總和是 89.99。
- ΣXY 或所有 X 值和 Y 值乘積的總和是 94.75。

式 16.2 用於計算迴歸線的斜率（直線公式中的 b）：

$$b = \frac{\Sigma XY - (\Sigma X \Sigma Y / n)}{\Sigma X^2 - [(\Sigma X)^2 / n]} \tag{16.2}$$

在式 16.3 中，你可以看到直線斜率 b 的計算值：

$$b = \frac{94.75 - [(31.4 \times 29.3)/10]}{102.5 - [(31.4)^2 / 10]}$$

$$b = \frac{2.749}{3.904} = 0.704 \tag{16.3}$$

式 16.4 是用於計算直線通過 y 軸的點（直線公式中的 a）：

$$a = \frac{\Sigma Y - b\Sigma X}{n} \tag{16.4}$$

在式 16.5 中，你可以看到直線截距項 a 的計算值：

$$a = \frac{29.3 - (0.704 \times 31.4)}{10}$$

$$a = \frac{7.19}{10} = 0.719 \tag{16.5}$$

現在，如果我們回到線性方程式 $(Y' = bX + a)$ 並帶入具體的 a 值和 b 值，最後的迴歸線就是：

$$Y' = 0.704X + 0.719$$

為什麼是 Y' 而不是單純的 Y？記住，我們用 X 預測 Y，所使用 Y' 表示為 Y 的預測值，而不是實際值。

於是，我們已經有了這個方程式，接下來我們能做什麼？當然是預測 Y。

舉例來說，我們可以說高中 GPA 等於 2.8（或 $X = 2.8$），如果我們將 2.8 這個值帶入方程式，就會得到下面的公式：

$$Y' = 0.704(2.8) + 0.719 = 2.69$$

因此，2.69 就是給定 X 等於 2.8 時 Y 的預測值（或 Y'）。現在，對任何的 X 值，我們可以很容易且快速的計算 Y 的預測值。

你可以使用此一公式和已知值來計算預測值，這就是我們剛才所討論的大部分內容。不過，你也可以繪製一條迴歸線來顯示這些數值（你嘗試去預測的結果）與你所預測之資料的實際吻合程度。再看一下圖 16.2 的高中—大學 GPA 資料的圖形，它包含一條迴歸線，也稱為**趨勢線** (trend line)。我們是怎麼得到這條線的？很簡單，我們使用了你在第 5 章中所學到的圖表技術來建立一張散布圖，然後，我們在「SPSS 圖表編輯器」中選擇「新增配適直線」。看吧！完成了！

你可以看到這個趨勢是正向的（因為該線的斜率是正值），且相關係數是 0.6385（非常正向）。你會看到資料點並非直接在直線上對齊，而是非常接近，這表示存在相對較小的誤差。

並不是所有配適資料點最佳的線都是直線，這些線也可能是曲線，就如我們在第 5 章討論的，變數間也可能有曲線關係。舉例來說，焦慮和成績之間的關係就是曲線關係，也就是人們完全不焦慮或非常焦慮，他們的成績都不好，而如果他們適度的焦慮，成績才能最大化。這兩個變數之間的關係就是曲線關係，所以在以 X 值預測 Y 值時要將此關係考慮。曲線關係的處理已經超出了本書的範圍，但是幸運的是，你在社會科學中會看到的大多數關係基本上都是線性的。

你的預測有多好？

如何衡量我們依據一個結果預測另一個結果之工作的好壞？我們知道兩個變數之間的相關係數絕對值越大，預測就越好。理論上來說這很好，但若實際些，在我們首次計算迴歸線的公式時，我們也能夠看到預測值 (Y') 和實際值 (Y) 之間的差異。

舉例來說，如果迴歸線的公式是 $Y' = 0.704X + 0.179$，X 值為 2.8 時，Y 的預測值 (Y') 是 0.704(2.8) + 0.719 或 2.69。我們知道對應於 X 值的 Y 實際值是 3.5（由表 16.1 所示的資料集），3.5 與 2.69 之間相差 0.81，也就是我們所知道的預測誤差大小。

另一種可以用來測量誤差度的方法是判定係數（見第 5 章），它是在變數之間的關係中減少的誤差百分比。舉例來說，如果兩個變數之間的相關為 0.4，且判定係數為 16% 或 0.4^2，則誤差減少了 16%，因為最初我們懷疑兩個變數之間的關係始於 0 或 100% 的誤差（完全沒有預測值）。

如果我們考慮所有的差異，我們可以計算每一個資料點與預測資料點之差異的平均數，或**估計標準誤** (standard error of estimate)，這是一種標準差，

反映了沿著迴歸線上的平均誤差，這個數值告訴我們，估計的不準確性程度，就如你可能預期的，兩個數值之間相關程度越高（預測也越好），這個估計標準誤就越小。事實上，如果兩個變數之間完全相關（+1 或 −1），估計標準誤就是 0，為什麼？因為若是完美預測，所有的實際資料點都會落在迴歸線上，由 X 估計 Y 便不存在誤差。

被預測的 Y' 或依變數並不需要一定是連續變數，如身高、考試成績或問題解決技能，它也可能是類別變數，如允許／不允許、水準 A ／水準 B，或社會階層 1 ／社會階層 2。在預測中，我們使用的數值是「虛擬代碼」，如 0 或 1（或任何兩個數值），然後在相同的方程式中使用。是的，這種類型的相關事物的測量等級應該屬於區間級別，這是正確的，只有兩個數值的變數在數學上的操作就像具有相等大小的區間一樣，因為只有一個區間。

使用 SPSS 計算迴歸直線

讓我們使用 SPSS 計算由 X 預測 Y' 的迴歸線，我們使用的資料集是第 16 章資料集 1 (Chapter 16 Data Set 1)。我們以訓練時數預測如果某人在足球比賽中受傷，其受傷嚴重的程度。

下面就是資料集中的兩個變數：

變數	定義
訓練 (X)	每星期重量訓練時數
受傷 (Y)	以 1-10 為測量等級的受傷程度

下面是計算本章所討論之迴歸線的步驟，你自己按照這個順序操作。

1. 打開資料檔案「第 16 章資料集 1」。
2. 點選「分析→迴歸→線性」，你會看到如圖 16.5 所示的「線性迴歸」對話方塊。
3. 點選變數名稱「Injuries」，然後將選取的變數移到「應變數」框中。這個變數是依變數，因為它的數值是視訓練時數的數值而定；換句話說，這個變數也是被預測的變數。

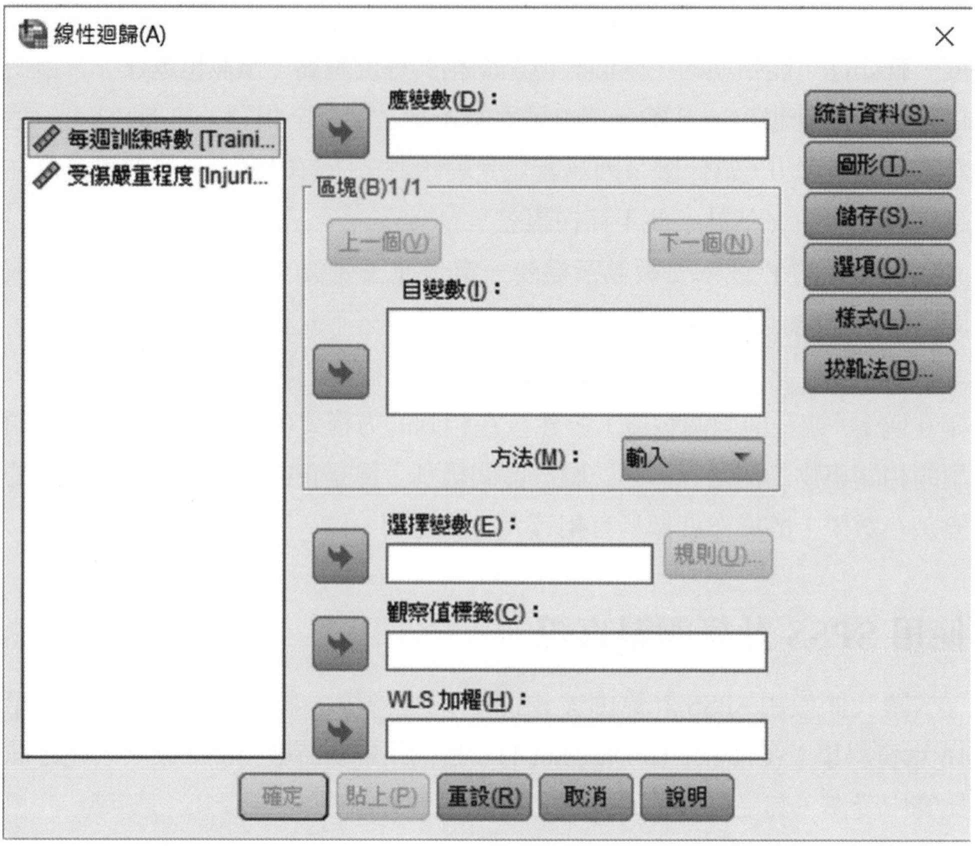

圖 16.5　線性迴歸對話方塊

4. 點選變數名稱「Training」，然後將選取的變數移到「自變數」框中。

5. 點選「確定」，你會看到如圖 16.6 所顯示的部分分析結果。我們待會會解釋輸出結果。我們先應用 SPSS 在這些資料的散布圖上繪製迴歸線，就如在前面的圖 16.2 中所看到的一樣。

6. 點選「圖形→舊式對話框→散點圖／點狀圖」。

7. 點選「簡式散布圖」後，再點選「定義」，你會看到「簡式散布圖」對話方塊。

8. 點選變數名稱「Injuries」，然後將它移到「y 軸」框中。記住，y 軸表示被預測的變數。

9. 點選變數名稱「Training」，然後將它移到「*x* 軸」框中。

10. 點選「確定」，你會看到如圖 16.7 所示的散布圖。現在，讓我們來繪製迴歸線。

11. 如果你還沒有進入圖表編輯器視窗，雙擊散布圖，選定之後進行編輯。

12. 點選所有按鍵列上的「於總計新增配適直線」鍵（在第二列的按鍵中由左邊算起第五個），這個鍵看起來像是 ⬚。

係數[a]

模型	非標準化係數		標準化係數	T	顯著性
	B	標準錯誤	β		
1　（常數）	6.847	1.004		6.818	.000
Training 每週訓練時數	-.125	.046	-.458	-2.727	.011

a. 應變數：Injuries 受傷嚴重程度

圖 16.6　SPSS 分析結果

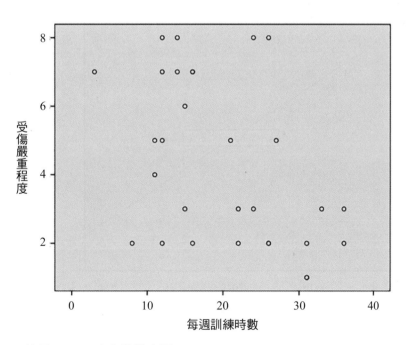

圖 16.7　使用 SPSS 建立的散布圖

愛上統計學：使用 **SPSS**
Statistics for People Who (Think They) Hate Statistics

13. 關閉你點選「於總計新增配適直線」時所開啟的「內容」對話方塊，然後關閉圖表編輯器視窗，完成帶有迴歸線的散布圖，如圖 16.8 所示，並得到多元迴歸值 $R^2 = 0.21$。正如你很快就會讀到更多有關的內容，多元迴歸的相關係數即是所有 X 值在預測值上的迴歸結果。

當你為了繪製迴歸線而開啟「內容」對話方塊時，會看到一組信賴區間的選項，當你點擊時，會顯示一個特定機率之內的邊界範圍，這是用以表示你的預測有多好。舉例來說，如果你點擊平均數並指定 95%，這個圖形會顯示一個沿著迴歸線的邊界範圍，在這個範圍之內有 95% 的機會出現預測值。希望在 95% 的時間內處於某個誤差範圍內的想法，與統計分析時希望得到 0.05 的顯著水準是相同的。

SPSS 輸出結果的涵義

SPSS 的輸出結果告訴我們幾件事：

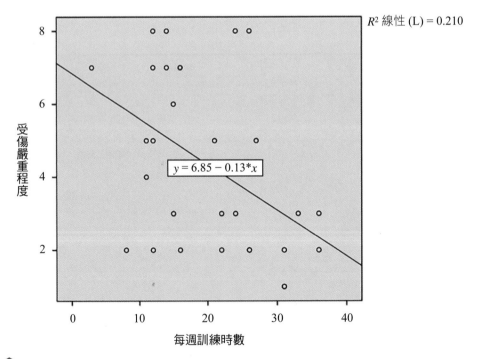

R^2 線性 (L) = 0.210

$y = 6.85 - 0.13*x$

受傷嚴重程度

每週訓練時數

圖 16.8　帶有迴歸線的散布圖

1. 迴歸線的公式是依據圖 16.6 所顯示的輸出結果，也就是 $Y' = -0.125X + 6.847$，這個方程式可以在給定重量訓練時數的情況下，用於預測受傷嚴重程度。

2. 如你在圖 16.8 中所看到的，迴歸線的斜率是負值，也反映出訓練時數和受傷嚴重程度之間為負相關（-0.458，也就是圖 16.6 的 Beta 值）。因此，依據現有的資料，此一結果呈現訓練時間越多，受傷就越輕微。

3. 你還可以看到此一預測是顯著的。換句話說，從 X 預測 Y 是基於兩個變量之間的顯著關係，因此，對常數（訓練）和預測變數（傷害）的顯著性檢定都顯著不同於零（如果沒有以 X 預測 Y 的預測值，則為零）。

那麼，預測的效果有多好呢？好吧！SPSS 的輸出結果（我們沒有顯示給你看）也指出對受傷嚴重程度（被預測變數）之估計值的標準誤是 2.182，如果將其乘以兩倍(4.36)，這表示有 95% 的機率（記著，那是離平均數為 1.96 或兩個標準差的距離所建立的信賴區間），預測值會落在所有受傷程度的平均值 (4.33) 的 ±4.46 之間。所以，以相關係數為基礎，這個預測算是還不錯，但還不是非常好。

預測因子越多越好？可能是

到目前為止，我們在本章中使用的所有範例都是一個效標或結果變數和一個預測變數，有些迴歸使用不只一個預測變數或自變數來預測某一特定的結果。如果一個變數能夠以一定的準確度預測一個結果，那麼兩個變數為何就不能做得更好？可能是，但有一個大警告，繼續閱讀下去。

舉例來說，如果高中 GPA 是大學 GPA 非常好的預測指標，那麼，高中 GPA 加上課外活動時數呢？因此，原迴歸方程式

$$Y' = bX + a$$

會被下面的迴歸方程式所取代

$$Y' = bX_1 + bX_2 + a$$

其中

- X_1 是第一個自變數的數值，
- X_2 是第二個自變數的數值，
- b 是該特定變數的迴歸權重，
- a 是迴歸線的截距項或迴歸線和 y 軸交會的地方。

　　如同你猜測的一樣，這個模型稱為**多元迴歸** (multiple regression)，即多元預測因子，對吧？因此，在理論上，就是以兩個自變數而不是一個自變數來預測結果。但是，你只想在特定的條件下增加額外的自變數。繼續閱讀下去。

　　你增加的任何變數對於瞭解依變數必須有獨特的貢獻，否則，為什麼要使用它？我們所說的獨特是什麼涵義？新增變數需要解釋第一個預測變數所不能解釋之被預測變數的差異。也就是說，這兩個變數合起來應該比任何一個變數單獨預測要來得好。

　　在我們的範例中，參與課外活動的水準可以做出獨特的貢獻，但是我們是否應該增加一個變數，如每個高中生的學習時數，作為第三個自變數或預測變數？因為學習時數可能與高中 GPA（我們的另一個預測變數，記得嗎？）的相關程度很高，學習時數對於大學 GPA 的整體預測不會增加太多貢獻，尋找另外的變數（例如：推薦信的級別），可能比花費時間蒐集學習時數的資料更為有效。

　　看一下圖 16.9，這是在你所看到的表 16.1 中增加課外活動時數的資料後，進行多元迴歸分析的結果，你可以發現高中 GPA 和課外活動時數對大

係數[a]

模式		未標準化之係數		標準化係數	t	顯著性
		B 之估計值	標準誤差	Beta 分配		
1	（常數）	.411	.485		.847	.425
	高中 GPA	.494	.158	.480	3.133	0.17
	課外活動時數	.070	.016	.653	4.261	.004

a. 依變數：大學第一年 GPA

 圖 16.9　多元迴歸分析

學第一年的 GPA 都有顯著貢獻。這是檢視一個以上的自變數在預測另一個變數時，比一個自變數有什麼和如何有貢獻的有效方法。

使用多元預測變數的大原則

如果你要使用不只一個預測變數，要謹記遵守下面兩項重要原則：

1. 當選擇一個自變數去預測某一結果時，要選擇與被預測變數 (Y) 相關的預測變數 (X)，也就是這兩個變數有共同的部分（記住，它們應該有相關）。

2. 當選擇不只一個自變數或預測變數（像是 X_1 與 X_2），要儘量選擇相互獨立或不相關的自變數，但是它們都要與結果或被預測變數 (Y) 相關。

實際上，你只想要與依變數相關的自變數或預測變數，而且彼此相互不相關，如此，每個獨立變數都會盡可能地在預測依變數或被預測變數時做出明確的獨特貢獻。

有許多整本都是有關於多元迴歸分析的書籍，而多數關於學習此一強大分析指令的知識都已超出了本書的範圍，本書在第 18 章會再多討論一些多元迴歸分析。

多少預測變數才是太多？好吧！如果以一個變數預測某些結果，而兩個變數甚至更為準確，那麼為什麼不選三個、四個或五個預測變數？就實際操作而言，每次增加一個變數就相對增加費用，有些人必須去蒐集資料，這就要花費時間（就研究預算而言就是錢）等。從理論上的意涵，使用多少變數能有助於瞭解我們要預測的結果是有固定限制的，記住，最好的情況是預測變數或自變數彼此獨立或不相關。問題是一旦你選擇了三個或四個變數，變數之間很少可以維持不相關，更準確與保守要比納入太多變數、浪費太多金錢和預測能力更有優勢。

現實世界的統計

　　小孩對他們所做的事情有何感受，通常和他們在這件事情上可以做得多好是密切相關的，這個研究的目的是分析寫作練習期間的情緒影響，此一研究所依循的模型中，在寫作過程期間，動機和情感（情感體驗）扮演一個重要的角色，4 年級和 5 年級生被教導去寫沒有任何情緒內容、正面情緒內容及負面情緒內容的自傳敘事。研究結果顯示，這些指示對拼字錯誤的比率沒有影響，但是這些指示對小朋友寫的敘事長短有影響。一個簡單迴歸分析（就像我們在這一章所做的和討論的一樣）顯示，只有在中立的情境下，工作記憶能力和拼字錯誤數量之間有相關和預測值存在。由於研究人員有關這個主題的許多初步想法所立基的模型，討論了很多有關在寫作期間，情緒如何可以增加認知負載或必要「工作」總量，因而成為這個研究討論的焦點。

　　想要知道更多嗎？可以上網或到圖書館找到這篇文章：

　　Fartoukh, M., Chanquoy, L., & Piolat, A. (2012). Effects of emotion on writing processes in children. *Written Communication, 29,* 391-411.

小結

　　預測是簡單相關係數一個很有用的應用，且是檢視複雜關係的一個有力工具。本章可能已經比其他各章難一些，但是你將受益於你所學，特別是如果你能夠將此應用到你所閱讀的研究報告和期刊文章中。現在，我們進入了有關推論統計章節的結尾階段，我們可以進一步邁向本書的下一個部分，當樣本數非常小或數值的分布違反了常態假設時，如何使用統計技術。

練習時間

1. 線性迴歸和變異數分析有何不同？

2. 第 16 章資料集 2 (Chapter 16 Data Set 2) 是一個參與定時測試群體的資料，資料是參與者完成每一個項目的平均時間（反應時間），以及使得每個項目都正確（正確數量）所需要的猜測數。

   a. 以正確數量預測反應時間的迴歸方程式為何？

   b. 如果正確數量是 8，預測的反應時間為何？

   c. 對每一個預測的反應時間來說，實際的正確數量和預測的正確數量之間的差異是多少？

3. Betsy 對預測有多少 75 歲的老人會得老年癡呆症感興趣，而且以教育水準和 10 級測量的一般身體狀況作為預測變數，但她也對使用其他預測變數感興趣。請回答下面的問題：

   a. 在選擇其他預測變數時應遵守什麼準則？為什麼？

   b. 定義你認為可能與老年癡呆症發病相關的其他兩個預測變數。

   c. 用四個預測變數（教育水準、一般身體狀況，以及你所定義的兩個新的變數），寫出這個迴歸方程式可能像什麼樣子。

4. 去圖書館或上網，在你感興趣之研究領域中挑出三個不同的線性迴歸分析的應用範例，如果這些研究包含多個預測變數也可以。對每個研究回答下列問題：

   a. 哪一個是自變數？哪一個是依變數？

   b. 如果有多個自變數，關於變數之間彼此相互獨立，研究者進行了什麼樣的論證？

   c. 這三個研究中，哪一個提供了最少令人信服的證據表示依變數是由自變數來預測，為什麼？

5. 這裡是你可應用本章提供的資訊，並獲得預測超級盃勝利者的機會。Joe Coach 非常想知道一年中比賽勝利的平均次數，是否可以預測超級盃的表現（勝利或失敗），變數 X 是在過去 10 個賽季贏得比賽的平均次數，變數 Y 是這支球隊在過去這 10 個賽季是否獲得超級盃。下面就是資料：

隊伍	過去 10 年的平均勝場數	是否曾贏得超級盃 （1 = 是，0 = 否）
Savannah Sharks	12	1
Pittsburgh Pelicans	11	0
Williamstown Warriors	15	0
Bennington Bruisers	12	1
Atlanta Angels	13	1
Trenton Terrors	16	0
Virginia Vipers	15	1
Charleston Crooners	9	0
Harrisburg Heathens	8	0
Eaton Energizers	12	1

 a. 如何評估以平均勝場數作為隊伍是否贏得超級盃之預測變數的有效性？

 b. 使用類別變數（如 1 或 0）作為依變數的優點是什麼？

 c. 還有哪些其他變數你會用來預測依變數？為什麼你會選擇這些變數？

6. 檢視你在第 15 章問題 5 所計算的咖啡消費量和壓力之間的相關係數，如果你想要知道咖啡消費量是否可以預測群體成員：

a. 預測因子或自變數是什麼？

b. 效標或依變數是什麼？

c. 你對 R^2 會是多少有何想法？

7. 是試驗多元預測變數的時候了，請看看下列有關偉大廚師測驗結果的資料。我們懷疑像烹調經驗（年）、正式烹飪教育程度及不同的身分數（助理廚師、主廚等），這些變數在偉大廚師測驗上都對排名或分數有貢獻。

經驗年數	教育程度	# 身分數	偉大廚師測驗分數
5	1	5	88
6	2	4	78
12	3	9	56
21	3	8	88
7	2	5	97

經驗年數	教育程度	# 身分數	偉大廚師測驗分數
9	1	8	90
13	2	8	79
16	2	9	85
21	2	9	60
11	1	4	89
15	2	7	88
15	3	7	76
1	3	3	78
17	2	6	98
26	2	8	91
11	2	6	88
18	3	7	90
31	3	12	98
27	2	16	88

此時，你應該已經習慣於從類似資料中建立方程式，所以，讓我們進入真正的問題：

a. 哪一個變數是廚師分數的最佳預測變數？

b. 對於一位有 12 年經驗，教育程度為 2，以及擁有 5 個不同身分的廚師，你可以預期得到什麼分數？

8. 看一下第 16 章資料集 3 (Chapter 16 Data Set 3)，住宅銷售數量 (Number_Homes_Sold) 可以被加入行業年數 (Years_In_Business) 和以年數為單位的教育程度 (Level_Of_Education) 所預測。為什麼教育程度對住宅銷售數量的整體預測（加入行業時間和教育程度都是以年為單位）是一個貢獻很差的變數？什麼是最好的預測因子且你是如何知道的？（提示：這是一個有點陷阱的問題，在你開始分析資料之前，檢查一下檔案中的原始資料，瞭解一個變數和另一個變數相關的重要特徵。）

9. 對於被預測變數和預測變數的任何組合，它們之間的關係性質應該是什麼？

學生學習網址

　　你可以造訪 edge.sagepub.com/salkindfrey7e 取得強化學習技巧所需要的工具，以及取用練習測驗、eFlashcards、原始和精選的影片、資料集等！

更多統計！
更多工具！
更多樂趣！

「丹展示了他的資料蒐集。」

哇！你完成這本書的大部分內容了（可能還有本課程），你已經做好準備接受《愛上統計學》在這一部分介紹一些額外的新觀念。本書第五部分的目標，是為你介紹可以用於各種目的的其他工具。

在第 17 章中，我們介紹了推論統計的另一面，當你使用的數值分布可能不是來自具有常態分布的母體、或違反其他一些重要的假定時，通常會使用有趣且有用的無母數統計（特別是卡方統計）。

第 18 章回顧了一些更進階的統計方法，例如：因子分析和結構方程模型。你一定在學習中曾經聽過有關這些方法及其他方法的資訊。儘管深入地介紹超出了入門課程的範圍，我們簡要介紹了每種技術並提供範例。本章將使你瞭解一些更進階的工具可以做什麼，以及它們是如何操作的。

第 19 章介紹一種快速成為流行的資料處理方法——資料探勘。隨著我們的資料量增長及處理這些資料的技術能力提高，研究人員發現資料探勘的用途越來越多。你在這裡將學習如何使用 SPSS 在非常大的資料集中尋找模式。本章的有趣之處在於，為了進行一些練習，我們使用了一個包含自 2007 年以來在紐約州出生的 52,000 多個嬰兒名字的資料庫，你可以下載並跟著學習。

好的，這是本書六個部分的第五部分，在初級統計學階段，你將完全具備成為專家的能力。

卡方和其他無母數檢定
——在非常態下可以做什麼

難易指數：☺☺☺☺（容易）

本章學習內容

✦ 瞭解什麼是無母數統計及如何使用。

✦ 利用配適度卡方檢定分析資料。

✦ 利用獨立性卡方檢定分析資料。

✦ 何時及如何使用無母數統計。

無母數統計的介紹

到現在為止，我們在《愛上統計學》這本書中介紹的每一種統計檢定方法，幾乎都假定你所使用的資料集都有某些特徵。舉例來說，在平均數之間的 t 檢定有一個假定就是，每個群體的變異數是同質的或者是相似的，而且這項假定是可以被檢定的。許多**母數統計** (parametric statistics) 的另一項假定是，樣本要足夠大到可以代表母群體，統計學家已經發現，樣本數達到30個就可以滿足這項假定。到目前為止，我們已經學過的許多統計檢定都是穩健的，表示稍微違反其中一個或多個假定，並不會對檢定的有效性造成

太大的危害。

　　但是當這些假定都不成立時，你該怎麼辦？最初的研究問題當然仍值得提問並回答，這時我們將使用**無母數統計** (nonparametric statistics)，也稱之為無分配統計。這些統計檢定方法不遵循相同的「規則」（也就是不需要像我們已經提過的母數檢定一樣嚴格的假定）。無母數檢定的使用讓我們也可以分析和次數相關的資料，像是不同年級的兒童數或受到社會安全保障的人口比例。通常，這些變量是名目（或類別）尺度的測量（有關名目測量尺度的更多資訊，可以參見第 2 章。）

　　例如：如果我們想知道最近的選舉中贊同教育券的投票人數，是否符合我們的隨機預測，或者是否確實存在根據一個或多個變數的偏好模式，那麼我們就會用一種稱之為**卡方** (chi-square) 的無母數方法。

　　在這一章，我們將介紹卡方檢定，這是最常用的無母數檢定方法之一，並簡要的介紹其他無母數檢定方法，以便你可以熟悉一些可用的無母數檢定。

（單一樣本）配適度卡方檢定的介紹

　　卡方檢定是一種有趣的無母數檢定，可以讓你確定某一次數分布中所觀察到的結果是否如隨機所預期的結果。當我們說「如隨機所預期」時的意思就是：如果事物可以分為三種可能的類別，則每種事物都應有三分之一的機會屬於每個類別，而僅依賴隨機性，我們會期望將事物的三分之一落入每個類別。如果在一個樣本中，事物以不同於三分之一、三分之一和三分之一的比率落入各個類別中，那麼在母體中，真實機率很可能不是三分之一、三分之一和三分之一。

　　單一樣本的卡方只包括一個維度、變數或因子，就如同你在這裡看到的範例，它通常被稱為一種**配適度檢定** (goodness-of-fit test)，即你所蒐集的資料符合你所期望之模式的程度。雙樣本的卡方包括兩個維度：變數或因子，它通常稱為**獨立性檢定** (test of independence)。例如：它可以用於檢定對教育券的偏好是否與政黨屬性無關或獨立。

　　我們將介紹這兩種類型的卡方檢定方法。

在配適度檢定的範例方面，這裡的資料是隨機抽選自加州索諾瑪郡 1990 年人口調查的一個樣本資料，就如你所看到的，這個表整理了關於教育程度的資訊。

教育程度			
未讀大學	在大學就讀	取得大學學位	總計
25	42	17	84

在此有趣的問題是，回答人數是否平均分布在各個教育程度？要回答這個問題，就要計算卡方值並進行顯著性檢定。我們將很快就告訴你計算公式是什麼，但在這個範例中，卡方值等於 11.643，這個值超過 0.05 的顯著水準。結論就是回答人數在不同教育程度方面並不是平均分布。換句話說，這個數值不是我們隨機預期的結果。

單一樣本配適度卡方檢定的原理是，就任何一組事件而言，你都可以很容易的計算隨機預期的結果，其做法是將事件發生總數除以組數或分類數。在我們使用上述的人口調查樣本中，觀察到的事件發生總數是 84，我們隨機可預期 84/3 或 28 位（84 是發生次數的總和，除以分類總數 3）受訪者分別落在教育程度的三個分類中。

接著，我們來看我們隨機預期的值和實際觀察的值有何差異，如果預期值和實際觀察值沒有差異，卡方值就等於 0。

現在讓我們更仔細檢視如何計算卡方值。

計算配適度卡方檢定統計量

單一樣本配適度卡方檢定需要進行觀察值和隨機預期值的比較，式 17.1 就是單一樣本卡方檢定的卡方值計算公式。

$$\chi^2 = \Sigma \frac{(O-E)^2}{E} \tag{17.1}$$

其中，

• χ^2 是卡方值，

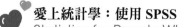
- Σ 是連加符號，
- O 是觀察次數，
- E 是預期次數。

這裡是我們用於計算單一維度卡方值的一些資料。

對教育券的偏好			
贊同	中立	反對	總計
23	17	50	90

分類	O（觀察次數）	E（預期次數）	D（差異）	$(O-E)^2$	$(O-E)^2/E$
贊成	23	30	7	49	1.63
中立	17	30	13	169	5.63
反對	50	30	20	400	13.33
總計	90	90			

下面是我們準備上述資訊所採用的步驟。

1. 鍵入各個分類 (category)，包含贊成、中立和反對。要記住這三個分類相互排斥，任何資料點只能落在一個分類內。
2. 鍵入觀察次數 (O)，表示實際蒐集到的資料。
3. 鍵入預期次數 (E)，是觀察到的總次數 (90) 除以分類數 (3)，或者 90/3 = 30。
4. 對每一細格 (D)，用觀察次數減去預期次數。以預期次數減去觀察次數也可以，因為這個值在下一步中會被平方。
5. 計算觀察值和預期值之差的平方，你可以在 $(O-E)^2$ 一欄中看到這些值。
6. 觀察次數和預期次數之差的平方去除預期次數，你可以在 $(O-E)^2/E$ 一欄中看到這些值。
7. 將最後一欄加總，你就會得到總卡方值 20.6。

下面是檢定這個統計量很有名的八個步驟。

1. 陳述虛無假設和研究假設

式 17.2 所顯示的虛無假設，表示每一分類內事件的次數或比例沒有差異。

$$H_0 : P_1 = P_2 = P_3 \qquad (17.2)$$

在虛無假設中的 P 表示每一分類中事件發生的百分比，虛無假設表示分類 1（贊成）、分類 2（中立）和分類 3（反對）中，個案所占的百分比相等。 我們只使用三個分類，如果情況允許，這個分類數可以增加，只要這些分類互斥 (mutually exclusive)，也就是任何一個觀察值只能落在一個分類內。舉例來說，如果你想要這個統計是有效的，人們不能同時贊成和反對教育券。

研究假設如式 17.3 所示，陳述每個分類中事件發生的次數或百分比不同。

$$H_1 : P_1 \neq P_2 \neq P_3 \qquad (17.3)$$

2. 設定和虛無假設有關的風險水準（或者顯著水準，或犯型 I 錯誤的可能性）

型 I 錯誤的水準在 0.05。我們如何決定是這個值而不是其他的值，像是 0.01 或 0.001 ？如同我們在前幾章所強調過，我們（有時）做出專斷的決策來承擔風險，這是慣例。

3. 選擇合適的檢定統計量

任何互斥類別（例如：贊成、中立和反對）的次數或百分比之間的檢定需要使用卡方，我們之前從第 10 章開始到第 16 章用來選擇統計檢定類型的流程圖，不適用在無母數檢定方法。

4. 計算檢定統計量值（也叫做實際值）

現在回到之前關於教育券的資料，並建立一個工作表來幫助我們計算卡方值。

5. 使用特定統計量的適當臨界值表，決定拒絕虛無假設所需要的值

現在我們需要查閱附錄 B，表 B.5 列出了卡方檢定的臨界值。

　　我們的第一個任務是決定自由度 (df)，自由度近似於組織資料的分類數。對這個特殊的檢定統計量來說，自由度是 $r-1$，其中 r 等於列數，或 $3-1=2$。

　　使用這個數字 (2) 及你願意承擔的風險水準（之前定義的 0.05），你可以使用卡方分布表查閱臨界值，這個值是 5.99。因此，在顯著水準為 0.05、自由度為 2 的情況下，拒絕虛無假設所需要的值是 5.99。

6. 比較實際值和臨界值

　　實際值是 20.6，拒絕分類 1、分類 2 和分類 3 之事件發生次數為相等的虛無假設需要的臨界值是 5.99。

7. 和 **8.** 做出決定！

　　現在我們該做出決定了。如果實際值大於臨界值就不能接受虛無假設，如果實際值沒有超過臨界值，虛無假設就是最有吸引力的解釋。

　　在這個例子中，實際值超過臨界值，這個值極端到我們可以說受訪者在三個分類中的分布不相等，即實際上，在教育券的選擇偏好上，投票贊成、中立或反對的人數存在差異。

　　為什麼是「配適度檢定」。這個名稱說明了此一統計量回答了一個資料集有多「配適」一個現有資料集的問題，當然，這個資料集就是你所觀察到的資料。「配適」表示存在另一個可以匹配觀察資料的另一個資料集，這個標準就是計算 χ^2 值的過程中所計算的預期次數，如果觀察資料是配適的，χ^2 值就會和隨機預期的值非常接近，不存在顯著差異；如果觀察資料不配適，那麼你所觀察到的資料和隨機預期的不同。

那麼我如何解釋 $\chi^2_{(2)} = 20.6$，$p < 0.05$？

- χ^2 表示檢定統計量。
- 2 是自由度的數值。
- 20.6 是實際值，是使用本章之前提供的公式計算所得的值。
- $p < 0.05$（實際上是這個簡短片語中最重要的部分）表示對虛無假設的

任何檢定來說，投票次數在隨機下各個分類中均等分布的機率小於5%。因為我們定義 0.05 作為研究假設比虛無假設更有吸引力的標準，所以，我們的結論就是三組數值之間有顯著差異。

獨立性卡方檢定的介紹

我們主要討論了有關配適度卡方檢定的型態，但是，另一種型態雖然是有一點進階，但也很值得探討：獨立性卡方檢定（也稱之為關聯性檢定）。

這個檢定有兩個維度被檢定彼此之間是否相關，通常是用在名目尺度的測量。舉例來說，下面的四個細格表中包含了男性和女性、投票和沒有投票。

		投票參與	
		投票	沒有投票
性別	男性	50	20
	女性	40	10

你需要牢記在心的是：(1) 這是兩個維度（性別和投票參與），(2) 獨立性卡方檢定所要問的問題是，在這個例子中，性別和投票行為之間是否相互獨立。

和單一維度的卡方一樣，這四個細格內的觀察值和期望值彼此之間越接近，這兩個維度越有可能是相互獨立；觀察值和期望值越不相似，這兩個維度越不可能是相互獨立。

檢定統計量的計算方式和我們在配適度檢定所做的是一樣的（真是令人驚喜），先計算出期望值後，再連同觀察值一起使用，計算出卡方值，然後檢定其顯著性。不過，不同於單一維度檢定的是，獨立性檢定的期望值是以不同的方式計算，我們將在下面進行檢視。

這裡和其他章節中的一些研究設計範例一樣，將性別定義為類別變數：男性或女性，大多數的研究人員仍然遵循這種方法。不過，大多數心理學家現在都將性別視為一個連續變數，人們處於從男性到女性的連續體中，而現代研

究人員越來越常在區間尺度而不是名目尺度上測量性別。在本書中使用了將性別定義為分類的範例，反映了這仍然是一種常見的做法，儘管該做法與當前的性別理論並不一致。

計算獨立性卡方檢定統計量

以你之前看到的投票和性別的資料為依據，這是我們進行獨立性檢定所採取的步驟。我們遵循與配適度檢定相同的步驟，並使用了相同的公式。這是我們的摘要圖表：

	男性	女性	總計
投票	37	32	69
沒有投票	20	31	51
總計	57	63	120

但是請注意，雖然公式相同，但期望值的計算方式卻有所不同。特別是，任何細格的期望值是欄總計乘以列總計後，再除以所有觀察值的總和所得的乘積。

所以，舉例來說，男性有去投票的期望值如下：

$$\frac{69 \times 57}{120} = 32.775$$

1. 鍵入各個分類 (category)，包含男性有投票、男性沒有投票、女性有投票和女性沒有投票。要記住這些分類相互排斥，任何資料點只能落在一個分類內。
2. 鍵入觀察次數 (O)，表示實際蒐集到的資料。
3. 鍵入預期次數 (E)，是列總計乘上欄總計再除以觀察值總數。
4. 對每一細格 (D)，用觀察次數減去預期次數，反之亦可，用哪一個減去另一個都沒有關係，因為這個差距在下一步驟中會被平方。
5. 計算觀察值和預期值之差的平方，你可以在 $(O - E)^2$ 一欄中看到這些值。

6. 觀察次數和預期次數之差的平方去除預期次數，你可以在 $(O - E)^2/E$ 這一欄中看到這些值。

7. 將最後一欄加總，你就會得到總卡方值 2.441。

下表是每個細格的觀察值 (O)、期望值 (E)，以及觀察值減去期望值的平方 $(O - E)^2$ 的計算總表。

觀察值 (O)			
	男性	女性	總計
投票	37	32	69
沒有投票	20	31	51
總計	57	63	120

期望值 (E)			
	男性	女性	
投票	32.78	36.23	
沒有投票	24.23	26.78	

$(O - E)^2/E$			
	男性	女性	
投票	0.54	0.49	
沒有投票	0.74	0.67	

計算得到的卡方值是 0.54 + 0.49 + 0.74 + 0.67 = 2.44。

現在我們需要查閱附錄 B，表 B.5 列出了卡方檢定的臨界值。

我們的第一個任務是決定自由度 (df)，自由度近似於組織資料的分類數。對獨立性卡方檢定的統計量來說，自由度是 $(r - 1)(c - 1)$，其中，r 等於列數 ($2 - 1 = 1$)，c 等於欄數 ($2 - 1 = 1$)，因此，$(r - 1)(c - 1)$ 等於 $(1)(1)$ 或 1。

使用這個數字 (1) 與你願意承擔的風險水準（之前定義的 0.05），你可以使用卡方分布表查閱臨界值，這個值是 3.84。因此，在顯著水準為 0.05、自由度為 1 的情況下，拒絕虛無假設所需的值是 3.84。

8. 現在我們該做出決定了。如果實際值大於臨界值就不能接受虛無假設，如果實際值沒有超過臨界值，虛無假設就是最有吸引力的解釋。在這個例子中，實際值並沒有超過臨界值，即實際上，性別和投票參與是相互獨立的。

使用 SPSS 進行卡方檢定

配適度卡方檢定和 SPSS

下面介紹如何應用 SPSS 執行簡單的單一樣本卡方檢定，我們使用的資料集是第 17 章資料集 1 (Chapter 17 Data Set 1)，也就是之前所使用的教育券範例。

1. 打開資料檔案。對於單一樣本的卡方檢定來說，你只需要對每一種可能結果用不同數值，在每一欄鍵入事件發生的次數。在這個範例中，在第 1 欄總共有 90 個資料點：鍵入 23 個 1（或贊成），鍵入 17 個 2（或中立），鍵入 50 個 3（或反對）。

2. 點選「分析→無母數檢定→舊式對話框→卡方檢定」，你就會看到如圖 17.1 所示的對話方塊。

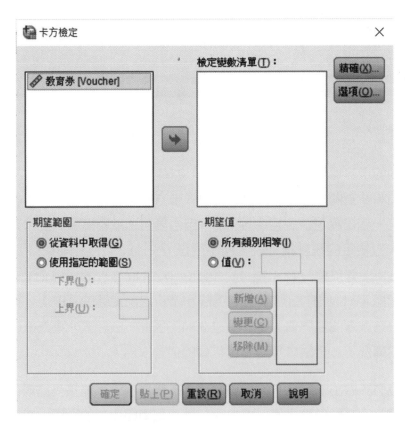

圖 17.1 「卡方檢定」對話方塊

3. 雙擊變數名稱「Voucher」。

4. 點選「確定」。SPSS 會執行分析指令，並產生如圖 17.2 所示的輸出結果。

Voucher 對教育券的偏好

	觀察 N	預期為 N	殘差
1 贊成	23	30.0	-7.0
2 中立	17	30.0	-13.0
3 反對	50	30.0	20.0
總計	90		

檢定統計量

	Voucher 對教育券的偏好		
卡方檢定	20.600[a]		
自由度	2		
漸近 顯著性	.000		

 17.2　卡方分析的 SPSS 輸出結果

SPSS 輸出結果的涵義

卡方檢定的 SPSS 的輸出結果明確列出我們之前已經討論的內容：

1. 列出分類，包含贊成（編碼為 1）、中立（編碼為 2）和反對（編碼為 3）及所對應的觀察值 N。

2. 接著是預期值 N，在這個範例中是 90/3 或 30。

3. 卡方值是 20.600，而自由度出現在輸出結果的檢定統計量下方。

確切的顯著水準（在圖中的名稱是漸近顯著性）太小（例如：小於 0.001），所以 SPSS 以 0.000 計算（順便一提，我們會將其報告為 $p < 0.001$，即發生型 I 錯誤的機率永遠不會為零。）一個非常不可能的結果！因此，如果我們測量母體中的每一個人，這三個分類的次數分布很有可能是不均等

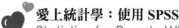
的。

獨立性卡方檢定和 SPSS

以下是使用 SPSS 進行二維度的獨立性卡方檢定。我們使用的資料集命名為第 17 章資料集 2 (Chapter 17 Data Set 2)，此資料集在前面的性別／投票參與範例中使用過。如你在圖 17.3 中所看到的，顯示了第 63 個到第 75 個的個案，有一個命名為「性別 (Gender)」的變數（其值為「男性」或「女性」）和一個命名為「投票參與 (Vote)」的變數（其值為「有投票」或「沒有投票」）。

63	女性	有
64	女性	有
65	女性	有
66	女性	有
67	女性	有
68	女性	有
69	女性	有
70	男性	沒有
71	男性	沒有
72	男性	沒有
73	男性	沒有
74	男性	沒有
75	男性	沒有

 17.3　第 17 章資料集 2 的兩個變數

1. 對於獨立性卡方檢定來說，你只需要對每一種可能結果用不同數值，在每一欄鍵入事件發生的次數。在這個範例中，總共有 120 個資料點，在性別這一欄的數值為 1 和 2；在投票參與這一欄的數值為 1 和 2。我們利用變數視圖的「值」選項，分別定義 1 為男性或有投票，定義 2 為女性或沒有

投票，因此，我們可以在欄中看到標記而不是數字。

2. 點選「分析→敘述統計→交叉資料表」，你就會看到如圖 17.4 所示的對話方塊。

3. 點選變數名稱「Gender」，並將它移到「欄：」框內。

4. 點選變數名稱「Vote」，並將它移到「列：」框內。

5. 點選「統計資料」後在「交叉資料表」中勾選「卡方檢定」。

6. 點選「確定」。SPSS 會執行分析指令，並產生如圖 17.5 所示的輸出結果。

圖 17.4 「交叉表」對話方塊

Vote 投票參與 *Gender 性別 交叉列表

計數

		Gender 性別		總計
		1 男性	2 女性	
Vote 投票參與	1 有	37	32	69
	2 沒有	20	31	51
總計		57	63	120

卡方檢定

	值	df	漸近顯著性（兩端）	精確顯著性（兩端）	精確顯著性（一端）
Pearson 卡方檢定	2.441[a]	1	.118		
持續更正[b]	1.897	1	.168		
概似比	2.454	1	.117		
費雪 (Fisher) 精確檢定				.141	.084
線性對線性關聯	2.421	1	.120		
有效觀察值個數	120				

圖 17.5　卡方分析的 SPSS 輸出結果

　　從 http://www.quantpsy.org/chisq/chisq.htm 網頁上，可以找到非常酷的兩種類型之卡方檢定的卡方值生成器，這是范德比爾特大學的克里斯多佛・普瑞奇 (Kristopher J. Preache) 博士所帶給我們的。一旦你動手進行計算後，才會真正瞭解卡方值是如何產生的，將此一工具和 SPSS 一起使用，將使你的統計工作變得更加輕鬆！

SPSS 輸出結果的涵義

　　獨立性卡方檢定的 SPSS 的輸出結果，呈現下面的資訊：

1. 列出不同分類的次數，如男性—有投票 (37)、男性—沒有投票 (20)、女性—有投票 (32)、女性—沒有投票 (31)。

2. Pearson 卡方值 2.441 和自由度 (1) 出現在輸出結果的「卡方檢定」部分之內，此結果呈現和本章前面動手計算得到的數值相同。

3. 精確的顯著水準（在本圖中，它被稱為「漸近顯著性」）為 0.118，此結果在 0.05 水準上並不顯著。換句話說，性別和投票參與可能是彼此獨立且無關。

4. 我們的解釋？投票參與可能不是性別的函數，或是性別和投票參與無關。

獨立性卡方檢定有點像是相關分析，只使用在名目尺度的變數而不是區間尺度的變數。事實上，和此一檢定相關的效應量可以像 Pearson 相關係數那樣來解釋。對 SPSS 分析來說，如果在「統計資料」選項中勾選「Phi」和「Cramer's V」，你可以看到在此分析中，效應量 Phi 為 .143，同樣是不顯著，$p = 0.118$。

你應該知道的其他無母數檢定

你可能永遠不需要無母數檢定來回答任何你所提出的研究問題，另一方面，你也可能發現你分析的樣本非常小（至少小於 30 個），或者資料違反了在母數檢定之下的一些重要假定。

實際上，你想使用無母數統計的最主要理由，是你所研究之變數的測量水準的函數，我們在下一章會進行更多的討論，但是就現在而言，大多數資料是分類的，或者是放在不同分類中（例如：鯊魚和噴射機），或是順序和排序的資料（如第 1、第 2 和第 3），都需要使用你在表 17.1 中所看到的某種無母數檢定。

如果是這種情況，可以試著依據樣本大小選擇無母數統計。表 17.1 提供你需要瞭解的一些無母數檢定的所有內容，包括名稱、使用目的和說明每一個方法可應用的研究問題。要記住的是，這個表只是提供可用到的眾多檢定方法中的一小部分而已。

表 17.1 分析分類和排序數據的無母數檢定

檢定方法名稱	何時使用此檢定	研究問題樣本
變化顯著性的麥克尼馬爾 (McNemar) 檢定	檢視「之前和之後」的改變	打電話給未決定之選民，影響他們對一個議題以某種方式進行投票的效果如何？
費雪 (Fisher) 的精確檢定	計算 2×2 列聯表中每個結果的精確機率	投擲 6 次硬幣得到 6 次正面的確切機率？
單一樣本卡方檢定（就是本章前面討論的重點）	決定不同分類的事件發生次數是否隨機	在最近的銷售中，品牌 Fruities、Whammies 和 Zippies 的銷售量是否相同？
科爾莫戈羅夫—斯米爾諾夫 (Kolmogorov-Smirnov) 檢定	檢視一組樣本分數是否來自特定的母體	在一間小學中，某一些學童的判斷對所有學童的代表性如何？
符號檢定或中位數檢定	用於比較兩個樣本的中位數	投票給候選人 A 的民眾的收入中位數是否高於投票給候選人 B 的民眾的收入中位數？
曼—惠特 (Mann-Whitney) U 檢定	用於比較兩個獨立樣本	以數字正確性進行衡量，群體 A 是否比群體 B 的學習轉移速度快？
威爾考克森 (Wilcoxon) 等級檢定	比較兩個群體差異的大小和方向	在幫助兒童語言技能的發展方面，學前教育的效果是否為沒有學前教育經驗的兩倍？
克魯斯卡爾—沃利斯 (Kruskal-Wallis) 單因子變異數分析	比較兩個或多個獨立樣本的整體差異	四個地區辦公室管理者的等級差異如何？
弗里德曼 (Friedman) 雙因子變異數分析	比較兩個或多個獨立樣本在不只一個維度上的總體差異	不同地區辦公室與性別之管理者的等級差異如何？
斯皮爾曼 (Spearman) 等級相關係數	計算等級相關係數	高中最後一年的名次，和大學第一年的名次之間的相關係數是多少？

現實世界的統計

利用現代工具來探索聖經的內容真的是令人振奮的（和聰明的）做法，而且這是一個說明卡方檢定如何在現實世界中應用的很好例子。霍克 (Houk) 教授進行一項名為音節字 (syllable-word) 頻率模式的分析，使用了卡方檢定來確認創世紀（聖經章節，而不是 Phil Collins 樂隊）各章節之間的顯著差異。論點是？各章節是由同一個人所寫的。在某些字詞之類的出現頻率並沒有顯著差異的情況之下，這些不同章節的分析主張反對故事是分開發展的論點。

想要知道更多嗎？可以上網或到圖書館找到這篇文章：

Houk, C. B. (2002). Statistical analysis of Genesis sources. *Journal for the Study of the Old Testament, 27,* 75-105.

小結

卡方檢定是眾多不同的無母數檢定中的一種，它可幫你回答違反常態分布的基本假定或樣本數太小之資料而導致其他的統計方法並不適用的問題。這些無母數檢定是非常有價值的工具，即使現在提供的介紹非常有限，還是有助於你瞭解它們在你所閱讀的研究中如何使用及自己著手探索這些方法的可能性。

練習時間

1. 什麼時候實際卡方值會等於 0？說明一個可能發生這種狀況的例子。

2. 使用下面的資料檢定民主黨、共和黨和無黨派人士的投票人數在最近的選舉是否相同的問題，在 0.05 的顯著水準下檢定此假設。動手計算。

黨派選擇		
共和黨	民主黨	無黨派人士
800	700	900

3. 使用下面的資料，在 0.01 顯著水準下，檢定男孩（編碼 = 1）和女孩（編碼 = 2）參與初級足球培訓的人數是否相同的問題。（可以從第 17 章資料集 3 取得這個資料）使用 SPSS 或其他統計軟體計算卡方值的精確機率。你的結論是什麼？

性別	
男孩 = 1	女孩 = 2
45	55

4. 學校負責註冊的行政人員預期不同年級的學生人數分布會改變，但不確定新的分布是否會如他們所預期的。在 0.05 顯著水準下，檢定下列資料的配適度。

年級	1	2	3	4	5	6
學生人數	309	432	346	432	369	329

5. 一家糖果公司中有半數的行銷人員主張，所有糖果棒的喜好是一樣的，彼此之間幾乎沒有什麼差異，另一半的行銷人員並不同意此一看法，誰是對的？你分析時所需要的資料已經在第 17 章資料集 4 (Chapter 17 Data Set 4)。

糖果棒	100 人中喜好的人數
堅果粒狀	9
培根造型	27
酒窩造型	16
青蛙造型	17
巧克力棒	31

6. 以下是一項調查的結果，該調查研究了對花生或原味 M&M 和運動水平的偏好。這些變數相關嗎？動手或使用 SPSS 進行計算。

		訓練程度		
		高度	中度	低度
M&M 偏好	原味	160	400	175
	花生	150	500	250

7. 在第 17 章資料集 5 中，你將找到兩個變數的條目：年齡類別（青年、中年和老年人）和進行重量訓練後的力量（弱、中和強）。這兩個因素彼此獨立嗎？

		力量		
		弱	中	強
年齡	青年	12	18	22
	中年	20	22	20
	老年	9	10	5

學生學習網址

你可以造訪 edge.sagepub.com/salkindfrey7e 取得強化學習技巧所需要的工具，以及取用練習測驗、eFlashcards、原始和精選的影片、資料集等！

18

你應該知道的其他
（重要）統計方法

難易指數：☺☺☺☺（不是很難啦！只是一些閱讀資料和
你所學內容的延伸而已）

本章學習內容

✦ 綜述更高階的統計方法，以及何時與如何使用。

我們在《愛上統計學》一書只涵蓋了整個統計學的一小部分，因教科書的篇幅有限，無法納入所有的東西，但更重要的是，初學的內容保持簡單、直接很重要。

不過，這並不意味著當你閱讀研究文章或在課堂討論時，不會碰到其他可能對你很重要且也應該瞭解的分析技術。因此，為了豐富你的知識，這裡介紹了其中的九種技術，描述它們用來做什麼，以及使用這項技術回答問題的研究範例。

多變量變異數分析

你可能對知道變異數分析 (ANOVA) 有許多不同的形式並不感到驚訝，

347

每一種形式設計用來配合特定「多於兩個群體的平均數比較」的情況。其中之一是多變量變異數分析 (multivariate analysis of variance, MANOVA)，它用於不只一個依變數的情況，也就是不只使用一個結果變數或依變數。如果依變數或結果變數之間彼此相關（通常是什麼情況可以見第 13 章關於多元 *t* 檢定的專業討論），就很難釐清處理變數對任何單一結果變數的影響，這時，MANOVA 就可用以解決這個問題。

舉例來說，印第安那州立大學的喬納森・普呂克 (Jonathan Plucker) 研究了性別、種族和年級對天才少年處理學校壓力的差異。他使用的 MANOVA 分析是 2（性別：男性和女性）× 4（種族：高加索人、非裔美國人、亞裔美國人和西班牙人）× 5（年級：8 年級到 12 年級）MANOVA。分析的「多元變數」的部分是青少年應對量表的 5 個子量表。使用多變量技術，可以估計自變數（性別、種族和年級）對彼此相互獨立之 5 個子量表的效果。

想要瞭解更多嗎？上網或到圖書館查閱：Plucker, J. A. (1998). Gender, race, and grade differences in gifted adolescents' coping strategies. *Journal for the Education of the Gifted, 21*, 423-436.

重複測量的變異數分析

這是變異數分析的另一種形式。重複測量變異數分析 (repeated-measures ANOVA) 與其他變異數分析非常類似，你可以回想兩個或兩個以上群體平均數的差異檢定（如果需要複習的話，可以回顧第 13 章）。在重複測量 ANOVA 中，參與者在一個因子上的測試不只一次，這也是為什麼叫做「重複」的原因，因為你要對相同因子在不同時點重複測量的過程。

例如：倫迪 (B. Lundy)、菲爾德 (T. Field)、麥克布萊德 (C. McBride)、菲爾德 (T. Field) 與拉爾吉 (S. Largie) 使用高中的新生和舊生的資料，檢視同性和異性最好朋友之間的交往互動。他們的主要分析方法之一是三個因子的 ANOVA：性別（男性或女性）、友情（同性或異性），以及在高中的年級（新生或舊生）。重複測量的因子是年級，因為測量過程是在相同的個體上重複進行。

想要瞭解更多嗎？上網或到圖書館查閱：Lundy, B., Field, T., McBride,

C., Field, T., & Largie, S. (1998). Same-sex and opposite-sex best friend interactions among high school juniors and seniors. *Adolescence, 33*, 279-289.

共變異數分析

這是我們介紹的最後一種 ANOVA。共變異數分析 (analysis of covariance, ANCOVA) 是特別有趣的一種形式，因為它基本上允許你在某一些你希望控制的相關變數上，將群體之間最初的差異平等化。讓我們假定你贊助一個提高速度的專案，而且你想比較兩組運動員在 100 碼衝刺中能跑多快。因為力量通常和速度有關，你必須做一些修正，這樣力量就不能解釋專案結束時的任何差異。而且，你想瞭解去除力量因素之後的培訓效果，你應該在培訓專案開始之前測量培訓者的力量，接著使用 ANCOVA 來調整基於最初力量的最後速度。

麥吉爾大學的米夏埃拉・希涅 (Michaela Hynie)、約翰・林登 (John Lydon) 與阿里・塔達什 (Ali Taradash) 在研究親密行為與承諾對婚前性行為和使用避孕物品之可接受度的影響中，使用了 ANCOVA。他們使用 ANCOVA，並以社會接受度作為依變數（他們想在其中尋找群體差異的變數）、對特殊情境的排序作為共變異數。ANCOVA 能夠保證社會接受度的差異將會對排序的使用進行修正，因此，這個差異就會受到控制。

想要瞭解更多嗎？上網或到圖書館查閱：Hynie, M., Lydon, J., & Taradash, A. (1997). Commitment, intimacy, and women's perceptions of premarital sex and contraceptive readiness. *Psychology of Women's Quarterly, 21*, 447-464.

多元迴歸

你已經在第 16 章學到了如何利用一個變數的值來估計不只一個變數的值，甚至可以同時使用數個變數來得知某一個效標（結果）變數，這被稱為簡單線性迴歸分析，而計算多元預測因子在解釋某一效標變數上的個別貢獻和比較不同的貢獻，被稱之為多元線性迴歸分析 (multiple linear regression)，這是社會科學和行為科學研究者最常感到興趣的一種分析方法。將不同的權

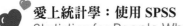
重（與效標變數之獨立關係的估計）標準化後，便可以進行比較，以得知哪個預測因子是最強的預測變數、哪一個是最弱的預測變數等，這些標準化的權重稱為 beta 權重，通過比較 beta 權重，我們可以建構理論並增加對結果變數中反映了哪些資訊的理解。使用多元迴歸分析建立一個好的「模型」的一個棘手的部分是，個別預測變數可能會很好地發揮解釋的作用（與效標變數高度相關），但在單一分析中將它與其他預測變數組合時則無法很好地發揮作用。這是因為 beta 權重代表了，在控制了模型中的所有其他預測變數之後，預測因子與結果變數之間的相關性，而如果某個預測因子與其他預測因子之間的相關性很高，則當和其他預測因子所有多餘重疊的部分移除時，它可能無法再提供有用的資訊。

因此，在現實生活中的多元迴歸分析通常包含許多預測因子，以瞭解哪些是重要的，哪些是不重要的。例如：我們可以很合理地假定父母的識字行為（如家裡有很多書），與他們子女的閱讀量和閱讀程度有關，因此，研究父母的年齡、教育程度、識字活動，以及和子女共同閱讀這些變數，對子女早期的語言能力、對書本的興趣有何貢獻一定十分有趣。保拉・呂蒂寧 (Paula Lyytinen)、瑪麗亞－萊納・拉克索 (Marja-Leena Laakso) 與安娜・邁亞・波伊凱烏斯 (Anna-Maija Poikkeus) 確實進行了這樣的研究，使用稱之為逐步迴歸的分析方法，即以某種有次序的步驟輸入預測因子，檢視父母背景變數對孩子識字能力的影響，他們發現母親的識字活動和母親的教育程度，對子女的語言能力有顯著的影響，而母親的年齡和共同閱讀則沒有顯著影響（當納入其他預測因子時）。

想要瞭解更多嗎？上網或到圖書館查閱：Lyytinen, P., Laakso, M. -L., & Poikkeus, A. -M. (1998). Parental contributions to child's early language and interest in books. *European Journal of Psychology of Education, 13*, 297-308.

後設分析

除非你在整個學期都在放春假和處於休假的狀態，連地方報紙都不看，否則你會知道這是大數據的日子，你在商場上擁有「大量」資料要處理，才能獲取最基本的競爭優勢。

這些數字處理者及許多社會科學和行為科學家所使用的工具之一，即是後設分析 (meta-analysis)。研究人員結合數個研究的資料來檢視某些模式和趨勢，在大量資料已經被蒐集的今日，後設分析成為一種強而有力的工具，可以幫忙組織分散的資訊和指引決策的制定。在本書的許多章節中，我們都討論了效應量大小、將研究變數之間所發現的關係強度進行標準化的方法，後設分析通常結合許多研究的所有個別效應量大小，以獲得對變數之間可通則化關係的代表性估計結果。

舉例來說，這種方法論在研究性別差異時是很有用的，有非常多的研究顯示有許多差異（和缺乏差異），像是後設分析這一種工具的確可以幫助我們釐清所有這些研究結果的意義。在工作績效方面，有許多有關性別差異的不同觀點存在，菲利普 · 羅斯 (Philip Roth)、克里斯坦 · 普維斯 (Kristen Purvis) 和菲利普 · 鮑布科 (Philip Bobko) 指出，男性通常在各種不同的情境中被評估是表現比女性好（依舊式的二進位架構衡量時），包括工作績效在內。為了釐清在不同性別之間所發現之工作績效差異的本質，這些作者從多項田野研究所測量之工作績效中進行一個後設分析，他們發現，雖然工作績效表現的排名是對女性有利，但升遷潛力的排名卻是男性較高。這是一個相當有趣的事情，而且也是後設分析技術在橫跨許多不同研究的發現中，如何獲得一個精確的、深入的觀點的一個好例子。

想要瞭解更多嗎？上網或到圖書館查閱：Roth, P. L., Purvis K. L., & Bobko, P. (2012). A meta-analysis of gender group differences for measures of job performance in field studies. *Journal of Management, 38*, 719-739.

區辨分析

由於團體成員是一個很常讓人感興趣的變數，當某個人想要知道哪一組變數可以區別兩群人之間的差異時，區辨分析 (discriminant analysis) 是一個特別好用的技術。舉例來說，它可以回答像是哪些變數可以區辨接受 A 治療或接受 B 治療的病人這類的問題，它給我們一些有關不同的評估如何可以將某一團體從另一團體中區分出來的想法。它就像是一種變異數分析，只不過依變數不是連續的或是順序測量水準（例如：考試成績），而是名目的

或分類的變數，例如：通過 / 未通過或是否畢業。

來自楊斯鎮州立大學的研究人員分析在大學經濟統計學課程中註冊的學生，特別的是，以網路版教學 (web-based instruction, WBI) 作為傳統課堂講課和解決問題途徑的一種輔助方式，他們對於是什麼因素區別這些使用者和非使用者感到興趣。使用者的結論是，利用網路的遠距學習不只是一種獲得基本資訊的好方法，也是在計量經濟課程中增進個人學術表現的有用工具；非使用者則是認為，大學應該提供線上學習的經濟援助且 WBI 不應該列為畢業的要求。現在，你已經知道為什麼你應該支持網路版學習了吧！

想要瞭解更多嗎？上網或到圖書館查閱：Usip, E. E., & Bee, R. H. (1998). Economics: A discriminant analysis of students' perceptions of web-based learning. *Social Science Computer Review, 16*(1), 16-29.

因素分析

因素分析 (factor analysis) 是檢視一群變數之間的相關程度及某些變數之間的相關性，是否比其他變數更高的分析技術。彼此高度相關的一群變數可能代表某一單一的概念或因子 (factor)，每一個因子代表幾個不同的變數，而且在某些研究中，因子在代表某一廣泛概念方面可能比個別變數更有效率。在使用這項技術時，目標是用更一般化的名稱來描繪彼此相關的事物，這就是因子。而且，為因子指定名稱不是一個任意選擇的過程，名稱反映了這些變數彼此如何相關的內容和想法。

舉例來說，西安大略大學的戴維・沃爾夫 (David Wolfe) 和他的同事，試著去瞭解 12 歲以前發生的被虐待經驗，對青少年時期的同伴關係和交友關係的影響程度。為了完成這項研究，研究者蒐集了許多變數的資料，而且分析了所有變數之間的關係。那些似乎包含彼此相關項目（屬於具有理論意義的分組）的變數被認定為因子，像是這項研究中被稱為「虐待／責備」的因子，另一個因子的名稱是「積極溝通」，由 10 個不同的項目構成，所有這些項目之間的相互關係比其他項目之間的關係來得更強烈。

想要瞭解更多嗎？上網或到圖書館查閱：Wolfe, D. A., Wekerle, C., Reitzel-Jaffe, D., & Lefebvre, L. (1968). Factors associated with abusive relationships among maltreated and non-maltreated youth. *Developmental Psychopathology, 10*, 61-85.

路徑分析

　　這是檢視相關的另一項統計技術，但允許研究者對於因子之間相關方向和因果關係的假定進行檢定。路徑分析 (path analysis) 基本上透過首先假定變數之間的一些理論關係，然後通過檢定得知這些關係的方向是否與實際資料一致。

　　例如：埃夫克里德 (A. Efklides)、帕帕札基 (M. Papadaki)、帕帕托尼奧斯 (G. Papantoniou) 與基奧賽格魯 (G. Kiosseoglou) 研究個人在學習數學過程中對難易度的感知。為完成這項研究，他們進行了幾項不同類型的測驗（像是認知領域的那些測試），而且發現對難易度的感知主要受到認知（問題解決）因子，而不是情感（情緒）因子的影響。

　　想要瞭解更多嗎？上網或到圖書館查閱：Efklides, A., Papadaki, M., Papantoniou, G., & Kiosseoglou, G. (1998). Individual differences in feelings of difficulty: The case of school mathematics. *European Journal of Psychology of Education, 13*, 207- 226.

結構方程模型

　　路徑分析最有趣的用途之一是使用一種稱為結構方程模型 (structural equation modeling, SEM) 的技術，以圖形方式呈現所考慮的所有不同因子之間的關係。透過這種方式，你實際上可以看到哪些因子之間相關及其強度，然後，你可以判斷資料與先前建議之模型的配適程度。結構方程模型還允許你將因子（例如：在因素分析中發現的因子）當作路徑分析中的「變數」，酷吧！

　　結構方程模型還是相對較新的技術，但是自從 1960 年代早期引進以來逐漸地流行。一些研究者覺得這項技術是迴歸、因素分析和路徑分析的統稱，其他研究者相信這項技術本身代表著完全不同的方法，是建立在變數之間相關的基礎上（類似於之前我們描述的三項技術）。

SEM 和其他進階統計技術，如因素分析的主要差別是，SEM 是驗證性 (confirmatory)，而不是探索性 (exploratory)。換句話說，研究者使用 SEM 來確定已經提出的模型是否有效（即實際觀察到的關係「確認」了該模型）。相對地，探索性技術是用於發現特定的關係，很少在分析之前進行模型建構。

舉例來說，希瑟·約塔姆 (Heather Gotham)、肯尼斯·舍爾 (Kenneth Sher) 與飛利浦·伍德 (Phillip Wood) 研究年輕人的酒精濫用症、成年前的變數（性別、家庭酗酒史、童年期的壓力來源、高中的班級排序、宗教背景、神經過敏症、個性外向性、精神病史），以及年輕人的發展工作（完成學士學位、全職工作、婚姻）之間的關係。他們使用結構方程模型的技術，發現在預測年輕人發展工作成就上，成年前的變數比導致年輕人酒精使用障礙症的變數更為顯著。

想要瞭解更多嗎？上網或到圖書館查閱：Gotham, H. J., Sher, K. J., & Wood, P. K. (2003). Alcohol involvement and development task completion during young adulthood. *Journal of Studies on Alcohol, 64*, 32-42.

小結

即使你近期不會使用這些進階的統計方法，但是也有很多原因需要至少對它們有所瞭解，因為你一定會在不同的研究出版刊物或在你選修的其他課程中看到這些技術被提及。結合你對基本的統計技術（本書到現在為止的所有章節）的瞭解，你可以確信已經掌握了許多基礎（甚至有些是中階）統計學的重要知識。

學生學習網址

你可以造訪 edge.sagepub.com/salkindfrey7e 取得強化學習技巧所需要的工具，以及取用練習測驗、eFlashcards、原始和精選的影片、資料集等！

資料探勘
——充分利用大數據的介紹

難易指數：☺☺☺☺☺（雖然資料探勘中使用的許多分析技術都非常複雜，但是我們在此所使用的介紹範例是很簡單的）

本章學習內容

✦ 瞭解什麼是資料探勘。

✦ 瞭解資料探勘如何協助從大量資料中找出意義。

✦ 使用 SPSS 作為基本的資料探勘工具。

✦ 利用樞紐表分析大型資料集。

在你閱讀《愛上統計學》的第七版（中文為第五版）時，科學家、政治家、運動專欄作家、醫護專業人員、企業家，以及幾乎所有處理資料的人，所擁有的資料量已經是天文數字，且仍將不斷地增長、增長、再增長，大數據無所不在！

有多大呢？是的，近來資料是以**艾位元** (exabytes, EB) 或約 1,152,921,504,606,846,976 個位元（每個位元代表一個 1 或 0）或約 1000 億個位元為單位進行衡量，現在，電腦中儲存著有關人類和這個世界大約 1000 EB 的資訊（且數量仍在迅速增長中），真的很多。

為什麼會有這麼多的資料？我們可以做什麼呢？

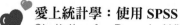

技術的發展使機構、個人與機器之間的連結更加緊密（看看物聯網將很快地就會在你的電腦桌面上出現），且這種相同的技術允許蒐集每一個可用的資料，如果存在隱私和其他的顧慮可以解決的話（陪審團肯定仍未解決這些問題），想一想物聯網。

你可能會對「大」數據有多大及我們身邊有多少的資料感到驚訝，這些資料包括：

- 醫療記錄
- 社群媒體互動
- 運動賽事的詳細分析
- 線上購買什麼產品、何時購買、價值、下一個可能有興趣購買的產品
- 日常健身活動
- 人類基因圖譜
- 天氣資料分析與預測
- 交通模式
- 甚至看似無害的東西，例如：每年賣出了多少奶油夾心蛋糕（好吧！好吧！……5 億個）

商業、商業、商業——它喜歡大數據，因為希望銷售產品和服務的人們認為（一定是對的），可以分析這些大量的資料，在最微觀的層次上瞭解消費者的行為模式（這是分析大數據的主要目的）。反過來說，這些資訊的分析結果可以用來預測、理解和影響消費者的購買習慣。有沒有想過亞馬遜如何知道你最近購物的內容，然後提出替代產品的建議，這些建議就會顯示在你的臉書頁面上？這就是 Google 分析 (Google Analytics, GA)，這只是資料探勘的另一個術語。

所有這些資料都是無價的，但是因為資訊是如此的多，以至於很難從中找出意義。我們所需要的是一組可以尋找模式的工具，這就是資料探勘（和 SPSS）派上用場的地方。

好吧！資料是如此之大，對於那些具有量化分析技能的人來說，有很多工作要做（這些人通常被稱為「巨人」，就像電影《大賣空》(*The Big Short*) 中

一樣）。請注意：大數據無法取代好的資料，而且我們有認為越大越好的傾向（這僅適用於甜甜圈）。因此，雖然大數據肯定會以某一種或另一種形式出現，但在此同時，我們也需要對所有資料集提出相同的問題，包括資料的來源、它們是否可以幫助回答所問的問題、是否具有效度和信度、是誰蒐集的，以及出於什麼意圖或目的等。我們認為在未來的幾年，大數據的分析將在許多領域產生令人矚目的發現，但我們也認為，需要解決大數據的潛在陷阱及其用途。

本章討論有關如何從非常大的資料集中找出意義的簡單問題。我們的目標是藉由使用讓我們能夠輕鬆擷取所需資訊的工具，使這些資料集更容易管理。為此，本章對使用 SPSS 進行**資料探勘** (data mining)，即從大型的資料集中找出模式，進行了非常概括性的介紹，並討論了 SPSS 可以幫助你處理大型資料集的各種不同功能。我們還會向你簡要介紹樞紐表和交叉列表，這些表可以透過單擊滑鼠按鈕進行重新排列，以獨特的方式檢視資訊。

一點也不奇怪，整個產業都致力於資料探勘，而這些公司、企業等往往按照跨產業資料探勘標準程序 (CRoss-Industry Standard Process for Data Mining, CRISP-DM) 進行操作。這些按步驟循序漸進的準則，有助於確保跨資料探勘工作的一致性。

這裡是本章的一些重要提醒。

首先，SPSS 提供了一套用於資料和文本探勘的進階工具，稱為 SPSS Modeler。這是標準 SPSS 套裝軟體的附加模組，不太可能透過你的學校安裝的教學版（或安裝家用版）而輕易獲得。因此，為了使本章盡可能與本書（和其他教科書）的許多使用者有關，我們將重點放在不依賴 Modeler 的 SPSS 功能上。

其次，本章介紹如何使用 SPSS 處理大型的資料集，你在此處閱讀的任何內容也同樣可以用於小型的資料集，但我們想向你展示的是，這些工具如何幫助你從大型資料集中找出意義，較小的資料集幾乎總是可以通過視覺化檢視來尋找趨勢或模式。

第三，也是最後，本章中所使用的資料集是從網站上購買的，隨著新資料的取得，它至少每個月左右都會發生變化。因此，你在你的螢幕上看到的內容可能與本章的圖中內容不同。不過，儘管內容可能有所不同，但格式和說明仍是保持不變。

我們的簡單資料集──誰不喜歡嬰兒？

基本上，大數據不是個案就是變數非常多的集合，但通常兩者都是。在概念上，大數據代表的資料集太大而無法用「眼球」就可以瞭解可能出現的趨勢、資料集中可能存在哪些極端值、或是那些重要的模式可能不那麼明顯地存在。

為了便於說明，我們從 https://health.data.ny.gov/Health/Baby-Names-Beginning-2007/jxy9-yhdk/ 中，選擇了一個名為「嬰兒名字：2007 年之後」的數據庫。這是來自紐約州的資料庫，其中包含成千上萬個嬰兒名字。大數據長得像怎樣？我們將使用其中大約 50,000 個名字（這是我們剛寫到這一頁當天可用的數量）。在嬰兒名字資料集中，是按出生年分、嬰兒名字、孩子出生證明上母親所居住的城鎮名稱、嬰兒的性別，以及名字出現的次數（或頻率）陳列，這些變數是：

- 出生年
- 名字
- 出生城鎮
- 計數（或名字出現的次數）
- 性別

舉例來說，在圖 19.1 中，你可以看到前面幾個樣本的記錄。

因為隨著更多可用資訊的增加，嬰兒名字資料庫會隨著時間而變化。許多線上資料庫就是會出現這種情況，尤其是當它們是受政府機構所資助時。因此，雖然你在本章中所看到的範例反映了編寫本章時可用的數據，其結果可能在內容上有所不同，但是，格式將會是一樣的。換句話說，你看到的數字可能有所不同，但顯示方式卻沒有差異。

	Year_of_Birth	First_Name	County	Count	Gender
1	2007	ZOEY	KINGS	11	F
2	2007	ZOEY	SUFFOLK	6	F
3	2007	ZOEY	MONROE	6	F
4	2007	ZOEY	ERIE	9	F
5	2007	ZOE	ULSTER	5	F
6	2007	ZOE	WESTCHESTER	24	F
7	2007	ZOE	BRONX	13	F
8	2007	ZOE	NEW YORK	55	F

圖 19.1　嬰兒名字資料庫中前幾筆記錄

　　諸如「嬰兒名字」之類的資料庫有成千上萬個可以供社會大眾使用，你可以在許多地方找到它們。有一些資料庫（僅）允許搜索，例如：Grand Comics 資料庫 (http://comics.org)，而其他資料庫則包含可以下載的資料，通常會以多種格式提供使用。

　　在這個例子中，你可以從 Data.gov 下載 .csv 格式的 Baby_Names 資料檔。你可以在這個網站找到 100,000 多種資料集，包括健康、天氣及消費者和科學研究等類別，SPSS 可以輕鬆讀取 .csv 檔案，並將其轉換為 .sav 文件。

　　在 Data.gov 上瀏覽所蒐集的資料庫是很有趣的，你可能還想看看 DataUSA 網站 (http://datausa.io) 的資料庫，這是一個由 MIT 所執行的計畫，它使 Data.gov 上可用的許多資料透明且易於理解，並提供了一個非常酷的視覺化界面來幫助你理解。

　　SPSS 的另一面稱為 SPSS 語法，就像我們在本書中大部分地方所做的那樣，你在這裡可以使用指令（像是 COMPUTE 和 SUM）來執行 SPSS 操作，這比使用選單上的指令具有更多的控制性和明確性。使用選單指令更方便、更快捷，但提供較少的控制。SPSS 語法在某種意義上是 SPSS 的程式語言，在本章中介紹 SPSS 語法已經超出了我們的範圍，但是你應該知道它的存在，也歡迎你可以試一下，你只需從「檔案→新建」選單上開啟一個新語法視窗，然後將不同的功能應用在任何資料集上，看看會發生什麼事！你還會注意到在許多分析視窗中有「貼上」按鈕選項，你可以點擊它，可看到在進行分析時已編寫好的隱藏語法。

計數結果

SPSS 中的許多「計數」指令對於匯總或理解大型資料集中的資料性質是非常有用的，這裡只是其中一些指令，並提供了有關如何使用的範例。首先，你需要下載「嬰兒名字」的資料，你必須先將它另存為 Excel 試算表格式，然後在 SPSS 中打開它。

1. 在網站上選擇滙出……和 Excel 的 CSV 格式，將檔案儲存在你很容易找到的地方，例如：你的 SPSS 資料夾。
2. 在 SPSS 中，選擇「檔案→開啟→資料」。
3. 在檔案類型視窗中，選擇 Excel 檔案。
4. 在查看範圍視窗中找到你所儲存的試算表檔案，以雙擊方式點選此一檔案。
5. 讀取 Excel 檔案的視窗會開啟，點選確定後，包含嬰兒名字資料的 SPSS 資料檔將會開啟。

用次數計數

你有嬰兒名字這個大型資料集且想要計數每一年的出現數目，做法如下：

1. 選取「分析→敘述統計→次數分配表」後，你會看到如圖 19.2 所顯示的「次數分配表」對話方塊。
2. 點選「Year_of _Birth」，並將它移到「變數：」框。
3. 點選「確定」後，你會看到如圖 19.3 所呈現的按年度顯示的嬰兒名字計數（譯者註：計數結果和原文不一樣的原因是下載此一資料集的時間點不同，增加了 2015 年至 2017 年的資料，以下的分析結果亦同）。

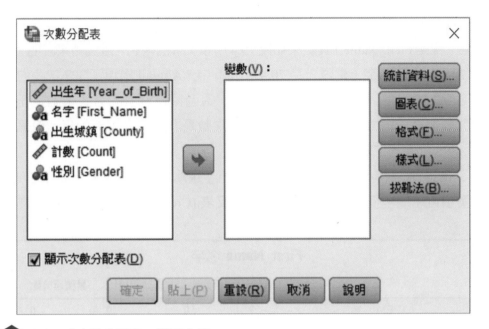

圖 19.2 「次數分配表」對話方塊

Year_of_Birth 出生年

		次數分配表	百分比	有效百分比	累積百分比
有效	2007	6367	9.0	9.0	9.0
	2008	6481	9.2	9.2	18.2
	2009	6312	9.0	9.0	27.2
	2010	6192	8.8	8.8	36.0
	2011	6216	8.8	8.8	44.8
	2012	6164	8.7	8.7	53.5
	2013	6158	8.7	8.7	62.3
	2014	8362	11.9	11.9	74.1
	2015	6098	8.6	8.6	82.8
	2016	6130	8.7	8.7	91.5
	2017	6019	8.5	8.5	100.0
	總計	70499	100.0	100.0	

圖 19.3 簡單次數分配表的分析結果

　　如果有必要，你可以對任何變數執行相同的操作程序，包括文本或字串變數，像是 First_Name，其結果如圖 19.4 所示。舉例來說，這個結果說明了，在 70,000 多個名字（實際上是 70,499 個）中，Abigail 出現了 307 次（占所有名字的 0.4%），而 Aahil 出現了 1 次。透過目視資料的方式來確定任何嬰兒名字在一組 70,000 多個名字的出現次數是非常不太可能的事，但是使用 SPSS 之類的工具可以很快地將次數向上加總。

　　SPSS 另一個非常有用的工具是「分析」選單上的「交叉資料表」選項，該選項可用於多個變數的交叉分析。**交叉表 (Cross-tabulation tables)** 或交叉

First_Name 名字

		次數分配表	百分比	有效百分比	累積百分比
有效	AADEN	3	.0	.0	.0
	AAHIL	1	.0	.0	.0
	AALIYAH	132	.2	.2	.2
	AARAV	5	.0	.0	.2
	AARIZ	1	.0	.0	.2
	AARON	156	.2	.2	.4
	AARYA	1	.0	.0	.4
	AAYAN	3	.0	.0	.4
	ABBA	1	.0	.0	.4
	ABBY	16	.0	.0	.5
	ABDIEL	3	.0	.0	.5
	ABDOUL	1	.0	.0	.5
	ABDOULAYE	3	.0	.0	.5
	ABDUL	9	.0	.0	.5
	ABDULLAH	22	.0	.0	.5
	ABDULRAHMAN	1	.0	.0	.5
	ABE	1	.0	.0	.5
	ABEL	20	.0	.0	.5
	ABIGAIL	307	.4	.4	1.0

圖 19.4　利用次數分配表計數文本或字串數值的分析結果

表分析（簡稱為交叉表，正是你在圖 19.4 中看到的）匯整了類別資料（例如：我們一直在使用的 Baby Names 資料庫中的出生年或性別），建立了一個包含直欄和橫列的總數及細格計數的表格。

舉例來說，如果我們想知道資料集所包含的每一年中有多少男性和女性嬰兒出生，我們可以遵循以下步驟：

1. 選取「分析→敘述統計→交叉資料表」後，你會看到如圖 19.5 所顯示的交叉表對話方塊。
2. 將「Year_of_Birth」移到「列：」框。
3. 將「Gender」移到「欄：」框。
4. 點選「確定」後，你會看到如圖 19.6 所呈現的分析結果。

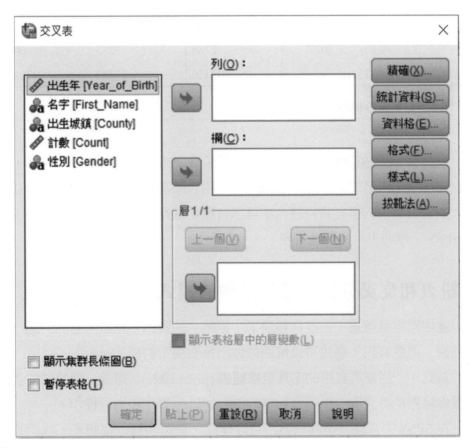

圖 19.5　「交叉表」對話方塊

Year_of_Birth 出生年 *Gender 性別 交叉列表

計數

		Gender 性別		總計
		F	M	
Year_of_Birth 出生年	2007	3002	3365	6367
	2008	3039	3442	6481
	2009	2917	3395	6312
	2010	2925	3267	6192
	2011	2918	3298	6216
	2012	2872	3292	6164
	2013	2836	3322	6158
	2014	4121	4241	8362
	2015	2857	3241	6098
	2016	2843	3287	6130
	2017	2786	3233	6019
總計		33116	37383	70499

圖 19.6　交叉表分析結果

　　舉例來說，在 2007 年有 3,365 名新生兒的生理性別命名為男性，在 2014 年有 4,121 名的新生兒命名為女性。再次強調，只有當你可以獲取並分析大型資料集中的所有資料時，才可以合理地進行此類的觀察，而你可以使用 SPSS 之類的工具輕鬆地處理。

樞紐表和交叉分析：發現隱藏的模式

　　就如同本章所述，一旦你整理了「原始」的資訊，就該考慮如何進一步「挖掘」這些資訊，尋找可以幫助你做出重要決策的模式。

　　為此，一個非常有用的工具是**樞紐表** (pivot table)，這是一種特殊的表，可讓你輕鬆地將直欄、橫列及細格的內容加以視覺化和進行操作。

　　在 SPSS 中有許多不同的方法可以建立、使用和修改樞紐表。我們將向

你舉例展示我們認為最直接、最容易使用和理解的方式。

建立樞紐表

當樞紐表早先成為統計分析程序的功能時，建立和使用它們既乏味又耗時。幸運的是，使用較新版本的 SPSS，只需點擊幾下即可完成樞紐表，此後，操作此一樞紐表就像將直欄或橫列的標題、或細格的內容拖到新位置一樣的簡單。

所有樞紐表都需要進行「轉動」，因此，SPSS 需要透過操作產生某種型式的輸出。換句話說，你必須先建立一個結果表才能建立和使用樞紐表。請注意，SPSS 中的所有樞紐表都可以轉動，你只需知道想要什麼及希望如何顯示即可。

讓我們使用「嬰兒名字」作為範例並建立一個樞紐表，來查看從 2007 年到 2017 年（即出生年分）出現之男女名字的數量。如果你想要跟著學習，那麼，你應該在你的電腦螢幕上顯示如圖 19.6 的交叉分析表。

幾乎所有 SPSS 輸出結果都可以建立樞紐表，且樞紐表的使用不限於交叉表、敘述統計輸出結果或次數分配輸出結果。無論你所產生的輸出結果是什麼，（幾乎）都可以轉換為樞紐表。

1. 雙擊你想要建立樞紐表的資料表格。當你執行此一操作時，你會在右下邊界看到用一個虛線劃出的表格，如圖 19.7 所示。
2. 在選定的表格上按右鍵後選擇「樞軸匣」選項，你將看到如圖 19.8 所顯示的「樞軸匣」。

這既簡單又快速。在這裡，你可以看到 SPSS 正在建立一個樞紐表，表中的 Gender 在直欄上，而 Year_of_Birth 在橫列上。

現在，透過拖曳和排列合適的直欄和橫列，我們可以根據所想要的任何方式組織資料，只要有可取得的原始資訊，以及在所整理的原始資料的範圍內即可。

舉例來說，如果你想要查看顯示性別內之出生年分的表格，將名為 Year_of_Birth 的區域拖到 Gender 內的直欄區域，你可以在圖 19.9 中看到分

		Gender 性別		
		F	M	總計
Year_of_Birth 出生年	2007	3002	3365	6367
	2008	3039	3442	6481
	2009	2917	3395	6312
	2010	2925	3267	6192
	2011	2918	3298	6216
	2012	2872	3292	6164
	2013	2836	3322	6158
	2014	4121	4241	8362
	2015	2857	3241	6098
	2016	2843	3287	6130
	2017	2786	3233	6019
總計		33116	37383	70499

Year_of_Birth 出生年*Gender 性別 交叉列表

Statistics 計數

圖 19.7　選取要建立樞紐表的資料表格

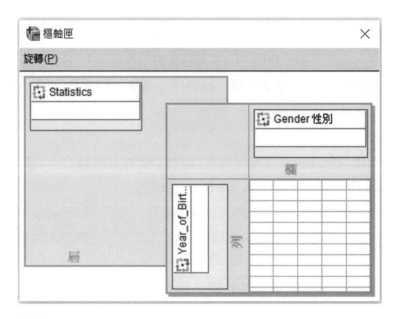

圖 19.8　樞軸匣

交叉資料表

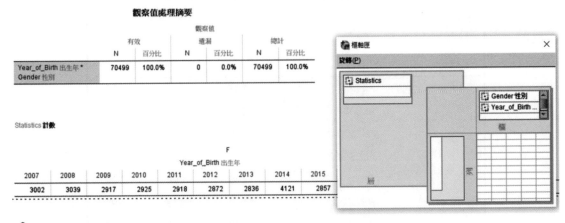

觀察值處理摘要

	觀察值					
	有效		遺漏		總計	
	N	百分比	N	百分比	N	百分比
Year_of_Birth 出生年 * Gender 性別	70499	100.0%	0	0.0%	70499	100.0%

Statistics **計數**

				F Year_of_Birth 出生年				
2007	2008	2009	2010	2011	2012	2013	2014	2015
3002	3039	2917	2925	2918	2872	2836	4121	2857

圖 19.9　顯示按性別呈現出生年分的樞紐表

析結果，資訊相同但呈現方式不同。你可以看到出現「及時」的變更，且當你離開「樞軸匣」視窗時，此一變更仍將保留。

　　記住，如果你想要建立一個直欄或橫列內包含多個變數的表格，只需要將這些變數拖曳到橫列或直欄即可，這是由你所提出的問題所決定的。

　　你所能夠更改樞紐表中所包含之變數或區域的外觀，僅限於你在輸入原始資料時最先定義之直欄和橫列標題的變數或區域。因此，一般來說，要盡可能地細小（表示詳盡的美稱），因為在進行探索之前，你永遠都不知道要在表格中進行什麼探索。

修正樞紐表

　　一旦你取得如圖 19.9 所顯示的資訊，樞紐表的修改和重新建構就變得輕而易舉了。

　　在圖 19.10 中，你可以看到按城鎮呈現性別的交叉表，該表的建立與本章中所顯示的其他交叉表一樣容易。只是這一次，我們點擊了「建立圖形→長條圖」選項（誰知道為什麼 SPSS 在其他地方將此稱為圖表，在這裡卻突然稱為圖形），在圖 19.11 中，你也可以看到說明分析結果的圖表。

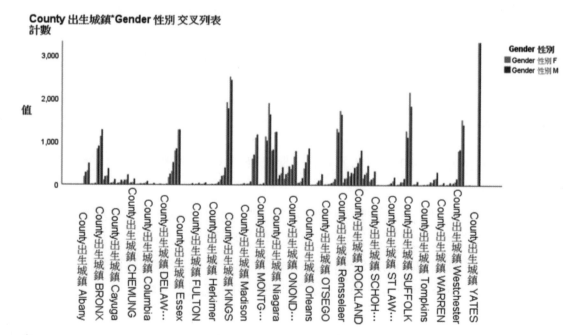

County 出生城鎮*Gender 性別 交叉列表				
計數				
		Gender 性別		總計
		F	M	
County 出生城鎮	Albany	187	281	468
	ALBANY	319	495	814
	Allegany	5	9	14
	ALLEGANY	9	25	34
	Bronx	828	890	1718
	BRONX	1120	1273	2393
	Broome	108	187	295
	BROOME	201	371	572
	Cattaraugus	25	33	58
	CATTARAUGUS	52	118	170
	Cayuga	18	34	52

圖 19.10　樞紐表

圖 19.11　以長條圖說明交叉表分析結果

你也可以建立一個樞紐表,然後使用下拉式選單取得你所想要的資訊。

舉例來說,我們建立了一個樞紐表,按出生年分顯示計數,然後將每個變數層疊在統計量下,如圖 19.12 所示。現在,我們可以使用下拉式選單檢查該表中數值的任何組合。例如:如果我們想知道在 2009 年有多少個名字正好出現 9 次,我們只需從下拉式選單中選擇這些數值即可。這一指令得到了圖 19.13 的結果,可以看到總出現次數為 9 次的共有 255 個名字。

想要讓你的交叉表更炫嗎?只需點擊右鍵並選擇「表格內容」,然後選擇要使用的顏色和設計組合即可。

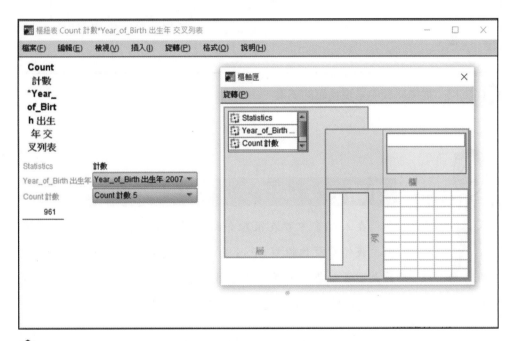

圖 19.12　利用下拉式選單選取樞紐表內的不同數值

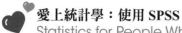

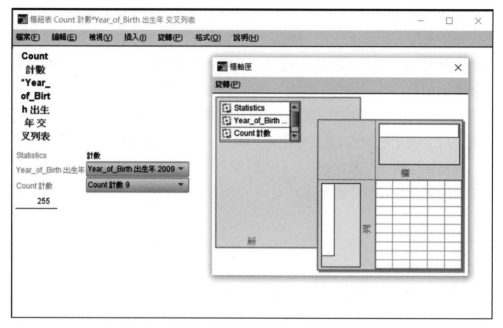

圖 19.13　從樞紐表中呈現精確的結果

小結

　　在入門書中實在很難介紹資料探勘，但是在本章和本書中，我們希望你瞭解 SPSS 如何使用交叉表和樞紐表幫助你搜尋大型資料集。希望你會受到啟發去搜尋資料集，例如：在附錄 G 中，介紹全世界 10 個最好（和最有趣）的統計資訊網址。

練習時間

1. 使用第 19 章資料集 1 (Chapter 19 Data Set 1) 的資料，根據熟練程度得分（範圍從 1 到 5，其中 5 是最熟練的），為這個類別建立一個交叉表（範圍從 1 到 10，其中 10 是最勤奮）。有多少參與者真正（最）勤奮，但不是很（最不）熟練？

2. 使用第 19 章資料集 2 (Chapter 19 Data Set 2)，建立一個交叉表，該表顯示 1,000 名學生中女性為第 4 級運動員的數量。在這個資料集中，變數 Gender 的 1 = 男性，2 = 女性。樞紐表時間！現在繪製圖形呈現結果，並產生一些視覺上有趣且有用的資訊。（回想一下第 4 章「一幅圖真的相當於千言萬語」，取得讓製圖者喜愛的小技巧。）

學生學習網址

你可以造訪 edge.sagepub.com/salkindfrey7e 取得強化學習技巧所需要的工具，以及取用練習測驗、eFlashcards、原始和精選的影片、資料集等！

資訊永無止盡

每一個人翻到第 12,432 章⋯⋯

APPENDICES

30 分鐘內學好
SPSS 統計學

　　這個附錄會充分地教你有關 SPSS 統計學（讓我們只叫它 SPSS），以完成《愛上統計學》這本書中的相關練習。學習 SPSS 不是火箭科學——就是需要花時間，依你所需要的速度練習，如果有需要的話，還可以請教你的同學或老師。

　　你可能已經熟悉其他的 Windows 應用軟體，那麼你會發現 SPSS 許多功能的操作和它們完全一樣。我們假定你已經知道有關拖曳、點選、雙擊和操作 Windows 或 Mac 等功能（SPSS 為這些作業系統提供的兩個版本是非常相似的）。如果你還不熟悉，你可能需要參考許多商用電腦書籍的其中一本，以獲得協助。SPSS 可以在微軟的 Windows XP、Vista 版本 7 和 8 及更新的版本上使用；至於 Mac，它可以在 Mountain Lion 10.8 及更新的版本上使用。本附錄幾乎是專門針對 Windows 版本，因為它比 Mac 版本更為流行，但是如果你是 Mac 用戶，那麼，按照說明和示例進行操作，應該一點也不難。

　　這個附錄是介紹 SPSS 25 版（譯者註：本書中文版是 26 版），只是讓你知道一些它可以做的事。本附錄中的所有資訊幾乎都可以應用在 SPSS 較早的版本，從 11 版到目前的 24 版。

　　本附錄從頭到尾的例子，都是使用呈現在附錄 C 中命名為「樣本資料集」(Sample Data Set.sav) 的資料檔。你可以用手動方式輸入這些資料，或是從 SAGE 的網站 edge.sagepub.com/salkindfrey7e 下載檔案。

啟動 SPSS

　　和其他的 Windows 版應用軟體一樣，SPSS 也組織成一個群組且可以從開始選單中取得。當你第一次安裝 SPSS 時，就會建立這個群組。依照下面這些步驟就可以啟動 SPSS。

1. 點選「開始」，然後將游標指向所有程式。
2. 找到並點選 SPSS 的圖示。當你做這個動作時，你會看到如圖 A.1 所顯示的 SPSS 開啟畫面。你必須注意到有些電腦的設定不一樣，且你的 SPSS 圖示可能被放在桌面，如果是這種情形，要啟動 SPSS 只需要雙擊這個圖示即可。

SPSS 的開啟視窗

　　如圖 A.1 所示，開啟視窗顯示了「資料視圖」（又稱之為「資料編輯器」）。當資料被定義後，你便可以在此處輸入要用於 SPSS 的資料。如果你認為資料編輯器在形式和功能上類似於試算表，那就對了。從形式上講，它的確是，因為資料編輯器就像 Excel 試算表一樣由直欄和橫列組成，可以

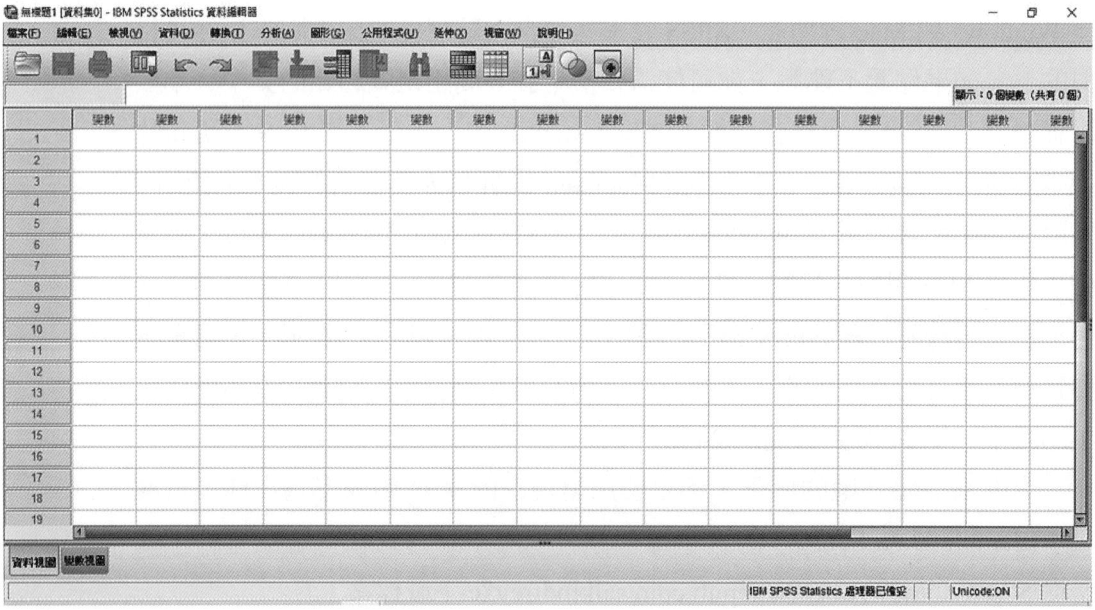

圖 A.1　資料視圖

輸入數值後進行操作。在功能上也是，資料編輯器也非常類似於試算表，輸入的數值可以進行轉換、排序、重新排列等。但是，資料編輯器與試算表的不同之處在於，你無法將方程式和函數放在細格中。細格僅存取資料，一旦輸入之後，這些數據就不會更改，除非你重新輸入或重新編碼。

雖然在 SPSS 剛啟動時無法看到它，但同時還有另一個開啟的（但不是作用中的）視窗，那就是「變數視圖」，那是定義變數和設定這些變數相關參數的地方。

輸出檢視器展示你所建立的統計分析結果和圖表。圖 A.2 顯示了部分輸出檢視器視窗的例子。使用資料編輯器建立資料集後，若用這個資料集進行分析或畫圖，你就可以在輸出檢視器中查看分析的結果。

▣ A.2　輸出檢視器

SPSS 的工具列和狀態列

工具列是在選單下方的一組圖示，使用這些工具列對你操作 SPSS 的活動大為方便。如果你想知道在工具列上的某一個圖示是什麼意思，只要將滑鼠指在該圖示上，你就可以看到一個小提示，告訴你這個工具是什麼。有些工具列上的按鍵是反白的，表示它們不在作用中。

在 SPSS 視窗底部的狀態列是另一個螢幕上有用的工具。你在這裡可以看到關於 SPSS 目前正在進行之活動的一行報告。IBM SPSS for Windows Processor is Ready 的訊息是告訴你，SPSS 已經準備好接受你的指令或資料的輸入。另一個例子是 Running Means... 告訴你，SPSS 正在執行叫做平均數的分析指令之中。

使用 SPSS 的說明功能

SPSS 的說明功能只需要用滑鼠點選幾下，當你正身處於資料檔案之中且需要有關 SPSS 功能的資訊時，它是非常有用的。SPSS 的說明功能是非常完整的，即使你是 SPSS 的新手，它也能指引明路。

在使用 SPSS 過程中，你可以透過使用圖 A.3 中顯示的「說明」選單得到幫助。

圖 A.3　各種輔助說明選項

在說明選單上有 12 個選項，相較於 SPSS 之前的版本有很大的擴充，（譯者註：SPSS 26 版只有 10 個選項，標題與內容亦略有出入，在此仍維持原文內容），其中有 6 個與協助你直接相關。

- 主題 (Topics) 提供一個你可以獲得協助之相關主題的清單。
- 輔導簡介 (Tutorial) 提供一個有關使用 SPSS 各方面的簡要指導。
- 案例研究 (Case Studies) 提供有關如何應用 SPSS 的相當生動的例子。
- R 的使用 (Working with R) 提供有關如何使用命名為 R 的開源統計套裝軟體的資訊。
- 統計教練 (Statistics Coach) 是一步一步帶著你走完分析的程序。
- 指令語法參考 (Command Syntax Reference) 幫助你學習和使用 SPSS 的程式語言。
- SPSS 社群 (SPSS Community) 提供取得其他的 SPSS 使用者和資訊。
- 關於……(About . . .) 提供一些有關 SPSS 的技術資訊，包括你正在使用的 SPSS 版本。
- 演算 (Algorithms) 聚焦在如何產生你在 SPSS 所看到之輸出結果的計算上。
- IBM SPSS 產品首頁 (IBM SPSS Products Home) 帶你到 SPSS 的網站首頁。
- 可編程性 (Programmability) 提供有關為 SPSS 建立附件和其他指令程序強化功能的資訊。
- 診斷 (Diagnose) 幫助你診斷為何 SPSS 無法正常執行。

SPSS 的簡短旅程

現在，回到座位上並享受一趟 SPSS 可以做什麼的簡短旅程。這裡沒有新奇的事，只是一些簡單的資料描述、一個顯著性檢定及一、二個圖形而已。我們想讓你看到的是，使用 SPSS 有多麼容易。

開啟檔案

你可在建立一個新的 SPSS 資料檔後輸入你自己的資料、使用既有的檔案、或是從其他像是微軟的 Excel 之類的應用軟體匯入資料到 SPSS。無論使用哪一種方法，你都需要有資料才行。在圖 A.4 中所顯示的是附錄 C 收錄在內的資料，檔名為「樣本資料集」(Sample Data Set)，你也可以從本書的配件網站下載或直接從作者那裡取得。

愛上統計學：使用 SPSS
Statistics for People Who (Think They) Hate Statistics

樣本資料集.sav [資料集1] – IBM SPSS Statistics 資料編輯器

檔案(F)	編輯(E)	檢視(V)	資料(D)	轉換(T)	分析(A)	圖形(G)	公用程式(U)

	ID	Gender	Treatment	Test1	Test2
1	1	男性	控制組	98	32
2	2	女性	實驗組	87	33
3	3	女性	控制組	89	54
4	4	女性	控制組	88	44
5	5	男性	實驗組	76	64
6	6	男性	控制組	68	54
7	7	女性	控制組	78	44
8	8	女性	實驗組	98	32
9	9	女性	實驗組	93	64
10	10	男性	實驗組	76	37
11	11	女性	控制組	75	43
12	12	女性	控制組	65	56
13	13	男性	控制組	76	78
14	14	女性	控制組	78	99
15	15	女性	控制組	89	87
16	16	女性	實驗組	81	56
17	17	男性	控制組	78	78
18	18	女性	控制組	83	56

 A.4　開啟 SPSS 檔案

簡單的表格和圖形

現在該是時候說明為什麼我們在一開始就使用 SPSS 的理由──有那麼多的分析工具可用。

首先，如果我們想要知道男性和女性的整體分布，只是這樣的話，只要計數我們所使用之全部樣本中有多少男性和多少女性，不過，我們也想要建立此一分布的簡單長條圖。

在圖 A.5 中，你會看到輸出結果正好提供我們所要求的資訊，即男性和女性個數的次數分配。我們使用「敘述統計」選單（在分析的主選單之下）的「次數分配表」選項來計算這些數值，然後建立一個簡單的長條圖。

簡單的分析

讓我們看看男性和女性在測驗一 (test1) 的平均分數是否有差異，這是一個要求進行獨立樣本 *t* 檢定的簡單分析，分析程序是比較男性和女性每一個群體在測驗一的平均數。

Gender 性別

		次數分配表	百分比	有效百分比	累積百分比
有效	1 男性	11	44.0	44.0	44.0
	2 女性	14	56.0	56.0	100.0
	總計	25	100.0	100.0	

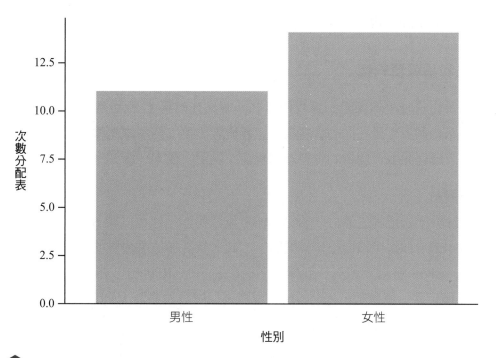

圖 A.5　簡單的描述性分析結果

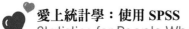

愛上統計學：使用 SPSS
Statistics for People Who (Think They) Hate Statistics

在圖 A.6 中，你可以看到 t 檢定分析結果的摘要。注意 SPSS 輸出檢視器視窗中左邊框內（概要檢視）的清單，目前是顯示陳列次數分配表、圖表和 T 檢定。要看輸出結果的任何一部分，只需要點選那個單元即可。當 SPSS 在檢視器產生輸出結果時，你幾乎都是必須用捲軸才能看到全部的輸出。

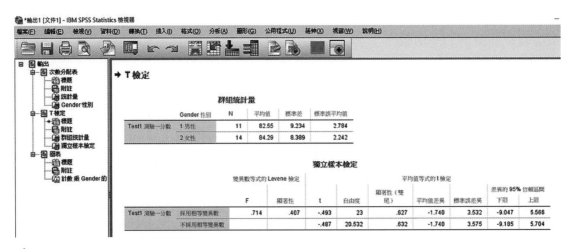

圖 A.6 獨立樣本 t 檢定的結果

建立和編輯資料檔

當作是動手的練習，讓我們建立一個你在附錄 C 所看到的原始樣本資料。第一個步驟是在你的資料集內定義變數，第二個步驟是輸入資料，你現在應該已經開啟一個新的資料編輯視窗（點選「檔案→新建→資料」）。

定義變數

除非變數已經定義好，否則 SPSS 無法操作。你可以讓 SPSS 幫你定義變數，或者你也可以自己定義變數，因此，有許多控制變數的外觀和操作的方式。SPSS 會自動將第一個變數名稱命名為 VAR00001，如果你在第 1 列第 5 欄定義一個變數，那麼 SPSS 會將這個變數命名為 VAR00005，而且自動連續地將其他欄的變數編號。

常用的定義變數：使用變數視圖視窗

你自己要定義一個變數，必須先利用點選 SPSS 畫面底部的變數視圖標籤，切換到變數視圖視窗。一旦完成這個動作，你可以看到如圖 A.7 所顯示的變數視圖視窗，然後才能定義任何一個你認為適當的變數。

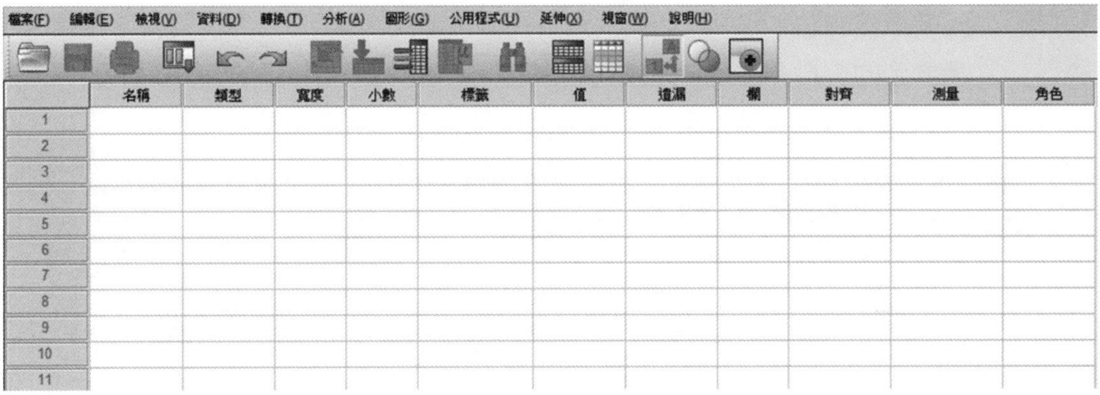

圖 A.7 變數視圖視窗

如果是在變數視圖視窗，你可以依循下列的參數來定義變數：

- 名稱 (Name) 為每一個變數提供一個名字，最多是 8 位元。
- 類型 (Type) 定義變數的型態，例如：文本、數值型、字串、科學符號等。
- 寬度 (Width) 界定字元數目，表示該欄可以容納一個變數的寬度。
- 小數 (Decimals) 界定變數出現在資料視圖視窗的小數位數。
- 標記 (Label）定義變數最長為 256 個字元的註解。
- 值 (Values) 定義與某一個數值相對應的標記或註解（例如：1 代表男性，2 代表女性）。
- 遺漏 (Missing) 指出遺漏資料將如何處理。
- 欄 (Columns) 界定分配給資料視圖視窗中，變數的空間大小。
- 對齊 (Align) 界定資料如何在細格內呈現（靠左、靠右或置中對齊）。
- 測量 (Measure) 界定將變數類型化的適當測量水準（名義、序數或尺度）。
- 角色 (Role) 界定變數在整體分析所扮演的角色（輸入、目標等）。

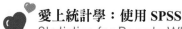

如果你將游標放在「名稱」欄下的第一個細格內，輸入任何名稱後按下 Enter 鍵，那麼 SPSS 會自動提供你所有變數字元的預設值，即使你不是在資料視圖畫面（點選視窗底部的標籤），SPSS 也會自動地命名 var0001、var0002 等。

在變數視圖中，輸入如你在圖 A.8 中所看到的變數名稱。現在，如果你想要繼續的話，你可以切換到資料視圖（參見圖 A.9），然後輸入你在圖 A.4 所看到的資料。但是，先讓我們來看一下 SPSS 一個很酷的特殊功能。

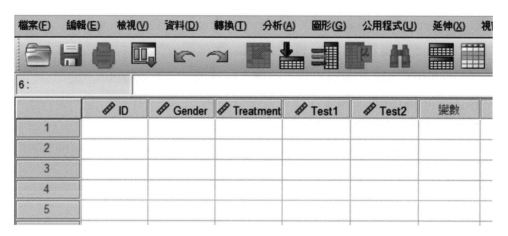

圖 A.8　在變數視圖視窗定義變數

	名稱	類型	寬度	小數	標籤	值	遺漏	欄	對齊	測量	角色
1	ID	數值	8	0	樣本編號	無	無	8	靠右	尺度	輸入
2	Gender	數值	8	0	性別	{1, 男性}...	無	8	靠右	尺度	輸入
3	Treatment	數值	8	0	處理	{1, 控制組}...	無	8	靠右	尺度	輸入
4	Test1	數值	8	0	測驗一分數	無	無	8	靠右	尺度	輸入
5	Test2	數值	8	0	測驗二分數	無	無	8	靠右	尺度	輸入
6											
7											

圖 A.9　資料檢視視窗已經準備好輸入資料

定義數值標記

你可以在 SPSS 資料編輯器中將資料保留為數值，也可以使用一些標記

來代表這些數值（如你在圖 A.4 所看到的）。

你為什麼會要改變一個變數的標記呢？你可能已經知道，一般來說，使用數值（像是 1 或 2）比利用字串、或字母與數字符號構成的變數（例如：男性或女性）更有意義。常見的錯誤是將資料輸入為字串（例如：男性或女性），而不是輸入數字來代表被命名為性別的變數。當進行分析時，處理非數字的條目（例如：「男性」）是非常困難的。

但是，在檢視資料檔時的確是看到文字比看到數字更為方便，只是要思考一下利用數字代表一個變數的不同等級（例如：1 和 2）的資料檔和利用實際數值（例如：男性和女性）的資料檔之間的差異。在變數視圖畫面的值選項讓你可以在細格內輸入數值，但是你看到的會是標記。

如果你在值欄內點選省略鍵（參見圖 A.10），你就可以看到值標籤對話方塊，如圖 A.11 所顯示。

變更數值標記

你可依循下面的步驟指派或變更數值的標記。在此，我們將男性標記為 1，女性標記為 2。

1. 針對變數 gender，點選省略鍵（參見圖 A.10）開啟值標籤對話方塊。
2. 輸入變數的某一個數值，在這例子中，1 代表男性。
3. 輸入該數值的值標籤，即男性。
4. 點選「新增」。
5. 針對女性和數值 2 做相同的動作。當你在值標籤對話方塊內完成該做的事時（參見圖 A.12），點選「確定」，然後，新的標籤就會生效。

圖 A.10　變數視圖畫面的值欄

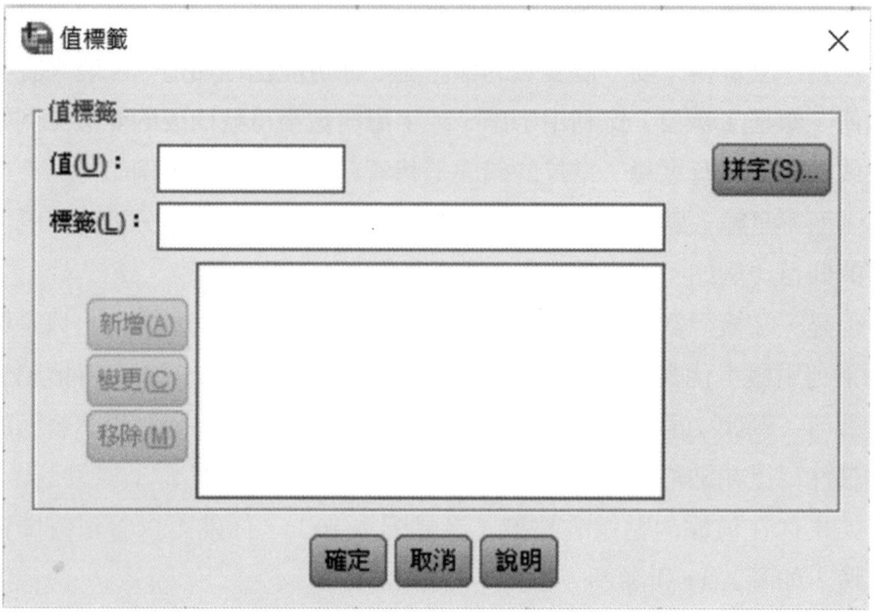

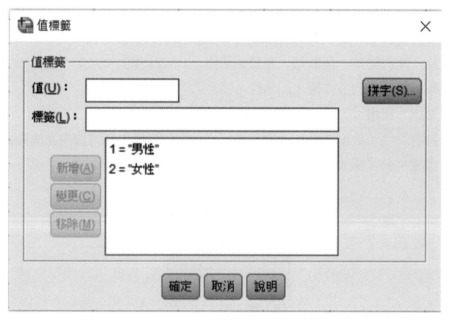

圖 A.11　「值標籤」對話方塊

圖 A.12　已完成數值註解的對話方塊

當你從主選單中（在資料視圖內）點選「檢視→值標籤」，你就會在資料編輯器看到這些標籤。注意，雖然在細格內的標記顯示為女性，但圖 A.13 內輸入的數值實際上是 2。

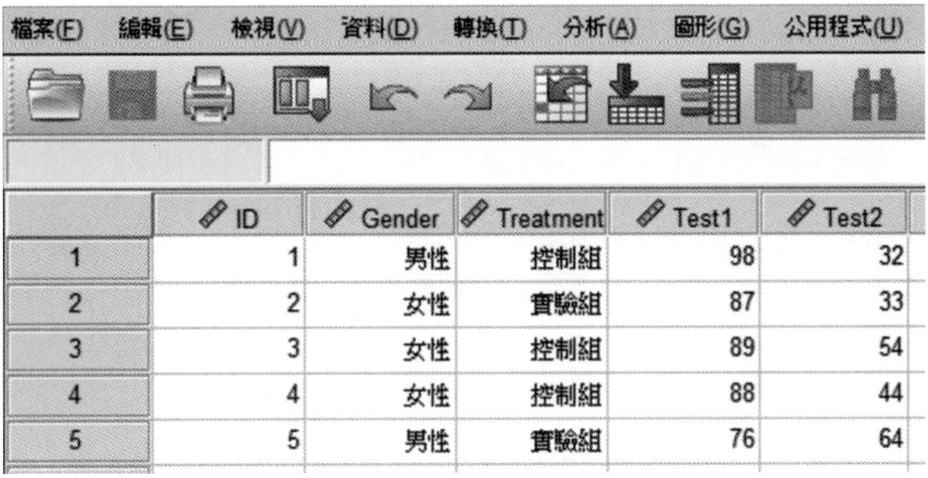
檔案(F)
編輯(E)
檢視(V)
資料(D)
轉換(T)
分析(A)
圖形(G)
公用程式(U)
ID
Gender
Treatment
Test1
Test2
1 1 男性 控制組 98 32
2 2 女性 實驗組 87 33
3 3 女性 控制組 89 54
4 4 女性 控制組 88 44
5 5 男性 實驗組 76 64

圖 A.13　檢視變數標籤

開啟資料檔

如果某一個檔案已經被儲存，當你想要再一次使用時，你必須開啟或叫回這個檔案，步驟很簡單。

1. 點選「檔案→開啟→資料」，你會看到「開啟資料」對話方塊。
2. 找到你想要開啟的資料檔後，加以標示。
3. 點選「確定」。

找到和開啟 SPSS 檔案的一個捷徑是，在「檔案」選單上點選「最近使用的資料」檔案名稱，SPSS 在這裡列出最近使用過的一些檔案。

SPSS 的列印

在某一資料檔建立後，這裡還有你可能會用得到的最後一些資訊。一旦你已經建立你所想要的資料檔或是已經完成任何類型的分析或圖表，為了安全保存、或為了放入報告或文章內，你可能會想要列印出一份紙本備份。接

著，當你已經列印 SPSS 文件且想要結束操作時，就該關閉 SPSS 了。

　　列印幾乎是和編輯及儲存檔案一樣重要的過程，如果你無法列印，你就沒有從你的工作期間帶走任何東西。你可以從 SPSS 的檔案輸出資料到其他應用軟體，但是，直接從 SPSS 取得一份紙本備份往往是更為及時和更為重要的。

列印 SPSS 的資料檔

　　無論是列印整個資料檔或從中選取的某一部分，都是很簡單的事情。

1. 確定你想要列印的資料檔是作用中的視窗。
2. 點選「檔案→列印」，當你做這個動作時，你會看到「列印」對話方塊。
3. 點選「確定」，任何一個作用中的檔案都會列印出來。

　　如同你可以看到的，你可以選擇列印整份文件或特定的選擇範圍（你已經在資料編輯視窗選定的部分）及增加列印的份數，從 1 份到 99 份（你可以列印的最多份數）；你也可以在「列印」對話方塊內設定，如此便可以產生一個 PDF 檔案。

從 SPSS 的資料檔選擇列印某一部分

　　從資料檔中選擇列印的某一部分，幾乎是完全依循我們在上面所陳述之列印一個資料檔的步驟，除了在資料編輯視窗選擇你想要列印的部分，然後點選「列印」對話方塊內的選擇選項。步驟如下：

1. 確定你想要的列印資料已經被選取。
2. 點選「檔案→列印」。
3. 在「列印」對話方塊內，點選「選取項目」。
4. 點選「確定」，然後你所選擇的內容都會被列印出來。

建立 **SPSS** 的圖形

　　一張圖勝過千言萬語，且 SPSS 提供你適當的功能來建立圖形，讓你的分析結果更為生動。我們將討論建立幾種不同類型之圖形的步驟，並提供不

同圖形的範例。然後,我們會讓你看到如何修正一個圖形,包括增加圖形的標題、增加軸的標籤、修正尺度,以及樣式、字體等操作。不管基於何種原因,SPSS 交替使用「圖形」(graphs) 和「圖表」(charts) 這兩個字。

建立簡單的圖形

所有圖形的共同點就是,它們都是以資料作為基礎。在這個例子中,雖然你可能是匯入資料來建立圖形,但是我們會使用附錄 C 的樣本資料集來建立各群體中,男性和女性人數的長條圖(就像你在圖 A.5 中所看到的一樣)。

建立長條圖。建立任何圖形的步驟,基本上是一樣的。首先是輸入你所想要用來畫圖的資料,從「圖形」選單中選擇你想要畫的圖形類型、界定圖形應該如何呈現,然後點選「確定」。這是建立圖 A.5 中呈現之圖形所依循的一些步驟:

1. 輸入你想要用來建立圖形的資料。
2. 點選「圖形→舊式對話框→長條圖」,當你如此做時,你會看到如圖 A.14 所示的「長條圖」對話方塊。
3. 點選「簡式」。
4. 點選「觀察值群組摘要」。
5. 點選「定義」,當你如此做時,你會看到「定義簡式長條圖:觀察值群組摘要」對話方塊。
6. 點選「累積數目」。
7. 點選變數 gender,再用拖曳方式將這個變數移到「種類軸」區域。
8. 點選「確定」,然後你就會看到如圖 A.15 的圖形。

這只是製圖的開端,想要對圖形做任何變更,你必須使用圖表編輯工具。

儲存圖形

圖形只是輸出檢視器視窗的一個要素,當你執行某些類型的分析時,圖形是輸出結果的一部分,這個圖形不是一個獨立存在的分離實體,因此,無

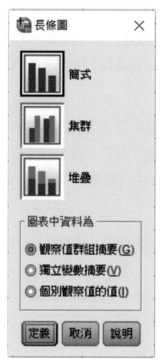

圖 A.14 「長條圖」對話方塊

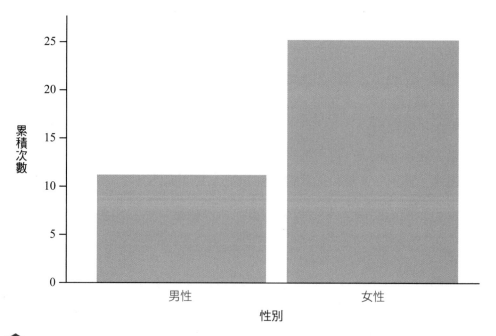

圖 A.15 簡單的長條圖

法以獨立的方式儲存。要儲存一個圖形，你需要儲存整個檢視器的內容，可依循下面的步驟：

1. 點選「檔案→儲存」。
2. 為檢視器視窗提供一個檔名。
3. 點選「確定」。這個輸出結果將以你所提供的以 .spo 為副檔名的檔案儲存。

改善 SPSS 的圖形

一旦你已經建立一個如前面章節所展示的圖形，你就可以利用編輯圖形的方式精確地反映你所想要說的話。顏色、形狀、尺度、字體等都可以變更，我們利用圖 A.15 中第一個顯示的長條圖進行加工。

編輯圖形

編輯圖形的第一步是雙擊這個圖形，然後點選「最大化」鍵，你會在圖表編輯器視窗內看到圖 A.16 的整個圖形。

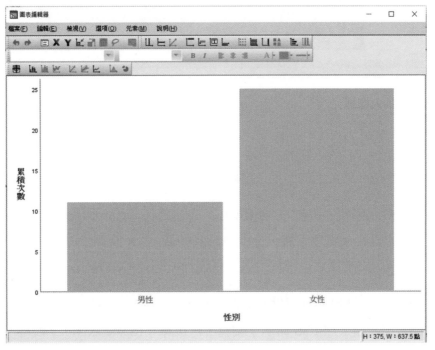

圖 A.16　圖表編輯器視窗

處理標題和次標題。我們的第一個任務是在圖 A.15 的圖形上，輸入一個標題和次標題。

1. 在工具列上點選「插入標題」圖示，當你如此做時，如圖 A.17 所示，你就可以編輯正在畫面中的標題內容，輸入你希望顯示的內容。

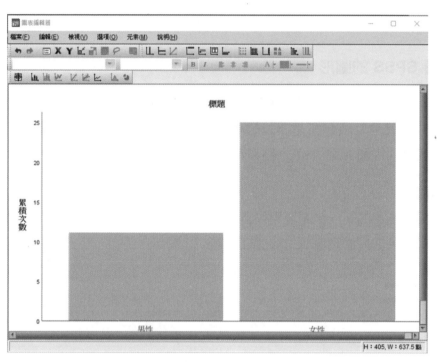

圖 A.17　插入標題

2. 若要再插入一個次標題（或事實上，你可以插入更多的標題），只要繼續點選在工具列上的「插入標題」圖示即可。

處理字體。如果你已經建立一個標題或一些標題，可以利用雙擊你所想要修正之文本的方式來處理字體，你就會看到如圖 A.18 所顯示的「內容」對話方塊，點選「文字樣式」，就可以做任何你所想要的改變。

處理座標軸。x 軸和 y 軸提供有關自變數（通常是在 x 軸）和依變數（通常是在 y 軸）的刻度，SPSS 命名 y 軸為「尺度軸」(Scale axis)，x 軸為「類別軸」(Category axis)。每一個軸都可以用不同的方式加以修正，要修正任何

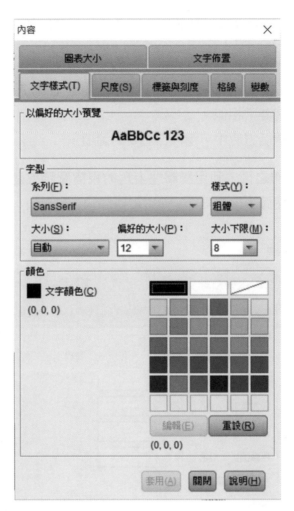

圖 A.18　設定字體

一個軸，就雙擊那一個軸的標題。

*如何修正尺度 (y) 軸。*可以依循下面的步驟修正 y 軸：

1. 還在圖表編輯器嗎？希望是。雙擊 y 軸（不是軸的標籤）。
2. 在「內容」對話方塊中點選「尺度」標籤，當你如此做時，會看到如圖 A.19 所顯示的「尺度」對話方塊。
3. 從「尺度」對話方塊中，選擇你想要的選項。

如何修正類別 (x) 軸。處理 x 軸並不會比處理 y 軸還困難，以下是有關如何修正 x 軸：

1. 雙擊 x 軸就會開啟「類別」對話方塊，它和你在圖 A.19 所看到的「尺度」對話方塊非常相似。
2. 從「類別」對話方塊中，選擇你想要的選項。

當你完成動作之後，利用雙擊左上角的視窗圖示或是選取「檔案→關閉」，就可以關閉圖表編輯器。

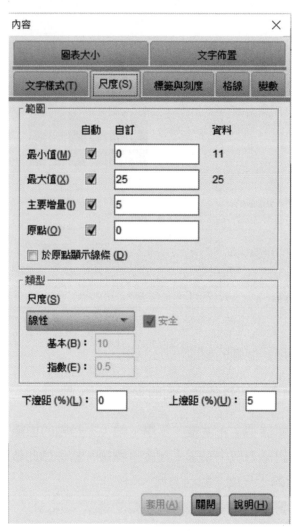

圖 A.19 「尺度」對話方塊

描述資料

現在，你對於如何在 SPSS 中建立資料檔已經有一些概念了，讓我們朝一些簡單分析的例子前進。

次數分配表和交叉分析表

次數分配表只是計算特定數值發生的次數，交叉分析則是計算以一個或多個維度進行分類，例如：性別和年齡，某一數值出現的次數。在研究報告中，次數分配表和交叉分析表都是很常出現的第一個報表，因為它們給讀者一個資料看起來像什麼的概觀。要計算次數分配可以依循下面的步驟，但你應該在資料編輯視窗上。

1. 點選「分析→敘述統計→次數分配表」。當你做這個動作時，你會看到如圖 A.20 所顯示的「次數分配表」對話方塊。

2. 雙擊你想要計算次數分配的變數。在這個例子中，變數是 Test1 和 Test2。

3. 點選「統計資料」鍵。你會看到「次數：統計量」對話方塊，如圖 A.21

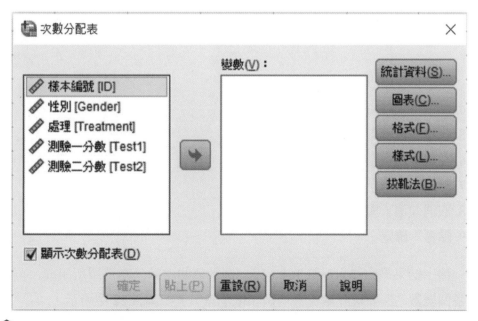

圖 A.20　「次數分配表」對話方塊

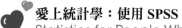

圖 A.21　「次數：統計量」對話方塊

所示。

4. 點選「統計資料」鍵。

5. 在離差區域內，點選「標準差」。

6. 在集中趨勢區域內，點選「平均值」。

7. 點選「繼續」。

8. 取消勾選「顯示次數分配表」。

9. 點選「確定」。

輸出結果是由 Test1 和 Test2 每一個數值的次數分布清單所組成，再加上各個變數的摘要統計量（平均數和標準差），如圖 A.22 中所示。

次數分配表

統計量

		Test1 測驗一分數	Test2 測驗二分數
N	有效	25	25
	遺漏	0	0
平均數		83.52	64.24
標準差		8.627	21.642

圖 A.22　測驗一和測驗二的摘要統計量

獨立樣本 *t* 檢定的應用

　　獨立樣本 *t* 檢定通常是用來分析一些不同研究型態的資料，包括實驗的、準實驗的和田野的研究，如下面的例子所示，我們想檢定男性和女性在閱讀方面有差異的假設。

如何執行獨立樣本 *t* 檢定。依循下面的步驟執行獨立樣本 *t* 檢定：

1. 點選「分析→比較平均數→獨立樣本 T 檢定」。當你做這個動作時，你會看到如圖 A.23 所顯示的「獨立樣本 T 檢定」對話方塊。

「獨立樣本 *t* 檢定」對話方塊。在對話方塊的左邊，你會看到可以作為分析之用的所有變數清單，現在你需要做的事是定義檢定和分組變數。

2. 點選變數 Test1，並將它拖曳到「檢定變數」區域內。

3. 點選變數 Gender，並將它拖曳到「分組變數」區域內。

4. 點選「分組變數」區域下的變數 Gender。

5. 點選「定義組別」。

6. 在「群組 1」方塊內鍵入 1。

7. 在「群組 2」方塊內鍵入 2。

8. 點選「繼續」。

9. 點選「確定」。

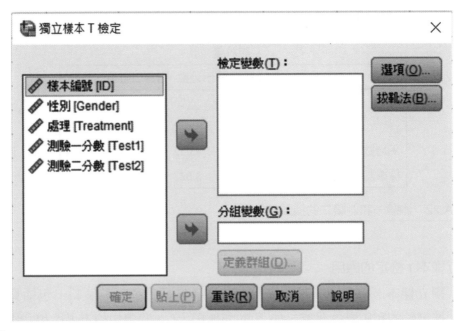

圖 A.23　「獨立樣本 T 檢定」對話方塊

　　輸出結果包含了每一個變數的平均數和標準差，再加上 t 檢定的結果，如圖 A.24 所示。

結束 SPSS

　　點選「檔案→結束」，就可以結束 SPSS 了。SPSS 會確認你有機會可以儲存任何未儲存或編輯過的視窗，然後才會結束。

　　我們已經給你最簡短的 SPSS 介紹，而且，如果你不知道你最初輸入之資料的數值和意義，因此這些技巧是沒有任何價值的。所以，在使用像 SPSS 這類的程式時，不要被你的或其他人的技巧所打動，該感動的是，當其他人可以告訴你輸出結果的意義是什麼和它如何反映在你的原始問題上，而且如果你可以做到，那才是真的感動！

T 檢定

群組統計量

Gender 性別		N	平均值	標準差	標準誤平均值
Test1 測驗一分數	1 男性	11	82.55	9.234	2.784
	2 女性	14	84.29	8.389	2.242

獨立樣本檢定

		變異數等式的 Levene 檢定		平均值等式的 t 檢定					差異的 95% 信賴區間	
		F	顯著性	t	自由度	顯著性（雙尾）	平均值差異	標準誤差異	下限	上限
Test1 測驗一分數	採用相等變異數	.714	.407	-.493	23	.627	-1.740	3.532	-9.047	5.566
	不採用相等變異數			-.487	20.532	.632	-1.740	3.575	-9.185	5.704

圖 A.24　簡單的 t 檢定結果

表

表 B.1：常態曲線下的面積

如何使用這個表：

1. 以樣本的原始分數和平均數為基礎，計算 z 分數。
2. 由 z 分數的右側決定常態曲線下面積的百分比，或平均數和計算的 z 分數之間面積的百分比。

愛上統計學：使用 SPSS
Statistics for People Who (Think They) Hate Statistics

表 B.1　常態曲線下的面積

z值	均值和z值之間的面積	z值	均值和z值之間的面積	z值	均值和z值之間的面積	z值	均值和z值之間的面積	z值	均值和z值之間的面積	z值	均值和z值之間的面積	z值	均值和z值之間的面積	z值	均值和z值之間的面積
0.00	0.00	0.50	19.15	1.00	34.13	1.50	43.42	2.00	47.72	2.50	49.38	3.00	49.87	3.50	49.98
0.01	0.40	0.51	19.50	1.01	34.38	1.51	43.45	2.01	47.78	2.51	49.40	3.01	49.87	3.51	49.98
0.02	0.80	0.52	19.85	1.02	34.61	1.52	43.57	2.02	47.83	2.52	49.41	3.02	49.87	3.52	49.98
0.03	1.20	0.53	20.19	1.03	34.85	1.53	43.70	2.03	47.88	2.53	49.43	3.03	49.88	3.53	49.98
0.04	1.60	0.54	20.54	1.04	35.08	1.54	43.82	2.04	47.93	2.54	49.45	3.04	49.88	3.54	49.98
0.05	1.99	0.55	20.88	1.05	35.31	1.55	43.94	2.05	47.98	2.55	49.46	3.05	49.89	3.55	49.98
0.06	2.39	0.56	21.23	1.06	35.54	1.56	44.06	2.06	48.03	2.56	49.48	3.06	49.89	3.56	49.98
0.07	2.79	0.57	21.57	1.07	35.77	1.57	44.18	2.07	48.08	2.57	49.49	3.07	49.89	3.57	49.98
0.08	3.19	0.58	21.90	1.08	35.99	1.58	44.29	2.08	48.12	2.58	49.51	3.08	49.90	3.58	49.98
0.09	3.59	0.60	22.24	1.09	36.21	1.59	44.41	2.09	48.17	2.59	49.52	3.09	49.9	3.59	49.98
0.10	3.98	0.60	22.57	1.09	36.21	1.59	44.41	2.09	48.17	2.59	49.52	3.09	49.90	3.60	49.98
0.11	4.38	0.61	22.91	1.10	36.43	1.60	44.52	2.10	48.21	2.60	49.53	3.10	49.90	3.61	49.98
0.12	4.78	0.62	23.24	1.11	36.65	1.61	44.63	2.11	48.26	2.61	49.55	3.11	49.91	3.62	49.98
0.13	5.17	0.63	23.57	1.12	36.86	1.62	44.74	2.12	48.30	2.62	49.56	3.12	49.91	3.63	49.98
0.14	5.57	0.64	23.89	1.13	37.08	1.63	44.84	2.13	48.34	2.63	49.57	3.13	49.91	3.64	49.98
0.15	5.96	0.65	24.22	1.14	37.29	1.64	44.95	2.14	48.38	2.64	49.59	3.14	49.92	3.65	49.98
0.16	6.36	0.66	24.54	1.15	37.49	1.65	45.05	2.15	48.42	2.65	49.60	3.15	49.92		

表 B.1 常態曲線下的面積（續）

z值	均值和z值之間的面積	z值	均值和z值之間的面積	z值	均值和z值之間的面積	z值	均值和z值之間的面積	z值	均值和z值之間的面積	z值	均值和z值之間的面積	z值	均值和z值之間的面積	z值	均值和z值之間的面積
0.17	6.75	0.67	24.86	1.16	37.70	1.66	45.15	2.16	48.46	2.66	49.61	3.16	49.92	3.66	49.98
0.18	7.14	0.68	25.17	1.17	37.90	1.67	45.25	2.17	48.50	2.67	49.62	3.17	49.92	3.67	49.98
0.19	7.53	0.69	25.49	1.18	38.10	1.68	45.35	2.18	48.54	2.68	49.63	3.18	49.93	3.68	49.98
0.20	7.93	0.70	25.80	1.19	38.30	1.69	45.45	2.19	48.57	2.69	49.64	3.19	49.93	3.69	49.98
0.21	8.32	0.71	26.11	1.20	38.49	1.70	45.54	2.20	48.61	2.70	49.65	3.20	49.93	3.70	49.99
0.22	8.71	0.72	26.42	1.21	38.69	1.71	45.64	2.21	48.64	2.71	49.66	3.21	49.93	3.71	49.99
0.23	9.10	0.73	26.73	1.23	39.07	1.73	45.82	2.23	48.71	2.73	49.68	3.23	49.94	3.73	49.99
0.24	9.48	0.74	27.04	1.24	39.25	1.74	45.91	2.24	48.75	2.74	49.69	3.24	49.94	3.74	49.99
0.25	9.87	0.75	27.34	1.25	39.44	1.75	45.99	2.25	48.78	2.75	49.70	3.25	49.94	3.75	49.99
0.26	10.26	0.76	27.64	1.26	39.62	1.76	46.08	2.26	48.81	2.76	49.71	3.26	49.94	3.76	49.99
0.27	10.64	0.77	27.94	1.27	39.80	1.77	46.16	2.27	48.84	2.77	49.72	3.27	49.94	3.77	49.99
0.28	11.03	0.78	28.23	1.28	39.97	1.78	46.25	2.28	48.87	2.78	49.73	3.28	49.94	3.78	49.99
0.29	11.41	0.79	28.52	1.29	40.15	1.79	46.33	2.29	48.90	2.79	49.74	3.29	49.94	3.79	49.99
0.30	11.79	0.80	28.81	1.30	40.32	1.80	46.41	2.30	48.93	2.80	49.74	3.30	49.95	3.80	49.99
0.31	12.17	0.81	29.10	1.31	40.49	1.81	46.49	2.31	48.96	2.81	49.75	3.31	49.95	3.81	49.99
0.32	12.55	0.82	29.39	1.32	40.66	1.82	46.56	2.32	48.98	2.82	49.76	3.32	49.95	3.82	49.99
0.33	12.93	0.83	29.67	1.33	40.82	1.83	46.64	2.33	49.01	2.83	49.77	3.33	49.95	3.83	49.99

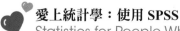

表 B.1　常態曲線下的面積（續）

z值	均值和z值之間的面積	z值	均值和z值之間的面積	z值	均值和z值之間的面積	z值	均值和z值之間的面積	z值	均值和z值之間的面積	z值	均值和z值之間的面積	z值	均值和z值之間的面積	z值	均值和z值之間的面積
0.34	13.31	0.84	29.95	1.34	40.99	1.84	46.71	2.34	49.04	2.84	49.77	3.34	49.95	3.84	49.99
0.35	13.68	0.85	30.23	1.35	41.15	1.85	46.78	2.35	49.06	2.85	49.78	3.35	49.96	3.85	49.99
0.36	14.06	0.86	30.51	1.36	41.31	1.86	46.86	2.36	49.09	2.86	49.79	3.36	49.96	3.86	49.99
0.37	14.43	0.87	30.78	1.37	41.47	1.87	46.93	2.37	49.11	2.87	49.79	3.37	49.96	3.87	49.99
0.38	14.80	0.88	31.06	1.38	41.62	1.88	46.99	2.38	49.13	2.88	49.80	3.38	49.96	3.88	49.99
0.39	15.17	0.89	31.33	1.39	41.77	1.89	47.06	2.39	49.16	2.89	49.81	3.39	49.96	3.89	49.99
0.40	15.54	0.90	31.59	1.40	41.92	1.90	47.13	2.40	49.18	2.90	49.81	3.40	49.97	3.90	49.99
0.41	15.91	0.91	31.86	1.41	42.07	1.91	47.19	2.41	49.20	2.91	49.82	3.41	49.97	3.91	49.99
0.42	16.28	0.92	32.12	1.42	42.22	1.92	47.26	2.42	49.22	2.92	49.82	3.42	49.97	3.92	49.99
0.43	16.64	0.93	32.38	1.43	42.36	1.93	47.32	2.43	49.25	2.93	49.83	3.43	49.97	3.93	49.99
0.44	17.00	0.94	32.64	1.44	42.51	1.94	47.38	2.44	49.27	2.94	49.84	3.44	49.97	3.94	49.99
0.45	17.36	0.95	32.89	1.45	42.65	1.95	47.44	2.45	49.29	2.95	49.84	3.45	49.98	3.95	49.99
0.46	17.72	0.96	33.15	1.46	42.79	1.96	47.50	2.46	49.31	2.96	49.85	3.46	49.98	3.96	49.99
0.47	18.08	0.97	33.40	1.47	42.92	1.97	47.56	2.47	49.32	2.97	49.85	3.47	49.98	3.97	49.99
0.48	18.44	0.98	33.65	1.48	43.06	1.98	47.61	2.48	49.34	2.98	49.86	3.48	49.98	3.98	49.99
0.49	18.79	0.99	33.89	1.49	43.19	1.99	47.67	2.49	49.36	2.99	49.86	3.49	49.98	3.99	49.99

表 B.2：拒絕虛無假設需要的 *t* 值

如何使用這個表：

1. 計算檢定統計量 *t* 值。
2. 比較實際 *t* 值和這個表中所列出的臨界值。確定你已正確計算了自由度，而且選擇了合適的顯著水準。
3. 如果實際值大於臨界值或這個表中的值，虛無假設（表示平均數相等）不是觀察到的任何差異的最有吸引力解釋。
4. 如果實際值小於臨界值或這個表中的值，虛無假設就是觀察到的任何差異的最有吸引力解釋。

表 B.2　拒絕虛無假設需要的 *t* 值

df	單尾檢定 .10	.05	.01	df	雙尾檢定 .10	.05	.01
1	3.078	6.314	31.821	1	6.314	12.706	63.657
2	1.886	2.92	6.965	2	2.92	4.303	9.925
3	1.638	2.353	4.541	3	2.353	3.182	5.841
4	1.533	2.132	3.747	4	2.132	2.776	4.604
5	1.476	2.015	3.365	5	2.015	2.571	4.032
6	1.44	1.943	3.143	6	1.943	2.447	3.708
7	1.415	1.895	2.998	7	1.895	2.365	3.5
8	1.397	1.86	2.897	8	1.86	2.306	3.356
9	1.383	1.833	2.822	9	1.833	2.262	3.25
10	1.372	1.813	2.764	10	1.813	2.228	3.17
11	1.364	1.796	2.718	11	1.796	2.201	3.106
12	1.356	1.783	2.681	12	1.783	2.179	3.055
13	1.35	1.771	2.651	13	1.771	2.161	3.013
14	1.345	1.762	2.625	14	1.762	2.145	2.977
15	1.341	1.753	2.603	15	1.753	2.132	2.947
16	1.337	1.746	2.584	16	1.746	2.12	2.921

表 B.2　拒絕虛無假設需要的 t 值（續）

df	單尾檢定 .10	單尾檢定 .05	單尾檢定 .01	df	雙尾檢定 .10	雙尾檢定 .05	雙尾檢定 .01
17	1.334	1.74	2.567	17	1.74	2.11	2.898
18	1.331	1.734	2.553	18	1.734	2.101	2.879
19	1.328	1.729	2.54	19	1.729	2.093	2.861
20	1.326	1.725	2.528	20	1.725	2.086	2.846
21	1.323	1.721	2.518	21	1.721	2.08	2.832
22	1.321	1.717	2.509	22	1.717	2.074	2.819
23	1.32	1.714	2.5	23	1.714	2.069	2.808
24	1.318	1.711	2.492	24	1.711	2.064	2.797
25	1.317	1.708	2.485	25	1.708	2.06	2.788
26	1.315	1.706	2.479	26	1.706	2.056	2.779
27	1.314	1.704	2.473	27	1.704	2.052	2.771
28	1.313	1.701	2.467	28	1.701	2.049	2.764
29	1.312	1.699	2.462	29	1.699	2.045	2.757
30	1.311	1.698	2.458	30	1.698	2.043	2.75
35	1.306	1.69	2.438	35	1.69	2.03	2.724
40	1.303	1.684	2.424	40	1.684	2.021	2.705
45	1.301	1.68	2.412	45	1.68	2.014	2.69
50	1.299	1.676	2.404	50	1.676	2.009	2.678
55	1.297	1.673	2.396	55	1.673	2.004	2.668
60	1.296	1.671	2.39	60	1.671	2.001	2.661
65	1.295	1.669	2.385	65	1.669	1.997	2.654
70	1.294	1.667	2.381	70	1.667	1.995	2.648
75	1.293	1.666	2.377	75	1.666	1.992	2.643
80	1.292	1.664	2.374	80	1.664	1.99	2.639
85	1.292	1.663	2.371	85	1.663	1.989	2.635
90	1.291	1.662	2.369	90	1.662	1.987	2.632
95	1.291	1.661	2.366	95	1.661	1.986	2.629
100	1.29	1.66	2.364	100	1.66	1.984	2.626
Infinity	1.282	1.645	2.327	Infinity	1.645	1.96	2.576

表 B.3：變異數分析或 *F* 檢定的臨界值

如何使用這個表：

1. 計算 *F* 值。
2. 決定分子的自由度 $(k-1)$ 和分母的自由度 $(n-k)$。
3. 由分子自由度和分母自由度交錯的位置確定臨界值，臨界值就是直欄和橫列交錯位置的值。
4. 如果實際值大於臨界值或這個表中的值，虛無假設（即平均數彼此相等）不是觀察到的任何差異的最有吸引力解釋。
5. 如果實際值小於臨界值或這個表中的值，虛無假設就是觀察到的任何差異的最有吸引力解釋。

表 B.3　變異數分析或 *F* 檢定的臨界值

分母自由度	型 I 錯誤率	分子自由度					
		1	2	3	4	5	6
1	0.01	4,052.00	4,999.00	5,403.00	5,625.00	5,764.00	5,859.00
	0.05	162.00	200.00	216.00	225.00	230.00	234.00
	0.10	39.90	49.50	53.60	55.80	57.20	58.20
2	0.01	98.50	99.00	99.17	99.25	99.30	99.33
	0.05	18.51	19.00	19.17	19.25	19.30	19.33
	0.10	8.53	9.00	9.16	9.24	9.29	9.33
3	0.01	34.12	30.82	29.46	28.71	28.24	27.91
	0.05	10.13	9.55	9.28	9.12	9.01	8.94
	0.10	5.54	5.46	5.39	5.34	5.31	5.28
4	0.01	21.20	18.00	16.70	15.98	15.52	15.21
	0.05	7.71	6.95	6.59	6.39	6.26	6.16
	0.10	.55	4.33	4.19	4.11	4.05	4.01
5	0.01	16.26	13.27	12.06	11.39	10.97	10.67
	0.05	6.61	5.79	5.41	5.19	5.05	4.95
	0.10	4.06	3.78	3.62	3.52	3.45	3.41

表 B.3 變異數分析或 F 檢定的臨界值（續）

分母 自由度	型 I 錯誤率	分子自由度					
		1	2	3	4	5	6
6	0.01	13.75	10.93	9.78	9.15	8.75	8.47
	0.05	5.99	5.14	4.76	4.53	4.39	4.28
	0.10	3.78	3.46	3.29	3.18	3.11	3.06
7	0.01	12.25	9.55	8.45	7.85	7.46	7.19
	0.05	5.59	4.74	4.35	4.12	3.97	3.87
	0.10	3.59	3.26	3.08	2.96	2.88	2.83
8	0.01	11.26	8.65	7.59	7.01	6.63	6.37
	0.05	5.32	4.46	4.07	3.84	3.69	3.58
	0.10	3.46	3.11	2.92	2.81	2.73	2.67
9	0.01	10.56	8.02	6.99	6.42	6.06	5.80
	0.05	5.12	4.26	3.86	3.63	3.48	3.37
	0.10	3.36	3.01	2.81	2.69	2.61	2.55
10	0.01	10.05	7.56	6.55	6.00	5.64	5.39
	0.05	4.97	4.10	3.71	3.48	3.33	3.22
	0.10	3.29	2.93	2.73	2.61	2.52	2.46
11	0.01	9.65	7.21	6.22	5.67	5.32	5.07
	0.05	4.85	3.98	3.59	3.36	3.20	3.10
	0.10	3.23	2.86	2.66	2.54	2.45	2.39
12	0.01	9.33	6.93	5.95	5.41	5.07	4.82
	0.05	4.75	3.89	3.49	3.26	3.11	3.00
	0.10	3.18	2.81	2.61	2.48	2.40	2.33
13	0.01	9.07	6.70	5.74	5.21	4.86	4.62
	0.05	4.67	3.81	3.41	3.18	3.03	2.92
	0.10	3.14	2.76	2.56	2.43	2.35	2.28
14	0.01	8.86	6.52	5.56	5.04	4.70	4.46
	0.05	4.60	3.74	3.34	3.11	2.96	2.85
	0.10	3.10	2.73	2.52	2.40	2.31	2.24

表 B.3 變異數分析或 F 檢定的臨界值（續）

分母 自由度	型 I 錯誤率	分子自由度					
		1	2	3	4	5	6
15	0.01	8.68	6.36	5.42	4.89	4.56	4.32
	0.05	4.54	3.68	3.29	3.06	2.90	2.79
	0.10	3.07	2.70	2.49	2.36	2.27	2.21
16	0.01	8.53	6.23	5.29	4.77	4.44	4.20
	0.05	4.49	3.63	3.24	3.01	2.85	2.74
	0.10	3.05	2.67	2.46	2.33	2.24	2.18
17	0.01	8.40	6.11	5.19	4.67	4.34	4.10
	0.05	4.45	3.59	3.20	2.97	2.81	2.70
	0.10	3.03	2.65	2.44	2.31	2.22	2.15
18	0.01	8.29	6.01	5.09	4.58	4.25	4.02
	0.05	4.41	3.56	3.16	2.93	2.77	2.66
	0.10	3.01	2.62	2.42	2.29	2.20	2.13
19	0.01	8.19	5.93	5.01	4.50	4.17	3.94
	0.05	4.38	3.52	3.13	2.90	2.74	2.63
	0.10	2.99	2.61	2.40	2.27	2.18	2.11
20	0.01	8.10	5.85	4.94	4.43	4.10	3.87
	0.05	4.35	3.49	3.10	2.87	2.71	2.60
	0.10	2.98	2.59	2.38	2.25	2.16	2.09
21	0.01	8.02	5.78	4.88	4.37	4.04	3.81
	.05	4.33	3.47	3.07	2.84	2.69	2.57
	0.10	2.96	2.58	2.37	2.23	2.14	2.08
22	0.01	7.95	5.72	4.82	4.31	3.99	3.76
	0.05	4.30	3.44	3.05	2.82	2.66	2.55
	0.10	2.95	2.56	2.35	2.22	2.13	2.06
23	0.01	7.88	5.66	4.77	4.26	3.94	3.71
	0.05	4.28	3.42	3.03	2.80	2.64	2.53
	0.10	2.94	2.55	2.34	2.21	2.12	2.05

表 B.3　變異數分析或 F 檢定的臨界值（續）

分母自由度	型 I 錯誤率	分子自由度					
		1	2	3	4	5	6
24	0.01	7.82	5.61	4.72	4.22	3.90	3.67
	0.05	4.26	3.40	3.01	2.78	2.62	2.51
	0.10	2.93	2.54	2.33	2.20	2.10	2.04
25	0.01	7.77	5.57	4.68	4.18	3.86	3.63
	0.05	4.24	3.39	2.99	2.76	2.60	2.49
	0.10	2.92	2.53	2.32	2.19	2.09	2.03
26	0.01	7.72	5.53	4.64	4.14	3.82	3.59
	0.05	4.23	3.37	2.98	2.74	2.59	2.48
	0.10	2.91	2.52	2.31	2.18	2.08	2.01
27	0.01	7.68	5.49	4.60	4.11	3.79	3.56
	0.05	4.21	3.36	2.96	2.73	2.57	2.46
	0.10	2.90	2.51	2.30	2.17	2.07	2.01
28	0.01	7.64	5.45	4.57	4.08	3.75	3.53
	0.05	4.20	3.34	2.95	2.72	2.56	2.45
	0.10	2.89	2.50	2.29	2.16	2.07	2.00
29	0.01	7.60	5.42	4.54	4.05	3.73	3.50
	0.05	4.18	3.33	2.94	2.70	2.55	2.43
	0.10	2.89	2.50	2.28	2.15	2.06	1.99
30	0.01	7.56	5.39	4.51	4.02	3.70	3.47
	0.05	4.17	3.32	2.92	2.69	2.53	2.42
	0.10	2.88	2.49	2.28	2.14	2.05	1.98
35	0.01	7.42	5.27	4.40	3.91	3.59	3.37
	0.05	4.12	3.27	2.88	2.64	2.49	2.37
	0.10	2.86	2.46	2.25	2.14	2.02	1.95
40	0.01	7.32	5.18	4.31	3.91	3.51	3.29
	0.05	4.09	3.23	2.84	2.64	2.45	2.34
	0.10	2.84	2.44	2.23	2.11	2.00	1.93

表 B.3 變異數分析或 F 檢定的臨界值（續）

分母自由度	型 I 錯誤率	分子自由度					
		1	2	3	4	5	6
45	0.01	7.23	5.11	4.25	3.83	3.46	3.23
	0.05	4.06	3.21	2.81	2.61	2.42	2.31
	0.10	2.82	2.43	2.21	2.09	1.98	1.91
50	0.01	7.17	5.06	4.20	3.77	3.41	3.19
	0.05	4.04	3.18	2.79	2.58	2.40	2.29
	0.10	2.81	2.41	2.20	2.08	1.97	1.90
55	0.01	7.12	5.01	4.16	3.72	3.37	3.15
	0.05	4.02	3.17	2.77	2.56	2.38	2.27
	0.10	2.80	2.40	2.19	2.06	1.96	1.89
60	0.01	7.08	4.98	4.13	3.68	3.34	3.12
	0.05	4.00	3.15	2.76	2.54	2.37	2.26
	0.10	2.79	2.39	2.18	2.05	1.95	1.88
65	0.01	7.04	4.95	4.10	3.65	3.31	3.09
	0.05	3.99	3.14	2.75	2.53	2.36	2.24
	0.10	2.79	2.39	2.17	2.04	1.94	1.87
70	0.01	7.01	4.92	4.08	3.62	3.29	3.07
	0.05	3.98	3.13	2.74	2.51	2.35	2.23
	0.10	2.78	2.38	2.16	2.03	1.93	1.86
75	0.01	6.99	4.90	4.06	3.60	3.27	3.05
	0.05	3.97	3.12	2.73	2.50	2.34	2.22
	0.10	2.77	2.38	2.16	2.03	1.93	1.86
80	0.01	3.96	4.88	4.04	3.56	3.26	3.04
	0.05	6.96	3.11	2.72	2.49	2.33	2.22
	0.10	2.77	2.37	2.15	2.02	1.92	1.85
85	0.01	6.94	4.86	4.02	3.55	3.24	3.02
	0.05	3.95	3.10	2.71	2.48	2.32	2.21
	0.10	2.77	2.37	2.15	2.01	1.92	1.85

表 B.3　變異數分析或 F 檢定的臨界值（續）

分母自由度	型 I 錯誤率	分子自由度					
		1	2	3	4	5	6
90	0.01	6.93	4.85	4.02	3.54	3.23	3.01
	0.05	3.95	3.10	2.71	2.47	2.32	2.20
	0.10	2.76	2.36	2.15	2.01	1.91	1.84
95	0.01	6.91	4.84	4.00	3.52	3.22	3.00
	0.05	3.94	3.09	2.70	2.47	2.31	2.20
	0.10	2.76	2.36	2.14	2.01	1.91	1.84
100	0.01	6.90	4.82	3.98	3.51	3.21	2.99
	0.05	3.94	3.09	2.70	2.46	2.31	2.19
	0.10	2.76	2.36	2.14	2.00	1.91	1.83
Infinity	0.01	6.64	4.61	3.78	3.32	3.02	2.80
	0.05	3.84	3.00	2.61	2.37	2.22	2.10
	0.10	2.71	2.30	2.08	1.95	1.85	1.78

表 B.4：拒絕虛無假設需要的相關係數值

如何使用這個表：

1. 計算相關係數值。
2. 比較相關係數值和這個表中的臨界值。
3. 如果實際值大於臨界值或這個表中的值，虛無假設（即相關係數等於 0）不是觀察到的任何差異的最有吸引力解釋。
4. 如果實際值小於臨界值或這個表中的值，虛無假設就是觀察到的任何差異的最有吸引力解釋。

表 B.4 拒絕虛無假設需要的相關係數值

	單尾檢定			雙尾檢定	
df	0.05	0.01	*df*	0.05	0.01
1	0.9877	0.9995	1	0.9969	0.9999
2	0.9000	0.9800	2	0.9500	0.9900
3	0.8054	0.9343	3	0.8783	0.9587
4	0.7293	0.8822	4	0.8114	0.9172
5	0.6694	0.832	5	0.7545	0.8745
6	0.6215	0.7887	6	0.7067	0.8343
7	0.5822	0.7498	7	0.6664	0.7977
8	0.5494	0.7155	8	0.6319	0.7646
9	0.5214	0.6851	9	0.6021	0.7348
10	0.4973	0.6581	10	0.5760	0.7079
11	0.4762	0.6339	11	0.5529	0.6835
12	0.4575	0.6120	12	0.5324	0.6614
13	0.4409	0.5923	13	0.5139	0.6411
14	0.4259	0.5742	14	0.4973	0.6226
15	0.412	0.5577	15	0.4821	0.6055
16	0.4000	0.5425	16	0.4683	0.5897
17	0.3887	0.5285	17	0.4555	0.5751
18	0.3783	0.5155	18	0.4438	0.5614
19	0.3687	0.5034	19	0.4329	0.5487
20	0.3598	0.4921	20	0.4227	0.5368
25	0.3233	0.4451	25	0.3809	0.4869
30	0.2960	0.4093	30	0.3494	0.4487
35	0.2746	0.3810	35	0.3246	0.4182
40	0.2573	0.3578	40	0.3044	0.3932
45	0.2428	0.3384	45	0.2875	0.3721
50	0.2306	0.3218	50	0.2732	0.3541
60	0.2108	0.2948	60	0.2500	0.3248

表 B.4　拒絕虛無假設需要的相關係數值（續）

單尾檢定			雙尾檢定		
df	0.05	0.01	*df*	0.05	0.01
70	0.1954	0.2737	70	0.2319	0.3017
80	0.1829	0.2565	80	0.2172	0.2830
90	0.1726	0.2422	90	0.2050	0.2673
100	0.1638	0.2301	100	0.1946	0.2540

表 B.5：卡方檢定的臨界值

如何使用這個表：

1. 計算 χ^2 值。
2. 計算橫列的自由度 $(R - 1)$ 和直欄的自由度 $(C - 1)$。如果是一維表，就只有直欄的自由度。
3. 由標題為 (*df*) 列中找到自由度，然到在合適的顯著水準下找到對應的臨界值。
4. 如果實際值大於臨界值或這個表中的值，虛無假設（即次數彼此相等）不是觀察到的任何差異的最有吸引力解釋。
5. 如果實際值小於臨界值或這個表中的值，虛無假設就是觀察到的任何差異的最有吸引力解釋。

表 B.5　卡方檢定的臨界值

	顯著水準		
df	0.10	0.05	0.01
1	2.71	3.84	6.64
2	4.00	5.99	9.21
3	6.25	7.82	11.34
4	7.78	9.49	13.28

表 B.5　卡方檢定的臨界值（續）

df	顯著水準		
	0.10	0.05	0.01
5	9.24	11.07	15.09
6	10.64	12.59	16.81
7	12.02	14.07	18.48
8	13.36	15.51	20.09
9	14.68	16.92	21.67
10	16.99	18.31	23.21
11	17.28	19.68	24.72
12	18.65	21.03	26.22
13	19.81	22.36	27.69
14	21.06	23.68	29.14
15	22.31	25.00	30.58
16	23.54	26.30	32.00
17	24.77	27.60	33.41
18	25.99	28.87	34.80
19	27.20	30.14	36.19
20	28.41	31.41	37.57
21	29.62	32.67	38.93
22	30.81	33.92	40.29
23	32.01	35.17	41.64
24	33.20	36.42	42.98
25	34.38	37.65	44.81
26	35.56	38.88	45.64
27	36.74	40.11	46.96
28	37.92	41.34	48.28
29	39.09	42.56	49.59
30	40.26	43.77	50.89

資料集

這些是《愛上統計學》中所使用的資料集，這些資料可以在這裡手動鍵入，也可以從 edge.sagepub.com/salkindfrey7e 的網站下載。

注意，這裡只包括數值（像是 1 和 2），但是不包括數值的標記（像是男性和女性）。舉例來說，第 11 章資料集 2 的性別是由 1（男性）和 2（女性）表示。如果使用 SPSS，你可以使用標記的功能為這些數值指定標籤。（譯者註：本書提供轉換為中文標籤的資料集）

第 2 章資料集 1

Prejudice	Prejudice	Prejudice	Prejudice
87	87	76	81
99	77	55	82
87	89	64	99
87	99	81	93
67	96	94	94

第 2 章資料集 2

Score 1	Score 2	Score 3
3	34	154
7	54	167
5	17	132
4	26	145
5	34	154
6	25	145
7	14	113
8	24	156
6	25	154
5	23	123

第 2 章資料集 3

Number of Beds	Infection Rate	Number of Beds	Infection Rate
234	1.7	342	5.3
214	2.4	276	5.6
165	3.1	187	1.2
436	5.6	512	3.3
432	4.9	553	4.1

第 2 章資料集 4

組別：1 = 很少經驗，2 = 中度經驗，3 = 很多經驗

Group	Attitude	Group	Attitude
1	4	2	8
1	5	2	1
2	6	1	6

Group	Attitude	Group	Attitude
2	6	1	5
1	5	2	4
1	7	2	3
2	6	3	4
2	5	2	6
3	8	1	7
3	9	1	8

第 3 章資料集 1

Reaction Time	Reaction Time	Reaction Time	Reaction Time	Reaction Time
0.4	0.3	1.1	0.5	0.5
0.7	1.9	1.3	2.6	0.7
0.4	1.2	0.2	0.5	1.1
0.9	2.8	0.6	2.1	0.9
0.8	0.8	0.8	2.3	0.6
0.7	0.9	0.7	0.2	0.2

第 3 章資料集 2

Math Score	Reading Score	Math Score	Reading Score
78	24	72	77
67	35	98	89
89	54	88	76
97	56	74	56
67	78	58	78
56	87	98	99
67	65	97	83
77	69	86	69
75	98	89	89

Math Score	Reading Score	Math Score	Reading Score
68	78	69	73
78	85	79	60
98	69	87	96
92	93	89	59
82	100	99	89
78	98	87	87

第 3 章資料集 3

Height	Weight	Height	Weight
53	156	57	154
46	131	68	166
54	123	65	153
44	142	66	140
56	156	54	143
76	171	66	156
87	143	51	173
65	135	58	143
45	138	49	161
44	114	48	131

第 3 章資料集 4

Accuracy
12
15
11
5
3
8

Accuracy
19
16
23
19

第 4 章資料集 1

Comprehension Score	Comprehension Score	Comprehension Score	Comprehension Score
12	36	49	54
15	34	45	56
11	33	45	57
16	38	47	59
21	42	43	54
25	44	31	56
21	47	12	43
8	54	14	44
6	55	15	41
2	51	16	42
22	56	22	7
26	53	29	
27	57	29	

第 4 章資料集 2

Monday	Tuesday	Wednesday	Thursday	Friday
12	17	10	15	20
9	11	10	4	0
6	8	9	5	10
4	0	5	4	9

Monday	Tuesday	Wednesday	Thursday	Friday
9	7	8	5	11
10	5	4	4	15
13	12	7	3	10
22	16	18	15	20
1	3	6	4	2
5	8	4	6	7
7	0	3	8	2
10	4	1	8	12
4	5	8	6	9
15	12	10	9	11
3	6	4	7	10

第 4 章資料集 3

派的喜好

Pie	
	Chocolate cream
Cherry	Apple
Apple	Chocolate cream
Chocolate cream	Chocolate cream
Cherry	Chocolate cream
Chocolate cream	Chocolate cream
Chocolate cream	Apple
Apple	Chocolate cream

第 5 章資料集 1

Income	Education	Income	Education
$36,577	11	$64,543	12
$54,365	12	$43,433	14
$33,542	10	$34,644	12
$65,654	12	$33,213	10
$45,765	11	$55,654	15
$24,354	7	$76,545	14
$43,233	12	$21,324	11
$44,321	13	$17,645	12
$23,216	9	$23,432	11
$43,454	12	$44,543	15

第 5 章資料集 2

Number Correct	Attitude	Number Correct	Attitude
17	94	14	85
13	73	16	66
12	59	16	79
15	80	18	77
16	93	19	91

第 5 章資料集 3

Speed	Strength	Speed	Strength
21.6	135	19.5	134
23.4	213	20.9	209
26.5	243	18.7	176
25.5	167	29.8	156
20.8	120	28.7	177

第 5 章資料集 4

Ach Inc	Budget Inc
0.07	0.11
0.03	0.14
0.05	0.13
0.07	0.26
0.02	0.08
0.01	0.03
0.05	0.06
0.04	0.12
0.04	0.11

第 5 章資料集 5

Exercise	GPA
25	3.6
30	4.0
20	3.8
60	3.0
45	3.7
90	3.9
60	3.5
0	2.8
15	3.0
10	2.5

第 5 章資料集 6

Age	Level	Score	Age	Level	Score
25	1	78	24	5	84
16	2	66	25	5	87

Age	Level	Score	Age	Level	Score
8	2	78	36	4	69
23	3	89	45	4	87
31	4	87	16	4	88
19	4	90	23	1	92
15	4	98	31	2	97
31	5	76	53	2	69
21	1	56	11	3	79
26	1	72	33	2	69

第 6 章資料集 1

Fall Results	Spring Results	Fall Results	Spring Results
21	7	3	30
38	13	16	26
15	35	34	43
34	45	50	20
5	19	14	22
32	47	14	25
24	34	3	50
3	1	4	17
17	12	42	32
32	41	28	46
33	3	40	10
15	20	40	48
21	39	12	11
8	46	5	23

第 6 章資料集 2

ID	Form 1	Form 2	ID	Form 1	Form 2
1	89	78	51	73	93
2	98	75	52	91	87
3	83	70	53	81	78
4	78	97	54	97	84
5	70	91	55	97	85
6	86	82	56	91	79
7	83	97	57	71	99
8	73	88	58	82	97
9	86	81	59	95	97
10	83	80	60	70	76
11	83	95	61	70	88
12	94	75	62	96	96
13	90	96	63	70	77
14	81	87	64	71	70
15	82	93	65	87	89
16	98	82	66	97	71
17	99	84	67	81	75
18	83	78	68	89	75
19	72	77	69	71	73
20	86	94	70	71	82
21	80	85	71	75	81
22	80	86	72	72	97
23	93	92	73	88	78
24	100	98	74	86	77
25	84	98	75	70	92
26	89	99	76	79	88
27	87	83	77	96	81
28	82	95	78	82	88

ID	Form 1	Form 2	ID	Form 1	Form 2
29	95	90	79	97	74
30	99	92	80	93	72
31	82	78	81	70	82
32	94	89	82	76	84
33	97	100	83	74	88
34	71	81	84	81	81
35	91	96	85	88	86
36	83	85	86	70	90
37	95	75	87	91	73
38	72	88	88	96	94
39	98	74	89	81	99
40	89	88	90	95	86
41	83	80	91	72	100
42	100	81	92	93	90
43	72	100	93	76	78
44	97	82	94	91	90
45	71	81	95	100	78
46	74	93	96	76	92
47	79	82	97	78	87
48	91	70	98	74	88
49	81	90	99	80	92
50	87	85	100	93	96

第 11 章資料集 1

群體：1 = 治療，2 = 未治療

Group	Memory Test	Group	Memory Test	Group	Memory Test
1	7	1	5	2	5
1	3	1	7	2	6

Group	Memory Test	Group	Memory Test	Group	Memory Test
1	3	1	1	2	4
1	2	1	9	2	3
1	3	1	2	2	2
1	8	1	5	2	7
1	8	2	5	2	6
1	5	2	4	2	2
1	8	2	4	2	8
1	5	2	5	2	9
1	5	2	5	2	7
1	4	2	7	2	6
1	6	2	8		
1	10	2	8		
1	10	2	9		
1	5	2	8		
1	1	2	3		
1	1	2	2		
1	4	2	5		
1	3	2	4		
1	2	2	4		
1	12	2	6		
1	15	2	7		
1	4	2	7		

第 11 章資料集 2

性別：1 = 男生，2 = 女生

Gender	Hand Up	Gender	Hand Up
1	9	1	8
2	3	2	7

Gender	Hand Up	Gender	Hand Up
2	5	1	9
2	1	2	9
1	8	1	8
1	4	2	7
2	2	2	3
2	6	2	7
1	9	2	6
1	3	1	10
2	4	1	7
1	8	1	6
2	3	1	12
1	10	2	8
2	6	2	8

第 11 章資料集 3

群體：1 = 城市，2 = 農村

Group	Attitude	Group	Attitude
1	6.50	1	4.23
2	7.90	1	6.95
2	4.30	2	6.74
2	6.80	1	5.96
1	9.90	2	5.25
1	6.80	2	2.36
1	4.80	1	9.25
2	6.50	1	6.36
2	3.30	1	8.99
1	4.00	1	5.58
2	13.17	2	4.25

Group	Attitude	Group	Attitude
1	5.26	1	6.60
2	9.25	2	1.00
1	8.00	1	5.00
2	1.25	2	3.50

第 11 章資料集 4

群體：1 ＝ 4 年級生第 1 組，2 ＝ 4 年級生第 2 組

Group	Score	Group	Score
1	11	2	14
1	11	2	7
1	10	2	8
1	7	2	10
1	2	2	15
1	6	2	9
1	12	2	19
1	5	2	9
1	7	2	17
1	11	2	18
1	9	2	19
1	7	2	8
1	3	2	7
1	4	2	9
1	10	2	14

第 11 章資料集 5

群體：1 = 群體 1，2 = 群體 2

用以計算兩組群體在測驗變數上之差異的 t 分數

Group	Score
1	5
2	6
1	5
2	4
1	5
2	8
1	7
2	6
1	8
2	7

第 11 章資料集 6

用以計算兩組群體（Group 1 和 Group 2）測驗變數上之差異的 t 分數

Group	Score
1	5
2	6
1	5
2	4
1	5
2	8
1	7
2	6
1	8
2	7

Group	Score
1	5
2	6
1	5
2	4
1	5
2	8
1	7
2	6
1	8
2	7

第 12 章資料集 1

Pretest	Posttest	Pretest	Posttest	Pretest	Posttest
3	7	6	8	9	4
5	8	7	8	8	4
4	6	8	7	7	5
6	7	7	9	7	6
5	8	6	10	6	9
5	9	7	9	7	8
4	6	8	9	8	12
5	6	8	8		
3	7	9	8		

第 12 章資料集 2

資源回收專案執行前後的紙張使用噸數

Before	After	Before	After
20	23	23	22
6	8	33	35

Before	After	Before	After
12	11	44	41
34	35	65	56
55	57	43	34
43	76	53	51
54	54	22	21
24	26	34	31
33	35	32	33
21	26	44	38
34	29	17	15
33	31	28	27
54	56		

第 12 章資料集 3

社會服務介入前後家庭對服務中心的滿意度

Before	After	Before	After
1.30	6.50	9.00	8.40
2.50	8.70	7.60	6.40
2.30	9.80	4.50	7.20
8.10	10.20	1.10	5.80
5.00	7.90	5.60	6.90
7.00	6.50	6.20	5.90
7.50	8.70	7.00	7.60
5.20	7.90	6.90	7.80
4.40	8.70	5.60	7.30
7.60	9.10	5.20	4.60

第 12 章資料集 4

勞工的轉變和壓力感

First Shift	Second Shift	First Shift	Second Shift
4	8	3	7
6	5	6	6
9	6	6	7
3	4	9	6
6	7	6	4
7	7	5	4
5	6	4	4
9	8	4	8
5	8	3	9
4	9	3	0

第 12 章資料集 5

參加舉重課的成年人的骨密度

Fall_Score	Spring_Score
2	7
7	6
6	9
5	8
8	7
7	6
8	7
9	8
8	9
9	9
4	9
6	7

Fall_Score	Spring_Score
5	8
2	7
5	6
4	4
3	6
6	7
7	7
6	6
5	9
4	0
3	9
5	8
4	7

第 13 章資料集 1

群體：1 = 課後參與每星期 5 小時，2 = 課後參與每星期 10 小時，3 = 課後參與每星期 20 小時

Group	Language Score	Group	Language Score
1	87	2	81
1	86	2	82
1	76	2	78
1	56	2	85
1	78	2	91
1	98	3	89
1	77	3	91
1	66	3	96
1	75	3	87
1	67	3	89

Group	Language Score	Group	Language Score
2	87	3	90
2	85	3	89
2	99	3	96
2	85	3	96
2	79	3	93

第 13 章資料集 2

練習時間：1 = 少於 15 小時，2 = 15–25 小時，3 = 25 小時以上

Practice	Time	Practice	Time
1	58.7	2	54.6
1	55.3	2	51.5
1	61.8	2	54.7
1	49.5	2	61.4
1	64.5	2	56.9
1	61.0	3	68.0
1	65.7	3	65.9
1	51.4	3	54.7
1	53.6	3	53.6
1	59.0	3	58.7
2	64.4	3	58.7
2	55.8	3	65.7
2	58.7	3	66.5
2	54.7	3	56.7
2	52.7	3	55.4
2	67.8	3	51.5
2	61.6	3	54.8
2	58.7	3	57.2

第 **13** 章資料集 **3**

Shift	Stress	Shift	Stress
4 p.m. to midnight	7	Midnight to 8 a.m.	5
4 p.m. to midnight	7	Midnight to 8 a.m.	5
4 p.m. to midnight	6	Midnight to 8 a.m.	6
4 p.m. to midnight	9	Midnight to 8 a.m.	7
4 p.m. to midnight	8	Midnight to 8 a.m.	6
4 p.m. to midnight	7	8 a.m. to 4 p.m.	1
4 p.m. to midnight	6	8 a.m. to 4 p.m.	3
4 p.m. to midnight	7	8 a.m. to 4 p.m.	4
4 p.m. to midnight	8	8 a.m. to 4 p.m.	3
4 p.m. to midnight	9	8 a.m. to 4 p.m.	1
Midnight to 8 a.m.	5	8 a.m. to 4 p.m.	1
Midnight to 8 a.m.	6	8 a.m. to 4 p.m.	2
Midnight to 8 a.m.	3	8 a.m. to 4 p.m.	6
Midnight to 8 a.m.	5	8 a.m. to 4 p.m.	5
Midnight to 8 a.m.	4	8 a.m. to 4 p.m.	4
Midnight to 8 a.m.	6	8 a.m. to 4 p.m.	3
Midnight to 8 a.m.	5	8 a.m. to 4 p.m.	4
Midnight to 8 a.m.	4	8 a.m. to 4 p.m.	5

第 **13** 章資料集 **4**

消費者對麵條厚度的偏好

Thickness	Pleasantness	Thickness	Pleasantness
Thick	1	Medium	3
Thick	3	Medium	4
Thick	2	Medium	5
Thick	3	Medium	4
Thick	4	Medium	3

Thickness	Pleasantness	Thickness	Pleasantness
Thick	4	Medium	4
Thick	5	Medium	3
Thick	4	Medium	3
Thick	3	Medium	2
Thick	4	Medium	3
Thick	3	Thin	1
Thick	2	Thin	3
Thick	2	Thin	2
Thick	3	Thin	1
Thick	3	Thin	1
Thick	4	Thin	1
Thick	5	Thin	2
Thick	4	Thin	2
Thick	3	Thin	3
Thick	2	Thin	2
Medium	3	Thin	1
Medium	4	Thin	1
Medium	3	Thin	2
Medium	2	Thin	2
Medium	3	Thin	3
Medium	4	Thin	3
Medium	4	Thin	2
Medium	4	Thin	1
Medium	3	Thin	2
Medium	3	Thin	1

第 14 章資料集 1

處理：1 = 高強度，2 = 低強度；性別：1 = 男性，2 = 女性

Treatment	Gender	Loss	Treatment	Gender	Loss
1	1	76	2	1	88
1	1	78	2	1	76
1	1	76	2	1	76
1	1	76	2	1	76
1	1	76	2	1	56
1	1	74	2	1	76
1	1	74	2	1	76
1	1	76	2	1	98
1	1	76	2	1	88
1	1	55	2	1	78
1	2	65	2	2	65
1	2	90	2	2	67
1	2	65	2	2	67
1	2	90	2	2	87
1	2	65	2	2	78
1	2	90	2	2	56
1	2	90	2	2	54
1	2	79	2	2	56
1	2	70	2	2	54
1	2	90	2	2	56

第 14 章資料集 2

嚴重程度：1 = 輕微，2 = 嚴重

Severity	Treatment	Pain Score	Severity	Treatment	Pain Score
1	Drug 1	6	2	Drug 2	7
1	Drug 1	6	2	Drug 2	5

Severity	Treatment	Pain Score	Severity	Treatment	Pain Score
1	Drug 1	7	2	Drug 2	4
1	Drug 1	7	2	Drug 2	3
1	Drug 1	7	2	Drug 2	4
1	Drug 1	6	2	Drug 2	5
1	Drug 1	5	2	Drug 2	4
1	Drug 1	6	2	Drug 2	4
1	Drug 1	7	2	Drug 2	3
1	Drug 1	8	2	Drug 2	3
1	Drug 1	7	2	Drug 2	4
1	Drug 1	6	2	Drug 2	5
1	Drug 1	5	2	Drug 2	6
1	Drug 1	6	2	Drug 2	7
1	Drug 1	7	2	Drug 2	7
1	Drug 1	8	2	Drug 2	6
1	Drug 1	9	2	Drug 2	5
1	Drug 1	8	2	Drug 2	4
1	Drug 1	7	2	Drug 2	4
1	Drug 1	7	2	Drug 2	5
2	Drug 1	7	1	Placebo	2
2	Drug 1	8	1	Placebo	1
2	Drug 1	8	1	Placebo	3
2	Drug 1	9	1	Placebo	4
2	Drug 1	8	1	Placebo	5
2	Drug 1	7	1	Placebo	4
2	Drug 1	6	1	Placebo	3
2	Drug 1	6	1	Placebo	3
2	Drug 1	6	1	Placebo	3
2	Drug 1	7	1	Placebo	4
2	Drug 1	7	1	Placebo	5

Severity	Treatment	Pain Score	Severity	Treatment	Pain Score
2	Drug 1	6	1	Placebo	3
2	Drug 1	7	1	Placebo	1
2	Drug 1	8	1	Placebo	2
2	Drug 1	8	1	Placebo	4
2	Drug 1	8	1	Placebo	3
2	Drug 1	9	1	Placebo	5
2	Drug 1	0	1	Placebo	4
2	Drug 1	9	1	Placebo	2
2	Drug 1	8	1	Placebo	3
1	Drug 2	6	2	Placebo	4
1	Drug 2	5	2	Placebo	5
1	Drug 2	4	2	Placebo	6
1	Drug 2	5	2	Placebo	5
1	Drug 2	4	2	Placebo	4
1	Drug 2	3	2	Placebo	4
1	Drug 2	3	2	Placebo	6
1	Drug 2	3	2	Placebo	5
1	Drug 2	4	2	Placebo	4
1	Drug 2	5	2	Placebo	2
1	Drug 2	5	2	Placebo	1
1	Drug 2	5	2	Placebo	3
1	Drug 2	6	2	Placebo	2
1	Drug 2	6	2	Placebo	2
1	Drug 2	7	2	Placebo	3
1	Drug 2	6	2	Placebo	4
1	Drug 2	5	2	Placebo	3
1	Drug 2	7	2	Placebo	2
1	Drug 2	6	2	Placebo	2
1	Drug 2	8	2	Placebo	1

第 14 章資料集 3

性別：1 = 男性，2 = 女性

Gender	Caff_Consumption	Stress
1	5	1
1	6	3
2	7	3
1	7	2
1	5	3
1	6	1
1	8	2
1	8	2
2	9	1
2	8	1
2	9	1
2	7	2
2	4	1
2	3	1
1	0	1
2	4	2
1	5	1
2	6	2
1	2	2
1	4	3
1	5	3
2	5	3
1	4	2
1	3	2
1	7	3
2	8	2
1	9	2

Gender	Caff_Consumption	Stress
1	11	1
1	2	2
1	3	1

第 14 章資料集 4

Gender	Training	Skill
Male	Strength emphasis	10
Male	Speed emphasis	5
Male	Strength emphasis	9
Male	Speed emphasis	3
Male	Strength emphasis	9
Male	Speed emphasis	2
Male	Speed emphasis	5
Male	Strength emphasis	0
Male	Strength emphasis	0
Male	Speed emphasis	4
Male	Speed emphasis	3
Male	Speed emphasis	2
Male	Speed emphasis	2
Male	Speed emphasis	3
Male	Strength emphasis	10
Male	Speed emphasis	4
Male	Strength emphasis	3
Male	Speed emphasis	3
Male	Strength emphasis	0
Female	Speed emphasis	9
Female	Strength emphasis	3
Female	Strength emphasis	2
Female	Strength emphasis	3

Gender	Training	Skill
Female	Speed emphasis	9
Female	Strength emphasis	1
Female	Strength emphasis	1
Female	Speed emphasis	9
Female	Speed emphasis	8
Female	Speed emphasis	7
Female	Speed emphasis	9

第 15 章資料集 1

婚姻品質：1＝低，2＝中，3＝高

Quality of Marriage	Quality Parent–Child	Quality of Marriage	Quality Parent–Child
1	58.7	2	54.6
1	55.3	2	51.5
1	61.8	2	54.7
1	49.5	2	61.4
1	64.5	2	56.9
1	61.0	3	68.0
1	65.7	3	65.9
1	51.4	3	54.7
1	53.6	3	53.6
1	59.0	3	58.7
2	64.4	3	58.7
2	55.8	3	65.7
2	58.7	3	66.5
2	54.7	3	56.7
2	52.7	3	55.4
2	67.8	3	51.5
2	61.6	3	54.8
2	58.7	3	57.2

第 15 章資料集 2

Motivation	GPA	Motivation	GPA
1	3.4	6	2.6
6	3.4	7	2.5
2	2.5	7	2.8
7	3.1	2	1.8
5	2.8	9	3.7
4	2.6	8	3.1
3	2.1	8	2.5
1	1.6	7	2.4
8	3.1	6	2.1
6	2.6	9	4.0
5	3.2	7	3.9
6	3.1	8	3.1
5	3.2	7	3.3
5	2.7	8	3.0
6	2.8	9	2.0

第 15 章資料集 3

教育程度：1 = 低，2 = 中，3 = 高

Income	Level of Education	Income	Level of Education
$45,675	1	$74,776	3
$34,214	2	$89,689	3
$67,765	3	$96,768	2
$67,654	3	$97,356	3
$56,543	2	$38,564	2
$67,865	1	$67,375	3
$78,656	3	$78,854	3
$45,786	2	$78,854	3

Income	Level of Education	Income	Level of Education
$87,598	3	$42,757	1
$88,656	3	$78,854	3

第 15 章資料集 4

Hours of Study	Grade
0	80
5	93
8	97
6	100
5	75
3	83
4	98
8	100
6	90
2	78

第 15 章資料集 5

Age	Shoe Size	Intelligence	Level of Education
15	Small	110	7
22	Medium	109	12
56	Large	98	15
7	Small	105	4
25	Medium	110	15
57	Large	125	8
12	Small	110	11
45	Medium	98	15
76	Large	97	12
14	Small	107	10

Age	Shoe Size	Intelligence	Level of Education
34	Medium	125	12
56	Large	106	12
9	Small	110	5
44	Medium	123	12
56	Large	109	18

第 16 章資料集 1

Training	Injuries	Training	Injuries
12	8	11	5
3	7	16	7
22	2	14	8
12	5	15	3
11	4	16	7
31	1	22	3
27	5	24	8
31	1	26	8
8	2	31	2
16	2	12	2
14	7	24	3
26	2	33	3
36	2	21	5
26	2	12	7
15	6	36	3

第 16 章資料集 2

Time	Correct	Time	Correct
14.5	5	13.9	3
13.4	7	17.3	12

Time	Correct	Time	Correct
12.7	6	12.5	5
16.4	2	16.7	4
21	4	22.7	3

第 16 章資料集 3

Number of Homes Sold	Years in Business	Level of Education
8	10	11
6	7	12
12	15	11
3	3	12
17	18	11
4	6	12
13	5	11
16	16	12
4	3	11
8	7	12
6	6	11
3	6	12
14	13	11
15	15	12
4	6	11
6	3	12
4	6	11
11	12	12
12	14	11
15	21	12

第 17 章資料集 1

Voucher	Voucher	Voucher	Voucher	Voucher
1	1	2	3	3
1	1	2	3	3
1	1	2	3	3
1	1	2	3	3
1	1	3	3	3
1	2	3	3	3
1	2	3	3	3
1	2	3	3	3
1	2	3	3	3
1	2	3	3	3
1	2	3	3	3
1	2	3	3	3
1	2	3	3	3
1	2	3	3	3
1	2	3	3	3
1	2	3	3	3
1	2	3	3	3
1	2	3	3	3

第 17 章資料集 2

性別：1 = 男性，2 = 女性；投票：1 = 有，2 = 沒有

Gender	Vote	Gender	Vote
1	1	2	1
1	1	2	1
1	1	2	1
1	1	2	1
1	1	2	1

Gender	Vote	Gender	Vote
1	1	2	1
1	1	2	1
1	1	2	1
1	1	2	1
1	1	1	2
1	1	1	2
1	1	1	2
1	1	1	2
1	1	1	2
1	1	1	2
1	1	1	2
1	1	1	2
1	1	1	2
1	1	1	2
1	1	1	2
1	1	1	2
1	1	1	2
1	1	1	2
1	1	1	2
1	1	1	2
1	1	1	2
1	1	1	2
1	1	1	2
1	1	1	2
1	1	2	2
1	1	2	2
1	1	2	2
1	1	2	2
1	1	2	2
1	1	2	2

Gender	Vote	Gender	Vote
1	1	2	2
1	1	2	2
2	1	2	2
2	1	2	2
2	1	2	2
2	1	2	2
2	1	2	2
2	1	2	2
2	1	2	2
2	1	2	2
2	1	2	2
2	1	2	2
2	1	2	2
2	1	2	2
2	1	2	2
2	1	2	2
2	1	2	2
2	1	2	2
2	1	2	2
2	1	2	2
2	1	2	2
2	1	2	2
2	1	2	2
2	1	2	2

第 17 章資料集 3

性別：1 = 男性，2 = 女性

Gender	Gender	Gender	Gender	Gender
1	1	1	2	2
1	1	1	2	2
1	1	1	2	2
1	1	1	2	2
1	1	1	2	2
1	1	2	2	2
1	1	2	2	2
1	1	2	2	2
1	1	2	2	2
1	1	2	2	2
1	1	2	2	2
1	1	2	2	2
1	1	2	2	2
1	1	2	2	2
1	1	2	2	2
1	1	2	2	2
1	1	2	2	2
1	1	2	2	2
1	1	2	2	2
1	1	2	2	2

第 17 章資料集 4

Preference	Preference	Preference	Preference
Nuts & Grits	Bacon Surprise	Dimples	Chocolate Delight
Nuts & Grits	Bacon Surprise	Dimples	Chocolate Delight
Nuts & Grits	Bacon Surprise	Froggy	Chocolate Delight

Preference	Preference	Preference	Preference
Nuts & Grits	Bacon Surprise	Froggy	Chocolate Delight
Nuts & Grits	Bacon Surprise	Froggy	Chocolate Delight
Nuts & Grits	Bacon Surprise	Froggy	Chocolate Delight
Nuts & Grits	Bacon Surprise	Froggy	Chocolate Delight
Nuts & Grits	Bacon Surprise	Froggy	Chocolate Delight
Nuts & Grits	Bacon Surprise	Froggy	Chocolate Delight
Bacon Surprise	Bacon Surprise	Froggy	Chocolate Delight
Bacon Surprise	Bacon Surprise	Froggy	Chocolate Delight
Bacon Surprise	Dimples	Froggy	Chocolate Delight
Bacon Surprise	Dimples	Froggy	Chocolate Delight
Bacon Surprise	Dimples	Froggy	Chocolate Delight
Bacon Surprise	Dimples	Froggy	Chocolate Delight
Bacon Surprise	Dimples	Froggy	Chocolate Delight
Bacon Surprise	Dimples	Froggy	Chocolate Delight
Bacon Surprise	Dimples	Froggy	Chocolate Delight
Bacon Surprise	Dimples	Froggy	Chocolate Delight
Bacon Surprise	Dimples	Chocolate Delight	Chocolate Delight
Bacon Surprise	Dimples	Chocolate Delight	Chocolate Delight
Bacon Surprise	Dimples	Chocolate Delight	Chocolate Delight
Bacon Surprise	Dimples	Chocolate Delight	Chocolate Delight
Bacon Surprise	Dimples	Chocolate Delight	Chocolate Delight
Bacon Surprise	Dimples	Chocolate Delight	Chocolate Delight

第 17 章資料集 5

Strength	Age	Strength	Age	Strength	Age	Strength	Age
Strong	Young	Strong	Middle	Moderate	Middle	Weak	Young
Strong	Young	Strong	Middle	Moderate	Middle	Weak	Young
Strong	Young	Strong	Middle	Moderate	Middle	Weak	Young
Strong	Young	Strong	Middle	Moderate	Middle	Weak	Young

Strength	Age	Strength	Age	Strength	Age	Strength	Age
Strong	Young	Strong	Middle	Moderate	Middle	Weak	Middle
Strong	Young	Strong	Middle	Moderate	Middle	Weak	Middle
Strong	Young	Strong	Middle	Moderate	Middle	Weak	Middle
Strong	Young	Strong	Old	Moderate	Middle	Weak	Middle
Strong	Young	Strong	Old	Moderate	Middle	Weak	Middle
Strong	Young	Strong	Old	Moderate	Middle	Weak	Middle
Strong	Young	Strong	Old	Moderate	Middle	Weak	Middle
Strong	Young	Strong	Old	Moderate	Middle	Weak	Middle
Strong	Young	Moderate	Young	Moderate	Middle	Weak	Middle
Strong	Young	Moderate	Young	Moderate	Middle	Weak	Middle
Strong	Young	Moderate	Young	Moderate	Middle	Weak	Middle
Strong	Young	Moderate	Young	Moderate	Middle	Weak	Middle
Strong	Young	Moderate	Young	Moderate	Middle	Weak	Middle
Strong	Young	Moderate	Young	Moderate	Old	Weak	Middle
Strong	Young	Moderate	Young	Moderate	Old	Weak	Middle
Strong	Young	Moderate	Young	Moderate	Old	Weak	Middle
Strong	Young	Moderate	Young	Moderate	Old	Weak	Middle
Strong	Young	Moderate	Young	Moderate	Old	Weak	Middle
Strong	Middle	Moderate	Young	Moderate	Old	Weak	Middle
Strong	Middle	Moderate	Young	Moderate	Old	Weak	Middle
Strong	Middle	Moderate	Young	Moderate	Old	Weak	Old
Strong	Middle	Moderate	Young	Moderate	Old	Weak	Old
Strong	Middle	Moderate	Young	Moderate	Old	Weak	Old
Strong	Middle	Moderate	Young	Weak	Young	Weak	Old
Strong	Middle	Moderate	Young	Weak	Young	Weak	Old
Strong	Middle	Moderate	Young	Weak	Young	Weak	Old
Strong	Middle	Moderate	Middle	Weak	Young	Weak	Old
Strong	Middle	Moderate	Middle	Weak	Young	Weak	Old
Strong	Middle	Moderate	Middle	Weak	Young	Weak	Old

Strength	Age	Strength	Age	Strength	Age	Strength	Age
Strong	Middle	Moderate	Middle	Weak	Young		
Strong	Middle	Moderate	Middle	Weak	Young		

第 19 章資料集 1 和第 19 章資料集 2

這些都是非常大的資料集,你最好是從 edge.sagepub.com/salkindfrey7e 網站下載。

樣本資料集

性別:1 = 男性,2 = 女性;處理:1 = 低,2 = 高

Gender	Treatment	Test1	Test2
1	1	98	32
2	2	87	33
2	1	89	54
2	1	88	44
1	2	76	64
1	1	68	54
2	1	78	44
2	2	98	32
2	2	93	64
1	2	76	37
2	1	75	43
2	1	65	56
1	1	76	78
2	1	78	99
2	1	89	87
2	2	81	56
1	1	78	78
2	1	83	56

Gender	Treatment	Test1	Test2
1	1	88	67
2	1	90	88
1	1	93	81
1	2	89	93
2	2	86	87
1	1	77	80
1	1	89	99

練習題答案

第 1 章

所有的問題都是探索性的，沒有正確答案，其目的是讓你深入思考有關統計學作為一個研究領域和一種有用的工具。

第 2 章

1. 動手計算（很簡單的測驗！）

   平均數 = 87.55、中位數 = 88、眾數 = 94。

2.

	分數 1	分數 2	分數 3
平均數	5.6	27.6	144.3
中位數	5.5	25.0	149.5
眾數	5	25 和 34	154

3. 這裡是 SPSS 輸出結果：

統計量

		醫院規模	感染率
N	有效的	10	10
	遺漏值	0	0
平均數		335.10	3.7200

4. 你寫的簡短報告可能是這樣的：

與平常一樣，雞塊（眾數）銷售量最高。食品銷售總額是 303 美元，每一特價品的平均價格是 2.55 美元。

5. 對於真的很大、很小或看起來很奇怪的值（會使用中位數的所有理由），這裡並沒有太引人注目的事物，所以，我們只用平均數。你可以在最後一欄看到 3 家店面的平均數，這些數字看起來似乎可能就是你想用來當作你所管理之新店面的近似值。

平均值	商店 1	商店 2	商店 3	平均數
銷售量（以千計）	$323.6	$234.6	$308.3	$288.83
採購數量	3,454	5,645	4,565	4,554.67
訪客人數	4,534	6,765	6,654	5,984.33

6. 好吧！看來啤酒和炸雞是贏家，而什錦水果排在最後。我們計算了平均值，因為這是跨等距尺度（至少在其意圖上）的數值比率。資料如下：

零食	北部球迷	東部球迷	南部球迷	西部球迷	平均值
芝士辣肉醬焗玉米片	4	4	5	4	4.25
什錦水果	2	1	2	1	1.5
辣雞翅	4	3	3	3	3.25
美式大披薩	3	4	4	5	4
啤酒和炸雞	5	5	5	4	4.75

7. 如果你的資料存在會造成平均數有偏誤的極端值，就要使用中位數。中位數優於平均數的一個狀況是報告收入時，因為收入變化如此大，你需要一個對極端值不敏感的集中趨勢測量數。另一個例子是，如果你正在研究一組青少年跑 100 碼的速度，當有一、二個人跑得特別的快時。

8. 你會使用中位數，因為它對極端值不敏感。

9. 中位數是集中趨勢的最佳測量數，而且它是最能代表這一整組分數的數值。為什麼？因為它幾乎不受到極端的資料點 $199,000 所影響，如同你在下表中所看到的，平均數受到影響（當納入最大的數值時，它提高到超過 $83,000）。

在移去最高的收入之前	平均數	$83,111
	中位數	$77,154
在移去最高的收入之後	平均數	$75,319
	中位數	$76,564

10. 平均值如下：第 1 組 = 5.88，第 2 組 = 5.00，第 3 組 = 7.00。

11. 這應該是很容易的一題，任何時候，數值被用以代表類別時，唯一有意義的平均值類型是眾數。那麼，誰喜歡派餅？好吧！第一週的贏家是蘋果派，第二週再次發現蘋果派成為領先者。第 3 週是道格拉斯鄉村派，本月在第 5 週結束時有很多是巧克力慕斯的貢獻。

第 3 章

1. 全距是最方便的離散度測量數，因為全距只需要從一個數（最高值）減去另一個數（最低值）。因為全距沒有考慮在某一分布中落在最高值和最低值之間的數值，所以不精確。如果你只是想要對某一分布的變異性進行大概（而不是非常精確）的估計，就使用全距。

2.

最高分	最低分	內含全距	排他全距
12.1	3	10.1	9.1
92	51	42	41
42	42	1	0
7.5	6	2.5	1.5
27	26	2	1

3. 絕大多數大一學生在那時已停止成長，在幼年期及青春期所看到的巨大變異性已經穩定下來了。然而，在人格測量上，個別差異似乎仍維持不變且在任何年齡皆以相似的方式呈現。

4. 當個別分數越近似，它們就越接近平均數，而相對於平均數的離差就越小。因此，標準差也越小。數字的優勢在於，資料集越大，資料的包容性就越大。也就是說，它包含更多而不是更少的彼此相似的值，因此變異性會較小。

5. 排他全距是 39。無偏的樣本標準差等於 13.10。有偏的估計值是 12.42。此一差異是因為將樣本數為 9（無偏估計）與樣本數為 10（有偏估計）進行比較。無偏的變異數估計值為 171.66，有偏的估計值為 154.49。

6. 無偏的估計值總是大於有偏的估計值，因為無偏的估計值實際上是有意地高估了統計值，因而更加保守。無偏估計值的分子 $(n-1)$ 總是小於有偏估計值的分子（即 n），因而產生較大的數值。

7.

測驗 1		測驗 2		測驗 3	
平均數	49.00	平均數	50.10	平均數	49.30
中位數	49.00	中位數	49.50	中位數	48.00
眾數	49	眾數	49.00	眾數	45
全距	5	全距	9	全距	10
標準差	1.41	標準差	2.69	標準差	3.94
變異數	2	變異數	7.21	變異數	15.57

測驗 2 有最高的平均數，測驗 1 也有最小的變異性。同時，有多個眾數存在，SPSS 計算和報告最小的數值。

8. 標準差是 12.39，變異數是 153.53。

9. 標準差是變異數 (36) 的平方根，因此，標準差是 6。你若只知道標準差或變異數，不可能知道全距是多少，甚至無法說出全距是大或小，因為你不知道測量到什麼，而且也不知道測量尺度（有問題的錯誤或是蒸汽引擎的輸出）。

10. a. 全距 = 7，標準差 = 2.58，變異數 = 6.67

　　b. 全距 = 1.6，標準差 = 0.25，變異數 = 0.06

　　c. 全距 = 4.5，標準差 = 1.58，變異數 = 2.49

　　d. 全距 = 124，標準差 = 48.2，變異數 = 2,326.5

11. 下面是彙總結果的統計表。看起來很熟悉？應該是，它看起來就像是 SPSS 的輸出結果。

統計值

		身高	體重
個數	有效的	20	20
	遺漏值	0	0
標準差		11.44	15.66
變異數		130.78	245.00
全距		43	59

12. 好吧！這就是你回答的方式。用手動計算任何一組約 10 個數字的標準差，並使用分母為 $n-1$ 的標準差公式（無偏估計值）。接著，用同樣一組資料與 SPSS 的輸出結果比較。如同你可以看到的，它們完全一樣，這顯示 SPSS 產生的是無偏估計值。如果你做對了，那麼你很聰明，在班上是名列前茅。另一種方法是寫信給 SPSS，然後問他們，這不是開玩笑——看看會發生什麼事。

13. 標準差的無偏估計值是 6.49，有偏估計值是 6.15；變異數的無偏估計值是 42.1，有偏估計值是 37.89。有偏估計值是（總是）比較小，因為它們是以較大的 n 為基礎，且也是較保守的估計值。

14. 標準差是 0.94，表示平均來說，此一組數字中的每一個拼寫正確的分數和所有分數的平均數相差 0.94 個距離。

第 4 章

1. a. 這就是次數分配表。

組距	次數
55-59	7
50-54	5
45-49	5
40-44	7
35-39	2
30-34	3
25-29	5

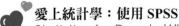

組距	次數
20-24	4
15-19	4
10-14	4
5-9	3
0-4	1

圖 D.1 呈現直方圖（用 SPSS 完成）應該看起來像這樣。

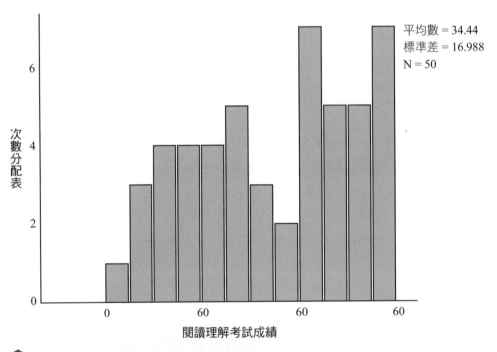

圖 D.1　第 4 章資料集 1 中資料的直方圖

你可能注意到你所建立的直方圖中的 x 軸和這裡看到的不一樣，我們可以雙擊這個圖形，然後進入圖表編輯器，變更 x 軸標記的數字範圍和起始點。沒有什麼不同，只是好看一點。

b. 我們以組間 5 建立直方圖，這樣我們就有 10 個組間，而且也符合我們在本章討論的決定組間的標準。此一分配是負偏態分配，因為平均值小於中位數。

2. 在圖 D.2 中，你可以看到長條圖的樣子，但是，記著，它所呈現的樣子是看你對 x 軸和 y 軸所選擇的。

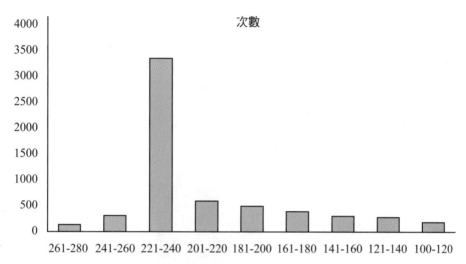

圖 D.2　簡單長條圖

3. 長條圖看起來會不一樣是視你的 x 軸和 y 軸，以及其他變數的長度而定。你需要計算的第一件事是每一天的總和（使用「分析→敘述統計→次數分配表」選項），然後利用這些數字來建立長條圖，如圖 D.3 所呈現的圖形。

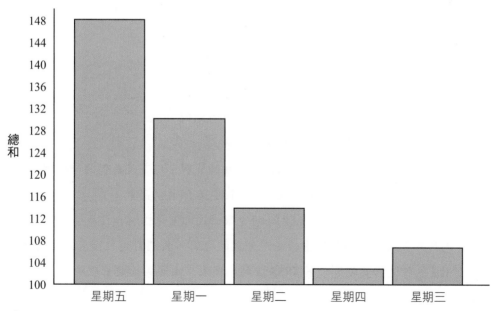

圖 D.3　長條圖

4. a. 因為大多數運動員的得分都在較高的區域，所以，這是負偏態分配。

b. 完全沒有偏態——事實上，這個分配就像是一個長方形，因為每一個人的得分完全相同。

c. 因為大多數的拼音者得分都很低，所以是正偏態分配。

5. 我們用 SPSS 建立一個簡單的圓餅圖，然後變更圓餅圖每一個部分顏色，如圖 D.4 所呈現。你喜歡哪一種類型的餡餅？

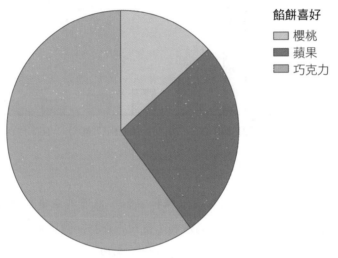

餡餅喜好
- 櫻桃
- 蘋果
- 巧克力

圖 D.4　圓餅圖

6. a. 圓餅圖，因為你對檢視比例有興趣。

b. 線形圖，因為你想瞭解趨勢（跨時間）。

c. 長條圖，因為你想知道間斷類別的數量。

d. 圓餅圖，因為你想查看每部分的類別所占比例。

e. 長條圖，因為你想知道間斷類別的數量。

7. 你會提出你自己的範例，並畫出你所建立的資料。以下是我們的一些例子：

a. 兒童認識的字彙數量是年齡從 12 個月到 36 個月的函數。

b. 屬於美國退休人士協會 (AARP) 的資深公民比例是性別和種族的函數。

d. 例如每個人的身高和體重的成對分數的繪圖。我們對這種圖表類型的討論不多，但是只要瀏覽一下 SPSS 上的「圖表」菜單，你就會理解。

8. 你自己來完成。

9. 我們使用 SPSS 和圖表編輯器完成了這個圖，它真是既難看又缺乏豐富資訊。

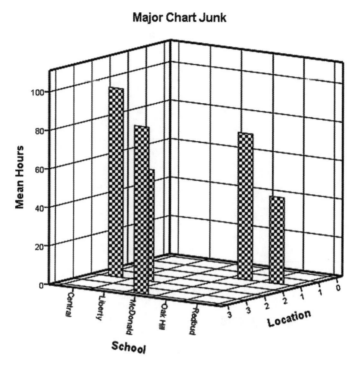

圖 D.5　一個真正非常難看的圖

10. 一張圖片（圖表或圖形）勝過千言萬語。換句話說，對於這一個問題有許多可能的答案，但一般來說，雖然溝通的主要資訊是清楚和直接的，但使用某一圖表的目的是盡可能地用一種簡單的視覺化方式說明資訊。

第 5 章

1. a. $r = 0.596$。

b. 依據 a. 的答案，你已經知道相關是直接的。但是依據圖 D.6 中所顯示的散布圖（我們使用 SPSS，但是你應該手動建立），你可以預測出像這樣的結論（即使真的不知道相關係數的正負符號），因為資料點本身的分組是從圖的左下角到右上角，而且假定一個正斜率。

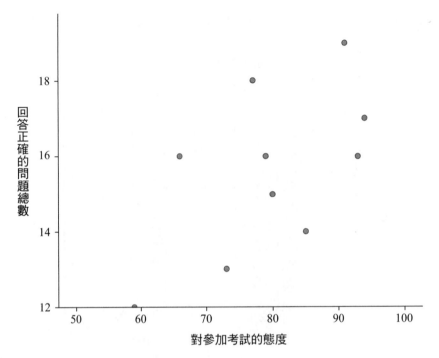

圖 D.6　資料集 2 中資料的散布圖

2. a. $r = 0.269$。

b. 依據這一章之前提供的表 5.3，此一規模的相關強度一般是弱的。判定係數是 0.2692，因此，0.072 或 7.2% 的變異量可以得到解釋。主觀分析（弱相關）和客觀數值（7.2% 的可解釋變異量）彼此一致。

3. 注意 0.71 和 0.47 沒有符號，在這種情形下，我們總是假定它是正值（像其他任何數字一樣）。+0.36, −0.45, +0.47, −0.62, +0.71

4. 相關係數是 0.64，表示預算的增加與課堂成就的提高彼此是正相關（而且要注意的是，我們必須檢定其顯著性）。由描述性觀點來看，超過 40% 的變異數由兩個變數之間所共有的。

5. 每天練習時間和 GPA 的相關是 0.49，表示當練習時間增加時，GPA 也會增加。當然，當練習時間減少時，GPA 也會減少。想要成為拔尖並獲得良好的成績？用功、學習、廣泛閱讀（並經常洗澡）。請記住，GPA 與你在體育館有多好的表現無關。那是因果關係，我們在這裡只處理關聯性。

6. 相關係數是 0.14，而之所以這麼低是因為學習的時間和這組 GPA 分數的變異

性都非常小。當變異性是如此微小時,便沒有什麼可以分享,而這兩組分數共有部分極少,因此,相關係數很低。

7. a. 8。

b. 非常強。

c. 1.00 − 0.64,或 0.36 (36%)。

8. 矩陣如下:

	受傷時年齡	治療的水準	**12** 個月的治療分數
受傷時年齡	1		
治療的水準	0.0557	1	
12 個月的治療分數	−0.154	0.389	1

9. 要檢視性別(定義為男性或女性)和政治屬性之間的關係,你應該用 phi 係數,因為這兩個變數的屬性都是名目的。要檢視家庭組成和高中平均成績 (GPA) 之間的關係,你應該使用點二系列相關係數,因為一個變數的屬性是名目的(家庭組成),另一個變數的屬性是等距的 (GPA)。

10. 只是因為兩件事有相關,並不表示某一件事會導致另一件事。有許多只有平均強度的跑者可以跑非常快,也有許多非常強壯的跑者卻跑很慢。力量可以使人們跑快一些,但技術更重要(而且順便解釋了更多的變異數)。

11. 你會提出你自己的解釋,但是,這裡有三個例子:

a. 我們敢打賭,你正在期望這一點──冰淇淋消費量和犯罪數量;

b. 花在政治廣告的經費總額和投票支持的選民人數;

c. 在中學推行禁慾計畫和性活躍的青少年人數;

d. 所得和工作滿意度;

e. 教育程度和藥物使用。

12. 非常好的問題。相關是反映兩個變數之間的共同部分,但有共同的部分與何者導致另一個變數增加或減少是沒有關係的。你正好看到關於冰淇淋銷售量和犯罪率的例子(兩者都和戶外的溫度有關,但彼此之間無關),相同的例子像是小孩子的學習成就分數和父母的教育程度之間的關係,其中可能有許多的因素干擾,像是班級大小、家庭結構及家戶所得等。因此,變數之間共有的部分很重要,但並不是順便就有因果關係存在。

13. 當你要檢查兩個變數之間在消除第三個變數之影響後的相關時，就會使用淨相關。

第 6 章

1. 自己來完成。

2. 如果你對不同時間的評價一致性感興趣，就要使用再測信度，例如前後測試的研究類型或縱向研究。平行形式信度對建立一個確定相同測試之不同形式的相似度是很重要的。

3. 再測信度是藉由計算兩次測驗的簡單相關係數來建立。在這個案例中，秋季和春季分數的相關係數是 0.139，此數值隨機發生的機率是 0.483。此相關係數 0.139 甚至與作出「此測驗是可靠」這種結論所需的數值（至少 0.85）還有一段距離。

4. 一般而言，一個有信度但沒有效度的測驗是重複執行沒問題，但卻沒有測量到所假定要測量的。而且，哎喲！一個測驗不可能是有效度但卻是沒有信度，因為如果做任何事都不一致，那麼，他也不可能做一件事是一致的。

5. 相同測驗的平行形式信度係數是 −0.09，在計算係數上是做得不錯，但就這個測驗的信度而言呢？並不理想。

6. 這很簡單。一個測驗在我們能夠推斷它做了它應該做（效度）的事之前，它必須能夠不斷的重複它所做的（信度）。如果一個測驗是不一致的（不可信的），那麼，它不可能是有效的。舉例來說，雖然像以下這種項目的測驗：

$$15 \times 3 = ?$$

當然一定是可信的，但如果 15 個這種項目的測驗被稱做「拼音測驗」，它當然一定是無效的。

7. 你需要使用既有信度又有效度的檢定，否則，即使你得到虛無假設的檢定結果，你也不能確定是工具沒有測量到它應測量的內容，還是假設是錯誤的。

8. 內容效度檢視一個測驗「在表面上」是否是從所有可能的項目之中抽出來的樣本，例如有關美國革命的高中歷史測驗所包含的題項，是否反映美國歷史的學科領域？

   預測效度檢視一個測驗，正確預測某一特定結果的程度。例如一個空間技巧的測驗，是否能有效地成功預測成為一位機械工程師？

建構效度是表示一個測驗工具可以評估一個重要的概念。例如一個觀察工具有效評估躁鬱症青少年某一面向的程度？

9. 這是比較難的題目。讓我們假定（就如你需要這麼做）你對「跳出框框的思考」有一個很堅強的理論基礎，可以形成檢定項目的基礎，你會安置一組獨立的「跳出框框思考的專家」，讓他們「參與」這個測驗，並由評分者觀察其行為且在你所建立的項目上打分數。理論上，如果你的構念成立且測驗是有效的，那麼，這些各自被證實是跳出框框思考的人，相較於那些各自被證實不是用獨特方式思考的人，在分數上應該有較大的差異，因此，用來區別這兩群人的這些項目就成為是一組測驗題目。這可以用很多種方式進行，我們只是陳述其中一種。

第 7 章

1. 自己做。

2. 再一次自己做。

3. a. 虛無假設：根據「注意力評定量表」的測驗，注意力較短之兒童的離開座位行為的次數與注意力較長之兒童相同。

有方向性研究假設：根據「注意力評定量表」的測驗，注意力較短之兒童的離開座位行為的次數比注意力較長之兒童多。

無方向性研究假設：根據「注意力評定量表」的測驗，注意力較短之兒童的離開座位行為的次數和注意力較長之兒童有差異。

b. 虛無假設：婚姻的整體品質和夫妻雙方與其手足關係的品質無關。

有方向性研究假設：婚姻的整體品質和夫妻雙方與其手足關係的品質有正向關係。

無方向性研究假設：婚姻的整體品質和夫妻雙方與其手足關係的品質有關。

c. 虛無假設：藥物治療結合傳統心理治療與單獨使用傳統心理治療對厭食症的治療效果相同。

有方向性研究假設：藥物治療結合傳統心理治療比單獨使用傳統心理治療對厭食症的治療效果更有效。

無方向性研究假設：藥物治療結合傳統心理治療和單獨使用傳統心理治療對厭食症的治療效果有不同效果。

4. 自己做。

5. 最明顯的問題是，對研究假設的檢定可能是不確定的。無論結果如何，拙劣的語言都會導致令人誤解的結論。此外，這項研究可能無法重複進行，而研究結果也無法通則化。總而言之，這是一個令人質疑的做法。

6. 虛無（字面上是指「空虛的」）代表兩個結果群體之間沒有任何觀察到的差異，這是任何研究工作的起點，且在許多方面與研究假設有所不同，最主要的不同是，虛無假設是相等的陳述，而研究假設則是不相等的陳述。

7. 如果你正開始探究問題（之後會變成假設），而且你對結果所知甚少（這是為什麼你問這個問題並執行檢定），那麼，虛無假設就是一個完美的起始點，它是一個等式的陳述，基本上說的是：「在沒有任何其他有關於我們正在研究之關係的資訊下，我應該由我所知有限的情況下開始。」虛無假設是完美、不偏與客觀的起點，因為除非被證實，否則所有事情都被認定為相等。

8. 如同你已經知道的，虛無假設所陳述的是「變數間沒有關係」。為什麼呢？很簡單，在沒有任何其他資訊下，那是最好開始的地方。例如如果你研究早期事件在語言技巧發展上所扮演的角色，那麼，除非你能證明它，否則，最好假設他們沒扮演任何角色。這也是為什麼我們開始去檢定虛無假設，而不是去證明他們，我們想要盡可能地不偏。

第 8 章

1. 在一常態曲線中，平均數、中位數和眾數彼此相等；曲線對稱於平均數；曲線尾巴是漸近的。如身高、體重、智力或問題解決能力等都是例子。

2. 原始分數、平均數和標準差。

3. 因為它們都使用相同的測度——標準差，而且我們可以比較以標準差為單位的數值。

4. 因為 z 分數是基於不同分布的變異性計算而來，所以是標準分數（可以與其他同類型分數比較）。z 分數是測量平均數和橫軸上其他資料點之間的距離（不論這些分布之間在平均數和標準差上的差異），因為使用相同的單位（標準差單位），所以它們能夠相互比較。真是神奇——可比較性。

5. 平均數是 50 分，標準差是 2.5 分，原始分數是 55 分所對應的 z 分數是 +2，因此，當一組分數的變異性減為一半時，相對應的 z 分數會增大二倍（從 1

變成 2）。此一結果指出，當變異性增加時，在其他條件維持不變的情況下，相同的原始分數會變得更極端；分數之間的差異越小（且變異性較小），相同的分數會變得較不極端。

6.

原始分數	z 分數
68.00	−0.61
58.16	−1.60
82.00	0.79
92.09	1.80
69.00	−0.51
69.14	−0.50
85.00	1.09
91.10	1.70
72.00	−0.21

7.

18	−1.01
19	−0.88
15	−1.41
20	−0.75
25	−0.10
31	0.69
17	−1.14
35	1.21
27	0.17
22	−0.49
34	1.08
29	0.43
40	1.87
33	0.95
21	−0.62

8. a. 一個分數落在原始分數 70 和 80 之間的機率是 0.5646。原始分數 70 的 z 分數是 -0.78，80 的 z 分數是 0.78。平均數與 z 分數 0.78 之間曲線下的面積是 28.23%。這兩個 z 分數之間曲線下的面積是 28.23% × 2，或 56.46%。

b. 一個分數落在原始分數 80 以上的機率是 0.2177。原始分數 80 的 z 分數是 0.78。平均數與 z 分數 0.78 之間曲線下的面積是 28.23%。在 z 分數 0.78 之下的面積是 0.50 + 0.2823，或 0.7823。曲線下的總面積 1 和 0.7823 之間的差是 0.2177，或 21.77%。

c. 一個分數落在原始分數 81 和 83 之間的機率是 0.068。原始分數 81 的 z 分數是 0.94，83 的 z 分數是 1.25。平均數與 z 分數 0.94 之間曲線下的面積是 32.64%。平均數與 z 分數 1.25 之間曲線下的面積是 39.44%。這兩個 z 分數之間曲線下的面積是 0.3944 − 0.3264 = 0.068，或 6.8%。

d. 一個分數落在原始分數 63 以下的機率是 0.03。原始分數 63 的 z 分數是 -1.88。平均數與 z 分數 -1.88 之間曲線下的面積是 46.99%。在 z 分數 1.88 之下，曲線下的面積是 1 − (0.50 + 0.4699) = 0.03，或 3%。

9. 一點小魔術讓我們可以用你在這一整章中所看到的計算 z 分數的公式，來解出原始分數。底下是轉換後的公式：

$$X = (s \times z) + \overline{X}$$

而且再往前走一步，所有我們真正需要知道的是 90% 的 z 分數（或表 B.1 中的 40%），它等於 1.29。

因此，我們有下列公式

$$X = (s \times z) + \overline{X}$$

或

$$X = (5.5 \times 1.29) + 78 = 85.095$$

傑克如果是這個分數，他就能拿到證明文件，可以回家了。

10. 它不合理是因為當原始分數分屬不同的分布時，是不能互相比較的。在班級平均數為 40 的數學測驗中，80 分的原始分數就是無法與短文寫作技巧測驗的 80 分比較。就像個人一樣，分布不是都可以互相比較的，並非每件事（每個人）都可以和其他事（人）做比較。

11. 這裡是包含未知數值的資訊。

Noah 有較高的原始平均分數（86.5 vs. Talya 的 84），但是 Talya 有較高

的平均 z 分數（1.2 vs. Noah 的 1.05），記著，我們問的是，相對於其他人，誰是較優秀的學生，必須使用標準分數（我們用 z 分數）。但是，為什麼 Talya 相對於 Noah 是較優秀的學生？那是因為在最小變異性的測驗上（數學的標準差＝2），Talya 有很突出的 z 分數 3，這讓她得以站在前面。

數學		
班級平均數	81	
班級標準差	2	
閱讀		
班級平均數	87	
班級標準差	10	
原始分數		
	數學分數	閱讀分數	平均值
Noah	85	88	86.5
Talya	87	81	84
z 分數		
	數學分數	閱讀分數	平均值
Noah	**2**	**0.1**	**1.05**
Talya	**3**	**−0.6**	**1.2**

12. 尾端不會和 x 軸相碰觸的事實是，它總是有一個機會存在——即使可能是非常、非常小——極端值（始終離 x 軸的任何一個方向都非常遙遠）是有可能的。如果尾巴碰觸到 x 軸，即表示對那些不可能的結果有一個極限存在。換言之，無論結果是什麼，都總是有機會會發生。

第 9 章

1. 顯著性概念對推論統計的研究和應用是有決定性的，因為顯著性（反映在顯著水準）設定了我們對所觀察的結果是「真實的」這件事可以持有的信心水準，它可以進一步決定這些來自於母體的樣本所得到的結果，能夠推論到母體的通則化程度。

2. 統計顯著性是某些結果不是因為隨機所造成的，而是因為被研究者所找到和檢證的因素所造成的一種觀念。這些結果可以被指定一個值代表是因為隨機、其他一個因素或其他一組因素所造成的機率，這些結果的統計顯著性即是此一機率的值。

3. 臨界值代表著虛無假設不再是所觀察到的差異可接受之解釋的最小值。它是切割點，比它更極端的觀察值表示沒有等式只有差異（而差異的本質與所問的問題有關）。還記得這個切割點是由研究者所設定的（即使 0.01 和 0.05 慣例上和經常被當作切割點）。

4. a. 拒絕虛無假設，因為顯著水準小於 5%，這表示個人的音樂選擇和犯罪率之間有關係存在。

   b. 無法拒絕虛無假設，因為顯著水準大於 0.05，表示咖啡消費量和 GPA 之間沒有關係。

   c. 不可以。沒有任何相關有這麼高的機率。

5. a. 顯著水準只指定單一、獨立的虛無假設檢定，而非同時指向多個檢定。

   b. 因為我們不可能在虛無假設實際上是真的情況下不去拒絕虛無假設，所以不可能將型 I 錯誤的機率水準設置為 0，這種可能性總是存在的。

   c. 在虛無假設是真的情況下，你拒絕虛無假設所願意承擔的風險水準，與研究結果的有多大的意義沒有關係。你可能得到顯著水準很高的結果，但是卻沒有意義，或者型 I 錯誤率很高 (0.10)，卻是很有意義的發現。

6. 在 0.01 水準，因為檢定是更嚴格的，出錯的機會比較小。換句話說，當與該結果有關聯的機率是比較小 (0.01) 而非比較大 (0.05) 時，你比較難得到與你在隨機（虛無假設）下預期有足夠大的差距可加以拒絕的結論。

7. 這是很好的論點，但是會讓人變得很激動，我們不能「拒絕」虛無假設，因為我們從未直接檢定它。記著，虛無假設是反映母體的特徵，而且重點是我們無法檢定母體，只是檢定樣本。如果我們不能檢定它，我們又如何能拒絕它呢？

8. 顯著性是一個統計術語，它簡單地定義了一個區域，在該區域與虛無假設相關聯的機率實在太小，以致於我們無法得出「研究假設是最有吸引力的解釋」以外的其他任何結論。意義性與研究結果的應用，以及在所提出問題的廣泛脈絡下此一結果是否具有相關性或重要性有關。

9. 你自己可以提出這些內容，但是以下示例如何？

    a. 發現兩群讀者之間有顯著差異，其中接受密集理解訓練的群體比沒有接受訓練（但相同分量的注意力）的群體在閱讀測驗的表現較佳。

    b. 檢視一個巨大的樣本（這是為什麼結果是顯著的），一位研究者發現在鞋子尺寸與每天吃下的卡路里有非常強的正相關。非常愚蠢！但卻是真的……。

10. 隨機性反映在可能拒絕一個真的虛無假設時，你所願意承擔的風險水準（型 I 錯誤）。最重要的是，對我們所觀察到的任何差異，它總是一個可能的解釋，且在沒有其他資訊的情況下，它也是最有吸引力的解釋。

11. a. 加上條紋的區域代表著足夠極端的數值，這些值沒有一個反映出支持虛無假設的發現。

    b. 這一大群的數值反映出發生型 I 錯誤的較高可能性。

第 10 章

1. 當你想要比較某一個樣本平均數和某一個母體參數時，就會用單一樣本 z 檢定。事實上，可以將它想成是，瞭解某一個數值（即平均數）是否屬於一組大量的數值集合的一種檢定。

2. 基於一個很好的理由，大寫的 Z 值和小寫的 z 值是很相似的：那就是標準分數。z 分數有樣本的標準差當作分母，而 Z 檢定的數值有樣本平均數的標準誤（或從母體抽樣得到的所有平均數的變異性測量）當作分母。換句話說，它們都是利用一種標準測量，讓我們可以使用常態曲線表（在附錄 B）來瞭解這個數值離我們在隨機下所預期的數值有多遠。

3. a. 鮑伯的巧克力飲食法所減輕的重量，無法代表蛋白質飲食法的中年男人這個大母體所減輕的體重。

    b. 過去這個流感季的每千人流感率和過去 50 季的流感率並不相當。

    c. 布萊爾這個月的花費和過去這 20 年的平均花費是有差異的。

4. z 檢定結果的數值為 –1.48，沒有極端到足以（我們需要 ±1.96 的數值）得到平均個案數 (15) 是和州的平均個案數 (16) 有任何差異的結論。

5. z 檢定結果的數值為 0.31，沒有極端到我們需要說，這 3 個特色商店的工人群體（搬存 500 個產品）比其他所有商店的工人群體（搬存 496 個產品）表現

得好（或是有差異的）。

6. 這裡疏漏的資訊是假設檢定所設定的顯著水準，如果顯著水準是 0.01，拒絕虛無假設及樣本與得到母體有顯著不同之結論的臨界 z 值是 1.96；如果假設檢定的顯著水準是 0.05，臨界 z 值是 1.65。這裡呈現一個有關型 I 錯誤（有 1% 或 5% 的虛無假設為真但會被拒絕）相對於陳述統計顯著性之間取捨的有趣問題。你應該能夠合理化說明有關你所選擇之顯著水準的理由。

7. 如果你根據公式 10.1 代入相關資料，則 z 檢定的數值為 12.69，這是與圖表（在曲線的延長端）相去甚遠的地方。但是，請記住，高爾夫球得分是越低越好，因此，米爾曼團體的成員資格與職業球員並沒有任何相似之處，對於米爾曼團體來說不是好事。

8. 看一下圖 D.7 中所顯示的 SPSS 輸出結果。如你所見，31,456 的值恰好落在去年每月的單位銷售量範圍內（$t = -1.681$，$p = .121$）。不，沒什麼不同。

單一樣本統計量

	N	平均值	標準差	標準誤平均值
Score 2015 年的銷售單位數	12	30162.83	2665.476	769.457

單一樣本檢定

					檢定值 = 31456	
	t	自由度	顯著性（雙尾）	平均值差異	差異的 95% 信賴區間	
					下限	上限
Score 2015 年的銷售單位數	−1.681	11	.121	−1293.167	−2986.73	400.40

圖 D.7　單一樣本 t 檢定的結果

第 11 章

1. 男生舉手次數的平均數是 7.93，女生的平均數是 5.31。t 的實際值是 3.006，在 0.05 的顯著水準下，單尾檢定（是男生舉手次數多於女生）拒絕虛無假設的 t 臨界值是 1.701。結論是：男生舉手次數顯著多於女生。

2. 這是非常有趣的事。我們有完全相同的資料，但有不同的假設。在這裡，假設是舉手次數不同（而不是多或者少），所以需要進行雙尾檢定。因此，使用附錄表 B.2，在 0.01 的顯著水準下雙尾檢定的臨界值是 2.764。實際值 3.006（與本章問題 1 分析所得結果相同）的確超過了我們的隨機預期值，因此，給定此一假設之下，男生和女生的舉手次數不同。比較兩項檢定，我們發現使用相同的資料，單尾檢定的結果（見問題 1）不見得和雙尾檢定結果一樣（研究假設得到支持）。

3. a. $t(18) = 1.58$

   b. $t(46) = 0.88$

   c. $t(32) = 2.43$

4. a. $t_{臨界值}(18) = 2.101$。因為觀察到的 t 值超過臨界值，拒絕虛無假設。

   b. $t_{臨界值}(46) = 2.009$（使用 50 個自由度的值），因為觀察到的 t 值未超過臨界值，無法拒絕虛無假設。

   c. $t_{臨界值}(32) = 2.03$（使用 35 個自由度的值），因為觀察到的 t 值超過臨界值，拒絕虛無假設。

5. 首先，這裡是利用 SPSS 所得到的獨立樣本 t 檢定的輸出結果。

獨立樣本檢定

| | | 變異數等式的 Levene 檢定 | | 平均值等式的 t 檢定 | | | | | | |
		F	顯著性	t	自由度	顯著性（雙尾）	平均值差異	標準誤差異	差異的 95% 信賴區間 下限	上限
焦慮程度	採用相等變異數	.938	.339	-2.152	38	.038	-1.350	.627	-2.620	-.080
	不採用相等變異數			-2.152	35.968	.038	-1.350	.627	-2.622	-.078

而這裡是一段摘要：接受在家諮商的群體與接受離家治療的群體，在焦慮程度的平均表現上有顯著差異。在家諮商群體的平均值是 4.15，而離家治療群體的平均值是 5.5。與此一差異相關聯的機率是 0.038，意味著所觀察到的差異是隨機發生的機率小於 4%，比較可能的結論是：離家治療計畫更有效。

群組統計量

	治療方式	N	平均值	標準差	標準誤平均值
焦慮程度	在家諮商	20	4.15	2.207	.494
	離家治療	20	5.50	1.732	.387

6. SPSS 的輸出結果如圖 D.8 所示，農村居民和城市居民對槍枝管制的態度沒有顯著差異 ($p = 0.253$)。

7. 這的確是可以思考的好問題，它有許多不同的「正確」答案，而且也引出一堆爭論。如果你只關心型 I 錯誤的水準，那麼，我們認為 L 博士的發現更值得信賴，因為這些結果暗示它比較不可能犯型 I 錯誤。然而，這兩種發現都是顯著的，即使其中一個是在邊緣。因此，如果你個人系統評估這些結果說：「我相信顯著就是顯著的——那是最重要的事」，那麼，兩者都應該被認定同等有效且同樣值得信賴。但是，請務必記得結果的有意義也很重要（如果你將這個觀點帶進討論，你應該獲得額外分數）。似乎對我們而言，不論型 I 錯誤的水準如何，由於此計畫有可能造成更安全的小孩環境，因而兩種研究的結果都高度有意義。

8. 這裡是資料加上答案。

實驗	效應量
1	2.6
2	1.3
3	0.65

　　如同你看到的，當標準差變成二倍時，效應量則減半。為什麼？如果你記得，效應量提供你有關群組之間差異有多大意義的另一種指標。如果變異性非常少，則個體之間就沒有太多的差異，而任何平均差異就變得更有趣（而且可能更有意義）。當我們範例中的標準差為 2 時，效應量為 2.6；但是當變異性增加到 8 時（第三個實驗），效應量則減少為 0.65。當群體成員之間有越來越少的相似性時，要討論群體之間的差異是如何有意義，是一件很困難的事。

9. 答案是什麼？如你所見，群體 2 的分數有一個較高的平均數是 12.20（相較於群體 1 的平均數是 7.67），以這個結果為基礎，如你在下面的圖 D.9 所看到

群組統計量

	群體	N	平均值	標準差	標準誤平均值
槍枝管制態度	城市	16	6.5112	1.77221	.44305
	農村	14	5.3979	3.31442	.88582

獨立樣本檢定

		變異數等式的 Levene 檢定		平均值等式的 t 檢定					差異的 95% 信賴區間	
		F	顯著性	t	自由度	顯著性（雙尾）	平均值差異	標準誤差異	下限	上限
槍枝管制態度	採用相等變異數	4.463	.044	1.168	28	.253	1.11339	.95311	-.83897	3.06576
	不採用相等變異數			1.124	19.273	.275	1.11339	.99044	-.95763	3.18442

圖 D.8 獨立平均數 t 檢定的 SPSS 輸出結果

群組統計量

群體		N	平均值	標準差	標準誤平均值
拼字數量	群體 1	15	7.67	3.200	.826
	群體 2	15	12.20	4.539	1.172

獨立樣本檢定

		變異數等式的 Levene 檢定		平均值等式的 t 檢定					差異的 95% 信賴區間	
		F	顯著性	t	自由度	顯著性（雙尾）	平均值差異	標準誤差異	下限	上限
拼字數量	採用相等變異數	5.482	.027	-3.162	28	.004	-4.533	1.434	-7.470	-1.596
	不採用相等變異數			-3.162	25.159	.004	-4.533	1.434	-7.485	-1.581

圖 D.9 兩組 4 年級學生的平均拼字數量 t 檢定

的，在 0.004 的水準下，這個差異是顯著的。我們的結論是，四年級學生的第二組的拼字能力較好。

10. 就第 11 章資料檔 5 而言，*t* 值是 −0.218；就第 11 章資料檔 6 而言，*t* 值是 −0.327。且在這兩個例子中，平均數都是 6.0（群體 1）和 6.2（群體 2）；同樣地，較大資料檔的變異性略為小一些。第 2 個資料檔為何有較大（或較極端）的 *t* 值的理由是：它是建立在有二倍樣本數之大（20 對 10）的基礎上，*t* 值的計算有將此考慮進去，因而產生一個較為極端的數值（往「顯著性」的方向前進）。因為較大的樣本數會更為接近母體的規模，在平均數相同和變異性較小的一個可能的論點是，分數不僅會變得更極端，且也和樣本數的影響有關。

11. 實際上，這個問題的答案比你最初所想像的還要容易。具體來說，兩個群體之間的差異在某種程度上（如果不是全部的話）與效應量無關。在此範例中，統計學上的顯著差異可能僅是由於樣本數非常大所致，但效應量並不是很明顯。這一結果完全是可能的和可行的，且為瞭解顯著性和效應量的雙重重要性增加了新的面向。

第 12 章

1. 獨立平均數 *t* 檢定用於檢定兩個不同的參與者群體，每個群體的參與者只接受一次測試。

   相依平均數 *t* 檢定用於檢定一群參與者群體，而且此群體的每一個參與者接受兩次測試。

2. a. 獨立樣本 *t* 檢定。

   b. 獨立樣本 *t* 檢定。

   c. 相依樣本 *t* 檢定。

   d. 獨立樣本 *t* 檢定。

   d. 相依樣本 *t* 檢定。

3. 在回收專案執行之前的平均數是 34.44，專案執行之後的平均數是 34.84，也就是回收量有增加。這 25 個街區的差異是否是顯著的？研究假設在這個水準被檢定為實際 *t* 值是 0.262，自由度是 24，表示在 0.01 的顯著水準下是不顯著的。結論是：回收專案沒有造成紙張回收數量的增加。

4. 這裡是相依或成對平均數 *t* 檢定的 SPSS 輸出結果。

結論是什麼呢？諮商前平均數確實比諮商後的平均數低。不過，這兩個平均數的差異並不顯著，所以差異的方向並無關緊要。

成對樣本統計量

		平均值	*N*	標準差	標準誤平均值
配對 1	諮商前	32.8500	20	9.05117	2.02390
	諮商後	36.9500	20	7.41602	1.65827

成對樣本檢定

	平均值	標準差	標準誤平均數	差異的95%信賴區間 下界	差異的95%信賴區間 上界	*t*	自由度	顯著性（雙尾）
諮商前－諮商後	−4.10000	10.59245	2.36854	−9.05742	0.85742	−1.731	19	0.100

5. 滿意水準有些微增加，從 5.480 增加到 7.595，使得 *t* 值為 −3.893。此差異的對應機率水準是 0.001，也就是社會服務介入專案確實發揮作用。

6. 對 Nibbles 有偏好的平均分數是 5.1，而對 Wribbles 有偏好的平均分數是 6.5。在自由度 19 之下，相依平均數檢定的 *t* 值是 −1.965，而拒絕虛無假設的臨界值是 2.093。因為觀察到的 *t* 值，−1.965 並未超過臨界值，所以行銷顧問的結論是，對兩種餅乾的偏好差不多相同。

7. 否，平均數並沒有差異（第一次輪班的平均數是 5.35，第二次是 6.15），*t* 值是 −1.303（壓力較小一點），並不顯著。和工作上的輪班無關：壓力是一樣的。

8. 絕對有。分數從 5.52 增加到 7.04，且兩組之間的差異在 0.005 水準上很顯著。另外，當作紅利，效應量為 0.75，也是非常大。

第 13 章

1. 雖然這兩種方法都在檢視平均數之間的差異，但當比較的平均數多於 2 個以上時，ANOVA 比較適合。它也可以用來作為平均數之間的簡單檢定，但它假設群體之間彼此互相獨立。

2. 單因子 ANOVA 僅檢視一個變數在不同等級之間的差異，而因子 ANOVA 則在涉及多個變數時檢視兩個或多個等級之間的差異。

3.

設計	分組變數	檢定變數
簡單 ANOVA	訓練時間分為四個水準——2、4、6 和 8 個小時	打字的準確度
	三個年齡群體—— 20 歲、25 歲和 30 歲	力量
	六種工作類型	工作績效
兩因子 ANOVA	訓練和性別的兩個水準（2×2 設計）	打字的準確度
	三個年齡群體—— 5、10、15 歲，兄弟的人數	社會技能
三因子 ANOVA	課程類型（類型 1 和類型 2），GPA（3.0 以上和以下），以及活動參與（參與和不參與）	ACT 成績

4. 三個群體的平均數分別是 58.05 秒、57.96 秒和 59.03 秒，F 值（$F_{2, 33} = 0.160$）隨機發生的可能性是 0.853，遠遠大於我們預期由處理變數引起的可能性。結論是：訓練時間並不會對游泳速度產生影響。

5. F 值是 28.773，在 0.000 的水準下是顯著的，表示三個群體的壓力數量是不一樣的。就如你所看到的，壓力最小的是早上 8:00 到下午 4:00 的群體。

6. 就這個問題而言，事後多重比較是必要的（我們是使用 Bonferroni 法）。如圖 D.10 所展示的輸出結果，薄麵條有最低的平均分數（1.80，這是你已經知道的，對吧？）和其他兩組麵條之間的兩兩比較是有顯著差異的。

7. 記住，變異數分析中的 F 檢定是平均數之間差異的強健度檢測或整體檢定，並未指出差異之所在。因此，如果整體 F 比率不顯著，則透過事後比較程序比較個別群體之間的差異是沒有意義的，因為沒有差異需要進行檢查！

受試者間效應項檢定

依變數：喜愛程度

來源	類型 III 平方和	自由度	均方	F	顯著性
修正模型	29.233ᵃ	2	14.617	19.398	.000
截距	464.817	1	464.817	616.870	.000
麵條厚度	29.233	2	14.617	19.398	.000
誤	42.950	57	.754		
總計	537.000	60			
修正後總數	72.183	59			

a. R 平方 = .405（調整的 R 平方 = .384）

事後檢定

麵條厚度

多重比較

依變數：喜愛程度
Bonferroni 法

(I) 麵條厚度	(J) 麵條厚度	平均值差異 (I-J)	標準誤	顯著性	95% 信賴區間 下限	上限
1 薄	2 中	-.15	.275	1.000	-.83	.53
	3 厚	1.40*	.275	.000	.72	2.08
2 中	1 薄	.15	.275	1.000	-.53	.83
	3 厚	1.55*	.275	.000	.87	2.23
3 厚	1 薄	-1.40*	.275	.000	-2.08	-.72
	2 中	-1.55*	.275	.000	-2.23	-.87

圖 D.10　單因子變異數分析及事後多重比較的結果輸出

第 14 章

1. 很簡單，因子 ANOVA 只用於當你有多於一個因子或獨立變數時。且當你假設交互作用的存在時，實際上沒那麼容易得到答案（但是只要你獲得答案，你就能真正理解）。

2. 這裡是許多不同的可能範例其中之一。一個處理變數（或因子）有三個等級和疾病嚴重性的兩個等級。

		處理變數		
		藥品 1	藥品 2	安慰劑
疾病嚴重性	嚴重			
	輕微			

3. 而來源表看起來像下表：

主效應與交互作用檢定
依變數：PAIN_SCO

來源	類型 III 平方和	自由度	均方	F	顯著性
校正後的模式	266.742	5	53.348	26.231	0.000
截距	3,070.408	1	3,070.408	1,509.711	0.000
嚴重性	0.075	1	0.075	0.037	0.848
處理	263.517	2	131.758	64.785	0.000
嚴重性 * 處理	3.150	2	1.573	0.774	0.463
誤	231.850	114	2.034		
總計	3,569.000	120			
修正後總數	498.592	119			

就我們的解釋來說，在這個資料集中，沒有疾病嚴重性的主效應，有處理變數的主效應，兩個主要因子之間沒有交互作用。

4. a. 否，變異數分析的 F 值是不顯著的 ($F = 0.004$, $p = 0.996$)。

b. 否，變異數分析的 F 值是不顯著的 ($F = 0.899$, $p = 0.352$)。

c. 沒有顯著的交互作用。

5. 實際上，一旦你用 SPSS 去執行這個分析，你可以看到沒有性別的主效應，但是訓練的主效應和交互作用是顯著的。不過，當你畫平均數剖面圖時，實際上可以看到交互效應的視覺化印象（如圖 D.11 所示），你可以看到男性在強調耐力訓練的情況下有較高的技巧水準，女性則是在強調速度訓練的情況下有較高的技巧水準，在評估交互作用時，仔細看這些視覺化的圖像是很重要的。

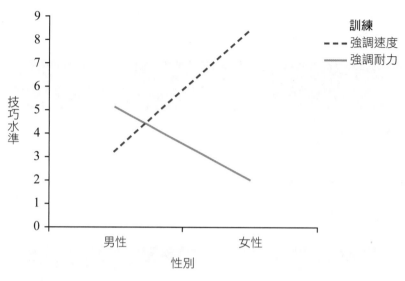

圖 D.11　性別和訓練情況間的交互作用

第 15 章

1. a. 自由度是 18 ($df = n - 2$)、在 0.01 的顯著水準下，拒絕虛無假設的臨界值是 0.516。速度和耐力之間是顯著相關，且相關係數解釋了 32.15% 的變異。

   b. 自由度是 78、在 0.05 的顯著水準下，單尾檢定拒絕虛無假設的臨界值是 0.183，正確答題數和完成時間之間顯著相關。因為研究假設在變數間關係是間接的或負向的，所以使用單尾檢定，且相關係數解釋了大約 20% 的變異。

   c. 自由度是 48、在 0.05 的顯著水準下，雙尾檢定拒絕虛無假設的臨界值是 0.273，青少年的朋友數和 GPA 之間顯著相關，且相關係數解釋了 13.69% 的變異。

2. a. 與 b. 我們使用 SPSS 計算得出相關係數為 0.434，顯著水準為 0.017 的雙尾檢定是顯著的。

   c. 正確。越有動機就越願意學習；而且越願意學習，就更有動機。但是（這是很重要的「但是」）越多的學習並不能引起更高的動機，同樣的，更高的動機並不能引起更多的學習。

相關係數

		動機	平均成績
動機	皮爾森 (Pearson) 相關性	1	0.434*
	顯著性（雙尾）		0.017
	N	30	30
平均成績	皮爾森 (Pearson) 相關性	0.434*	1
	顯著性（雙尾）	0.017	
	N	30	30

* 相關性在 0.05 層級上顯著（雙尾）。

3. a. 收入與教育水準的相關係數是 0.629，你可以檢視下列 SPSS 輸出結果，找到這個數字。

b. 相關係數在 0.003 水準是顯著的。

c. 你能做的唯一論述是：這兩個變數分享某些共同的東西（分享越多，相關係數就越高），而且沒有任何一個變數的改變，可以導致另一個變數的改變。

相關係數

		收入	教育水準
收入	皮爾森 (Pearson) 相關性	1	0.629*
	顯著性（雙尾）		0.003
	N	20	20
教育水準	皮爾森 (Pearson) 相關性	0.629*	1
	顯著性（雙尾）	0.003	
	N	20	20

* 相關性在 0.05 層級上顯著（雙尾）。

4. a. $r_{(8)} = 0.69$。

b. $t_{臨界值}(8) = 0.6319$。觀察到的相關係數 0.69 超過利用 8 個自由度計算得到的臨界值。因此，在 0.05 的水準下，我們觀察到的相關係數具有統計上的顯著性。

c. 共同的變異量是 47%（$r^2_{小時 \cdot 成績} = 0.47$）。

d. 花在學習的時數和測驗成績之間有強烈的正相關，具有統計上的顯著性。學生的學習時數越多，他（她）的測驗成績越好；或者，花在學習的時數越少，測驗成績越低。

5. 在 0.01 的水準下，相關係數是顯著的，而這個陳述的錯誤之處在於，兩個變數之間的關係並不隱含某一個變數會導致另一個變數發生。這兩個變數有關，可能是基於很多原因，但是無論一個人喝多少咖啡，也不會如同因果關係函數一樣，會導致壓力程度的改變。

6. a. 相關係數是 0.832。

b. 在自由度是 8，0.05 的顯著水準下，拒絕相關係數為 0 之虛無假設的臨界值是 0.5494（請見表 B.4）。實際值 0.832 大於臨界值（隨機會預期的數值），結論是：相關係數是顯著的，且這兩個變數有關係。

c. 如果你還記得，解釋任何皮爾森積差相關係數的最好方式就是將它平方，這樣就可以得到判定係數 0.69，表示 69% 的年齡變異可以被認識字數的變異所解釋。那並不很大，但當相關係數是有關人類行為的變數時，它就非常重要。

7. 這個範例只是學習的時數和第一次統計學考試成績，這兩個變數並不是因果關係，例如有些同學會因為不理解內容，即使學了幾個小時，學習效果仍然很差，而有些同學可能在其他課程已經學了同樣的內容，因此即使不練習，成績也很好。想像一下，假設我們強迫一些人在考試前四個晚上坐在書桌前練習 10 個小時，這能保證他或者她得到好的成績嗎？當然不能。這是因為變數相關，不能認為其中一個變數的變化會引起另一個變數的變化。

8. 這真的是取決於你如何決定哪一個顯著相關是有意義的及你解釋這些相關的方式，舉例來說，鞋子大小和年齡當然是顯著相關 ($r = 0.938$)，因為當一個人的年紀增長時，他的腳就會變大，但是有意義嗎？我們認為沒有。另一方面，例如智力是和所有其他三個變數無關，而在給定此一測驗對所有年紀的人是標準化的情形下，因此，你可能預期對所有不同年齡的人而言，100 這個數字是平均值。換言之，就這個測驗來說，當你的年齡增加時，你並沒有變得比較聰明（不管父母跟小孩說什麼）。

第 16 章

1. 主要差異是線性迴歸分析是用在探索某一個變數能否預測另一個變數。變異數分析是檢視群體平均數之間的差異，但並不具有預測的能力。

2. a. 迴歸方程式是 $Y' = -0.214$（正確數量）$+ 17.202$

   b. $Y' = -0.214 (8) + 17.202 = 15.49$

   c.

時間 (Y)	正確數量 (X)	Y'	$Y - Y'$
14.5	5	16.13	−1.6
13.4	7	15.70	−2.3
12.7	6	15.92	−3.2
16.4	2	16.77	−0.4
21.0	4	16.35	4.7
13.9	3	16.56	−2.7
17.3	12	14.63	2.7
12.5	5	16.13	−3.6
16.7	4	16.35	0.4
22.7	3	16.56	6.1

3. a. 其他的預測變數不能和其他任何一個預測變數相關，只有當這些變數彼此相互獨立，才能夠在預測依變數或結果變數時各自提供獨特的貢獻。

   b. 例如生活的安排（獨居或者群體）和獲得醫療服務的機會（高、中和低）。

   c. 老年癡呆症的存在 ＝（教育水準）X_{IV1} ＋（一般健康狀況）X_{IV2} ＋（生活的安排）X_{IV3} ＋（獲得醫療服務的機會）X_{IV4} ＋ a。

4. 這一題你要自己來完成，確定是聚焦在你的主修領域或你真的感興趣的一些問題上。

5. a. 你可以計算這兩個變數之間的相關係數是 0.204。依據第 5 章的資訊，這樣的相關係數值比較低。你可以得出的結論是：勝利次數不是隊伍是否贏得超級盃的很好的預測變數。

   b. 許多變數本質上是類別變數（性別、種族、社會階級和黨派屬性），而且很難依據 1-100 的等級進行測量，使用類別變數可以給我們很大的彈性空間。

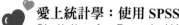
c. 一些其他的變數可能是全美球員的數量、教練的輸贏紀錄和主場出賽數。

6. a. 咖啡因消費量。

b. 壓力團體。

c. 從第 15 章計算得到的相關係數是 0.373，平方之後可以得到 0.139 或稱為 R^2，相當漂亮！

7. a. 這三個變數中最佳的預測變數是經驗年數，但是因為沒有任何一個是顯著的 (0.102)，所以，我們可以說這三個變數一樣好（或差）。

b. 以下是迴歸方程式：

$$Y' = 0.959\,(X_1) - 5.786\,(X_2) - 1.839 - (X_3) + 96.377$$

在此，如果我們將 X_1、X_2 和 X_3 的數值代入，會得到下面的結果：

$$Y' = 0.959(12) - 5.786(2) - 1.839(5) + 96.377$$

預測得到的分數是 64.062。

也要注意經驗年數和教育年數都是顯著的預測變數。

	非標準化係數		標準化係數		
	B	標準誤	**Beta**	*t*	顯著性
常數	97.237	7.293		13.334	0.000
Years_Ex	1.662	0.566	1.163	2.937	0.102
Level_Ed	−7.017	2.521	−0.722	−2.783	0.162
Num_Pos	−2.555	1.263	−0.679	−2.022	0.212

8. 教育程度是一個不佳的預測變數的理由是它的變異性太小，即表示它和住宅銷售數量之間的相關程度很小（−0.074，沒有任何貢獻），而且，也和其他變數的關係很低。因此，它沒有預測的價值。最佳的預測變數？加入行業年數，在 0.001 的水準以上是顯著的。當你進行多元迴歸分析時，你會發現以教育程度當作預測變數（就如你在簡單相關之下所預期的）同樣對我們瞭解為什麼這些不動產經紀人（及其他的變數，如果我們想要如此推論的話）的住宅銷售數量有所差異是毫無幫助的。

9. 為了極大化預測變數的價值，它們都應與被預測變數或結果變數相關，但不應與其他預測變數有任何共同的部分（如果有可能的話）。

第 17 章

1. 當預期值與觀察值完全相同時，實際卡方值會等於 0。一個例子是，當你預期 1 年級與 2 年級學生出現的不同人數時，而他們真正出現了。

2. 下面是計算卡方值的工作表：

分類	O （觀察次數）	E （預期次數）	D （差距）	$(O - E)^2$	$(O - E)^2/E$
共和黨	800	800	0	0	0.00
民主黨	700	800	100	10,000	12.50
無黨派人士	900	800	100	10,000	12.50

　　自由度為 2、顯著水準為 0.05 的情況下，拒絕虛無假設所需要的臨界值是 5.99。實際值是 25.00，表示我們應拒絕虛無假設，且得出的結論是不同黨派的投票人數有顯著性差異。

3. 下面是計算卡方值的工作表：

　　自由度為 1、顯著水準為 0.01 的情況下，拒絕虛無假設所需要的臨界值是 6.64。實際值是 1.00，表示我們不能拒絕虛無假設，也就是踢足球的男孩和女孩的人數沒有差異。

分類	O （觀察次數）	E （預期次數）	D （差距）	$(O - E)^2$	$(O - E)^2/E$
男孩	45	50	5	25	0.50
女孩	55	50	5	25	0.50

4. 首先是一些有趣的事實。所有六個年級已註冊的學生總數是 2,217，而每一細格被預期的頻率為 2,217/6 或 369.50。

　　實際卡方值是 36.98。在自由度為 5 及 0.05 的顯著水準下，拒絕虛無假設所需要的值是 11.07。由於實際值 36.98 超過臨界值，結論是：註冊人數的分布不是我們所預期的，且的確每一個年級註冊人數有顯著不同的比例。

5. 好吧！夥伴，結果在這裡。卡方值是 15.8，顯著水準是 0.003，表示喜好這些糖果口味的人數是有差異的。

6. 此一獨立性檢定的卡方值為 8.1，且有 2 個自由度，它已足夠大（實際上 $p =$ 0.0174）到可以得出結論，不能接受相互獨立的虛無假設。的確，對原味或花生 M&M 的偏好取決於運動水準。

7. 從下面的 SPSS 輸出結果中可以看到，卡方值為 3.97 且有 4 個自由度 (2 × 2)，在 0.41 水準下是顯著的——這並不顯著且未極端到足以使我們得出這兩個變數是彼此相依或相關的結論。

卡方檢定

	值	df	漸近顯著性（兩端）
Pearson 卡方檢定	3.969[a]	4	.410
概似比	4.110	4	.391
線性對線性關聯	3.628	1	.057
有效觀察值個數	138		

a. 0 單元 (0.0%) 預期計數小於 5。預期的計數下限為 7.13。

第 19 章

1. 你可以在圖 D.12 中看到最勤奮（類別為 10）和最不熟練（程度為 1）此一細格的數值是 15。

2. 圖 D.13 顯示了可以輕鬆建立的表格和圖形。

觀察值處理摘要

	觀察值					
	有效		遺漏		總計	
	N	百分比	N	百分比	N	百分比
勤奮程度 * 熟練程度	500	100.0%	0	0.0%	500	100.0%

Industriousness 勤奮程度 *Proficiency 熟練程度交叉列表

計數

		熟練程度					總計
		1	2	3	4	5	
勤奮程度	1	6	12	11	9	6	44
	2	9	8	10	6	8	41
	3	6	10	12	10	18	56
	4	9	6	10	9	12	46
	5	16	9	13	11	11	60
	6	10	13	11	9	9	52
	7	10	11	12	11	9	53
	8	13	12	8	10	9	52
	9	6	5	7	6	10	34
	10	15	13	12	10	12	62
總計		100	99	106	91	104	500

圖 D.12　500 位參與者的勤奮程度和熟練程度的交叉分析表

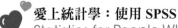

愛上統計學：使用 SPSS
Statistics for People Who (Think They) Hate Statistics

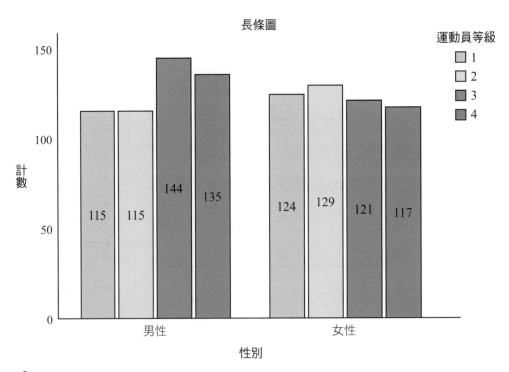

圖 D.13　1,000 位參與者的性別和運動員等級的長條圖

數學：只是基礎而已

如果你正在讀這一章，那麼，你知道你可能需要一些基礎數學技巧的幫助。多數的人需要這種幫助，尤其是在中斷一段時間之後再回到學校的學生。在你持續與《愛上統計學》這本書奮戰之前，來一個附加的行程也沒有什麼不好。

你已經瞭解你練習這本書中的例子和完成每一章最後的習題所需要的大多數技巧，例如你會加、減、乘、除，你可能也知道如何使用計算機計算一個數值的平方根。

當我們開始處理方程式和出現在像是（）的小括號與像是〔〕的中括號內的各種運算時，困惑就開始出現了。

我們在這一章會花大部分的時間和給你看一些例子，讓你更能瞭解如何處理看似很複雜的運算，但是，一旦將它們簡化成個別的部分，要完成計算就是很簡單的事。

基本原則：向 BODMAS 打個招呼

聽起來像是一種離群索居的生活或是發生在古老城堡之外的事情，是吧？

不是的，這只是一個首字字母縮寫的字，指出發生在一個算式或方程式之內的運算順序。

BODMAS 其實就是：

B 是指中括號，像是〔 〕，或有時是小括號，像是（ ），這兩個有時會出現在算式或方程式之中。

O 是指階層或次方，像是 4 的 2 次方或 4^2。

D 是除，像是 6/3。

M 是乘，像是 6 × 3。

A 是加，像是 3 + 3。

S 是減，像是 5 − 1。

你要以上述的順序來進行這些運算。例如第一件事是要先處理中括號（或小括號），接著，考慮次方數（像是平方），然後是除、乘，依此類推。如果不需要平方，就跳過 *O* 的步驟，如果沒有要加的，就跳過 *A* 的步驟。如果中括號和小括號同時出現，先處理小括號，再處理中括號。

例如看一下這個簡單的算式……

$$(3 + 2) \times 2 = ?$$

利用 BODMAS 的原則，我們知道：

1. 在這算式中第一件要做的事是括號內計算，所以，3 + 2 = 5。
2. 接著，下一個可取得的步驟是 5 乘上 2，得到總和是 10，10 就是答案。
   另一個例子是……

$$(4/2 \times 5) + 7 = ?$$

在這裡，我們的做法是……

1. 第一件事是 4 除以 2，等於 2，然後 2 乘上 5 得到的值是 10。
2. 接著，10 加上 7，得到最後的總和是 17。

讓我們稍微用一點想像力，並使用一些數字的平方。

$$(10^2 \times 3) /150 = ?$$

在這裡，我們的做法是……

1. 處理括號內（這總是第一步驟）的算式。

2. 將 10 平方得到 100，然後將它乘上 3，得到的值是 300。

3. 將 300 除以 150，得到的值是 2。

當我們有超過一組中括號或小括號時，會增加另一層的複雜性。你需要記著的是，我們總是從內部的算式開始，和處理 BODMAS 這個首字縮寫的字一樣，先處理括號內的值。

以下就是例子……

$$[(15 \times 2) - (5 + 7)] /6 = ?$$

1. 15 乘上 2 是 30。

2. 5 加上 7 是 12。

3. 30 − 12 是 18。

4. 18 除以 6 是 3。

小小的規則

只是再增加一些。在這本書中有使用負的和正的數字，當使用不同的方式將它們結合時，你需要知道是如何發生作用的。

當負值和正值相乘時，下面的做法是正確的：

1. 一個負值乘上一個正值時（或一個正值乘上一個負值時），一定是、一定是、一定是等於負值。例如，

$$-3 \times 2 = -6$$

或

$$4 \times -5 = -20$$

2. 一個負值乘上一個負值會得到正值。例如，

$$-4 \times -3 = 12$$

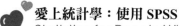

或

$$-2.5 \times -3 = 7.5$$

而且，一個負值除以一個正值會得到負值。例如，

$$-10/2 = -5$$

或

$$25/-5 = -5$$

最後，一個負值除以一個負值會得到正值。例如，

$$-10/-5 = 2$$

練習才會得到完美。所以，下面有 10 個附有答案的問題，如果你無法得到正確的答案，重新複習一下前面所說運算順序，或是也可以要求學習小組中的任何一個人幫忙檢查一下可能是哪裡出錯。

問題是：

1. $75 + 10$
2. $104 - 50$
3. $50 - 104$
4. 42×-2
5. -50×-60
6. $25/5 - 6/3$
7. $6,392 - (-700)$
8. $(510 - 500)/-10$
9. $[(40^2 - 207) - (80^2 - 400)]/35 \times 24$
10. $([(502 - 300) - 25] - [(242 - 100) - 50])/20 \times 30$

答案是……

1. 85

2. 54

3. −54

4. −84

5. 3,000

6. 3

7. 7,092

8. −1

9. −5.48

10. 0.141

想要更多的協助和練習嗎？可以瀏覽以下這些網址：

http://www.webmath.com/index.html

http://www.math.com/homeworkhelp/BasicMath.html

沒有什麼事情會比開始一個課程但卻是非常焦慮，以致於任何有意義的學習都不可能發生還來得更糟。數以千計個比你準備還不足的學生都能夠成功了，你一定可以做得更好。重新讀一下第 1 章有關如何取得此一課程教材的提醒，祝你好運！

統計軟體集錦

本章學習內容

✦ 讓你可用於分析、繪圖，以及更瞭解資料的所有其他
類型的統計軟體。

在你努力學習和使用基本統計學的過程中，要感謝和享受各式各樣的電
腦軟體可以幫你做任何事情，讓你不必變成笨蛋之類的人。本附錄的目的是
概略介紹一些比較常用到的統計軟體，以及它們的特徵，並且很快地看一下
它們的用處。但是在進入這些描述之前，先給你一些建議。

你可以在 http://en.wikipedia.org/wiki/List_of_statistical_ packages 這個網
頁上找到大量的統計軟體程式清單，並且連結到開發這些軟體程式的公司首
頁。在本章中，我們只是檢視一些我們很喜歡的軟體，如果你正在尋找一個
套裝軟體（免費或付費），可以到維基網站上找看看，花點時間瀏覽一下。

選擇理想的統計軟體

這裡是一些經得起時間考驗的建議，可以確保你由統計程式中得到你想

要的。

1. 不論統計軟體的價格是昂貴（如 SPSS）或便宜（如 Statistica），在你購買之前一定要先試用。清單中的統計軟體幾乎都提供了試用軟體（通常在它的網站可以下載），你可以下載，而且在一些情況下，你甚至可以請公司郵寄給你試用版的 CD。這些版本通常具備全部的特點，而且可以持續使用 30 天，給予你足夠的時間在購買之前試用。

2. 我們剛才有提到價格，直接從製造商購買軟體可能是最昂貴的方式，尤其是如果你是直接購買，沒有要求學生或教師折扣（有時他們把這叫做教育折扣）。你學校的書店可能給你一個折扣，而且郵購公司可能給你更好的折扣（再說一次，要求教育折扣）。你可在流行的電腦雜誌中找到這些零售商的免付費電話。你也可能發現在統計教科書中附有有限／學生版的軟體，在某些例子中，它的功能不但完整也容易上手。最好的情況是，有些學校和某些機構會向製造商購買軟體授權，讓你可以在家下載使用或在校園內使用，很貼心。

3. 許多販賣統計分析軟體的銷售商提供兩種版本。一種是商業版本，一種是學術版本。它們在內容上通常都一樣（但可能會有一些特殊限制，像可以檢定的變數數量），但通常在價格上有差異（有時非常大）。如果你想要學術版本，要確定這個版本和商業版本完全相同，如果不相同，你就要問自己是否可以忍受這種差異。為什麼學術版本這麼便宜？公司的希望是，如果你是學生，當你畢業之後，會進入一些薪水高的公司，然後購買完整的版本。同樣地，有些學術版本像是租借使用的方式，使用期限會在 6 個月或一年後失效，要閱讀使用細則。舉例來說，像 Student Discounts (http://studentdiscounts.com) 和 OnTheHub (http://onthehub.com) 這類的公司，以非常合理的租金提供 SPSS。

4. 在開始之前很難確切知道你需要什麼，但是一些套裝軟體以模組的形式出現，而且你不需要全部購買才能得到你工作所需的統計工具。閱讀公司的宣傳手冊和瀏覽網站介紹，並打電話諮詢。

5. 共用軟體 (shareware) 和免費軟體 (freeware) 是其他選擇，而且有許多這種軟體可以取得。共用軟體是散布軟體的一種方法，只有在你有意願的

情況下才需要付費。聽起來像榮譽制，是不是？的確是。建議的捐款金額幾乎都很合理；共用軟體通常比商業產品好；而且，如果你已經付費，你可以幫助保證聰明的作者會繼續努力開發比現在更好的版本。免費軟體就是：免費。

6. 不要購買任何不提供電話技術支援的軟體，或者至少要有類似電子郵件或線上即時客服的聯繫方式。要驗證這件事，在你購買之前，撥打技術支援電話，看看要等多久他們才接電話。如果你等了 20 分鐘，這可能意味著他們無法提供足夠的技術支援來快速回答使用者的問題。或者你寄給他們的電子郵件沒有得到回覆，或者他們的線上客服似乎從來都沒有在運作，那麼就找其他產品吧！

7. 幾乎所有大型的統計套裝軟體都有相同的功用，差別就在於完成的方式。例如 SPSS、Minitab 與 JMP 在資料分析方面都做得很好，而且是可接受的。但是有一些小地方可能造成差異，例如也許你想要從另一個應用軟體匯入資料，有些軟體可以，有些則不行，在你購買之前，先確定有沒有哪些功能對你來說是很重要的。

8. 確定你的硬體，可以執行你要使用的程式。例如大多數軟體不受限於你要分析的個案和變數的數量（除非你用的是試用版），唯一的限制通常是你要用於儲存容量的可取得性。有鑑於許多程式現在都有提供雲端伺服器等互動方式，此一議題已不再是一個問題。如果你有一臺「慢速」的電腦，而且 RAM（隨機記憶體）小於 1 GB，那麼你就可能要等待，在你的 CPU 執行程式時看著時間流逝。在下載試用版本之前，請先確認你具有操作程式所需的硬體規格。

9. 作業系統經常在改變，但有時軟體程式並沒有跟上。例如有些套裝軟體只能在 Windows 作業系統下運作，甚至有些在較新的 Windows 版本中無法運作。如果有所疑慮，打電話向你的電腦商確認你的系統是否具有讓這些套裝軟體有效運作的重要元件。有些套裝軟體可以同時在 Windows 和 Mac OS 的作業系統下運作，現在有些套裝軟體，甚至已有 Linux 的版本。

10. 最後，有些公司只提供從網路下載軟體程式的功能，所以，你無法取得實體的程式光碟，在大多數的情況下，這沒有什麼關係。但是，對那些

真的、真的、真的喜歡自己動手檢查和確認每件事都是正確的人來說，這可能會讓你有點抓狂，因為沒有一張你可以自己控制的 CD。再說一次，記得事先確認。

市面上有些什麼

可用的統計軟體比你實際需要的多，下面列出一些最流行、最有特色的軟體。請記住，許多軟體的功能相同，就如前一節所強調的，要盡可能在購買前試用。探究，探究，探究！

首先，免費的部分

在查看了我們上面提到的維基百科網站和 http://freestatistics.altervista.org/?p=stat 上所列出的免費軟體清單之前，什麼事也別做。這裡有成堆的軟體可以執行你在《愛上統計學》這本書所學到的許多統計方法。我們不可能在這裡檢視所有的軟體，只能花一些時間逛一下，看看哪些符合你的需要。

OpenStat

我最喜愛的軟體是哪一個？ OpenStat (http://openstat.en.softonic.com/)，由來自愛荷華州立大學的 Bill Miller 博士撰寫。它最棒的是什麼？首先，它是完全免費的，沒有「免費使用 124 天」或類似的廢話。其次，它就像 SPSS 一樣，而且，在某些地方甚至更容易使用（參見圖 F.1）。它也具有大量選項的特色（遠超過許多商業的、付費的軟體），包括大量的無母數檢定、測量工具，甚至是財務分析工具（例如如果我更早償還我的就學貸款，我可以省下多少？）。最後，對那些喜歡做些小改變的人們而言，OpenStat 中的「Open」意味著它是開源碼。該程式是用 C++ 寫的，而如果你正好對那種語言有一些瞭解，你可以就你認為最適合的方式修改程式。它是真正全能的軟體。此外，在這個網址上，你可以學到一些可以和 Linux 和 Mac OSX 作業系統相容的新程式。

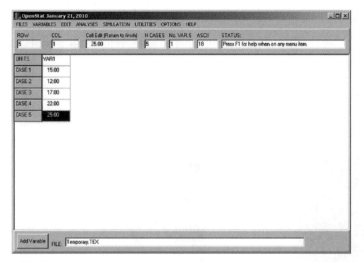

圖 F.1　OpenStat 資料輸入視窗

PSPP：（差不多是）SPSSR

　　如果你就是無法擺脫 SPSS 這個東西，而且真的沒有太多的錢可以省下來，不妨到 http://www.gnu.org/software/pspp/ 看一下 PSPP（有創意的名稱，嘿？），這裡有一個開源版本的分析程式，非常近似山寨版的 SPSS，你真的可以在這裡免費做一些分析，並且可以看到非常近似 SPSS 的外觀和功能。而且，如果你喜歡修補程式，這個程式的開源性質（及這整個運動也是其中的一部分）非常歡迎你真的去改變程式碼和提出如何改善這個程式的建議。

R

　　如果你已經準備好進行大型計算，那麼就可以轉移到這個命名為 R 的開源程式（可能是以兩位作者 Robert Gentleman 和 Ross Ihaka 的名字來命名）。有一些商業版的 R 提供正式的支援，但是，也有一個很大的 R 使用者社群可以提供相同的協助。此外，R 也開放原始碼（像 PSPP 一樣）且也有自己的期刊 (*The R Journal*)，它在 Linux、Unix、Windows 及 Mac 等平臺上都可以操作，花一點時間就可以適應。不過，由於它是命令列控制（表示你不能點選和按下，而是在一命令列上輸入指令，就像是在寫程式），在告訴程式做什麼和如何做這一方面是特別有彈性。你可以在 http://www.

r-project.org 尋找任何你想瞭解有關 R 的資訊或是下載程式。這是一個非常強大的程式，可以做的分析超乎使用者可以理解的範圍，圖 F.2 是其中一個截圖。

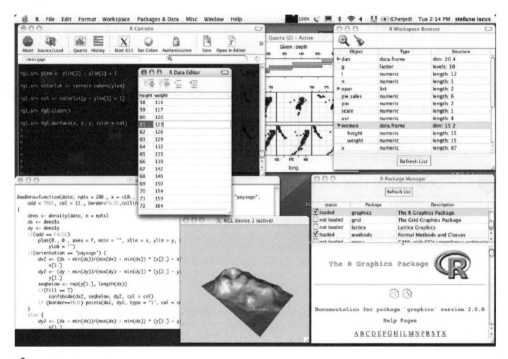

圖 F.2　R 的截圖

付費的時刻

JMP

JMP（現在是第 12 版和 SAS 的一部分）如廣告上所說，是「統計發現」軟體。這個軟體可以在 Mac、Windows 和 Linux 平臺上操作，而且是「將統計和圖形結合成互動式探索、瞭解和視覺化資料」。JMP 的一個特點是用圖形展示每一個統計分析結果，這樣你總是可以看到以統計文本和圖形所顯示的分析結果，而且這是自動完成的，不需要你提出要求。

想要更多的資訊？查閱網站 http://www.jmp.com。

成本：單機版本是 1,620 美元，3 年效期的學術版本是 2,995 美元。JMP

的學生版本也會在許多教科書中出現，但它不是像一個單獨販售的商品一樣可以取得。

Minitab

這是最早可用於個人電腦的軟體之一，而且現在已經是第 17 版（已經存在一段時間），這表示可以看到這些年為了回應使用者的需求而改變的部分。新版本的一些顯著特徵如下：

- Quality Trainer™，是幫助訓練使用者的線上課程（你也可以單獨購買）。
- ReportPad™，是報告產生器。
- Project Manager，是整理分析結果。
- Smart Dialog Box™，是記憶最近的設定。

在圖 F.3 中，你可以看到 Minitab 的樣本輸出結果，看起來像是簡單的迴歸分析。

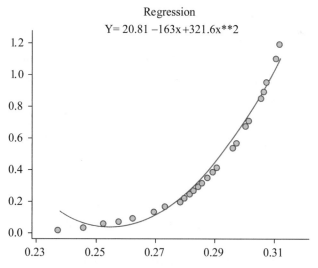

圖 F.3　Minitab 的輸出結果顯示一個簡單的迴歸分析

想要更多的資訊？查閱網站 http://www.minitab.com。

成本：單機完整版需要 1,495 美元，但是有各種租用選擇，不同租期有

不同的價格，包括 6 個月的月租授權費 30 美元。如果你準備花一點錢買一個強大的分析工具，這是一個值得選擇的產品。

Statistica

StatSoft（由 Dell 所擁有）提供了可用於 Windows 平臺（已追上最新的 Windows 10）的 STATISTICA 家族產品（第 13.1 版本），但是，抱歉，不再有 Mac 版本。這個強有力的軟體有一些非常棒的特性，如可以自我產生對話方塊（點選 OK，STATISTICA 會告訴你要輸入什麼）；客製化的介面；很容易和其他軟體整合；STATISTICA Visual Basic 可允許你取得超過 10,000 多種函數，而且可以利用這個發展環境來設計特別的應用，以及使用巨集命令實現任務自動化的能力。網站的一個紅利是提供電子版 STATISTICA 教科書，你可以取得有關不同主題的許多資訊。

想要更多的資訊？查閱網站 http://www.statsoft.com/。

成本：基礎版是 795 美元（有很多的分析模組讓你加購），且有一個免費的基礎學術套裝版（12 個月的租期），這是另一個划算的交易。

SPSS

SPSS 是現在最受歡迎的大型統計套裝軟體之一，這是為什麼我們會在你手上這一本書用整個附錄專門介紹它，且也是為什麼在這些章節內容中利用 SPSS 做練習。SPSS 具有涵蓋統計分析所有面向的不同模組，包括基本統計和進階統計，而且它的版本幾乎所有的操作平臺都可執行。它在幾年前才被 IBM 收購（在短暫重新命名為 PWAS 後，感謝上天，他們又把名字改回來了）。

想要更多的資訊？查閱網站 http://www.spss.com。

成本：不便宜。標準版是一年 2,610 美元（但基本版是一年 1,170 美元），且針對學術市場有不同的計畫和時間期程。

STATISTIX for Windows

STATISTIX 第 10 版提供一個選單驅動的介面，讓這個軟體特別容易學

習和使用,且與這裡介紹的其他軟體一樣功能強大(但是只能用在 Windows 家族),這家公司提供免費技術支援;而且,你知道嗎?它真的提供 450 頁的使用手冊。當你打電話尋求技術支援,你可以和實際參與的程式設計人員談話,他們知道在討論什麼(我的問題在 10 秒內得到解答)。

圖 F.4 呈現 STATISTIX 的配對樣本 t 檢定輸出結果。各方面來說,是一項不錯的買賣。

想要更多的資訊?請查閱網站 http://www.statistix.com。

成本:商業版是 495 美元,學術版是 395 美元,兩個版本都只能在 Windows 作業系統上使用。

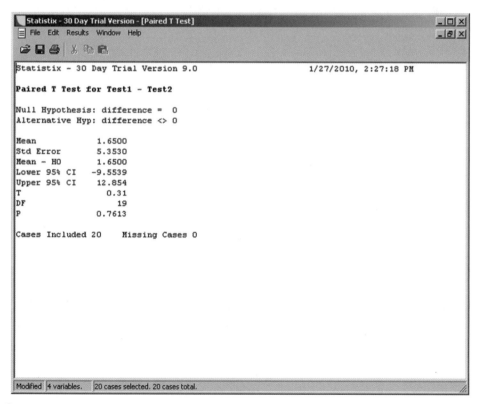

圖 F.4 配對 t 檢定的 STATISTIX 輸出結果

G

10 個（或更多）最好（和有趣）的統計網址

　　當然，你使用（且喜歡）網路。當你想瞭解新事物時，這可能是你的第一站。是的，就像食譜、音樂共享應用程式和最新的 NCAA 籃球分數一樣，大量的統計資料可提供那些不熟悉（和不是那麼陌生）其研究和應用的人使用。網路上可取得的內容並不能彌補學習不足或缺乏動機的問題，但沒什麼好說的，你一定可以找到大量資訊來豐富你的整個大學經歷，而且這還不包括你在這個過程中能得到的樂趣！

　　因此，既然你現在是有執照的新手統計學家，若你想對統計學瞭解更多，你一定會發現下面提供的網址十分有用。

　　雖然網路上的網址已經比之前更為穩定，但是仍然可能時常在變化，今天還有效的 URL（統一資源定位器──我們都稱之為「網址」），明天可能就無效了。如果你找不到你想要的網址，可使用 Google 或其他搜索引擎，然後搜索網站名稱，也許有一個新的 URL 或另一個有效的網址。

誰是誰以及發生了什麼事

　　由美國統計協會 (American Statistical Association) 維護的統計歷史時間表，可以在 http://www.statslife.org.uk/images/pdf/timeline-of-statistics.pdf 上找到，包括著名統計學家的肖像和生平，以及在統計學領域做出重要貢獻。像是貝努利 (Bernoulli)、高爾頓 (Galton)、費雪 (Fisher) 和斯皮爾曼 (Spearman)，

這些名字是否引起你的好奇？在 20 世紀初，兩個平均數之間的首次檢定發展狀況如何？這似乎有些沉悶，除非你有機會閱讀關於創造這個領域的人們生平及他們的想法。總之，這些都是非常酷的思想和非常酷的人。

當然，維基百科的網址 http://en.wikipedia.org/wiki/History_of_statistics 在介紹這些統計主題的歷史方面做得很好，就像 eMathZone 在 http://www.emathzone.com/tutorials/basic-statistics/history-of-statistics.html 上也是一樣。

都在這裡

SurfStat Australia (https://surfstat.anu.edu.au/surfstat-home/contents.html) 是澳洲紐卡斯爾大學 (University of Newcastle) 教授之基礎統計學課程的線上部分，但是其發展已經超越 1987 年最初的撰寫者安妮特 · 多布森 (Annette Dobson) 所提供的講義，這些年來，安妮 · 揚 (Anne Young) 與鮑勃 · 吉伯德 (Bob Gibberd) 等人，不斷地修正內容。其中，SurfStat 包含一個完整的互動統計學內容（你可以在圖 G.1 中看到該課程的詳細目錄的一部分）。除了這個內容之外，還有練習題、網站其他統計學網址的清單，以及 Java 程式集（可以與其他不同的統計程式共用的一些很酷的小程式）。

超級統計 (HYPERSTAT)

在 http://davidmlane.com/hyperstat/ 上有 18 個單元的線上個別指導課程，提供了設計優良、對使用者友善的重要基礎主題。我們真正喜歡這個網址的原因是辭彙，它利用網路和其他概念連結。例如在圖 G.2 中，你可以看到這些主題和其他的主題之間的超連結（帶底線的單詞），點選其中任何一個，你就會處身其中（或至少前往目的地的路上）。

資料？你想要資料？

資料到處都是，只等著去撿取。這裡只提供一些。怎麼用這些資料？下載這些資料作為你工作中的範例，或者作為你想進行的分析範例：

- http://itl.nist.gov/div898/strd/ 上的統計推論資料庫

STATISTICAL INFERENCE

- POPULATIONS, SAMPLES, ESTIMATES AND REPEATED SAMPLING
  - 4-1-1.html
    - Definitions
    - Bias
      Example - Health survey conducted in the Hunter Region
      Example - Heights of women, 25 - 29

- POINT ESTIMATION AND INTERVAL ESTIMATION
  - 4-1-2.html
    - Sample Mean
    - Confidence Interval

- RESULTS FROM PROBABILITY THEORY
  - 4-1-3.html
    - Law of Averages
    - Law of Large Numbers
    - Central Limit Theorem

- ONE CONTINUOUS VARIABLE
  - 4-1-4.html
    - Sampling Distribution of the Sample Mean
      Properties of the Sampling Distribution

  - 4-1-5.html
    - Interpretation of Confidence Intervals
    - Comments
    - Hypothesis Testing
      Example - Bolt production
    - The First Approach
    - Remarks
    - The Second Approach
    - Steps for hypothesis testing

 圖 G.1　SurfStat 課程內容的一部分表格

RVLS home　> HyperStat Online > Glossary

Glossary

A-C D-F G-I J-L M-O P-R S-U V-Z

alternative hypothesis
Analysis of variance
Bar graph
Between-subjects variable
Bias
Biased sample
Bimodal distribution
Binomial distribution
Box plot
Carryover effects
Categorical variable
Central tendency
Chi square distribution
Chi square independence test
Coefficient
Conditional probability
Confidence interval
Confounding
Consistency
Contingency table
Continuous variable
Correction for continuity
Correlation
Counterbalancing
Critical value

Descriptive Statistics

Next Section: Inferential Statistics

One important use of descriptive statistics is to summarize a collection of data in a clear and understandable way. For example, assume a psychologist gave a personality test measuring shyness to all 2500 students attending a small college. How might these measurements be summarized? There are two basic methods: numerical and graphical. Using the numerical approach one might compute statistics such as the mean and standard deviation. These statistics convey information about the average degree of shyness and the degree to which people differ in shyness. Using the graphical approach one might create a stem and leaf display and a box plot. These plots contain detailed information about the distribution of shyness scores.

Graphical methods are better suited than numerical methods for identifying patterns in the data. Numerical approaches are more precise and objective.

Since the numerical and graphical approaches compliment each other, it is wise to use both.

Next Section: Inferential Statistics

Statistical Consulting for Dissertations and Theses (302-407-0449)

 圖 G.2　超級統計詞彙網頁範例

- 美國人口普查局（由美國 FactFinder 提供的大量資料集和資料金礦），網址為 http://factfinder.census.gov/faces/nav/jsf/pages/index.xhtml。
- 擁有大量資料註解的「資料和故事圖書館」(http://lib.stat.cmu.edu/DASL/)（你可以尋找「故事」連結）。
- 在成長資料集（http://www.bris.ac.uk/Depts/Economics/Growth/datasets.htm）中的大量經濟資料集。

　　還有，可以在聯邦政府（除了人口普查之外）得到的所有資料集。你繳的稅支援這些資料的提供，所以，為什麼不用呢？例如在 FedStats（http://www.cs.umd.edu/hcil/govstat/fedstats/fedstats3.htm）有美國聯邦政府的 70 多個機構，公開民眾有興趣的統計資料。聯邦跨機構統計政策委員會 (Federal Interagency Council on Statistical Policy) 負責維護這個網址，以提供一個可取得由這些機構基於公共使用而產生的全面性統計和資訊的管道。在這裡，你可以發現 CIA 提供的國家概況；公立學校的學生、教師和職工的資料（來自國家教育統計中心），以及美國人口死亡率圖譜（來自國家健康統計中心）。資料非常的龐大！

　　而且大多數州都有提供可以點選的資料。我們從 Data.gov 網站取得了第 17 章中作為展示之用的資料。我們點選了 CSV 選項（讓我們可以在 Excel 中打開資料集）後從那裡進去。

越來越多和越來越多的資源

　　密西根大學的研究指南網站 (http://guides.lib.umich.edu) 有成千上萬的資源鏈結，包括銀行資料、圖書出版、老齡化，以及為那些患有過敏症的人提供的花粉數量。瀏覽、尋找你真正需要的資訊，無論如何，保證你可以發現有趣的事物。

線上統計教學教材

　　如果你非常擅長統計數據，那麼你不妨開始在課堂上幫助你的鄰座和夥伴。在這種情況下，你可以到 http://www.stat.columbia.edu/~gelman/

presentations/smithtalk.pdf 上找到安卓・蓋爾曼 (Andrew Gelman) 和戴博拉・諾蘭 (Deborah Nolan) 為我們準備的「教學統計：技巧包」。

此外，當然還有 YOUTUBE⋯⋯

是的，你現在可以在 YouTube 上以 Statz Rappers 的形式 (http://www.youtube.com/watch?v=JS9GmU5hr5w) 找到統計資料，這是一群才華橫溢的年輕男女，他們似乎在他們的統計課程中找到不少樂趣，對於那些有興趣探索統計學的人來說，這是他們在網路瀏覽過程中的一個非常合適的停留點。但是，還有更多正經的資訊。例如可參見 http://www.youtube.com/watch?v=HvDqbzu0i0EfromKhanAcademy.org，這是另一個很酷的地方，那裡有成千上萬的影片教程，包括從代數、經濟學、投資及統計學（沒錯，你猜對了）的所有內容！

最後⋯⋯

你在 http://animatedsoftware.com/statglos/statglos.htm#index 上，可以找到由霍華德・霍夫曼 (Howard S. Hoffman) 博士為我們帶來的統計術語定義的淵源，內容豐富且有趣。

資料蒐集的 10 個戒律

現在，你已經知道如何分析資料，你也會聽到有關蒐集資料的事。資料蒐集的過程可以很漫長也很嚴謹，即使這個過程只是向學生、家長、病人或選民等不同群體發放一頁的簡單問卷，資料蒐集的過程是你研究計畫中最耗時的部分。但是誠如大多數研究者所體認到的，好的資料蒐集是好的分析結果的必要條件。

這裡有 10 條戒律確保你蒐集的資料是可用的資料。與最初的 10 條戒律不同的是，這些戒律不應該死記硬背（因為這些戒律肯定會改變），但是如果你能遵循這些原則，就可以避免很多嚴重的事。

戒律 1　在你思考研究問題之初，也要開始思考為回答問題所需要蒐集的資料類型。訪談？問卷調查？紙筆測驗？線上作答？藉由閱讀你感興趣之相關領域的期刊，以瞭解過去其他人是如何做的，並考慮做他們所做的。至少其中一個教訓是不要重複他人的錯誤，如果某些事對他們而言是行不通，很有可能對你來說也是行不通。

戒律 2　在你思考所蒐集的資料類型的同時，也要思考從何處得到資料。如果是使用圖書館內的歷史資料，或者取得已經蒐集好的資料檔案，如人口調查資料（可從美國人口普查局的網站 http://www.census.gov 或一些線上網址獲得），你可能會遇到一些邏輯性的問題，但是，如果你想評價新生兒和父母之間如何相互影響？教師對組織工會的態度？年齡在 50 歲以上的

人是否覺得自己老了？該怎麼辦？所有這些問題都需要人們提供答案，而找到被調查的人是很困難的。現在就開始吧！

戒律 3　確認你用來蒐集資料的表單格式是簡單且容易使用。以預試的資料集進行練習，這樣你可以確保很容易從最初的記分表到資料蒐集表格，而且找一些同事完成這個表格，以確定它是可行的。

戒律 4　永遠記得備份資料檔案，並且儲存在不同的地方。請記住有兩種人：一種是已經丟失了資料的人，另一種是將會丟失資料的人。事實上，你的電子資料檔要有兩個備份。現在，除了你自己的實體備份外，你可以使用線上資料備份服務，像是 Carbonite (http://www.carbonite.com)、Mozy (http://www.mozy.com)、或是 CrashPlan (http://www.code42.com/crashplan/)。

戒律 5　不要依賴他人蒐集或移轉資料，除非你親自訓練他們，而且也確信他們像你一樣瞭解資料蒐集過程。讓他人幫助你很好，且在漫長的蒐集資料期間對保持士氣十分有幫助。但是，除非幫助你的人具備這樣的能力，否則將很容易破壞你所有的工作和計畫。

戒律 6　規劃一個何時何地要蒐集資料的詳細日程表。如果你需要拜訪 3 個學校，而且在每個學校有 50 個學生要進行 10 分鐘的測試，那就是需要 25 個小時的測試。這並不意味著你可以在日程表中為這項活動分配 25 小時，從一個學校到另一個學校的時間呢？如果輪到測試的孩子剛好在廁所，而且你必須等 10 分鐘直到他回到教室呢？你訪問的這天剛好牛仔鮑伯是特別的客人等。為任何可能的突發狀況做好準備，要在日程表中分配 25%-50% 的多餘時間，以面對不可預測事件的發生。

戒律 7　儘快為你的實驗群體發展可能的來源。因為你已經對你自己的學門知識有一定的瞭解，那麼你可能也瞭解誰是和你所感興趣的母體一起工作，或者誰可能幫助你獲得這些樣本。如果你是在大學社區，那麼就可能有幾百人與你競爭同一個調查樣本。如果你不想競爭，為什麼不嘗試在此社區之外（大約 30 分鐘的距離）的社區、社會群體、公民組織或醫院進行調查呢？在這些地方不需太多競爭就能夠得到樣本。

　　戒律 8　盡力追蹤那些錯過測試或者訪談的人，把他們找回來並重新安排日程。一旦你習慣了跳過可能的參與者，那麼就很容易將樣本縮減到太小的規模，而且你永遠無法分辨，退出的人可能是因為與你的研究相關原因而退出，這可能意味著你最後的樣本，在性質上是不同於你研究開始時的樣本。

　　戒律 9　永遠不要銷毀你的原始資料，如測試手冊、訪談筆記等。其他的研究者可能想使用相同的資料庫，或者你想要回到原始資料獲得更多的資訊。

　　以及戒律 10 ？　遵循 9 個戒律，這不是開玩笑喔！

獎勵：
布朗尼食譜

一本入門統計書中介紹布朗尼食譜到底在做什麼？好問題。

認真地說，無論是為了一門課程、當作是複習，還是僅僅為了自己的啟發，你可能在這些材料上做了很大的努力，並且，由於你的所有努力，你應該得到獎勵。這就是了！此一食譜以幾種不同的食譜為基礎並做了一些調整，這些都是你的作者所有的，他很樂意與你分享。在那裡，祕密就公開出來了。

這些布朗尼直接出鍋，甚至沒有冷卻，配上冰淇淋真是太棒了。一旦它們變老了一點，就會變得非常鬆軟，而且放在冰箱裡也很棒。如果將它們冷凍，請注意，要在口中解凍所需的卡路里比布朗尼本身所含的卡路里要多，因此會造成淨損失。（我們尚未與科學家確認此一說法。）你可以隨意吃很多冷凍食品 。

材料：

　　1 條（8 匙）奶油

　　4 盎司無糖巧克力（或更多）

　　½ 匙鹽

　　2 顆蛋

　　1 杯麵粉

　　2 杯糖

1 匙香草

2 匙美乃滋（我知道）

6 盎司巧克力片（或更多）

1 杯完整的核桃（可選擇）

作法：

1. 將烤箱預熱至 325 °F（約 163 °C）。

2. 在平底鍋中融化不加糖的巧克力和奶油。

3. 在碗中將麵粉和鹽混合在一起。

4. 在融化的巧克力奶油中加入糖、香草、核桃、美乃滋和雞蛋拌勻。

5. 將所有第 4 步驟的材料添加到麵粉中，並充分混合。

6. 加入巧克力片。

7. 倒入塗上奶油的 8 吋 × 8 吋烤盤中。

8. 烘烤約 35–40 分鐘。

筆記：

- 我知道有關美乃滋的事，如果你覺得這聽起來很怪異，那就不要放進去。這些布朗尼會因為缺少一些東西而不美味，因此，請自行承擔拿掉這種成分的風險。

- 使用優質的巧克力——脂肪含量越高越好。你最多可以使用 6 盎司的無糖巧克力，甚至更多的巧克力片。

Glossary

統計術語

變異數分析 (Analysis of variance)
兩個及以上的平均數之間的差異檢定。簡單的變異數分析（或 ANOVA）只有一個自變數，而因子變異數分析超過一個以上的自變數。單因子變異數分析尋找兩個群體以上的平均數之間的差異。

算術平均數 (Arithmetic mean)
集中趨勢的測量，將資料集內所有的分數加總後除以分數的個數。參見平均數。

漸近性 (Asymptotic)
常態曲線的尾端從未接觸到水平軸的性質。

平均值 (Average)
某一組分數中最具有代表性的分數。

鐘形曲線 (Bell-shaped curve)
以平均數、中位數和眾數為中心，對稱且有漸近性尾端的數值分布。

組間 (Class interval)
用來建立次數分配的某一組分數的固定範圍。

異化係數 (Coefficient of alienation)
兩個變數之間的關係無法被解釋的變異總量。

判定係數 (Coefficient of determination)
兩個變數之間的關係可以被解釋的變異總量。

非判定係數 (Coefficient of nondetermination)
參見判定係數。

同時準則效度 (Concurrent criterion validity)
檢視某一測驗的結果和當下同時發生之某一準則一致的程度。

信賴區間 (Confidence interval)
在給定的樣本數值之下，對母體數值範圍的最佳估計。

建構效度 (Construct-based validity)
檢視某一測驗反映其背後所強調之概念的程度，例如智力或攻擊性。

內容效度 (Content-based validity)
效度類型的一種，檢視某一測驗抽取一組題項的周延程度。

相關係數 (Correlation coefficient)
反映兩個變數之間關係的數字指數，說明當某一個變數改變時，另一個變數是如何變化。

相關矩陣 (Correlation matrix)
顯示兩個以上變數之間相關係數的表格。

效標 (Criterion)
參見依變數。

準則效度 (Criterion-based validity)
效度類型的一種，檢視某一測驗反映某些不是發生在現在（同時的）就是發生在未來（預測的）的準則的程度。

臨界值 (Critical value)
應用統計檢定所得到的數值，是拒絕或（不接受）虛無假設所需要的值。

交叉表 (Cross-tabulation table)
利用兩個或多個變數顯示次數分布的表格。一個變數的等級當作橫列標籤，而另一個變數的等級當作直欄標籤，通常稱為交叉表。

累積次數分配 (Cumulative frequency distribution)
次數分配的一種，是沿著每一個組間的累積次數分配，顯示這些組間的次數分配。

資料 (Data)

一個觀察值或事件的紀錄，例如測驗分數、數學班的成績或反應時間等。

資料探勘 (Data mining)

檢視大型資料集的模式。

資料點 (Data point)

一個觀察值。

資料集 (Data set)

一組資料點。

自由度 (Degrees of freedom)

針對不同的統計檢定而不同的值，在一個實驗設計中，很接近個別細格數的樣本數。

依變數 (Dependent variable)

迴歸方程式中的結果變數或被預測變數。

描述性統計量 (Descriptive statistics)

用來組織和描述某一資料集合（有時又稱之為資料集）之特性的數值。

直接相關 (Direct correlation)

兩個變數的值以相同方向變化的正相關。

有方向的研究假設 (Directional research hypothesis)

指出群體之間某一差異方向的研究假設，參見無方向的研究假設。

效應量大小 (Effect size)

兩個群體之間差異大小的測量數，通常是以 Cohen's d 計算。

預測誤差 (Error in prediction)

觀察值 (Y) 和預測值之間的差距。

誤差分數 (Error score)

檢定值的一部分，是隨機的且可歸諸於檢定的不穩定性。

艾位元 (Exabyte)

1,152,921,504,606,846,976 位元的資料——很多、很多的數據，而你閱讀本文時，世界上的資料量仍在增長中。哇！

因子變異數分析 (Factorial analysis of variance)

超過一個以上的因子或自變數的變異數分析。

因子設計 (Factorial design)

用以檢視超過一個處理變數的研究設計。

次數分配 (Frequency distribution)

說明在組間內數值出現頻率的一種方法。

次數多邊形圖 (Frequency polygon)

次數分配的圖形呈現，利用連續的直線來表示，落在某一組間內的數值個數。

配適度檢定 (Goodness-of-fit test)

在一個維度上進行卡方檢定，檢驗次數分布是否與隨機預期的分布不同。

直方圖 (Histogram)

次數分配的圖形呈現，利用不同高度的條狀來表示落在某一組間內的數值個數。

假設 (Hypothesis)

推測某一變數和另一變數之間關係的「若……則……」陳述，用以反映提出研究問題的一般化問題陳述。

自變數 (Independent variable)

可被操弄的處理變數或迴歸方程式中的預測變數。

間接相關 (Indirect correlation)

變數間的值以相反方向移動的負相關。

推論統計 (Inferential statistics)

以從母體中抽出之樣本資料的結果為基礎，用來推論母體特性的分析工具。

交互作用 (Interaction effect)

某一個因子對依變數的效用，會因為另一個因子而有不同的結果。

內在一致性信度 (Internal consistency reliability)

信度類型的一種，檢視一組評估項目是否只有衡量某一維度、構念或感興趣的領域。

評分者信度 (Interrater reliability)

信度類型的一種，檢視觀察者之間是否相互一致。

等距測量水準 (Interval level of measurement)

測量的水準之一，將變數的值放到彼此相等距離的類別中，例如當各個點沿比例尺均勻分布時。

峰度 (Kurtosis)

分布的性質，界定此一分布有多扁平或高峰。

高狹峰 (Leptokurtic)

常態曲線的性質，在常態分布中為相對高點。

最佳配適線 (Line of best fit)

最配適觀察值且預測誤差最小化的迴歸線。

線性相關 (Linear correlation)

最適合以直線作視覺化呈現的相關。

主效應 (Main effect)

在變異數分析中，當某一個因子或自變數對結果變數有顯著的作用。

平均數 (Mean)

平均值的類型之一，所有的分數加總後再除以觀察值總數。

平均離差 (Mean deviation)

一個分布中，所有分數與平均數的平均差距，計算方式是所有分數與平均數差距的絕對值加總後除以觀察值總數。

集中趨勢測量數 (Measures of central tendency)

平均數、中位數和眾數。

中位數 (Median)

分布中的一個中心點，有 50% 的個案數比它小，另有 50% 的個案數比它大。

組中點 (Midpoint)

一個組間內的中間點。

眾數 (Mode)

在一個分布中，最常出現的分數。

多元迴歸 (Multiple regression)

同時利用幾個變數預測一個變數的統計技術。

負相關 (Negative correlation)

參見間接相關。

名目測量水準 (Nominal level of measurement)

測量水準中最粗略的一種，變數的數值只能置於其中一個類別之內。

無方向的研究假設 (Nondirectional research hypothesis)

一個研究假設只陳述群體之間有差異，但沒有指出方向，參見有方向的研究假設。

無母數統計 (Nonparametric statistics)

不考慮母體分布的統計，不像母數統計要求一些相同的假定。

常態曲線 (Normal curve)

參見鐘形曲線。

虛無假設 (Null hypothesis)

一組變數之間均等的陳述，參見研究假設。

觀察分數 (Observed score)

被記錄下來或觀察到的分數，參見真實分數。

實際值 (Obtained value)

應用某一統計檢定所得到的數值。

肩形圖 (Ogive)

累積次數分配的視覺化呈現。

單一樣本 z 檢定 (One-sample z test)

用來比較某一樣本平均數和某一母體平均數是否相等。

單尾檢定 (One-tailed test)

有方向性的檢定，反映有方向性的研究假設。

單因子變異數分析 (One-way analysis of variance)

參見變異數分析。

順序測量水準 (Ordinal level of measurement)

測量水準的一種，變數的數值可以放在某一類別之內，且類別之間可以指派相對的順序。

極端值 (Outliers)

在一個分布中，明顯與多數的分數離得非常遠的分數。什麼數值真正是極端值，通常是由研究者自行決定的專斷決策。

平行形式信度 (Parallel forms reliability)

信度類型的一種，在同一測驗中檢視不同測量形式的一致性。

母數統計 (Parametric statistics)

從樣本推論母體的統計，假定每一群體的變異數是相近的，且樣本數大到足以代表母體，參見無母數統計。

淨相關 (Partial correlation)

反映兩個變數在消除第三個變數（稱為中介變數或混淆變數）影響後之關係的數值指數。

皮爾森積差相關 (Pearson product-moment correlation)

參見相關係數。

百分位數 (Percentile rank)

在某一分布或某一組分數中，等於或低於某一分數之觀察值的比例。

樞紐表 (Pivot table)

統計軟體中的工具，例如 SPSS 或 Excel，使用者可以輕鬆地操弄交叉表格中包含的欄、列和次數。

低闊峰 (Platykurtic)

常態曲線的性質，相對較為扁平的常態分布。

母體 (Population)

感興趣的所有可能的個體或個案。

正相關 (Positive correlation)

參見直接相關。

事後 (Post hoc)

一種事後的檢定，用以決定三個或更多群體之間有差異的真實來源。

預測因子 (Predictor)

參見自變數。

全距 (Range)

在某一分布中最大值減去最小值的正值差距，是變異性的一種粗略測量。排除性全距是最大值減去最小值；內含性全距是最大值減去最小值後加 1。

比例測量水準 (Ratio level of measurement)

有一個絕對 0 的一種測量水準。

迴歸方程式 (Regression equation)

定義為最接近觀察值的點和線的方程式。

迴歸線 (Regression line)

以迴歸方程式的數值為依據所畫的直線，也稱之為趨勢線 (trend line)。

信度 (Reliability)

測驗結果具有一致性的性質。

研究假設 (Research hypothesis)

兩個變數之間不相等的陳述，參見虛無假設。

樣本 (Sample)

母體的次集合，參見母體。

抽樣誤差 (Sampling error)

樣本值和母體值之間的差距。

測量尺度 (Scale of measurement)

將測量結果加以分類的不同方式：名目、順序、等距、比率。

散布圖 (Scattergram or scatterplot)

在 x 軸和 y 軸上配對的資料點的圖示，用以視覺化呈現相關情形。

顯著水準 (Significance level)

當虛無假設為真時，研究者所設定之拒絕虛無假設的風險。

簡單變異數分析 (Simple analysis of variance)

參見變異數分析。

偏態 (Skew or skewness)

界定一個分布中某些分數不成比例的次數分配性質，右尾長於左尾相當於表示此一分布中較少個數出現在較大的那一端，此為正偏分布；右尾短於左尾相當於表示此一分布中較多個數出現在較大的那一端，此為負偏分布。

來源表 (Source table)

在變異數分析摘要表中列出變異的來源。

標準差 (Standard deviation)

一組分數中的平均變異總量或個別分數與平均數的平均差距。

估計標準誤 (Standard error of estimate)

反映迴歸線之變異性的預測精確性測量。參見預測誤差。

標準分數 (Standard score)

參見 z 分數。

統計顯著性 (Statistical significance)

參見顯著水準。

統計學 (Statistics)

用以描述、組織和解釋資訊的一套工具和技術。

獨立性檢定 (Test of independence)

二維或更多維度的卡方檢定，用於檢查某一變數的次數分布是否獨立於其他變數。

再測信度 (Test-retest reliability)

信度類型的一種，檢視不同時間的一致性。

檢定統計值 (Test statistic value)

參見實際值。

趨勢線 (Trend line)

參見迴歸線。

真實分數 (True score)

如果可以被觀察的話，此一數值是反映被測量對象的實際能力或行為，參見觀察值。

雙尾檢定 (Two-tailed test)

無方向性的檢定，反映無方向性的假設。

型 I 錯誤 (Type I error)

當虛無假設為真時，被拒絕的機率。

型 II 錯誤 (Type II error)

當虛無假設為假時，被接受的機率。

無偏誤估計值 (Unbiased estimate)

母體參數的一個穩健估計。

效度 (Validity)

某一測驗可以測量到它所欲測量之概念的程度。

變異性 (Variability)

分數之間相互差距的程度，用另一種方式說，某一組分數的分散或離散的總量。

變異數 (Variance)

標準差的平方，是分散或離散程度的另一種測量方式。

Y' 或 *Y* 撇 (Y prime)

迴歸方程式中預測的 Y 值。

z 分數 (z score)

利用某一原始數值分布之平均數和標準差,加以調整後所得到的一個分數。

五南文化事業機構
WU-NAN CULTURE ENTERPRISE

研究方法
─系列─

1H2A 結構方程模式理論與實務：圖解AMOS取向（附光碟）

作　　者：李茂能

定　　價：690元

I S B N：978-957-763-287-6

◆ 最新理論＋精華實務＝立竿見影的學習成效。
◆ 深入淺出的解說，融會作者多年授業精華，緊扣國際最新學術趨勢，帶領讀者輕鬆進入專業領域。
◆ 隨書附贈光碟：除資料檔外，包含三套 Excel VBA 巨集 & VB 程式，以供進行 SEM 適配函數極小化的試驗、二層次因素分析與交互相關的差異性考驗。

1H0B 當代整合分析理論與實務（附光碟）

作　　者：李茂能

定　　價：680元

I S B N：978-957-11-8897-3

整合分析──量化研究界的工業革命
◆ 目前已在實證醫學、經濟學、心理學、教育學、社會科學、市場行銷等學術領域的廣泛應用。
◆ 探究 SEM & HLM，熟悉心理計量的運用，了解貝氏網絡。
◆ 書中理論均予以簡化，全書著重實例解說，讓讀者有效掌握 ESS、SEM 與 HLM、WinBUGS、STATA、R 等相關語法。

1H95 傳統整合分析理論與實務：ESS & EXCEL（附光碟）

作　　者：李茂能

定　　價：850元

I S B N：978-957-11-8053-3

引領量化研究近半世紀──整合分析，讓文獻探討更加客觀且深入。
◆ 提供量化研究者具體的研究假設，不只關切統計顯著與否，更重視效果值的大小。
◆ 引領讀者熟悉整合分析的系統核心公式、技術與應用實務，以奠定整合分析的理論與實務根基。
◆ 隨書供應的本土化 ESS 軟體，依全方位整合分析的先後步驟與內容而設計，可處理大部分的整合分析模式與問題。

1H60 圖解 Amos在學術研究之應用（附光碟）

作　　者：李茂能

定　　價：620元

I S B N：978-957-11-6190-7

◆ 最佳指定教材：結構方程模式、研究方法學、多變項統計、量表編製，及指標建構等課程。
◆ 必備工具書：心理與教育、市場行銷、企業管理、組織心理學、體育休閒、政治行為分析、公共行政等社會及行為科學。
◆ 分享 SEM 學術的國際新脈動，並隨書附贈 SEM 樣本規劃與 Muthen's Entropy 指標的 Excel VBA 程式，提昇研究品質。

1HAK　財金時間序列分析：使用R語言（附光碟）

作　　者：林進益

定　　價：590元

I S B N：978-957-763-760-4

為實作派的你而寫——翻開本書，即刻上手！
◆ 情境式學習，提供完整程式語言，對照參考不出錯。
◆ 多種程式碼撰寫範例，臨陣套用、現學現賣
◆ 除了適合大學部或研究所的「時間序列分析」、「計量經濟學」
　或「應用統計」等課程；搭配貼心解說的「附錄」使用，也適合
　從零開始的讀者自修。

1H1N　衍生性金融商品：使用R語言（附光碟）

作　　者：林進益

定　　價：850元

I S B N：978-957-763-110-7

不認識衍生性金融商品，就不了解當代財務管理與金融市場的運作！
◆ 本書內容包含基礎導論、選擇權交易策略、遠期與期貨交易、二
　項式定價模型、BSM模型、蒙地卡羅方法、美式選擇權、新奇選
　擇權、利率與利率交換和利率模型。
◆ 以 R 語言介紹，由初學者角度編撰，避開繁雜數學式，是一本能
　看懂能操作的實用工具書。

1H2B　Python程式設計入門與應用：運算思維的提昇與修練

作　　者：陳新豐

定　　價：450元

I S B N：978-957-763-298-2

◆ 以初學者學習面撰寫，內容淺顯易懂，從「運算思維」說明程式
　設計的策略。
◆ 「Python 程式設計」說明搭配實地操作，增進運算思維的能力，
　並引領讀者運用 Python 開發專題。
◆ 內容包括視覺化、人機互動、YouTube 影片下載器、音樂 MP3
　播放器與試題分析等，具備基礎的程式設計者，可獲得許多啟發

1H2C　EXCEL和基礎統計分析

作　　者：王春和、唐麗英

定　　價：450元

I S B N：978-957-763-355-2

◆ 人人都有的EXCEL＋超詳細步驟教學＝高CP值學會統計分析。
◆ 專業理論深入淺出，搭配實例整合說明，從報表製作到讀懂，
　一次到位。
◆ 完整的步驟操作圖，解析報表眉角，讓你盯著螢幕不再霧煞煞。
◆ 本書專攻基礎統計技巧，讓你掌握資料分析力，在大數據時代
　脫穎而出。

五南文化事業機構
WU-NAN CULTURE ENTERPRISE

1H1P 人工智慧(AI)與貝葉斯(Bayesian)迴歸的整合：應用STaTa分析

作　　者：張紹勳、張任坊

定　　價：980元

I S B N：978-957-763-221-0

◆ 國內第一本解說 STaTa ——多達 45 種貝葉斯迴歸分析運用的教科書。
◆ STaTa+AI+Bayesian 超強組合，接軌世界趨勢，讓您躋身大數據時代先驅。
◆ 結合「理論、方法、統計」，讓讀者能精準使用 Bayesian 迴歸。
◆ 結內文包含大量圖片示意，配合隨書光碟資料檔，實地演練，學習更有效率。

1HA4 統計分析與R

作　　者：陳正昌、賈俊平

定　　價：650元

I S B N：978-957-763-663-8

正逐步成為量化研究分析主流的 R 語言
◆ 開章扼要提點各種統計方法適用情境，強調基本假定，避免誤用工具。
◆ 內容涵蓋多數的單變量統計方法，以及常用的多變量分析技術。
◆ 可供基礎統計學及進階統計學教學之用。

1HA6 統計學：基於R的應用

作　　者：賈俊平

審　　定：陳正昌

定　　價：580元

I S B N：978-957-11-8796-9

統計學是一門資料分析學科，廣泛應用於生產、生活和科學研究各領域。
◆ 強調統計思維和方法應用，以實際案例引導學習目標。
◆ 使用 R 完成計算和分析，透徹瞭解R語言的功能和特點。
◆ 注重統計方法之間的邏輯，以圖解方式展示各章內容，清楚掌握全貌。

1H2F Python數據分析基礎：包含數據挖掘和機器學習

作　　者：阮敬

定　　價：680元

I S B N：978-957-763-446-7

從統計學出發，最實用的 Python 工具書。
◆ 全書基於 Python3.6.4 編寫，兼容性高，為業界普遍使用之版本。
◆ 以簡明文字闡述替代複雜公式推導，力求降低學習門檻。
◆ 包含 AI 領域熱門的深度學習、神經網路及統計思維的數據分析，洞察市場先機。

國家圖書館出版品預行編目資料

愛上統計學：使用SPSS / 尼爾 J. 薩爾金德
(Neil J. Salkind), 布魯斯 B. 佛萊(Bruce B. Frey)
著; 莊文忠譯. ――五版. ――臺北市：五南圖
書出版股份有限公司, 2021.07
　　面；　公分
譯自: Statistics for people who (think they) hate
tatistics, 7th ed.
ISBN 978-986-522-746-3（平裝）
1.統計學
510　　　　　　　　　　　110006792

1H50

愛上統計學：使用 SPSS

作　　者 ―	尼爾‧J‧薩爾金德（Neil J. Salkind）、布魯斯‧B‧佛萊（Bruce B. Frey）
譯　　者 ―	莊文忠
發 行 人 ―	楊榮川
總 經 理 ―	楊士清
總 編 輯 ―	楊秀麗
主　　編 ―	侯家嵐
責任編輯 ―	鄭乃甄
文字校對 ―	陳俐君
封面設計 ―	王麗娟
內文排版 ―	張淑貞

出 版 者：五南圖書出版股份有限公司
地　　址：106台北市大安區和平東路二段339號4樓
電　　話：(02)2705-5066　　傳　　真：(02)2706-6100
網　　址：https://www.wunan.com.tw
電子郵件：wunan@wunan.com.tw
劃撥帳號：01068953
戶　　名：五南圖書出版股份有限公司
法律顧問：林勝安律師事務所　林勝安律師
出版日期：2009年6月初版一刷
　　　　　2010年3月初版三刷
　　　　　2010年10月二版一刷
　　　　　2011年10月二版三刷
　　　　　2012年10月三版一刷
　　　　　2014年10月三版三刷
　　　　　2017年3月四版一刷
　　　　　2020年6月四版四刷
　　　　　2021年7月五版一刷
定　　價：新臺幣650元

經典永恆‧名著常在

五十週年的獻禮 —— 經典名著文庫

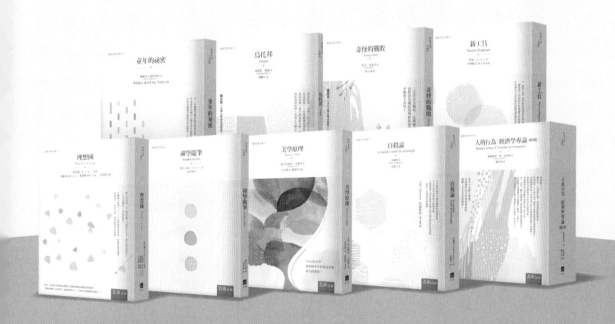

五南,五十年了,半個世紀,人生旅程的一大半,走過來了。

思索著,邁向百年的未來歷程,能為知識界、文化學術界作些什麼?

在速食文化的生態下,有什麼值得讓人雋永品味的?

歷代經典‧當今名著,經過時間的洗禮,千錘百鍊,流傳至今,光芒耀人;

不僅使我們能領悟前人的智慧,同時也增深加廣我們思考的深度與視野。

我們決心投入巨資,有計畫的系統梳選,成立「經典名著文庫」,

希望收入古今中外思想性的、充滿睿智與獨見的經典、名著。

這是一項理想性的、永續性的巨大出版工程。

不在意讀者的眾寡,只考慮它的學術價值,力求完整展現先哲思想的軌跡;

為知識界開啟一片智慧之窗,營造一座百花綻放的世界文明公園,

任君遨遊、取菁吸蜜、嘉惠學子!